원폭 피해
한국 여성들

원폭 피해 한국 여성들

초판 1쇄 발행 · 2019년 2월 28일
초판 2쇄 발행 · 2019년 12월 10일

지은이 · 김경애
펴낸이 · 한봉숙
펴낸곳 · 푸른사상사

주간 · 맹문재 | 편집 · 지순이 | 교정 · 김수란
등록 · 1999년 7월 8일 제2-2876호
주소 · 경기도 파주시 회동길 337-16(서패동 470-6)
대표전화 · 031) 955-9111(2) | 팩시밀리 · 031) 955-9114
이메일 · prun21c@hanmail.net / prunsasang@naver.com
홈페이지 · http://www.prun21c.com

ⓒ 김경애, 2019

ISBN 979-11-308-1411-7 93910

값 29,000원

이 도서의 국립중앙도서관 출판예정도서목록(CIP)은 서지정보유통지원시스템 홈페
이지(http://seoji.nl.go.kr)와 국가자료종합목록시스템(http://www.nl.go.kr/kolisnet)
에서 이용하실 수 있습니다. (CIP제어번호 : CIP2019006541)

원폭 피해
한국 여성들

Korean Women Atomic Bomb Victims

김경애

푸른사상
PRUNSASANG

일러두기

- 1919년 대한민국 임시정부 수립 이후의 내용에서는 우리나라를 한국, 우리나라 사람을 '한국 사람'으로 표기하였다. 다만 인용한 문헌과 구술자가 '조선' 또는 '조선 사람'으로 표기 또는 말한 경우 그대로 표기하였다.
- 원자폭탄으로 피해를 당한 사람을 원폭 피해자 또는 피폭자로 명기하였다. 특히 인용한 문헌과 구술자가 '피폭자'로 표기 또는 말한 경우 그대로 표기하였다.
- 사투리는 괄호 속에 표준말을 함께 표기하였다.

이 책은 1945년 미국이 히로시마와 나가사키에 투하한 원자폭탄 피해를 당한 한국 여성들의 삶에 대한 연구이다. 일본은 해마다 8월 6일이 되면 히로시마에서 대대적으로 원폭 피해자에 대한 추도식을 거행하며 세계에서 유일한 원폭 피해 국가임을 내세우지만, 일제강점기에 강제로, 또는 일본의 수탈 등으로 인한 강요된 선택으로 일본으로 이주했던 한국인들의 원폭 피해는 오랫동안 잘 알려지지 않았다. 수많은 한국의 원폭 피해자들은 침묵과 방기 속에서 죽어 갔다. 특히 원폭 피해 여성들은 원폭 피해자인 동시에 엄혹한 성차별적 가부장제 아래에서 가중된 고통을 겪었다. 이 책은 이러한 원폭 피해 한국 여성들의 고통에 대한 보고서이다.

원자폭탄이 가공할 만한 파괴력을 가지고 있다는 것을 누구나 짐작하지만 그 피해의 참상과 고통의 크기에 대해서는 이해가 부족하다. 이 책에서 필자는 원폭 피해 여성들의 증언을 통해 원폭 투하 당시 자신과 가족이 겪은 피해뿐만 아니라, 원폭의 참상을 생생하게 전달하기 위해 노력했다. 더 나아가 해방 후 원폭 피해 여성 자신과 가족이 원폭증으로 인해 겪은 고통과 가난, 그리고 죽음에 이르는 끝나지 않았던 고난을 기술하였다. 또한 결혼 후 엄혹한 가부장제 아래에서 많은 여성들이 겪어야 했던 어려움에 더하여, 원폭 피해자이기 때문에 가중되었던 고통을 기술하였다. 특히 아픈 몸을 이끌고 과중한 노동에 시달려야 했고, 불임과 병약한 자녀의 출산과 죽음 등으로 받았던 원폭 피해 여성들의 고통을 기술하였다.

또한 이 책은 원폭 피해 여성들이 원폭 피해에 대해 오랫동안 침묵했던 원인을 분석했고, 고통 속에서도 오랫동안 침묵을 깨고 나와 일본 정부로부터 치료와 보상을 받기 위해 적극적으로 행동한 그들의 투쟁을 기술하였다. 더 나아가 원자폭탄이 투하된 지 70여 년이 지난 시점에서 원폭 피해 여성들은 자신의 삶을 돌아보며, 자신들의 피해의 책임을 미국과 일본에 묻고, 다시는 자신들이 겪었던 고통이 되풀이되어서는 안 된다는 바람을 기술하였다.

한국 원폭 피해자를 위해 선구적이며 헌신적으로 노력한 일본 언론인 히라오카 다카시는 "한국인의 피폭의 의미를 밝히는 일은 일본인의 책임인 동시에 한국인의 과제이기도 하다. 한국인은 한국인으로서 일본의 식민지 지배로부터 원폭에 이르는 비통한 민족의 역사적 체험을 가슴 깊이 새겨두어야 한다"(히라오카 다카시, 1972. 표문태, 1986 : 159)라고 말했다. 한국 원폭 피해자를 구원하는 시민의 회(韓國の原爆被害者を救援する市民の會)의 이치바 준코 회장은 "만약 한국인 피폭자가 투쟁하는 것을 단념하고, 한국인 피폭자를 지원하는 운동도 없었다면 한국인 피폭자가 받아왔던 불행과 부조리는 역사의 그늘 뒤로 사라지고, 미국과 일본은 스스로 범한 죄를 계속 은폐해갈 것이다"(이치바 준코, 2003 : 18)라고 말했다. 여기에서 더 나아가, 우리가 일본 식민지 지배라는 비통한 민족의 역사적 체험을 가슴 깊이 새기지 않는다면, 또 한국인 원폭 피해자들의 삶을 기록하지 않는다면, 역사는 반복될 것이고 피해자들의 고통과 비명은 역사의 그늘 뒤로 사라지고 미국과 일본은 스스로

범한 죄를 계속 은폐해갈 것임이 분명하다. 고통 속에 살고 죽어간, 여성을 포함한 원폭 피해자들의 비극의 아픔을 나누는 것은 3·1절 100주년을 기념하고, 민족의 고난을 기억하는 또 하나의 길이 될 수 있을 것이다. 또한 북한의 핵무기와 관련하여 논의가 진행되고 있는 시점에서 핵무기의 가공할 만한 파괴력에 대한 이해를 높이는 것은 필요하다.

이 연구는 재직했던 대학을 퇴임하고 합천에 정착하면서, 전국 단위 조직인 한국원폭피해자협회와 전국에서 유일한 원폭 피해자를 위한 복지시설인 합천원폭피해자복지회관이 왜 시골 지역인 합천에 위치하고 있는지, 더나아가 한국 원폭 피해자들에 대해서도 궁금하여 관련 자료를 살펴보면서 시작되었다. 그러나 한국인 원폭 피해자에 관한 연구가 부족하고 더욱이 여성 피해자에 관한 자료를 찾아보기 어려워 합천원폭피해자복지회관에 거주하시는 여성들을 만나보기로 하였다.

합천원폭피해자복지회관에서 만난 원폭 피해 여성들은 나를 따뜻하게 맞아주었고, 자신의 이야기를 기꺼이 들려주셨다. 아무에게도, 특히 자식들에게도 말하지 않은 것을 나에게 처음 말씀하신다고 하셨다. 또 1차 인터뷰가 끝나고 난 후에도 거슬러 올라가 숨기고 싶었던 이야기를 다시 꺼내어 해주셨다. 나는 인터뷰라고 말하지만 이분들은 상담이라고 말씀하셨다. 자신의 이야기를 누군가가 들어주는 것만으로도 마음이 가벼워지는 것을 느끼시는 것 같았다.

여성 피해자들의 이야기를 듣고 기록하면서, 나는 그분들이 고통을 당하던 그 시점에 이분들을 더 일찍 알지 못한 것을 한탄하기도 하면서, 때로 인터뷰 도중에 같이 울었고, 인터뷰가 끝나고 난 후 할머니는 담담한데 나는 눈물을 삼켜야 했다. 특히 이미 돌아가신 분들의 삶을 기록으로 읽으며 그들의 처절했던 삶에 홀로 울고 또 울었다. 이분들에게 이 책을 바친다.

이 지면을 빌려 일찍이 한국 원폭 피해자에 대해 관심을 가지고 이들의 삶을 기록하였고, 또 이들을 지원하고 치료와 보상 운동을 전개한 일본과 한국의 여러분들에게 존경과 감사를 표하고 싶다. 특히 일본 언론인 히라오카 다카시 선생님과 한국 원폭 피해자를 구원하는 시민의회를 창설하고 20여 년을 이끈 고 마츠이 요시코 전 회장님, 20대 때부터 60대에 이르는 지금까지 남편과 함께 한국 원폭 피해자를 위해 헌신해오고 있는 이치바 준코 현 회장님, 언론인 박수복 님과 작가 표문태 님의 성함을 이 지면을 빌려 나지막이 불러본다. 그리고 이 연구를 시작하면서 공덕귀 선생님과 이우정 선생님을 지면으로나마 다시 뵙게 되어 반갑고 또 놀라웠다. 한국교회여성연합회의 일을 맡아하시면서 민주화 운동에 헌신하시던 생전의 두 분의 단아한 모습을 떠올리면서, 원폭 피해자를 위해서도 선도적으로 노력하신 두 분 선생님에 대한 존경의 마음을 더하게 되었다.

이번 심층 인터뷰 조사를 하는 데는 지금은 타지로 전근 가신, 합천원폭 해자복지회관의 공인배 관장님의 성원이 힘이 되었고, 실제로는 강수한 사무국장님이 많은 도움을 주셨다. 강 국장님은 설 연휴 기간에도 우리 집으로 직접 자료를 가져다주셨고, 격려해주면서 만남을 주선해주셨다. 강 국장님이 안 계셨으면 조사는 불가능했을 것이다. 직원들도 나에게 따뜻하게 대해주었고 편의를 봐주었다. 무엇보다도 나와 인터뷰하신 모든 분들이 합천

원폭피해자복지회관에서는 물론이고, 합천 장날 시장에서 다시 만날 때마다 반갑게 대해주셨다. 이분들의 따뜻한 성원으로 이 책을 쓸 수 있었다.

시골에 있다 보니 관련 자료를 구해 보기가 어려웠다. 원폭 피해자들을 위한 법안을 대표 발의한 친구 김상희 국회의원이 국회도서관에서 자료를 찾아 보내주었고, 후배 서미경 씨는 모교 이화여대 도서관에서 자료를 찾아 보내주었다. 큰며느리인 나를 대신해서 어려운 시부모님을 오랫동안 모신, 늘 고맙고 미안한 동서 김미숙이 자료 입력과 교열에 도움을 주었다. 또한 나의 친구, 이옥경, 이미경, 최영희, 장하진, 정강자는 원폭 피해 여성들이 겪어야 했던 처절한 고통에 대해 공감하면서, 대학에서 퇴임한 후 합천에서 외롭게 진행한 나의 연구를 성원해주었다. 마지막으로 합천원폭피해자복지회관으로 나를 매번 차로 데려다주었고, 또 격려해준 남편은 이 책을 마치는 데 큰 힘이 되었다. 이분들에게 고마움을 전하고 싶다.

2019년 2월

김경애

:: 차례

한국의 원폭 피해 여성들을 찾아

서론 한국의 원폭 피해 여성들을 찾아

1. 들어가는 말

2018년 한반도는 핵을 쟁점으로 급격하게 변화하고 있다. 4월 27일 남북 정상회담에서 북한의 비핵화와 함께 한반도에 더 이상의 전쟁은 없다는 '판문점선언'이 발표되었다. 이어 문재인 대통령이 방북하여 군사적 대결을 종식시키는 구체적인 사항에 합의했고 11월 비무장지대의 무기가 철수되었다. 또한 역사상 최초로 북한의 지도자인 김정은 위원장의 방한이 예고되었다. 앞으로 북미회담을 거쳐 종전선언과 평화협정 체결이 이어질 전망이다. 이러한 변화는 2017년 한반도를 둘러싼 팽팽했던 긴장 때문에 더욱 극적으로 다가왔다. 2017년 북한은 원자폭탄 실험과 미사일 발사를 계속하였고, 미국은 선제공격의 위협으로 이에 대응하여, 한반도는 핵전쟁의 위험으로 인한 긴장의 연속이었다.

2017년 한반도에서 핵전쟁의 위험이 커지는 것과 비례하여 핵전쟁을 막고자 하는 염원은 커져갔고 이를 반영하듯 노벨위원회는 핵무기를 없애기 위해 노력해온 비영리단체인 ICAN(International Community to Abolish Nuclear Weapons)에게 노벨평화상을 수여했다. 또한 프란체스코 교황은 나가사키 원자폭탄 피해 소년이 죽은 동생을 업고 화장을 기다리는 사진을 담은 크리스마스카드를 보내며 원자폭탄이 인류에게 가공할 만한 피해를 주는 무기임을 환기시켰다. 남북한은 '판문점선언'을 통해 일촉즉발의 핵전쟁 위험을 극복하고, 마침내 한반도는 비핵화지대로 나아가고 있다. 앞으로 많은 과정을 거치면서 때로는 빠르게 때로는 느리게 진척되겠지만 큰 흐름은 변함이 없을 것으로 기대한다.

핵전쟁의 위험은 줄어들고 있으나 핵의 위험이 사라진 것은 아니다. 최근 우리나라에서도 지진이 빈번히 발생하면서 한반도가 지진의 안전지대가 아님이 드러났다. 더욱이 원자력발전소가 몰려 있는 지역 가까이에서 지진이 나자, 2011년 일본에서 쓰나미로 인해 후쿠시마 원자력발전소의 방사능이 유출되었던 재앙을 되새기면서, 우리나라 원자력발전소의 핵 유출 위험에 대한 두려움이 표면화되었다가 가라앉기를 반복하고 있다. 원자력발전소는 핵에너지의 엄청난 힘을 활용하여 경제발전을 이루어 '우리도 한번 잘 살아보자'는 열망과 결합되어(유기쁨, 2015 : 40) 건설되었으나 이제 오히려 재앙의 근원이 될 수 있다는 위험을 느끼게 된 것이다. 마침내 원전 정책은 시민 공론에 부쳐졌고 시민들은 현재 건설 중인 신고리 원자력발전소 고리 5, 6호기는 계속 짓되, 앞으로 더 이상의 원자력발전소는 짓지 않아야 한다는 타협안을 결론으로 도출하였다.

이러한 결론은 국가 정책으로 확정되었으나, 다른 한편에서는 원자력발전을 대체하여 전기를 충분히 공급할 수 있는 방안이 있는지에 대해 의문을 제기하고 있다. 또한 탈원자력발전이 원전 수출에 걸림돌이 되어 앞으로 커다란 경제적 이익을 놓치게 되는 것이 아닌가 하는 우려는 여전하다. 또한 핵무기가 오히려 전쟁을 억제하는 장치가 된다고 주장하며, 한반도 비핵화를 포기하고 우리나라에 미국이 다시 핵무기를 배치하도록 해야 한다는 주장은 수면 아래로 가라앉았지만 언제든 다시 부상할 수도 있다.

핵 문제가 한반도를 둘러싼 핵심 쟁점이 되고 있는 요즈음에 핵으로 인한 재앙이 어떠한 것인지 다시금 명확하게 인식할 필요가 있다. 세계 주요 국가들이 계속 핵무기 개발 경쟁을 하고 있어 한반도뿐만 아니라 전 세계에 핵 위협이 일상화되고 있는 현재 상황에서 그 가공할 만한 파괴력에 대한 이해가 절실하다.

한반도에는 이미 미국이 1945년 8월 일본 히로시마와 나가사키에 투하한 원자폭탄으로 인해, 수많은 피해자들이 아무도 알아봐주거나 돌봐주지 않는 처절한 고통 속에서 외롭게 죽어갔으며, 그 슬프고 아픈 영혼들이 아직도 떠돌고 있다. "이들이 살아온 삶의 증언을 경청하고, 한평생에 걸쳐 겪은 핵으로 인한 죽음, 병, 절망, 괴로움, 한탄, 슬픔의 기억을 다시금 꺼내어 사회적으로 공유"(유기쁨, 2015 : 72)하여 핵의 가공할 만한 파괴력에 대한 인식을 확고히 함으로써, 한반도뿐만 아니라 전 세계가 핵전쟁의 공포로부터 벗어나야 할 것이다.

2. 한국의 원폭 피해자 드러내기

1945년 8월 일본에 투하된 원자폭탄의 피해자[1] 중 한국인 피해자는 히로시마에서 약 5만 명, 나가사키에서 약 2만 명으로 전체 약 7만 명에 달한다고 추정한다. 이 중 원자폭탄이 폭발하면서 생긴 섬광과 고열 그리고 이어 발생한 폭풍과 방사능으로 인해 원폭 투하 당시 즉사하였거나 혹은 그해 말까지 사망한 '피폭사'한 한국인은 히로시마에서 약 3만 명, 나가사키에서 약

---

1   원폭 피해자는 1945년 8월 6일 히로시마와 8월 9일 나가사키에서 일정구역(원폭 투하 지점에서 3km)에서 직접 원자폭탄 피해를 입은 직접피폭자, 원폭 투하 후 2주일 이내, 일정구역 이내에 들어간 입시피폭자(入市被爆子), 원폭 투하 당시 또는 그 후 사체 처리, 피해자 구조 등에 종사하며 원폭 방사능의 영향을 받을 만한 상황에 있었던 사체처리 및 구호활동 종사자이다. 이와 함께 위 원폭 피해자의 태아였던 사람으로 히로시마 원폭 피해자의 태아로 1946년 5월 31일 이전 출생자와 나가사키 원폭 피해자의 태아로 6월 3일 이전 출생자인 태내피폭자이다(대한민국 적십자사 홈페이지).

1만 명으로 전체 4만 명에 달했다고 추정한다(이치바 준코, 2003 : 33). 피폭당했으나 살아남은 사람들 중 2만 3천여 명이 귀향했는데, 지난 70여 년간 많은 피해자들이 쓰러져갔고, 2018년 5월 말 현재 총 2,299명(대한적십자사 등록자 기준)이 몸과 마음의 상처를 안은 채 한국에 생존해 있다.

　그러나 한국에 원폭 피해자들이 있다는 사실조차 잘 알려지지 않았고, 나아가 이들이 겪은 한평생에 걸친 고통은 아직도 외면받고 있다. 원자폭탄이 일본의 히로시마와 나가사키에 투하되자 일본은 항복했고, 우리나라는 36년의 일본 강점에서 벗어나 독립하게 되었다. 이에 따라 대다수 한국인들은 "원폭 투하가 종전과 민족의 해방을 앞당긴 것으로 인식해왔고, 침략자 일본이 천벌을 받았다고 생각"(정근식, 2005 : 14)했으며, 따라서 원자폭탄은 "신이 내린 은총의 선물"(곽귀훈, 2015 : 142)로 받아들여졌다. 그리하여 원자폭탄을 투하한 미국은 우리를 일본 압제에서 벗어나게 해준 은인으로 인식되었다.

　해방 후 미군정이 이어졌고, 또한 일본 압제에서 독립한 지 5년 만에 발발한 6·25전쟁에 미국이 주도하는 유엔군이 참전하여 북한군을 물리치고 38선 아래 국토를 지키자, 미국은 우리나라를 지켜준 '맹방'으로 받아들여졌다. 따라서 미국이 투하한 원자폭탄으로 인한 피해를 드러내는 것은 '은인'과 '맹방'인 미국에 대한 도전이 되는 것이었다. 미국에 도전하는 것은 북한에 동조하는 것으로 냉전 체제에서 가장 부정되는 집단인 '빨갱이'로 낙인찍히는 두려운 일이었다. 또한 일본과는 해방 이후 국교가 단절되어 원천적으로 일본에게 원자폭탄 피해의 책임을 물을 수 있는 길이 봉쇄되었고, 이는 1965년 한일협정이 체결되고 한일국교가 수립되기까지 20년간 이어졌다. 이러한 상황에서 우리나라에 사는 원폭 피해자는 오랫동안 잊혀지거나, 존재 자체가 부정되었다. 원폭 피해자들은 침묵을 강요당했다. 침묵하는 동안 수많은 피해자들이 누구의 도움도 받지 못한 채 '원폭증'으로 죽어갔다. 그들은 "침묵은 죽음"(Solnit, 2017 : 17)이었던 또 다른 집단이었다.

한반도에 원폭 피해자가 존재한다는 것을 인식하기 시작한 것은 원자폭탄이 투하된 지 13년 만이며, 6·25전쟁이 끝난 지 5년 만인 1958년 8월 3일자 『동아일보』에 실린 "최초의 원자병자(原子病者)—일본 히로시마에서 귀국한 17세의 소녀—한국에도 원자병(原子病) 환자가 있다"라는 기사를 통해서이다(장성환, 2017 : 45). 이 기사에서 정혁자는 3세 때 일본 히로시마에서 전신 화상을 입었는데 인골 가루를 발라 화상은 어느 정도 치료되었으나, 약 2년 전 중학교에 입학한 후 몸이 쇠약해지기 시작하더니 1년 전부터는 눈에 고름이 생기고 피부에 이상한 증세가 나타나서, 나병으로 오인했으나 원자병과 유사하다는 진단을 받았다고 보도했다. 정혁자는 한국에서 처음으로 원자병으로 진단받았으나, 아버지는 6·25전쟁에서 이미 사망했고 어머니가 남의 집 날품팔이로 연명하고 있는 형편이어서 죽을 날만 기다리고 있다는 내용이었다.[2]

그 이후 원폭 피해자인 전라북도 전주의 고등학교 교사 곽귀훈은 『한국일보』에 1959년 8월 7일부터 10일까지 「히로시마회상(広島回想)」이라는 제목으로 피폭 체험기를 4회 연재하였다. 곽귀훈은 일본군에 끌려가 훈련을 받던 중 원폭이 투하된 상황과 피폭 순간, 귀국하기까지 목격한 많은 참상 등, 이 땅의 젊은이들이 겪어야 했던 수난을 기술하였다(곽귀훈, 2013 : 141). 곽귀훈은 한일회담이 진행되던 1962년 외무부에 단신으로 찾아가 담당관에게 면담을 신청하였으나 거부당했고 전화 연결만 허락받아, "한일회담에서 우리 동포의 원폭 피해 사실을 반영해서 상응한 성과를 내달라"고 건의하였다(곽귀훈, 2013 : 142). 그러나 이러한 기사와 기고는 한국사회에서 원폭 피해자 개인의 경험으로 한정되었고 개인적인 노력은 묵살되어 수많은 원폭 피해자

---

2   이 기사는 오류를 범하고 있다. 17세 소녀는 '최초의 원자병자'가 아니라 원자병으로 병원에서 최초로 진단을 받은 사례이다. 이미 수많은 원자병자가 있었고 사망했다.

집단에 대한 관심으로 나아가지 못했다.[3]

집단으로서 한국 원폭 피해자들의 존재는 1964년 한국원자력병원이 보건소와 도립병원을 통해 203명의 피폭자가 있다는 것을 처음으로 밝혔다. 이어 히로시마에 살고 있는 재일교포들이 한국 원폭 피해자들에게 관심을 가지기 시작하였다. 재일교포들은 바로 자신의 가족과 친지들이 원폭 피해를 당한 후 아픈 몸을 이끌고 귀향하는 것을 목격하여 이들에 대해 관심을 가지게 된 것이다. 1965년 5월 17일 재일본대한민국거류민단 히로시마현 지방본부가 25명의 '한국인피폭자실태조사단'을 한국에 파견하였다. 이들은 1개월에 걸쳐 각지에서 피폭자를 만나 실정을 파악하고, 일본의 피폭자 원호 상황을 전하고, 보건사회부, 원자력병원, 대한적십자사 등을 방문하여 한국인 피폭자의 실태조사와 의료 지원을 호소했고(이치바 준코, 2003 : 42), 자신들이 조사한 내용을 보고서 『버려진 재한피폭자』로 출판했다.

그 이후 다시 10년이 지난 1974년에 이르러 공덕귀가 이끄는 한국교회여성연합회가 피해자들에게 관심을 가지기 시작했는데, 1978년 신세계백화점에서 원폭 피해자들의 처참한 현실을 보여주는 사진전을 개최하였고, 1984년에는 '한국원폭피해자협회'(이하 '협회')의 협조를 받아 실태조사를 실시하고 그 결과를 책으로 출간하였다. 이 책자에는 '한국인 원폭 피해자를 구원하는 시민회(韓國の原爆被害者を救援する市民の會)'(이하 '일본시민회')가 실시한 「한국원폭피해자 실태(보충)조사」(1984)도 함께 수록되었다. 또한 한국교회여성연합회는 1989년 원폭 피해자의 처참한 피해를 생생하게 드러내는 사진집, 『그날 이후』를 출간하였다. 한국교회여성연합회는 미국, 일본, 서독 등 국내외의 개인과 단체들에게서 모금을 하는 한편, 세브란스병원과 의료계약을

---

3   "그 체험기를 발표한 지 50여 년이 지났지만 어느 누구한테도 체험기를 읽었다는 말을 들어본 일이 없고 기타 언론매체들도 이 체험기를 한 줄 인용조차 하지 않았다. 말하자면 완전 묵살된 것이다."(곽귀훈, 2013 : 141)

맺어 1975년 26명, 1976년 29명, 1977년 34명, 1978년 66명, 1979년 123명, 1980년 98명, 1981년 86명, 1982년 116명을 치료해주었고, 피폭자 자녀 약간 명에게 학비를 지급해주는(한국교회여성연합회, 1984, 이우정의 서문) 지원사업을 실시하였다.

'협회'는 1985년 27쪽의 자료집『한국피폭자들의 현황』을 발간하였다. 그후 1991년 한국보건사회연구원이 피폭자로 인정된 2,307명 중에서 1,982명을 대상으로 건강상 후유증과 의료 이용에 대한 실태조사를 실시했고(송건용 등, 1991 : 63~65), 2004년 국가인권위원회는 원폭 피해자 1세 1,256명과 2세 1,226명을 대상으로 피해자와 가족의 건강과 관련된 상황을 조사했다. 그밖에 백옥숙이 2004년 원폭 피해자 1세 753명을 대상으로 인적사항 및 피폭 장소, 연령, 도일 사유, 건강수첩 소지 유무, 원호수당, 정부 원호시책 만족도 등에 대하여 조사했다. 경남발전연구원은 2013년 경상남도에 거주하는 원폭 피해자 1세, 2세, 3세를 대상으로 설문조사를 실시하고 피폭 당시의 상황, 생활과 질병 실태, 복지 요구사항을 조사하여 분석했다. 이와 같이 실태조사는 의료적 피해상황과 조사 당시의 생활실태에 관한 조사를 중심으로 이루어졌고, 대부분 원폭 피해자임을 확인하기 위한 원폭 전후의 상황에 대한 조사에 집중되었다.

그 밖에, '협회' 3대 회장이었던 신영수(1986)가 일본을 향해 피해자로서 겪는 어려움을 호소하며 지원을 요청하였다. 한국교회여성연합회 회장 이우정(1976)과 가와이 아키코(1990)와 이치바 준코(1999) 등 원폭 피해자를 돕는 활동가들도 잡지와 신문에 한국의 원폭 피해자의 고통을 호소하는 글을 기고했고, 기자와 기고가들이 간간이 잡지(김동현, 1973; 문일석, 1983; 이성주, 1990; 정희상, 1995; 황은순, 강달해, 2015)에 원폭 피해자들의 현실을 고발하고 지원의 필요성을 강조했다.

무엇보다도 피해자의 구술을 바탕으로 작성한 생애사는 어떠한 실태조사와 글보다도 생생하게 피해자들의 육체적, 정신적인 고통과 비참한 삶을

드러냈다. 가장 대표적인 기록은 언론인 박수복이 전국에 흩어져 사는 원폭 피해자를 한 사람 한 사람 찾아가 만나고 그들의 구술을 바탕으로 1975년에 출간한 책『소리도 없다 이름도 없다』이다. 이 책에는 원폭 피해자 23명의 삶의 기록이 실려 있으며 일본에 번역 소개되었다. 이보다 먼저 1965년 한일협정 체결 이후 한국의 원폭 피해자를 방문하고 그들의 곤경과 고통을 나누면서 기록하여 책『차별과 편견(差別と偏見)』(1972)을 출간한 바 있는 일본 언론인 히라오카 다카시[4]가 작가 표문태에게 한국인 원폭 피해자에 대해 관심을 갖기를 권유했으며, 이에 따라 표문태는 재일 한국인 원폭 피해자를 인터뷰하고 기록한 14사례와 히라오카 다카시의 책『차별과 편견』일부를 한국어로 번역한 것을 함께 엮어, 1986년에 책『버림받은 사람들』을 출판했다.

2005년에는 정근식과 진주가 주로 호남지방에 거주하는 피해자들 21명을 찾아가 증언을 기록하여『고통의 역사』로 출간하였고, 국무총리실 소속 일제강점하강제동원피해진상규명위원회(2008)는 히로시마와 나가사키에 강제동원되었다가 원폭 피해자가 된 20명의 원폭 체험을 사례로 기록하였다. 2011년에는 '협회'가 발간한『한국원폭피해자 65년사』(이하『65년사』)에도 원폭 피해자들의 개개인이 겪은 생생한 증언을 51사례 수록하였다. 그 밖에도 2012년 국사편찬위원회가 8명의 남녀 원폭 피해자의 구술을 수집했다. 2017년에는 창원대학교 경남학연구센터가 합천에 거주하는 23명의 원폭 피해자의 생애에 대한 구술을 수집했다. 이러한 한국의 원폭 피해자에 관한 선행연구는 피해자들의 원폭으로 인한 피해 상황을 드러내는 것이 중심이 되었다.

---

4 히라오카 다카시(平岡敬)는 일제강점기에 함흥에서 태어나 조선에서 20여 년을 살았다. 일제 패망 후 일본으로 귀국하여 히로시마에서 언론인으로 활약하다 서일본 방송망을 관장하는 주고쿠(中國)방송국 사장을 지냈고 후에 히로시마 시장이 되었다. 한국에 관한 저서가 여러 권 있는데 그 대표작이『偏見과 差別』이다(표문태, 1986 : 9; 정근식, 2005 : 61). 히라오카 케이로 명명된 자료가 많이 있으나 이치바 준코에 의하면 잘못된 발음이다.

일본에서도 한국인 원폭 피해자의 비참한 상황을 고발하는 실태조사 결과가 발표되었다.[5](이지영, 2014 : 236) 1970년 나가사키 피폭자 중 소수인에 대한 저서(西村豊行, 1970)에 일본 부락민과 중국인과 함께 한국인 피해자에 대한 내용이 부분적으로 수록되었고, 히라오카 다카시는 한국 원폭 피해자에 관한 선구적인 저서『차별과 편견(差別と偏見)』을 1972년 출판하였다. 1973년에 초판이 발행된 박수남(朴壽南)의『조선, 히로시마, 반일본인(朝鮮, ヒロシマ, 半日本人)』은 재일조선인의 삶에 대한 기록인데, 이 중에 원폭 피해자의 사례가 수록되어 있다.

1980년대에 일본에서는 재일교포와 한국인 원폭 피해자들에 대한 관심이 높아져 여러 서적이 출판되었다. 1982년 가마다 사다오(鎌田定夫)는『피폭 조선인·한국인의 증언(被爆 朝鮮·韓國人の証言)』에서 일본과 한국에 있는 한국인 피폭자들의 증언과 원폭 피해자 운동에 관한 증언을 수록하고, 한국인들이 원폭 투하 당시 히로시마와 나가사키에 살게 된 배경 등에 대한 설명을 하며, 30여 년간 한국 피폭자들이 아무런 도움이나 치료를 받지 못하고 어렵게 살아가는 것을 고발했다. '히로시마·나가사키 증언 모임(広島·長崎證言の會)(1986)'은 한국 원폭 피해자들이 피해를 당한 상황과 피해에 대한 간단한 설명과 함께, 일본 사람들에게 자신들이 겪고 있는 육체적인 고통과 경제적인 어려움을 호소하고 치료와 도움을 받고 싶다는 의사를 전달하는 내용을 수록한 간행물을 출간했다. 1987년에는 '일본시민회'가 세 명의 한국 피폭자의 수기를 출판했고, 한국인 원폭 피해자에 대한 사진집 두 권이 잇따라 출간되었다. 야마모토 마사후미(山本將文, 1987)와 이토 다카시(伊藤孝司, 1987)의 사진집인데, 한국의 원폭 피해자들의 사진을 원폭 피해 상황에 대한 간단한

---

5 허광무(2004 : 117)는 원폭 피해의 역사적 배경과 일본 정부의 책임 문제, 법적 보상 문제에 집중되어 있다는 점에서 일본의 연구서들의 논점 및 문제의식이 국내에서의 다양한 연구와 큰 차이가 없다고 주장한다.

기술과 함께 수록했다. 이어 1988년 '재한 피폭자 문제 시민의회(在韓被暴者問題市民會議)'도 한국의 피폭자 문제에 대한 논의, 한국인 피폭자들의 증언, 지원운동의 현황과 과제를 싣고, 이와 함께 한국원폭피해자운동에 관련된 일본 자료와 목록을 수록했다.

이치바 준코[6]는 2000년 원폭 피해자 중 가장 피해자 숫자가 많은 합천 출신 원폭 피해자에게 관심을 가지고 일제강점기 합천 사람들의 생활상과 일본으로 건너갈 수밖에 없었던 이유는 무엇이었는지, 그리고 일본에서는 어떠한 삶을 영위했으며, 피폭 이후 한국에서 또는 일본에서 어떻게 살아왔는가를 고찰하여 책『히로시마를 가져온 사람들 : 「한국의 히로시마」는 어떻게 태어났는가(ヒロシマを持ちかえった人々 : 「韓国の広島」はなぜ生まれたのか)』를 일본에서 출판하였고 우리나라에는 2003년 번역되어『한국의 히로시마』로 출판되었는데, 이 책에도 원폭 피해자들의 사례가 수록되어 있다. 가와타 후미코(2014)가 기록한 '식민지 전쟁 시대를 살아낸 할머니들'에 관한 책에는 재일교포 피해 여성 사례가 포함되어 있다.

최근 우리나라에서는 원폭 피해자들의 피해 실태에서 한 걸음 더 나아가 피해자들을 위한 복지제도에 대한 문제점과 개선에 관한 연구가 석사학위 논문으로 비교적 활발하게 이루어졌다(백옥숙, 2004; 손종민, 2006; 강수한, 2011; 성락승, 1999, 김정경, 1993). 또한 그동안 전개된 피해보상운동에 대한 연구도 이루어졌는데, 김기진(2012)과 조유리(2008)와 장성환(2017)은 히로시마 원자폭탄 투하와 이에 따른 한국인 피해와 보상운동에 대해 개괄하여 기술하였고, 1965년 한일청구권협정과 관련한 한국 원폭 피해자에 관한 연구(송진숙,

---

6 현재 '일본시민회' 회장. 한국의 원폭 피해자를 돕기 위해 한국말까지 배우고 40년이 넘게 한결같이 한국 원폭 피해자를 돕는 일을 하고 있다. 우리나라 원폭 피해자들이 한국에서도 보상을 받을 수 있게 되는 결정적인 판결을 끌어낸 곽귀훈 소송을 제안했고 남편의 지인들로 변호인단을 구성하여 적극 지원하며 승소하는 데 지대한 역할을 했다(정근식, 2005 : 65~66).

2012) 또한 이루어졌다. 진주(2004)는 원폭 피해자의 증언 과정과 증언에서 드러나는 역사적 경험에 대한 기억의 구성에 대해서 분석했고, 오은정(2013)은 한국 원폭 피해자가 일본 정부로부터 공식적으로 원폭 피해자(히바쿠샤, 被暴煮)로 인정받는 과정에 과학, 정치, 관료제가 상호작용하고 있음을 밝혔다. 또한 일본 정부를 상대로 제기한 곽귀훈 소송에 대해 자세히 기록되어 있다(국사편찬위원회, 2005a; 2005b; 2005c). 일본에서도 한국 원폭 피해자가 일본 정부를 상대로 제기한 소송에 관한 연구가 이루어졌으며(이지영, 2014 : 236), 또한 한·일 원폭 피해자의 연대에 관한 연구(이지영, 2017)가 이루어졌다.

한편 한국 원폭 2세 환우에 대한 관심이 커지기 시작하고 있는데, 일찍이 박수복(1986)이 이들에 대해 관심을 가지고 실태를 조사하여 책『핵의 아이들』을 출판했고, 최근에는 아시아평화인권연대(2006)가 펴낸 한국 원폭 2세 환우 증언록이 출간되었으며, 또한 이들이 겪는 고통과 활동에 대한 연구가 이루어졌다(박성실, 2015; 장성환, 2017). 원폭 피해자 2세 환우인 김형률의 전기와 그의 활동에 대한 기록이 책으로 엮어져 출판되기도 했다(김형률, 2015).

3. 선행연구에 나타난 원폭 피해 여성들

우리나라 원폭 피해자 실태조사는 대부분 남성과 여성 피해자를 구별하지 않고 조사를 실시하여 여성들만이 겪는 어려움은 미미하게 드러나 있다. 1984년 한국교회여성연합회가 발간한 한국 원폭 피해자에 관한 설문조사 보고서에서 원폭 피해 여성은 임신에 어려움을 겪고 빈번하게 유산을 한다는 내용이 기술되어 있다. 한국교회여성연합회 보고서와 함께 묶여 출간된 '일본시민회'가 실시한 실태(보충)조사(한국교회여성연합회, 1984) 결과에 여성피폭자가 월경 불순을 호소한 경우가 있음을 보고했다. 1991년 한국보건사회연구원이 실시한 실태조사에서는 여성 피해자의 경우 건강과 생활상의 어려움뿐만 아니라 결혼에서 어려움을 겪고 있다는 내용을 간단히 기술했다.

국가인권위원회(2004)는 주로 건강 문제에 대해 실태조사를 하였는데, 원폭 피해자 1세의 경우에는 전체적으로 남녀 구별 없이 조사결과를 도출했다. 다만 원폭 피해자 2세 중 여성들의 경우 빈혈과 알레르기, 위십이지장궤양, 류머티즘 질환, 우울증을 호소하였고, 백혈병, 간암, 갑상선암, 위암, 유방암, 자궁암, 뇌종양 등의 암 병력이 있다(국가인권위원회, 2004 : 102)고 기술했다. 그리고 원폭 피해자 2세 중 여성은 같은 연령대 일반 여성에 비해 심근경색·협심증 89배, 우울증 71배, 유방양성종양 64배, 천식 23배, 빈혈 21배, 정신분열증 18배, 위·십이지장 궤양 16배, 간암 13배, 백혈병 13배, 갑상선 질환 10배, 위암 6.1배, 뇌졸중 4.0배, 당뇨병 4.0배, 고혈압 3.5배로 높게 나타났으며, 유방암, 자궁암 등에서는 통계적으로 의미 있는 차이가 나타나지 않았다는 것(국가인권위원회, 2004 : 152)을 밝히고 있을 뿐이다.

정근식(2005)이 실시한 연구의 면담자 21명 중 여성은 4명이었는데, 면담 결과에 남성들은 피폭 당시 전쟁 참여와 상관없이 전쟁 상황과 객관적으로 알려진 정보를 이야기하려는 경향이 강한 반면,

> 여성들은 남성들보다는 원폭을 당한 가족에 대한 이야기 비중이 많으며 원폭 후 가족들이 어떻게 지냈는지에 대한 이야기나 결혼과 배우자에 대한 이야기, 그리고 자녀를 낳아 키우면서 살아온 이야기들을 비교적 오랫동안 이야기하며, 원폭당시 수많은 사람들이 다치고 혼란스러운 상황에서 목격한 많은 여성들의 모습을 묘사하면서 '남자 같으면 얘기하는데 여자한테는 이야기 안 할라고 했는데, 요새 여자들은 이해를 하니까'라며 이야기를 한다……. 원폭으로 인해 신체적 결함이 생겼다는 이야기나 몸의 상처를 거리낌 없이 보여주는 행동을 한다

고 하였으나, 이에 대해 자세히 기술하지 않았으며, 면접 대상자의 증언 기록에서는 성별을 명기하지 않을 정도로 성별에 무관심했다. 오히려 이러한

내용의 증언이나 행동이 "면접자가 젊은 여성이라는 것을 전혀 고려하지 않음을 보여준다."(진주, 2004 : 68~69)고 하여 젊은 여성 면접자가 듣거나 보는 것이 불편했음을 드러낸다.

『동아일보』 기사에 나타난 정혁자 외에, 한국의 여성 원폭 피해자 개인에 대한 기록이 처음 등장한 것은 일찍이 한국인 원폭 피해자를 찾아내어 도운 일본 언론인 히라오카 다카시가 1966년에 한국을 방문하고 만난 피해자 중에 포함된 여성 5명의 이름이다(표문태, 1986). 또한 김동현(1973)이 쓴 르포 기사에서 10명의 여성 원폭 피해자에 대해 기술하였고, 박수복(1975)의 구술 채록집에 여성 10명이 포함되어 있다. 김재근(1976)은 6명, 이우정(1976)은 5명, 문일석(1983)은 8명, 이치바 준코(1999/2000)는 10명, 정근식(2005)은 4명의 여성 원폭 피해자에 대해 기술하였다. 『65년사』(2011)에는 24명의 여성 생애사가 수록되었으며, 합천원폭피해자복지회관(이하 복지회관)의 기관지 『원폭』에 7명의 여성 거주자가 원폭 피해와 관련하여 구술한 내용이 실려 있다. 또한 국사편찬위원회(2012)가 실시한 구술 사례 중 2사례가 여성 원폭 피해자이다.

표문태는 일본인 히라오카 다카시의 자극을 받아 재일교포 피해자를 중심으로 인터뷰했는데 여기에 5명의 여성이 포함되어 있고, 가와타 후미코(2014)가 3명의 재일교포 여성 원폭 피해자의 생애사를 기록하고 있다. 박수남(朴壽南)(1983)은 재일조선인의 삶에 대하여 기록했는데, 이 중에 여성 원폭 피해자의 7사례가 있으며 그중 4사례만이 원폭 피해와 관련하여 기술했다.[7]

1980년대에 일본인들이 한국의 원폭 피해자에 대한 관심을 가지고 출판한 책 중 히로시마·나가사키의 증언 모임(1986)이 발간한 『일본 사람에게(ﾞ

---

7 나머지 3사례 중 1사례는 원폭 피해 전의 일본으로 가게 된 배경과 열악한 상황에 대해 기술하였고, 다른 1사례는 태내 원폭 피해자로 피해를 입었으나 별다른 '원폭증'의 징후가 없어 원폭 피해자라는 생각을 하지 않고 사는 사례도 수록하였다. 나머지 1사례는 일본에 귀화한 원폭 피해자 사례로 귀화 과정과 삶에 대해 기술하였고, 원폭 피해자의 아내 1사례도 수록되어 있다.

ルボサラムへ)』에는 여성 23사례가 수록되어 있는데 간단한 원폭 피해 상황과 함께 일본 사람들에게 치료와 도움을 요청하는 내용이다. 1987년 '일본시민회'가 출판한『히로시마로 : 한국의 피폭자의 수기(ヒロシマへ : 韓國の被爆者の 手記)』는 3명의 여성 원폭 피해자가 자신의 생애사를 비교적 자세히 기술한 수기집이다. 1987년에 출간된 한국인 원폭 피해자에 대한 사진집 두 권 중, 야마모토 마사후미(1987)에는 18명, 이토 타카시(1987)에는 47명의 원폭 피해 여성들의 사진이 원폭 피해 상황에 대한 간단한 기술과 함께 수록되어 있다.

이 중에서 박수복(1975)의 10사례, 표문태(1983)의 5사례(재일교포), 재한피폭자문제시민회의(在韓被暴者問題市民會議) 편(1988)의 1사례, 정근식(2005)의 4사례, 국무총리실 소속 일제강점하강제동원피해진상규명위원회(2008)의 1사례, 가와타 후미코(2014)의 3사례(재일교포),『65년사』(2011)의 24사례, 합천원폭피해복지회관의 기관지인『원폭』의 7사례, '일본시민회'(1987)의 3사례, 국사편찬위원회(2012)의 2사례 등, 총 60사례의 원폭 피해 여성의 구술생애사 또는 수기가 기록되어 있다.[8](표 1 참조)

이들의 증언은 원폭이 투하되던 당시의 기억과 그로 인한 육체적 고통에 관한 것으로, 원폭 피해자들이 당하고 있는 고통을 덜어줄 도움을 바라는 울부짖음의 기록으로 남아 있다. 비교적 최근에 수집된 원폭 피해자의 증언도 대체로 원폭 투하 당시 상황과 피해에 관한 것이 주요한 내용이나, 원폭 피해 여성들이 겪은 원폭 피해에 관련된 사실 뿐만 아니라, 이와 함께 가난과 가부장제의 엄혹한 현실에서 삶을 헤쳐 나온 전 생애에 걸친 내용이 포함되어 있어 의미가 크다.

---

8   창원대학교 경남학연구센터 편,「합천 원자폭탄 피해자 구술사업 결과보고서」(2017)에 수록된 23사례 가운데 18사례의 여성 피해자의 구술이 포함되어 있다. 이중 16사례는 복지회관 거주자로 이 연구의 33사례와 대부분 겹치는데, 필요한 부분을 인용하였다. 이 사례들 중 일부만 실명이 밝혀져 있고 대다수가 익명으로 기재되었는데, 익명인 경우 구술자의 이름 없이 인용하였다.

[표 1] 선행연구의 생애 구술기록 원폭 피해 여성

순서	연구자(출판연도)	이름(나이, 생년)	인원(명)
1	박수복(1975)	심학수, 김정순/주명순[모녀], 정임술/이재임[모녀], 정용분(56세), 이정자(45세), 이정수(1920년생), 이영균(34세), 손귀달(1930년생)	10
2	표문태(1986)	김말순(가명, 60세), 정순남(57세), 신복수(62세), 권중판(76세), 정문옥(1924년생)	5 (재일교포)
3	일본시민회(1987)	최영순(1928년생), 이옥순,(1933년생 추정) 엄분연(1929년생)	3
4	在韓被暴者問題市民會議 편 (1988)	김분순(1926년생 추정)	1
5	정근식(2005)	안정숙(1936년생), 전소자(1937년생), 김복수(1943년생), 노귀엽(1933년생)	4
6	국무총리실 소속 일제강점하강제동원피해진상규명위원회(2008)	하위년(1928년생)	1
7	한국원폭피해자협회 (2011)	하서운(1928년생), 변연옥(1936년생), 남화자(1934년생), 오재봉(1933년생), 임일생(1933년생), 최순례(1937년생), 허종순(1931년생), 강이조(1929년생), 유한순(1932년생), 조경숙(1937년생), 김달람(1923년생), 유송자(1940년생), 유삼이(1924년생) 유필연(1940년생), 구순임(1937년생), 유갑연(1939년생), 이수용(1928년생), 엄분연(1929년생), 안월선(1930년생), 정분선(1929년생), 백두이(1928년생), 김일선(1932년생), 최봉선(1930년생), 이일수(1930년생)	24
8	국사편찬위원회(2012)	김일조(1928년생), 안월선(1930년생)	2
9	가와타 후미코(2014)	박남주(1932년생); 김남출(1929년생); 하해수(1924년생)	3 (재일교포)
10	잡지『원폭』	이수용(1928년생), 김일조(1928년생), 안월선(1930년생), 무궁화(가명)(1927년생), 송임복(1933년생 추정), 김전이(1923년생), 이정숙(1936년생)	7
총계			60

* 나이는 각 출판물에 표기된 것에 따랐으며, 출생연도로 표기한 경우는 출생연도로, 나이로 표기한 경우는 나이로 표기했다. 나이가 표기되지 않은 경우도 있고, 중복된 여성 중 다르게 표기된 경우도 있다.

4. 합천원폭피해자복지회관 거주 원폭 피해 여성에 대한 조사

2017년 7월 현재 합천원폭피해자복지회관[9]에는 99명의 원폭 피해자가 거주하고 있는데, 이중 77명이 여성이다. 이들 중에서 치매 증상 등으로 인터뷰가 어려운 여성을 제외하고 33명의 원폭 피해 여성들을 면담하고 이들의 전 생애에 걸친 삶의 여정을 듣고 채록하였다.

면담은 1~4차례 이루어졌는데, 1차 면접은 2017년 7월부터 10월까지 주로 복지회관 1층에 마련되어 있는 면회실에서 2시간 내외로 실시했다. 10월 말에는 복지회관의 양해를 얻어 일부 방으로 찾아가서 추가 질문을 했다. 2018년 3월에 다시 방문하여 방으로 찾아가 3차로 추가 질문을 했고, 2018년 8월과 11월 다시 최종적으로 보완 질문이 필요한 대상자를 면담했다. 인터뷰는 반구조화된 질문지를 기본으로 하였는데, 조사대상자들에게 살아온 삶에 대해 알고 싶다고 요청하여 자신들이 말하고 싶은 부분부터 먼저 구술하도록 했고, 그 이후 질문지의 항목에서 빠진 부분을 보충 질문하였다. 원폭 당시의 기억이나 피해 상황은 물론 그 이후 지금까지의 생애를 전반적으로 구술하도록 요청했다. 구체적으로 일본으로 이주, 일본에서의 생활, 부

---

9 1990년 노태우 대통령이 일본을 방문했을 당시 한일정상회담에서 재한원폭피해자복지사업을 위해 양국 정부가 각 40억 엔을 지원하기로 합의했고, 이 원폭피해자복지기금 관리를 대한적십자사에 위탁하였다. 이 기금을 바탕으로 1993년 대한적십자사는 원폭복지사업소를 개소했고, 1995년 경남 합천군 합천읍 영창리 439번지에 복지회관을 착공하여, 5,439m²(1,649평), 건평 2,640m²(800평)의 지하 1층, 지상 3층으로 완공하고 1996년 10월 18일에 개관하였다. 2009년에는 증축 준공하여 정원을 80명에서 110명으로 증원(경남발전연구소, 2013 : 41)했다. 복지회관은 "한국에 거주하는 원폭 피해자 중 원폭으로 인한 질병 또는 장애로 거동이 불편하거나 생활이 어려운 분들을 수용하여, 노후 생활의 안정과 각종 치료 사업을 통해 건강증진을 도모하여 편안하고 행복한 여생을 보내도록 하기 위해 설립된 시설로서 현재 운영 중이다"(합천원폭피해자복지회관, 2007 : 58).

모와 형제자매, 원폭 피해와 귀향 그리고 귀향 이후 결혼생활과 자녀에 관한 것까지 생애 전반에 관한 것이다.

구술하는 자신의 생애를 기록하는 것은 침묵되거나 지워진 기억과 경험을 현재의 시점에서 역사화하는 새로운 '역사 만들기'(김성례, 2012 : 23)이다. 또한 이는 여성 이야기가 무시되어왔던 사회에서 여성 경험에 대한 재평가이자 가치 부여인 동시에, 역사를 만들어가는 적극적 행위자로서 여성을 부각시키는 일이며, 개인적이고 주관적인 경험이 공적이며 정치적인 활동만큼이나 중요하다는 사실을 입증하는 작업(Scott 1999 : 17~20; 윤택림, 2012 : 157)으로 그 의미가 크다.

5. 연구대상자의 범위와 일반적인 배경

1) 연구대상자의 범위

이 책은 복지회관에 거주하는 33명의 면담 결과를 분석의 기본 골격으로 했다. 그러나 복지회관 거주 여성 피해자와의 면담이 이루어진 2017년은 원폭이 투하된 지 72년이 지난 시점으로 면담자들이 원폭 피해를 직접 겪었든 간접적으로 들었든 간에 그에 대한 기억도 흐려지고, 원폭 피해를 경험한 것이 어린 나이였으므로 구술에 한계가 있음을 부인할 수 없다. 따라서 기존의 생애사로 구술 또는 수기 형태로 기록이 남아 있는 원폭 피해 여성 60명(표 1 참조) 중 이중 삼중으로 중복된 사례를 정리하면 49명의 삶에 대한 기록이 남아 있는데, 이를 면담 조사의 보완자료로 활용하여, 원폭 피해 여성들의 삶의 실체에 보다 가까이 다가가고자 하였다. 이 여성들의 구술 내용이 일관성은 결여되어 있으나, 복지회관 조사대상자의 구술을 보완하는 자료로 활용하였다. 결과적으로 기존 구술과 수기 자료를 보태어, 총 82명의 여성 원폭

피해자들의 생애에 대한 기록을 분석했다.

82사례 중에서 나가사키에서 피폭당한 경우는 5사례로, 나머지 대다수가 히로시마에서 피폭당하여 이 연구는 히로시마를 중심으로 기술했다. 복지회관에 거주하는 조사대상자 33명은 가명이며, 선행 자료에서 이미 생애 구술담이나 수기가 중복되어 출간된 경우에는 선행연구에 표기된 실명 또는 가명 그대로 사용하였다.

그 외에도 기존 연구에서 원폭 피해자로 자신의 아픔을 증언한 단편적인 기록도 보완 자료로 일부 활용하였다. 또한 박수복(1975)과 표문태(1983), 잡지 『원폭』 등에 기술된 사례 중에서 현재에 다시 기억할 필요가 있다고 판단한 사례를 부분적으로 재수록했다.

2) 일반적 배경

복지회관에 거주하는 조사대상자들 중에서 가장 나이가 많은 분은 2018년 현재 95세이고 가장 나이가 적은 분은 74세였다. 90대가 3명, 80대가 17명, 70대가 13명이다. 조사대상자 중에서 2명이 실제 나이가 주민등록에 기입되어 있는 나이보다 1, 2세 더 많다고 했는데, 당시는 영아 사망률이 높았으므로 생존할 수 있을지 몰라서 출생신고를 늦게 했기 때문이라고 한다. 1명은 실제 나이가 주민등록보다 2세 낮았는데, 출생신고를 한 언니가 죽고 난 후 사망신고를 하지 않아, 2년 후에 태어난 자신이 언니의 신분으로 산 경우이다.

복지회관 거주자 외의 분석대상자의 연령 분포는 2018년 현재로 나이를 환산한 것인데, 80대가 가장 많고 70대가 그 다음을 차지하고 있다. 다만 90대의 숫자가 많은 것은 박수복(1975)과 표문태(1986) 책의 구술자 나이대가 높았던 것에 기인한다. 표문태 연구의 구술자 중에는 나이를 환산하면 100세를 넘긴 대상자도 있다(표 2 참조).

[표 2] 선행연구 생애구술기록 원폭 피해 여성의 연령(2018년 기준)

연구자 연령대	복지회관	박수복	표문태	정근식	협회	후미코	진상 조사위	잡지 『원폭』	시민회의	일본 시민회	계
100 이상	0	0	1	0	0	0	0	0	0	0	1
90~99	5	2	3	0	4(3)	1	1	0(3)	0	2	18(6)
80~89	15	2	1	3	13(1)	2	0	0(1)	0	0(1)	36(3)
70-79	13	1	0	1	3	0	0	0	0	0	18
미상	0	5	0	0	0	0	0	0	3	1	9
계	33	10	5	4	20(4)	3	1	3(4)	1	2(1)	82(9)

* 괄호 속은 타 기록과 중복된 사례수.
** 중복자 8명 중 90대 1명과 80대 1명은 복지회관, '협회', 『원폭』에 3중으로 기록되었음. '협회'의 90대 1명과
80대 1명과 『원폭』의 90대 2명은 복지회관 조사대상자와 중복되어 기록되었음. '일본시민회'의 80대 1명은
'협회'에 중복되어 기록되었음.

복지회관에 거주하는 조사대상자들이 복지회관에 거주한 기간은 5년 미
만이 8명으로 가장 많고, 5년 이상 10년 미만과 10년 이상 14년 미만이 각각
7명이며, 15년 이상 20년 미만이 6명, 20년 이상 거주자가 5명으로(표 3 참조)
복지회관 거주 기간은 다양하다.

[표 3] 복지회관 거주 조사대상자의 거주 기간

거주기간	인원
20년 이상	5
15년 이상 20년 미만	6
10년 이상 15년 미만	7
5년 이상 10년 미만	7
5년 미만	8
계	33

복지회관 조사대상자 33사례 중 남편이 피폭자인 경우는 일본에서 결혼한 6사례와 한국에서 결혼한 3사례로 이들은 모두 원폭 투하 이후에 후유증상인 '원폭증'으로 고통을 받다가 사망하였다. 복지회관 조사대상자의 혼인상태는 이혼 1명, 별거 3명을 제외하고는 나머지 29명이 모두 사별하였다. 이혼한 1사례는 남편의 사업 실패로 위장이혼하였으나 실제로 이혼에 도달한 경우이다. 현재 별거 중인 3사례 중에서 1사례는 일찍이 남편이 다른 살림을 차려 20대부터 별거한 경우이며, 또 1사례는 복지회관으로 오면서 70대에 별거가 시작되었고 현재 남편은 병으로 요양원에 가 있다. 나머지 1사례는 첫 남편으로부터 이혼당하고 재혼하였는데, 재혼한 남편도 같이 사는 것을 거부하며 복지회관으로 가라고 해서 '후디끼(쫓겨)' 나와 60대에 별거하기 시작한 경우이다. 사별한 29사례의 경우 별거 후에 사별한 경우 1사례, 이혼한 후 재혼했다가 사별한 경우가 2사례 있다. 복지회관이 홀로 사는 피해자만 수용한다는 점에서 복지회관에 거주하지 않는 피해자들보다 홀로 된 경우가 많을 것으로 추정할 수 있다(표 4 참조).

[표 4] 복지회관 거주 조사대상자의 혼인상태

혼인상태		인원	
이혼		1	1
별거	별거	2	3
	이혼, 재혼 후 별거	1	
사별	별거 후 사별	2	29
	이혼, 재혼 후 사별	2	
	초혼 후 사별	25*	
		33	33

* 이 중 9사례가 남편도 피폭자

선행연구의 생애구술자 49사례 중 혼인상태를 알 수 있는 경우는 31사례인데 이 중 사별이 21사례로 가장 많았다. 남편이 피폭자인 경우는 12사례로 이 중 4사례는 원폭 당시에 사망했고 8사례는 원폭증으로 사망했다. 피폭자 남편이 사망한 1사례는 별거 후에 다시 재결합하여 결혼생활을 하다 사별했다. 재혼한 사례 중 1사례는 남편이 원폭 당시 사망했는데, 또 다른 피폭자인 남성과 재혼했다. 이혼한 사례는 모두 남편이 비피폭자였다. 미혼인 2사례는 심한 원폭증으로 결혼을 하지 못하였다. 선행연구의 생애구술자도 대다수(31사례 중 26사례)가 사별, 이혼, 미혼으로 홀로 살고 있었다(표 5 참조).

남편과 사별 또는 별거한 나이 대는 복지회관 거주 조사대상자 33명만이 알 수 있었는데, 이들 중 20, 30대에 이미 남편이 사망한 사례가 7사례이다. 별거 이후 사별한 2사례 중에 20대가 1사례, 30대가 1사례로, 20대부터 현재까지 별거하고 있는 1사례를 합치면, 3사례가 20, 30대 젊은 시절부터 남편과는 결별하고 독립해서 살았다. 따라서 20, 30대에 사별한 7사례와 별거한 3사례와 합치면 20, 30대부터 남편 없이 홀로 살았던 경우가 33사례 중 10사례로 3분의 1 가까이 된다. 또한 사별한 29사례 중 19사례가 60세가 되기 이전에 사별하여 대부분이 20년 전후의 기간을 홀로 살았다. 결과적으로 복지회관 조사대상자 대부분이 남편 없이 오랫동안 홀로 살았다(표 6 참조).

[표 5] 선행연구 생애구술기록 원폭 피해 여성의 혼인상태

혼인상태 연구자	사별				결혼생활		재혼	이혼(비 피폭자)	미혼	미상	계
	피폭 사망	'원폭증' 사망	비피폭자	미상	피폭자	비피폭자					
박수복	3	0	2	0	1	1	0	1	2	0	10
표문태	1	2	0	0	1	0	1*	0	0	0	5
정근식	0	0	1	0	0	0	0	0	0	3	4
총리실	0	0	0	0	0	0	0	0	0	1	1
시민의회	0	1**	0	0	0	0	0	0	0	0	1

일본 시민회	0	0	0	0	0	0	1***	0	0	1	2
협회	0	2	4	1	0	0	0	2	0	11****	20
후미코	0	2	0	0	0	0	0	0	0	1	3
잡지『원폭』	0	1	1	0	0	0	0	0	1	0	3
계	4	8	8	1	2	1	2	3	2	18	49
	21				3		2	3	2	18	49
	31									18	49

* 첫 남편은 피폭 사망했으나 피폭남성과 재혼한 사례.
** 별거 후 재결합.
*** 초혼 비피폭자 사망 후 비피폭자와 재혼
**** 10사례는 결혼한 적이 있으나 결혼 상태는 미상.

[표 6] 복지회관 거주 조사대상자의 남편과의 사별 연령

연령 ＼ 인원	사별당시 조사대상자 나이	사별당시 조사대상자 남편 나이
20대	3	3
30대	5	2
40대	5	4
50대	7	7
60대	4	4
70대	5	9
계	29	29

복지회관 거주 조사대상 33사례 전원이 원자폭탄이 투하되던 당시 히로시마에 거주하고 있었으며 히로시마에서 원폭 피해를 당했다. 선행연구의 생애구술자 49사례 중에는 어머니 정임술과 딸 이재임, 어머니 이정수와 딸 주명순, 노귀엽 등 5사례가 나가사키에서 피폭당했고, 이들을 제외한 43사례가 히로시마에서 원폭 피해를 당했다. 따라서 전체 82사례 중 77사례, 즉

대부분이 히로시마에서 원폭 피해를 당한 것이다.

복지회관 거주 조사대상 33사례 중 27사례가 자신 또는 친정부모나 남편 중에 합천이 고향인 사람이 한 명 이상으로, 절대 다수가 합천과 지역적 인연을 가지고 있다. 다른 지역 출신 6사례는 고령, 거창, 칠곡, 김해가 고향으로 합천과 인접한 지역이다. 선행연구의 구술자 49사례 중 출신지역이 표기된 경우는 44사례인데, 이 중 합천 출신이 21사례로 약 절반을 차지한다. 출신지를 알 수 있는 전체 77사례 중 58사례가 합천 출신이다.

복지회관에서 인터뷰한 피해 여성들 중에서도 합천 출신이 압도적인 다수를 차지하는 것은 복지회관이 합천에 위치하고 있어 입주가 용이했기 때문이라고 볼 수도 있다. 그러나 전체적으로 합천 출신이 유독 많은 것은 "1920년대부터 합천 출신 이주자들이 히로시마에 많이 정착했고, 이들이 혈연과 지연을 통해 지속적으로 이주를 확대하여"(정근식, 2005 : 15) 원폭 피해자 중에서 합천 출신의 비율이 높기 때문인데, 합천을 "한국의 히로시마"(이치바 준코, 2003)로 칭할 정도로 합천 출신 피해자가 많다.[10]

복지회관 거주 조사대상자 중 일본에서 태어난 경우가 15사례로 거의 절반에 가깝고, 이 중 1사례를 제외하고는 모두 히로시마에서 태어났다. 한국에서 태어난 경우 12사례가 합천에서 태어났고 나머지 6사례는 합천과 인접한 경남 지역에서 태어났다.

교육 정도를 살펴보면, 복지회관 조사대상자 33사례 중에서 초등학교 졸

---

10 히로시마에서 피해를 당한 피해자 중 다수가 합천 출신임을 근거로 이치바 준코는 합천을 '한국의 히로시마'로 명명하였다. 그러나 허광수는 합천을 "'한국의 히로시마'로 명명하는 것은 한국에도, 히로시마 속에도 일본인 피폭자와 똑같은 처지에 있는 이들(재한 피폭자와 재일조선인 피폭자)이 있다는 점을 알기 쉽게 전달하기 위해 써온 표현이라 생각한다. 그러나 한국에 거주하는 한국인 피폭자(재한 피폭자)나 재일조선인 피폭자를 히로시마와 오버랩시키는 순간 히로시마의 가해자로서의 모습은 사라진다. 이 점에 유의해야 함을 거듭 강조하고 싶다"(허광수, 2004 : 108)고 주장한다.

업 이상이 9사례에 불과하다. 가장 학력이 높은 경우가 일본에서 초등학교
를 졸업하고 2년제 고등과를 졸업한 경우이다. 무학이 13사례로 가장 많고,
초등학교 중퇴까지 학력을 가진 여성이 24사례로 약 72퍼센트에 달한다(표 7
참조). 일본에서 취학 적령기를 보낸 80대는 17사례인데, 이 중 무학이 8사례
이며 야간학교에 재학한 경우가 1사례로, 일본에서 초등학교를 중퇴하거나
졸업한 8사례를 제외하고는 귀향 후에 혼란과 가난으로 상급학교 진학은 물
론, 초등학교 교육도 제대로 받지 못했다. 이는 90대인 5사례 중에서 2사례
가 무학, 3사례가 초등학교 졸업이며, 그 중 1사례는 고등과를 졸업한 것에
비하면, 80대의 학력이 떨어진다. 80대의 경우 해방 이후 곧 초등학교와 중
학교에 취학할 나이였다.

[표 7] 복지회관 거주 조사대상자의 교육 정도

교육 정도	연령	70대	80대	90대	인원(명)	
무학		3	8	2	13	
한국 야간학교		2	1	0	3	
초등학교 중퇴	일본 초등학교	0	6	0	6	8
	한국 초등학교	1	0	0	1	
	한국 초등학교+야간학교	1	0	0	1	
초등학교 졸업 이상	일본 초등학교 졸업	0	1	2	3	9
	한국 초등학교 졸업	2	0	0	2	
	일본 초등학교 졸업+고등공민학교 중퇴	0	1	0	1	
	한국 초등학교 졸업+기술학교 재학	1	0	0	1	
	한국 초등학교 졸업+고등학교 1학기	1	0	0	1	
	일본 초등학교 졸업+2년제 상급학교 졸업	0	0	1	1	
총계		11	17	5	33	

70대는 한국으로 귀환하고 난 후에 적령기를 맞이했는데, 70대 11사례 중 한국에서 초등학교를 졸업한 경우가 4사례, 초등학교 중퇴 2사례로, 6사례만 학교 교육을 받은 경험이 있고, 그 외는 무학이 3사례이며, 야간학교에 다닌 경우가 2사례이다. 상급학교라 해도 기술학교와 고등학교 1학기 재학한 정도에 불과했다(표 7 참조). 일본에서 초등학교를 졸업하고 고등과나 고녀에 진학했던 사례가 있었던 것에 비하면 귀향 후 학교 교육은 더 열악했다. 야간학교가 경제적으로 어려워 정규학교를 다니지 못한 청소년들을 위한 배움터로 역할을 했는데, 3사례가 야학에서 배워 이름이라도 쓸 수 있었다.

선행연구에서 기술된 사례 중에서 정근식(2005) 연구에 수록된 4사례와 『65년사』(2011)에 수록된 20사례(복지회관 조사대상자와 중복된 4사례 제외)와 '일본시민회'의 2사례('협회' 생애구술자와 중복된 1사례 제외)와 국무총리실 소속 일제강점하강제동원피해진상규명위원회 1사례의 교육 정도가 표기되어 있는데, 총 27사례 중에서 무학에서 초등학교 중퇴까지 학력을 가진 사례가 18사례로 4분의 3에 달한다. 복지회관 거주 조사대상자와 합치면 학력이 밝혀진 총 60사례 중에서 무학에서 초등학교 중퇴까지 학력자가 41사례이며, 이는 약 3분의 2에 달하여 대다수를 차지한다.

선행연구에서 일본 초등학교를 중퇴한 경우가 12사례, 일본 초등학교를 졸업한 사례가 2사례, 일본 초등학교 고등과를 중퇴한 사례가 4사례, 일본의 고녀를 중퇴한 경우가 3사례로 일본에서 교육받은 경험이 있는 경우가 총 21사례인데, 복지회관의 11사례를 합치면 32사례가 일본에서 교육받은 경험이 있다. 선행연구에서 기술된 사례 중 한국에서 교육을 받은 사람은 야간학교를 2년 수학한 1사례와 초등학교를 중퇴한 1사례로 귀향하고 난 이후에는 제대로 교육을 받지 못했다.

『65년사』에 수록된 여성 사례들의 학력은 일본 초등학교 졸업 이상이 7명으로 비교적 높았는데, 이는 초기 '협회'를 이끌었던 고학력의 여성들을 중심으로 인터뷰를 진행하고 수록했기 때문이다. '일본시민회'가 발간한 수기를 쓴 2사례와 국무총리실 소속 일제강점하강제동원피해진상규명위원회에 실린 1사례가 일본의 고녀 중퇴로 고학력여성 3사례이고, 일본 초등학교 졸업이 1사례로 고학력에 속한다(표 8 참조).

[표 8] 선행연구 생애구술 원폭 피해 여성의 교육 정도

교육 정도 \ 연구자	정근식(2005)		협회(2011)		일본시민회		국무총리실		계
	70	80	70	80	90	80	90	90	
무학	0	0	2	0	2	0	0	0	4
한국야간학교 수학	0	0	0	1	0	0	0	0	1
초등학교 중퇴 일본초등학교	0	3	1	8	0	0	0	0	12
한국 초등학교	1	0	0	0	0	0	0	0	1
일본 초등학교 졸업	0	0	0	1	0	1	0	0	2
일본 초등학교 졸업 고등과 중퇴	0	0	0	4	0	0	0	0	4
고녀 중퇴	0	0	0	1	0	0	1	1	3
계	1	3	3	15	2	0	0	0	24
총계	4	6	6	30	4	1	1	1	53

* 복지회관 거주 조사대상자와 중복된 사례 제외.
** '협회' 무학자 4명은 추정

원자폭탄이 투하된 지 73년이 지난 현재, 원폭 피해 여성들은 모두 70대 이상의 고령이 되었고, 대다수가 80대 이상이었다. 혼인여부가 알려진 경우, 2명을 제외하고는 결혼 경험이 있고, 복지회관 거주 조사대상자 전원과 선행연구의 조사대상자도 대다수가 조사 당시 사별, 별거, 이혼 등으로 홀로 살고 있었다. 별거와 이혼의 경우, 남편은 비피폭자였다. 이 연구 대상자의 대부분이 히로시마에서 원폭 피해를 당했으며, 합천과 그 주변 출신이 가장 많았다. 학력은 대부분 무학 또는 초등학교 중퇴로 저학력이며, 일본에서 초등학교의 고등과와 고녀 등 상급학교에 진학한 경우가 있었다.

제1장

일본에서 살아가기

제1장 일본에서 살아가기

1. 한국인들의 일본행

1) 일본으로 가게 된 배경

일제강점 이후 한국 사람들은 조상 대대로 살아온 고향땅을 떠나 현해탄을 건너 일본으로 갔는데, 일제가 조선인들을 징병이나 징용으로 강제하여 전쟁에 나가게 하거나 노동력을 착취하기 위해 일본으로 이주시키는 것이 그 시초였다. 1929년부터 불어 닥친 세계대공황의 파장 속에서 일본은 침략전쟁을 일으켜 자본주의 체제의 위기를 타개하고자 했다. 일본은 1931년 9월에는 만주사변을 일으켜 중국의 동북지역을 점령하고, 이어 1939년 중일전쟁을 도발하면서 대륙 침략을 본격화했다. 이어 일본군은 동남아시아 일대까지 진출했고, 1941년 12월에는 미국의 해군기지인 진주만을 기습적으로 공격했다. 이로써 전쟁은 태평양 일대까지 확대되었다. 마침내 미국과의 전쟁을 벌이면서 전쟁은 총력전으로 전개되었고 따라서 지속적으로 군 인력을 동원해야 했고, 무기 등 군사물품을 조달해야 했다. 이에 따라 모든 인적, 물적 자원의 동원이 강제(한일여성공동역사교재 편찬위원회, 2005 : 143; 144)되었고, 한국 사람들이 여기에 강제로 이용된 것이다.

특히 히로시마는 침략전쟁의 군사수송기지이며 병참기지인 군사도시였으며 그 주변도시에도 군 관계 시설이 많아 노동력이 필요했고, 또한 도로나 수도의 확장공사, 하천의 보수공사나 해안의 매립, 또 산간지방에서는 히로시마 시내에 전력을 공급하기 위해 댐이나 발전소의 건설 등의 공사가 진행되어 히로시마는 노동력이 대량으로 필요하게 되었다(히라오카 다카시, 표문태, 1986 : 243; 이치바 준코, 2003 : 253).

한국의 원폭 피해 여성들은 히로시마가 필요로 하는 노동력을 충당하기 위해 강제동원된 사람과 연관을 맺고 있다. 즉 징용으로 일본에 끌려온 사람들 중 일부가 고된 노동에 시달리다 못해 도망 나와서 가족을 이루며 살았다. 정명선(가명)의 아버지와 안두선(가명)의 남편이 이러한 경우에 해당한다. 정명선(가명)은 아버지가 일본 나가사키로 징용 갔다가 도망 나온 것 같다고 증언했고, 안두선(가명)은 남편이 징용으로 끌려가서 골짜기에 있는 광산에서 채굴을 했는데 배고파 죽겠다고 해서 친척 형이 몰래 빼내주었고, 그 이후 자신과 결혼했다고 말했다. 나가사키에서 원폭 피해를 당한 김정순의 남편이자 주명순의 아버지도 나가사키 근방 탄광에서 징용공으로 일하고 있었다(박수복, 1975 : 64). 오재봉의 아버지도 19세에 규슈에 있는 탄광에 갔는데

> 탄광 일을 1년 정도 하니까 죽겠더래. 그래서 도망 갈 생각만 하다가 어느 날 밤에 거기 시골 어디로 도망을 쳐 나왔대. 가을일을 하더래. 우리 아버지가 기운 세지, 힘세지, 일 잘하니까 아주 좋아했나 봐. 그래서 아버지가 자기가 탄광에서 도망 나온 사정을 이야기를 하면서 숨겨달라고 하고 일을 해줬대. 그러니 밥도 주고 조금 거기서 일해주면서 살다가…… 고이역에 취직이 됐어(한국원폭피해자협회, 2011 : 515)

라고 증언하였다.

일제가 강제징용으로 끌고 간 사람들 중 기혼 남성의 경우, 탄광에서 탈출하지 못하도록 가족을 데리고 가서 같이 살게 하여 가족이 일본으로 간 경우도 있다. 정순남은 17세에 부모가 정한 열 살 위의 남자와 결혼하고 한 해

도 못 되어 첫 아기를 가진 상태에서 남편이 징용으로 일본에 강제 연행되었다.[1] 정순남의 남편은 3년간 기한부 징용이었다.

　　뜻밖에 2년이 지난 어느 날 아무런 소식도 없이 별안간 남편이 돌아왔어요. 남편은 가족을 데리러 일시 귀국했던 것입니다. 2년간 오키노야마 탄광에서 시달려 10년도 더 늙어 보였습니다. 너무나 가혹한 노동과 학대에 못 이겨 매일같이 도망자가 나오므로 그 방지책으로 가족을 연행하는 방도를 쓰기 시작했다는 것입니다. 나는 걱정이 되었지만 남편을 살리기 위하여 내가 할 수 있는 일로 고향을 버릴 수밖에 없었어요. …… 거처는 돼지우리 같은, 여러 가구가 사는 한바(함바)라는 이름이 붙은 합숙방이며 먹을 것도 제대로 주지 않았습니다. 낙반사고는 다반사로 발생하여 갱내에서 반출되는 석탄에 새까매진 동포의 시체를 볼 때마다 실신하곤 했습니다. 석탄가루가 묻어서 시체의 얼굴은 누가 누군지 알아볼 수도 없었지요. 혹시 남편이 아닐까 하고 얼굴을 들여다보면서 정신을 잃었지요. 그 일꾼들의 합숙소는 그야말로 창살 없는 감옥이었습니다. 몇 번이나 도망을 치려다가 들켰습니다. 다시 끌려올 때마다 남편은 혹독한 매를 맞았습니다. 천장에 줄로 매달아놓고 남편을 죽도록 매질하였습니다. 실신하면 물을 끼얹고 또 두들겨 팹니다. 바로 죽음의 세례였습니다.…… 탄광사고(큰 낙반사고가 발생하여 가까운 바다에서 해수가 침수, 방수벽이 무너져서 순식간에 수많은 한국인 징용공이 매장되었던 사건)가 있은 후 종형이 찾아와 '이곳에 있으면 반드시 피살될 것이다'라며 '지금 곧 여기서 달아나자'고 권했고 용기를 내어 준비하다가 감시원에 발각되어 또 반죽음 당한 끝에 그 후 반 년이 지났을 무렵 간신히 도망에 성공했다. 나카쬬시에 있는 한국인 부락에서 살고 있는 숙부와 사촌형을 찾아갔다(표문태, 1986 : 77~81).

가혹한 징용으로부터 살아남기 위해 온갖 위험을 무릅쓰고 탈출한 사람

1　당시 한국의 시골에서는 이곳저곳 징용동원정책이 진행되어 22세 이하의 젊은이는 병역에, 그 이상은 근로동원에 끌려가서 마을의 사내들은 날마다 어디론가 사라졌는데, 심할 때는 밭에서 일하고 있는 사람을 트럭을 몰고 온 군인들이 그 자리에서 잡아갔다고 원폭 피해자 정순남은 증언하였다(표문태, 1986 : 78).

들이 히로시마에 살고 있었다. 권중판도 자신의 남편은 징용으로 유바리 탄광에서 "합숙소는 돼지우리 같았고 말로나 입으로 다할 수 없는 가혹한 일"을 당하고 도망치려다 "반죽음의 린치를" 당한 끝에 탈출에 성공했으나 의지할 데가 없이 홀로 일본 전역을 다니며 품팔이로 떠돌이 생활을 하다(표문태, 1986 : 112~113)가 자신과 결혼하였다고 한다. 일제가 노동력을 착취하기 위해 강제로 일본으로 데려왔으나 착취를 견디지 못해 도망쳐 나온 한국 사람들이 히로시마에 정착한 것이다.

그러나 징용이 아니고 자발적으로 도일한 조선인들도 많았는데, 조상 대대로 살아온 땅을 스스로 떠나 말도 물도 낯선 일본 땅으로 바다를 건너야 했던 두 번째의 절박한 이유는 가난이었다. 복지회관에 거주하고 있는 원폭 피해 여성들은 일본에서 태어났거나, 조선에서 태어난 후 어릴 때 일본으로 갔거나 모두 당시 너무 어려서 부모가 일본으로 가게 된 계기에 대해서 대부분 정확하게 알지 못했다. 그러나 먹을 것이 없을 정도로 살기가 어려웠다는 점은 뚜렷이 기억을 하고 있었다. 박춘선(가명)은 "배고픔을 달래기 위해 아이들이 개버들 잎을 뜯어"먹었으나 "자신은 키가 작아서 개버들 잎(조차) 못 뜯어" 안타까워했던 것을 회상하며, 당시의 극심했던 기아를 기억하고 있었다. 신소양마을 최고령 피폭자인 강점묘(85세) 할아버지와 부인 이외판(80세) 할머니도 당시의 곤궁했던 생활상을 잊지 못했다. "그때는 정말로 먹을 것이 제대로 없어 사는 것 자체가 막막했다. 죽기 아니면 살기로 바다 건너 간 것"(이승욱, 2005 : 19)이라고 증언했다.[2] 박점순(가명)도 "아무것도 없어 아버지

---

2 남성 원폭 피해자인 오봉수(68세)도 당시 가난한 생활에 대해, "일 년 중 가장 괴로웠던 시절은 보리를 갈아서 보리타작을 할 때까지의 2월에서 4월까지의 보릿고개였어요. 일 년 내내 보리죽밖에 못 먹었는데 보릿고개에는 콩잎이랑 옥수수 등을 죽에 섞어서 먹었어요. 마을 뒷산의 소나무 껍질은 다 벗겨서 먹었지요……. 겉껍질 밑에 있는 얇은 속껍질을 벗겨서 삶기도 하고 떫은맛을 빼버리고 경단을 만들어서 먹었습니다"(표문태, 1986 : 89)라고 회고했다.

가 먹고살겠다고 먼저 일본에 갔다"고 말했다. 대다수는 생활고 때문에 일본으로 이주했다.

이러한 극심한 기아는 일제가 한반도를 강점하여 조선 농민들을 강제로 수탈하고 토지조사사업으로 농지를 빼앗아 더 이상 농사를 지을 땅도 없게 된 것이 근본적인 이유였다. 최봉선은 "말을 들으니까 그래요. 우리 아버지는 집안은 좋고 원래는 서울에 살았대요. 근데 일본 사람들이 재산을 다 빼앗으니까 아버지 열두 살에 하인들 데리고 창녕 쪽으로 내려와서 살았다고 하더라고요"라고 증언했고(한국원폭피해자협회, 2011 : 885), 이정자의 아버지(이태호 1902년생 추정)는 3대 독자로, 수원에서 오래 경작하던 농토를 일본 관헌에게 억울하게 빼앗기고 일본으로 건너간 조부를 따라 일본으로 이주했는데, "원수 놈의 땅에서 내 평생 할 일이 무어(엇이)겠느냐고 놀며 지내시던 일을 조금도 감추려 들지 않았다"(박수복, 1975 : 132)고 증언하였다.[3]

신복수(62세)도 일본 사람들의 착취로 땅을 잃을 수밖에 없었던 당시 조선의 사정을 아래와 같이 증언했다.

---

[3] 남성 원폭 피해자 오봉수(68세)와 조병숙(68세)의 각각 다음과 같은 증언이 일본이 강제로 조선의 농민들을 수탈하였음을 확인해준다.
"9할 이상이 문맹이고, 땅을 사도 등기 따위는 올리지 않았어요. 이것을 이용하여 총독부가 '토지조사' 한다고 등기 없는 땅을 모조리 빼앗아 갔습니다. 우리 집 땅도 부친 윗대에 샀던 토지 열 마지기를 빼앗기고 말았습니다. 마을 사람들은 빼앗긴 땅을 비싼 소작료 바치고 부치게 되었으니 내 땅의 소작농이 된 셈이지요. 게다가 세금은 따로 물어 쌀밥은 구경도 못 하게 됐지요. 봄에 돈을 빌리면 가을 수확 때는 엄청난 이자를 물어야 했습니다. 못 갚으면 논도 밭도 다 빼앗기고 벌거숭이가 되고 말지요."(표문태, 1986 : 88~89)
"을사조약 체결 이후 조선총독부의 토지조사령은 왜놈들의 공공연한 토지약탈을 위한 토대를 다지는 데 있었고, 1908년 동양척식주식회사를 비롯한 일본회사들이 대거 진출 근대적인 측량기술을 앞세워 광범위한 토지를 약탈 장악하게 됐고, 갖은 조세 수탈을 곁들이게 되어 땅을 빼앗기고 소작거리를 앗긴 이농민들이 속출하게 됐지요."(박수복, 1975 : 26).

양친한테서 들은 이야기로는 일본인은 조선 사람에게 비싼 세금을 물게 했습니다. 가족이 먹을 정도밖에 농사를 짓지 않았던 조선 사람들은 비싼 세금에 쪼들려서 아무래도 남의 돈을 빌어 써야 했습니다. 이런 사정을 이용하여 일본인은 고리대금을 시작했고, 이자를 갚지 못하면 금방 땅을 빼앗아 갔습니다. 일본인의 돈과 권력 앞에 무릎을 꿇게 되었지요(표문태, 1986 : 36).

한국 사람들은 일본이 물린 세금을 내기 위해 고리대금을 써야 했고, 이를 이용해 일본인들이 농토를 빼앗아버려 결국 고향을 떠날 수밖에 없게 되었다.

일제는 1918년에 토지조사사업을 완료한 후 1920년부터 산미증산계획을 수립하여 쌀 생산량을 확대하고 일본에 부족한 쌀을 메우기 위해 일본으로 쌀을 반출해나갔다. 한국의 농촌에서 쌀을 반출하기 위해 추진한 이 정책으로 1920년대와 30년대 농촌의 자작농은 몰락하여 소작농이 되었고, 중소지주마저도 땅을 내다 팔고 몰락하는 상황이 전개되어 농촌경제의 파탄을 초래하였다(신영숙, 1989 : 16;21;72). 안월선은 "너무 공출로 많이 가져가니까 우리 집에서 농사를 지으면 그 나락을 거름무더기에 숨기고 그런 것도 보고 했어요. 독을 땅에 파놓고 묻고 했는데, 그걸 어쩔 때는 썩어서 못 먹기도 하고, 하여간 식량이 부족하니까 일본으로 갔지요"(안월선, 2011 : 7)라고 증언하였다. 이일분(가명)도 "농사 조금 지어도 공출로 다 빼앗겨 살기 어려웠다"고, 현재 80대가 된 피해 여성들은 어릴 때의 기억을 되살렸다.

정문옥은 아버지가 가난에서 벗어나보려고 자원하여 합천을 떠나 일본으로 돈을 벌러 가자, 어머니 중심의 핵가족(문소정, 2013 : 37)이 되었고, 어머니가 가족의 생계를 책임지고 고단하게 살아가야 했다.

우리 집 앞에 강물 같은 좁다랗고 긴 호수가 있어서 건너편 물가에 있는 밭으로 가려면 언제나 호수를 건너야 했습니다. 어머니는 거름통을 머리

위에 지고 건너가서 밭에 두고는 되돌아와서 우리를 차례차례 업고 호수를 건너곤 하셨습니다. 그리고는 밭을 갈곤 했지요. 연약한 엄마에겐 힘 드는 일이었습니다. 이런 고생을 하면서 쌀농사를 지었는데 어찌된 셈인지 우리 집에선 쌀을 구경 못했습니다, 날마다 좁쌀과 야채, 나물뿐이었습니다. 하루는 일본인 같은 사내가 찾아와서 마당 구석구석을 긴 쇠막대로 푹푹 쑤시고 있었어요. 모친은 그 사내를 보고 무어라고 소리를 질렀으나 사내는 말없이 무언가 계속 찾고 있었지요. 그 후 모친의 말에 의하면 그 일본인은 쌀을 찾으러 다녔다는 것입니다. 그래서 어린 마음에도 쌀밥을 먹지 못하는 이유를 알게 되었지요(표문태, 1986 : 36~37).

자원하여 또는 강제징용으로 일본으로 끌려간 남편을 대신해서 농촌여성은 홀로 자식들을 돌보면서 가족의 생계를 책임지기 위해 농사를 어렵게 지었으나, 일제는 강제로 쌀을 수탈해갔다. 산미증산계획으로 쌀 생산 증대를 독려하고, 이에 따라 생산된 쌀도 일본으로 반출해 가면서 농촌은 기아에 시달리게 된 것이었다. 합천 출신 원폭 피해자들은 한결같이 "조선이 일본의 식민지가 되자 농지를 일본에 빼앗겨 생활할 수 없게 된 아버지가 도일했다"고 대답했다(이치바 준코, 2003 : 119). 일제의 농산물 수탈로 농촌 사람들은 극심한 기아에 시달리다 못해 살길을 찾아 일본으로 간 것이다.

일제의 수탈과 함께, 홍수와 가뭄 등의 자연재해로 인해서 고통이 가중되었다. 히로시마로 많은 사람들이 이주한 합천의 경우 다른 지역보다 극심했는데, 1920년 7월 큰 홍수가 나서 황강과 야로천이 범람해 150명이 실종되고 가옥 650호가 유실되었다. 1925년 7월에도 홍수가 났고, 1929년 6월에는 가뭄으로 파종조차 못한 상태에서 다시 홍수가 났다. 1930년대 들어서도 계속 수해로 피해를 입었는데, 1936년에도 홍수가 났다(김기진, 전갑생, 2012 : 112~114). 합천 출신인 박춘선(가명)은 "홍수 나서 먹을 게 없어" 기아에 시달렸다고 회고했고, 윤월순(가명)은 "1936년 음력 10월 19일 일곱 살에 일본에 갔는데 그해 가뭄으로 흉년이 들어 못 살아 일본으로 떠났다"고 말했다. 당시 농촌에는 수리시설이 정비되지 않아 농사가 가뭄과 홍수에 취약했으며 자연재해는 곡식 수확에 치명적이었다. 원폭 피해자 가족은 일제에 수탈당하는 데다가 자연재해로 인해 어려움이 가중되면서 살길을 찾아 고향을 떠난 것이다.

풍년이 들어도 살기 어렵기는 마찬가지였다. 농민들은 고율의 소작료와 각종의 비료대금, 공과금 등을 부담했기 때문에 풍년이 들어도 추수한 곡식을 초과하는 착취를 당하는 것이 일반적이었다. 1930년과 1937년은 유례없는 대풍작이었으나 쌀값이 대폭락하자 농업자금을 꾸어서 부채를 갚는 꼴로 대부분의 농민은 파산하지 않을 수 없었다. 만성적인 부채와 기근은 농민의 탈농을 가속화시켰다(유숙란, 2004 : 71;77).

1979년 한국교회여성연합회와 '협회'와 '일본시민회'가 지역별로 조사한 결과, 경북, 경남, 부산지부의 경우도 "생활을 위한 도일"이 각각 97%, 73%, 88%로 절대 다수가 "생활고" 때문에 일자리를 찾아 히로시마로 갔고, 합천지부에 등록되어 있는 피해자 95%가 "생계 때문에 도일"했고, 거기서 일자리를 찾아(이치마 준코, 2003 : 141;259) 정착하였다고 한다. 농촌의 빈곤이라는 경제적 요인이 1930년대 인구의 사회적 이동을 가속화시켜 농촌 사람들을 일본으로 내몬 가장 큰 원인으로 볼 수 있다.

일본으로 가게 된 세 번째 이유는, 조선에 진출한 일본인들과의 직접적인 갈등으로 일제의 탄압을 피해 고향을 등지고 하는 수 없이 일본으로 떠나가야 했다는 것이다. 정명선(가명)의 외할아버지는 일본 사람과 일하다가 '무슨 일'로 틀어져 일본으로 '도망'갔고, 정명선(가명)의 어머니는 외할아버지를 따라 일본으로 가서 살다가 일본에 가 있었던 아버지를 만나 결혼한 경우이다. 변연옥도

아버지가 젊었을 때 덩치가 좋고 쌈을 잘하고 다녔다고 하더라고. 근데 부산에서 일본 사람들하고 패싸움이 한번 크게 나서 지명수배가 내려졌는

데…… 사촌이 형사였어……. 삼촌을 잡아가게 그냥 둘 수는 없으니까 일본으로 건너갈 수 있게 해줬다고 하더라고……. 조선 사람들이 가지고 있던 판권을 일본 사람들이 빼앗아 가려고 하니까 그것을 지키려고 일본 사람들하고 싸우다가 큰 싸움이 나서 지명수배를 받은 거야(한국원폭피해자협회, 2011 : 484~485).

라고 증언하였다. 정명선(가명)과 변연옥의 가족사를 통해서 이미 한국에 진출한 일본 사람들과 한국 사람 사이에 갈등이 있었다는 것을 알 수 있다. 즉, 일본 사람들이 한반도로 이주해 와 경제적 이권을 착취하고 우리나라 사람들은 이에 저항하였으나, 식민지 피지배민족으로 일제와 맞서 패배할 수밖에 없었다. 이러한 상황에서 한국 사람들은 도피해야 했고 자신의 땅에서 소외되어 떠나가야 했다. 자신들을 착취하는 나라 일본이 그 도피지가 되었다.

네 번째 이유로, 개인적인 저항에서 더 나아가 독립운동에 참여하여 일제에 적극적으로 저항했던 사람들도 탄압을 피해 일본으로 도피했다. 이치바 준코는 합천 사람들이 히로시마로 이주한 것과 3·1운동과의 관련성에 관한 증언을 기록하고 있다. 엄분연은 1997년 히로시마에 치료차 왔는데, 이때 병원에서 한 이치바 준코와의 인터뷰에서

할아버지가 3·1운동에 참여하고 나서 일본 관헌의 박해를 받아 고향 합천에서 살 수 없게 되어 밀양으로 갔고, 아버지도 할아버지의 영향 때문에 합천에서 살 수 없어 지인에게 부탁하여 히로시마로 갔다. 합천군 묘산면에 1928년에 태어났으나 항일가족의 딸이라고 출생신고를 곧 할 수 없어 1년이 늦은 1929년생으로 호적에 기재되었다(이치바 준코, 2003 : 178)

라고 말했다. 김분순도 아버지가 합천에서 히로시마로 건너가게 된 계기는 3·1독립운동과 관련성이 있다고 증언했다. 김분순의 아버지는 합천군 용주면 사람으로, "아버지의 아저씨뻘 되는 분이 3·1운동 때 일본 병사가 쏜 총에 살해되었다. 아버지도 그 아저씨의 영향으로 3·1운동에 참가했고 경

찰에 체포될 위험이 있었기 때문에, 어머니와 언니를 합천에 남겨두고 혼자서 일본의 히로시마로 도망친 것이다"(이치바 준코, 2003 : 177)라고 증언했다.[4] 일제강점에 저항하던 독립투사들도 일제의 탄압을 피해 일본으로 이주했던 것이다.

한국에서의 생활이 일본의 탄압과 수탈, 그리고 자연재해로 인해 날로 어려워질 무렵, 일본에서 돌아온 사람들이 "일본엔 일자리도 있다, 옷도 있고 하루 세 끼 먹을 수도 있다는 거예요. 마치 천국, 극락같이 들렸고"(표문태, 1986 : 89), 또 일본에 먼저 간 사람들 중 일부가 "돈 벌어 보내 논 사고 소 사고 하니까 일본으로 몰려갔다"고 말했다(이일분(가명)). 문갑순은 일본을 '황금의 나라'라는 환상을 가지고 찾아갔다고 고백했다(朴壽南, 1983 : 68~73). 엄분연은 할머니가 해준 이야기에 대한 기억을 되살려

> 3·1운동으로 체포된 사람 중에, 합천에서 히로시마의 형무소로 보내졌던 사람들이 있었는데, 그 사람들이 형무소에서 나오고 나서의 일인지, 합천 사람에게 '히로시마는 살기 좋은 곳이다'라는 이야기가 전해져, 그때부터 합천에서 히로시마로 건너오고자 하는 사람이 생겼고, 차차 히로시마로 넘어오는 사람이 늘어났다(이치바 준코, 2003 : 178~179)

고 회고했다. '먹을 것이 없는' 극심한 가난 속에서 일본은 살기 좋은 곳이라는 소문에 기대어 살 길을 찾아 일본으로 간 것이다.

---

4   합천군 쌍책면 성산리에 거주하는 남성 원폭 피해자 조병숙(68)의 형님은 "당시 경성제국대학 예과를 마치고 진주에서 독서회(한국 학회에서 주도한 한글을 통한 애국운동 써클) 사건으로 일경에게 쫓기는 몸이 되자 부산 등지를 전전하던 끝에 결국은 일본 공장에서 취업할 노무자 모집 일을 자청하게 되었고, 150명의 노무자를 이끌고 무사히 일본에 건너갈 수 있었던 겁니다. 말하자면 보신책으로 차라리 침략자의 아성인 일본 본토로 잠입했다고나 할까……. 형님은 사실상 유민으로 해방 전까지 일본에 머물렀지요"(박수복, 1975 : 26~27)라고 증언했다.

특이한 경우로는, 남성 중심적인 가부장적 사회에서 시부모와의 갈등 때문에 일본으로 이주한 사례가 있다. 일본에서 태어난 김윤임(가명)은 "흉년이 들어 먹을 게 없는 데다가 어머니가 언니를 낳았는데 할아버지가 딸 낳았다고 어머니를 구박"하여 부모가 언니와 함께 일본으로 갔다는 이야기를 들었다고 했다. 이 증언을 통해 가부장적 문화로부터 도피하기 위해 고향을 떠나가기도 한 것을 알 수 있다. 가부장적 문화에 순종하고 감내하기보다 새로운 돌파구를 찾으려는 움직임이 싹트고 있었음을 엿볼 수 있다.

징용 때문에, 일제의 수탈과 자연재해로 인한 가난 때문에, 또는 조선에 진출한 일본인과의 갈등 때문에, 일제강점에 대해 저항하거나 독립운동을 하기 위하여 고향을 등지고 떠나야 했고, 전방위 전쟁 수행을 위해 값싼 노동력이 필요했던 일본, 특히 군사도시 히로시마가 이들을 끌어당겨서 많은 조선 농민들이 일본, 특히 히로시마로 이주하였다. 1944년 12월 현재, 히로시마현 내에는 81,863명의 조선인이 살고 있었던 것으로 기록되어 있다(히라오카 다카시, 표문태, 1986 : 243). 징용을 제외하고 자발적으로 일본, 특히 히로시마로 이주한 것은 그들의 선택이었으나 이는 강요된 선택이었다.

2) 도일 과정

조상 대대로 고향을 지키고 살면서 교통수단이 발달하지 않아 고향 밖을 나가보는 것이 드물었던 시기에 다른 나라로 이주한다는 것은 전혀 새로운 세계로 나아가는 것으로, 엄청난 모험이었고 따라서 커다란 용기가 필요했다. 일제강점기의 수탈과 탄압 그리고 자연재해로 인한 가난은 이들을 고향에서 밀어내어, 살기 위해서는 그러한 용기를 낼 수밖에 없었던 상황에서 그나마 도움이 된 것은 이미 일본으로 간, 혈연과 지연(이치바 준코, 2003 : 284)으로 얽힌 사람들이 보내오는 정보와 연줄이었다.

강제적 징용을 제외하고 자발적으로 일본으로 간 경우는, 일찍이 일본에 정착하고 고향으로 돌아와 고향 사람들을 불러 직업을 소개하던 사람들이 있었는데, 이들을 통해서 일본으로 건너간 경우가 많았다. 안임이(가명)는 "어릴 때 김해에서 살았는데, 홍수로 전답이 쓸려가서 먹을 것이 없는 차에 합천 율곡 사람이 밥장사한다고 같이 가자고 권유하여 아버지가 일본으로 먼저 갔다고 했다"고 증언했다. 유필연도 큰아버지가

> 양반이니까 글도 조금 아니까 면에서 하는 일을 좀 돕고 그랬는데……
> 합천 사람들 다 데리고 갔다고 해. 그렇게 모집해서 가는 사람들 갈 때 우
> 리 아버지도 같이 간 거야. 그러다가 나를 낳아서 우리 엄마를 불러들인 거
> 야(한국원폭피해자협회, 2011 : 725).

라고 증언했다. 일본 사람들은 한국인들 중에서 글을 알고 유능한 사람을 중간 책 역할을 시켜 한국 남성들을 일본으로 데리고 갔다. 허종순(1931년생)은

> 아버지가 일본을 갈 때 한국 사람들을 모집하는 그런 것을 따라서 그 동
> 네에서 몇 사람이 같이 들어갔나 봐요……. 이와쿠니로 처음 가셨는데 거
> 기 가서 무슨 도로 공사 같은 것을 하셨나 봐요. 거기서 일본어를 빨리 배
> 우고 하니까 일본 사람들이 책(책임)을 지웠는지,[5] 한국에서 젊은 사람들,
> 또래들을 모집을 해달라고 해서 한국에 와서 모집도 해가고, 또 공사 중에
> 한국 사람들이 문제가 생겨서 재판이 생기고 그러면 그걸 도와주고 그런
> 일을 하셨어요(한국원폭피해자협회, 2011 : 593).

라고 증언하여, 일본인을 대신하여 한국인 노동자를 모집하여 일본으로 데리고 가는 모집자가 되었던 과정을 설명했다. 조경숙도 "우리 아버지가 합천 사람들 그리고 다른 지역 사람들을 많이 모집해서 갔어요"(한국원폭피해자협

---

5 한국 사람들이 고향 사람들을 모집해서 일본으로 가는 알선책을 담당했는데, 이는 일
   본 사람들의 요구에 의해서 행해졌음을 알 수 있다.

회, 2011 : 680)라고 증언했고, 구을선도 아버지가 조선에서 일본으로 사람들을 오게 해서 건설 현장에 넣어주는 일을 했다고 증언했다.

젊은 남성들이 가족 없이 먼저 홀로 "먹고 살기 위해 무작정" 건너갔고, 이 남성들 중 일부가 어느 정도 자리를 잡게 되면서 가족을 꾸렸다. 한국에서 태어나 일본으로 이주한 여성들의 경우 대부분이 아버지가 먼저 일본에 가고 후에 도일했다. 하순이(가명)는 아버지가 먼저 일본에 가고 어머니와 딸 4명이 함께 후에 갔다고 했으며, 박경임(가명)도 아버지가 일본 먼저 가고 3세 때 아버지가 오라고 하여 어머니와 자신을 외할아버지 '이 참봉'이 데리고 갔다고 했다. 조분이(가명)는 아버지가 먼저 일본으로 가서 집 얻어놓고 어머니가 오빠와 언니와 어린 여동생을 데리고 일본으로 가고, 자신은 3세 때 외삼촌이 일본으로 업고 데리고 갔다고 한다. 최귀선(가명)은 "내가 열세 살 때 아버지가 일본에 먼저 가고 돌아가신 엄마를 대신해 작은엄마의 보살핌을 받다가 아버지가 새엄마를 얻자, 삼촌이 나를 데리고 일본에 갔다"고 증언했다.

혼자 일본으로 간 남성들은 어느 정도 기반을 잡고 고향으로 돌아와 결혼하고 다시 일본으로 건너가서 아내와 자식들을 불러들이는 경우도 있었다. 강승자(가명)는 아버지가 일본에서 나와 어머니와 결혼한 후, 먼저 일본에 가고 나중에 어머니가 할머니와 함께 갔다고 했다. 박화선(가명)은 어머니에게서 들은 이야기라면서 아버지가 일본에서 나와 결혼식만 하고 1년 동안 어머니가 친정집에서 거주하는 신행[6]을 하는 도중, 일본으로 다시 가버렸는데, 아버지가 한국에 와도 할머니만 만나고 어머니에게는 잘 오지도 않고 가버렸다. 그러자 박화선(가명)의 어머니는 홀로 아버지를 찾아 일본으로 먼저 가고, 그 후 외삼촌이 오빠와 자신을 일본에 데려다 주었다고 말하였다.

---

6 당시는 결혼식 후에 신부가 시집으로 곧 가지 않고 친정에 1년 정도 거주하는 풍습이 있었는데 신랑은 가끔 찾아왔다.

외가 가족의 연줄로 일본으로 이주한 경우가 있는데, 김수자(가명)는 7세에 고령 쌍림면에서 외할머니 등에 업혀 어머니를 따라 이모가 주점을 경영하는 나고야로 가서 잠시 쉬고 히로시마로 갔다고 한다. 안임이(가명)는 어머니와 함께 일본에 가니 외삼촌과 아버지가 마중 나왔다고 기억했다. 결혼한 언니가 친정 식구들을 불러서 일본으로 간 경우도 있다. 박춘자(가명)는 8세에 일본에 갔는데, 큰언니가 배암골로 시집갔고 비단 장사를 해서 부자가 되어 친정 식구들 다 불러, "싹 다갔다"고 한다. 일본으로 핵가족 단위로 이주하면서 일부가 연고가 있는 모계가족 중심으로 이주하면서 남성 중심의 가족관계가 이 과정에서 부분적으로 무너져갔다.

정문옥의 경우, 모집 형식의 징용으로 일본으로 간 아버지가 2년 만에 소식을 전해왔는데, 어머니는 합천에서 홀로 아이들을 돌보며 농사지어야 하고 더구나 일본인들이 수확한 쌀도 강제로 공출해가서 생활의 어려움이 극심해진 상황에서 가산을 정리하여 아이들을 데리고 아버지를 찾아 히로시마로 떠나갔다. 어머니는 "무엇이 어떻게 돌아가는지 전혀 분간을 못 했으며 일본이 어디에 붙은 나라인지를 몰랐으나", 남편을 찾아 일본으로 가야 했다(표문태, 1986 : 36). 어머니 중심의 가족에서 어머니는 가난과 과도한 노동과 생계를 책임져야 하는 부담에 몰려 아버지를 찾아 나서는 용기를 낼 수밖에 없었다. 남자들이 강제로 또는 가난으로 인해 강제된 선택으로 징용으로 일본에 건너갔고 이들을 좇아 여성들도 일본으로 이주했다.

여성이 단독으로 일본에 있는 생면부지의 남자와 결혼하기 위해 중매인의 말만 믿고 현해탄을 건넌 경우도 있다. 고아로 남의집살이를 하던 권중판은 22세에 중매인의 말만 믿고 보지도 듣지도 못한 신랑을 찾아 일본으로 갔는데, 당시 신랑은 자신 보다 열일곱 살이나 많은 39세로, 강제징용 당하여 유바리 탄광에서 가혹한 노동에 시달리다 도망쳐 떠돌이 생활을 하는 남자였다(표문태, 1986 : 112~113). 또한 일자리를 찾아 어린 소녀가 단신으로 일본으로 간 경우도 있다. 정학년은 1924년 합천에서 태어났고, 가족으로는 부모와 언니 2명, 오빠 1명, 여동생 2명이 있었다. 부모는 소작농으로 가난하여 학교에 다닐 수 없었는데, 부모가 집이 가난하니 일본으로 가서 일해서 돈을 벌라고 하여(이치바 준코, 2003 : 309), 만 12세도 안 된 어린 나이에 가난한 가족을 위해 돈을 벌기 위해 홀로 일본으로 갔다. 일본 와카야마에 합천에서 알고 지내던 사람이 있어서, 일본어를 모르면서 그 지인의 주소만 가지고 덴노지(천왕사)까지 더듬어 홀로 찾아갔다. 당시 빈곤층은 가족의 생계와 생활을 유지하기 매우 어려워 생계 유지 전략의 일환으로 가족 구성원이 도시나 해외로 이주했는데(문소정, 2013 : 37), 10대 초반의 어린 소녀도 홀로 돈벌이를 위해 일본으로 이주한 것이다.

일본으로 건너가는 과정을 살펴보면, 징용과 같이 강제로, 또는 먼저 일본에 간 지역 출신자가 노동력을 유입하는 중개 역할을 하면서 젊은 남성들이 일본으로 갔다. 그리고 대부분 아버지가 먼저 일본에 가고 아버지가 다시 와서 데리고 가든지, 아니면 아버지를 찾아 나머지 가족이 일본으로 갔다. 미혼의 남성들은 고향으로 다시 와서 결혼을 하고 아내를 데리고 일본으로 가거나 이미 가족과 일본에서 살고 있던 여성(어머니)과 결혼하여 가정을 꾸렸다. 지연과 혈연을 중심으로 이주가 이루어졌다. 원폭 피해 여성들 대부분은 그러한 부모들 사이에서 태어났다. 그 외에 결혼이 필수였던 시대에 당시로서는 늦은 나이에 결혼하기 위해, 또는 가난한 가족을 위해 돈을 벌고자 어린 나이에 여성이 홀로 일본에 가기도 하였다. 강제로 또는 강요된 선택으로 일본, 특히 히로시마로 대거 이주하였고 이로 인해 원자폭탄의 피해자가 된 것이다

2. 일본에서 살아가기

1) 한국의 생활문화 지키기와 일본 문화에 동화되기

한국 사람들이 일본으로 갈 때 한국에서 살던 모습 그대로 갔다. 여자들은 치마저고리를 남자는 바지저고리를 입고 미혼 남성은 머리를 땋은 채 갔다. 남자들은 바지저고리를 입고 일본에 갔어도 곧 강제로 벗어야 했다. "조선에서 징용 온 사람들도 봤어요. 그 사람들이 처음 올 때는 검정색 합바지 저고리 입고 와서, 나중에 보니 국민복으로 갈아입고 오더군요"(한국원폭피해자협회, 2011 : 908)라고 하여 일제는 이들에게 한복을 벗도록 강제함으로써 한국과 단절하고 한국인으로서의 정체성을 부인하도록 하였다.

또한 조선의 미혼 남성들은 대부분 머리를 땋은 채 일본으로 갔는데, 오재봉이 자신의 "아버지 열아홉 총각 때, 제일 처음에는 규슈 무슨 탄광에 갔다고 해요. 그때는 머리를 자르지 않고 총각이니까 긴 머리를 땋아서 갔는데 거기 사람들이 머리에 이가 있다고 그 머리를 잘라버려서 울고 그랬다고 하데"(한국원폭피해자협회, 2011 : 515)라고 증언한 것으로 보아, 일제는 조선의 두발문화와 강제로 단절하게 했는데, 이는 단순히 머리를 자르는 데 그치지 않고 한국 사람으로서 가장 중요한 정체성을 손상시키는 것이었다. 신체발부수지부모(身體髮膚受之父母)로 부모로부터 받은 몸을 소중하게 여기는 것이 한국 사람에게는 효도의 시작인데, 일제는 부모로부터 받은 소중한 머리카락을 강제로 잘라버림으로써 한국 사람이 갖는 가장 중요한 윤리를 부정하였다. 이처럼 일본은 강제로 징용에 끌려온 남성들에게 한국 문화와의 단절을 강요하여 한국인으로서의 정체성을 지우고자 하였다.

더 나아가 사회생활을 했던 남성들은 일본말을 배웠고 일본 문화에 동화되기도 했다. 변연옥은 "아버지가 일본말을 정말 잘하셨어"(한국원폭피해자협회, 2011 : 485)라고 기억했고, 구순임도 "아버지는 일본 사람 상대로 사업하니까…… 일본 사람 같은데. 일본말은 당연히 잘하지"(한국원폭피해자협회, 2011 : 735)라고 말했다. 변연옥의 아버지는 일본 문화에도 적극 동화되었는데,

> 퇴근하고 오면 만날 목욕탕에 갔어. 유가타 입고 게다 신고……. 우리 아버지는 완전 일본 사람이야. 우리는 만날 아빠 따라 다녔어. 가면 게다 신고 가는데 게다 끈이 툭 떨어져서 그걸 신고 오지 못하니까 아빠를 따라오다 놓쳐서……(한국원폭피해자협회, 2011 : 517).

라고 일화를 회상했다. 일본 사람들과 어울려 직장 생활을 하거나 사업을 할 경우 일본말을 사용하며 일본 문화에 적극적으로 동화했던 것으로 보인다.

이에 비해 가정에 머물고 있던 여성들은 일본의 강제에서 조금은 자유로웠고, 우리말과 전통문화를 고수하려고 노력했다. 최영순은 어머니가 집에서는 한국어를 쓰게 해서 '오카상'이라고 하지 않고 '엄마'라고 불러야 대답을 했으며, 점차 일본말을 할 수 있게 되었으나 한국말도 잊지 않았다(崔英順, 1987 : 16;18)고 말했다. 구순임과 하종순도 각각 자신의 어머니는 일본말을 배우지 않아 전혀 못 했고 어머니가 한국말을 계속했다고 하였다(한국원폭피해자협회, 2011 : 735; 806).

또한 여성들은 치마저고리를 입는 복식문화를 일본에서도 지속하였다. 정문옥은 "나의 어머님은 일본에 와서도 늘 흰 저고리를 입었어요. 전시 중 몇 번이나 경찰이 불러 세워 몸뻬[7]를 입게 주의를 주었으나 완고히 거절하고 한국의 치마저고리를 벗지 않으셨습니다"(표문태, 1983 : 45)라고 말했다. 최영순도 어머니가 어디 가나 치마저고리를 입고 있으면서 한국 생활문화를 자식들이 잊지 않도록 노력했는데, 학예회나 운동회 날 등 임의로 옷을 입어도

---

7 일본인 여자가 입었던 노동용 바지.

되는 날에 자신이 치마저고리를 입어 논란이 일자 "자신의 나라 옷 입는 것이 뭐가 문제인가라고 화냈다"(崔英順, 1987 : 16~17)고 했다. 최영순은 고녀 재학 중에 기숙사 생활을 했는데, 일본 남학생이 편지를 보냈으나 어머니의 영향으로 일본인과 결혼할 수 없다고 생각(崔英順, 1987 : 33)하여 거절했다고 하여, 한국 문화와 말을 지키기 위해 애쓰면서 한복을 입고 사셨던 어머니에 대한 존경심과 자부심을 드러냈다.

그러나 어머니가 한복을 입은 것에 대해 부끄럽게 생각하고 만류하기도 하였다. 구순임은 어머니가

> 맨날 비녀나 꼽고 있고. 아이고, 우리 창피해서. 학교에서 학부형 오라고 하면 창피해서 오라고 말도 안했어. 안되지. 애들이 안 그래도 '조센진부따 노꼬 이까메가 쥬고센'[8] 그리고 놀리는데, 우리 엄마 한국치마 입고 저고리 입고 아이고, 우리 언니가 애들 생각해서 그러지 말라고 해도 안돼(한국원폭피해자협회, 2011 : 735)

라고 증언하여 어머니가 한복 입고 사는 것을 창피하게 생각했음을 토로했다.

오재봉은, 아버지는 일본 옷을 입고 일본 신발을 신고 살았는데, 아버지는 어머니를 "맨날 촌년, 촌년"이라고 조롱해도 "우리 엄마는 비녀머리 계속하고 다녔다"고 증언했다. 전통복식을 지키는 어머니를 창피해하고 조롱했다는 말에는 아버지뿐만 아니라 자신들도 일본인의 복식을 하고 있었고 일본 문화에 동화했다는 것을 뜻한다.

일제 말기에는 창씨개명을 강요당하여 이정자는 "구니모또 사다꼬(國本貞子)"가 되었고, 송임복은 "하나꼬"(2009)가 되었다. 이수용은 히로시마 저금국에 취업할 때 일본 회사 이름을 따서 성을 만들어 이름을 "요시다 지요코"

8　조선 사람들은 아침부터 돼지 소리가 꿀꿀 난다는 비하의 말.

로 바꾸었다. 허종순은 철도국에 다닐 때 "오오시마 후지코"라고 개명했다(한국원폭피해자협회, 2011 : 595~596)고 하였고, 안월선은 여동생을 "게이코"(한국원폭피해자협회, 2011 : 800)라 했고, 오재봉은 네 살짜리 남동생이 "다마짱"이었다고 회고했다. 신복수는 장녀를 "테루요"(昭代), 차남을 "히데오"(英雄)라고 했고, 김달람은 남편 이름이 "다까스리"였다고 했고(한국원폭피해자협회, 2011 : 693) 김일선도 "일본 이름 쓰다가 버렸"(한국원폭피해자협회, 2011 : 847)다고 말하여, 일제 말기에는 강요로 대부분 창씨개명하여 일본 이름을 사용한 것으로 보인다.

황국신민교육에 따라 일본에 동화되어 자진해서 창씨개명한 경우도 있는데, 박남주는 초등학교 시절에 일본 아이들이 조센진이라고 놀리는 것에 당당하게 맞선 적이 있었으나, 상급학교 진학을 앞두고 "'박'이라는 이름으로 여학교를 다니기는 싫어, 일본 사람이 되게 해달라고 이름을 바꿔달라고 부모에게 졸라, '아라이'(新丁)라는 일본식 이름으로 개명을 했는데, 기뻤다"(가와타 후미코, 2014 : 104)라고 말하였으며, "학교에서는 죽창 훈련과 물을 담은 양동이를 줄지어 나르는 방화 훈련이 반복되었"는데, 여학교에 진학한 다음 종군 간호사가 되어 "제국 일본을 위해 일하자고 굳게 마음먹었다"라고 증언하였듯이, 일본의 황국신민교육을 받으면서 일부는 일본에 동화되어 갔음을 보여준다. 전쟁 막바지에 들어서자 다급했던 일본이 한국 사람들을 동원하기 위해 내세웠던 내선일체의 황국신민교육이 실제로 영향을 발휘했음을 알 수 있다. 일본의 식민지배가 강압적인 한국 문화 지우기를 지속하면서 일본에 온 조선인들은 한국 전통문화를 온전히 지키고 살기는 어려웠던 것으로 보인다.

2) 주거와 모듬살이

한국 사람들은 히로시마의 외곽에 집단을 이루고 살았다. 징용공과 건설노동자로 일하는 남성들은 '함바' 즉 합숙소(정근식, 2005 : 213)에서 어렵게 생활했는데, 이러한 남성들이 혈연과 지연의 연줄을 따라 조선에서 어렵게 살고 있는 친인척을 불러들였고, 현해탄을 건너 일본으로 간 사람들은 대부분 얽힌 인연으로 일본에서도 함께 모여 살면서 '조센마치(朝鮮町)'라 불리는 한국인 집단 거주 지역을 형성하게 되었다(한일여성공동역사교재 편찬위원회, 2005 : 138).

가옥 형태는 주로 판잣집(하꼬방)이나 함석집이었다. 한국 사람들은 나가야(長屋), 즉 '열 개씩 다섯 개씩 집을 마주 보고 지은 집'에 살았는데, 집 하나에 방 2개 부엌 1개, 화장실은 공동으로 쓰면서 살았다(한국원폭피해자협회, 2011 : 529). 조분이(가명)는 자신의 집도 그중의 하나로 기억했다. 주로 판잣집에서 방 하나를 세 얻어 여러 식구가 한방에서 같이 살았다. 일본에서 한국으로 갓 돌아와서 우리나라의 삼간 초가집이 크다고 생각했을 정도로 일본에서 한국 사람들이 살았던 집은 대부분 작고 열악했던 것으로 보인다. 일본에서의 열악한 주택 사정으로 부계 가족이나 모계 가족이 대가족을 이루면서 함께 살아갈 수는 없었고, 부모 또는 모와 자녀로 이루어진 핵가족을 기본 단위로 살면서, 부계 또는 모계 친인척과 이웃에 가까이 살았던 것으로 보인다. 정선이(가명)는 친가의 사촌은 물론 육촌과도 가까이 살았으며, 조분이(가명)는 결혼 후 일본에서 시숙과 동서, 2명의 조카랑 같이 살았다. 이점옥(가명)은 시아버지가 작은부인(첩)을 얻어 따로 살림을 살아 홀로 있는 시어머니와 자신의 남편과 아들이 한집에 살았다.

모계 가족 쪽 연줄로 일본으로 이주한 경우 외가 친척들과 가까이 살았다.

> 우리 엄니(어머니)가 일본으로 시집을 갔응게(갔으니까). 이모들이랑 같이 살았어요. 이모들은 난중(나중)에 들어왔죠. 일본서는 한집에서 같이 살았어요. 우리 아버지가 참 무던헌(무던한) 사람이디(사람이지), (외)할머니, (외)할아버지, 처제들 다 데리고 살았어요. 우리 이모들도 갈치고(가르치고). 우리 엄마네가 딸만 넷이에요. 우리 어머니가 큰딸이고. 아버지로서는 처갓

집 장인, 장모, 처제 세 명 다 모시고 산 거지. 한집서 살았다니까요(정근식, 2005 : 132).

위의 증언을 한 안정숙뿐만 아니라, 김분자(가명)와 강옥이(가명)도 외가 쪽인 외삼촌이나 이모가 함께 살았는데, 이모가 어머니가 일하는 동안 자신과 동생들을 돌봐주었다고 했고, 안임이(가명)는 일본에서 외삼촌 식구와 가까이 살면서 자신이 외사촌 동생을 업어 키웠다고 했다. 결혼하고 친정부모와 같이 살기도 했는데, 백두이는 "열여섯에 내가 시집가서 친정 옆에 끼워놓고 살았다"(한국원폭피해자협회, 2011 : 817)고 했고, 유삼이와 이일분(가명)과 안두선(가명)도 어린 나이에 결혼하고 친정부모와 함께 살았다. 김분순도 결혼한 후에도 친정부모와 동생들과 가까이 살았고(在韓被暴者問題市民會議, 1988 : 101~103), 정일선(가명)도 결혼해서 친정집과 같은 나가야에서 신혼생활을 시작했다. 한국에서는 출가외인이라고 해서 결혼 후에는 친정 식구들과는 떨어져 시가 위주로 살았던 데 비해 일본에서는 외가 쪽 연결망이 형성되어 가까이에 살면서 모계 중심으로 서로 의지하고 도우면서 모여 살았다.

한국 사람들은 친척이 아니더라도 또는 모르는 사람들이라도 서로 도우면서 산 것으로 보인다. 노귀엽은

어떤 사람이 배가 고프다고 쌀이 없다고 근께(그러니까) 어머니가 몇 되를 주신 거 같애요(같아요). 아버지가 그 쌀을 주러 자전거에 쌀을 싣고 나가신 그 모습만 봤지. 그 뒤로는 우리 아버지를 못 봤제(봤지). 그때 우리 아버지가 돌아가셔부렀어(돌아가셔버렸어)(정근식, 2004 : 293).

라고 원자폭탄 피해를 당한 상황을 증언하였고, 남화자는

우리 집에서 보면 둑가 있는 그 옆 강 아래로 가다 보면 다리 건너 미쓰비시 공장이 있었거든. 그런데 거기서 죠오(징용) 온 사람들이 한국 사람들인데 만날 배가 고파 하더라고. 징용 간 사람들이 일하면서도 배를 곯았나

봐. 그 사람들이 집에도 한 번 씩 왔었어. 토마토 같은 것도 가져다가 먹고 도둑놈이 배고프니까 밥만 훔쳐 먹고 갔어. 그걸 보고 징용 온 사람이 배가 고파서 오는구나 싶었다(한국원폭피해자협회, 2011 : 510).

고 회상했다.[9] 원자폭탄이 투하되던 날, 안월선의 집에 "마침 한국 군인이 배가 고파서 밥을 좀 달라고 했습니다. 우리 어머니는 어서 오시라고 하고 그분들을 방으로 모시고 가서 밥을 주는 것을 보고 회사에 갔다"(안월선, 2008 : 34)라고 증언한 것에서 미루어보면, 징병으로 또는 징용으로 일본에 온 한국 사람들은 굶주림에 시달렸고, 일가친척들이나 지인들뿐만 아니라 모르는 한국 사람들끼리도 일본에서 서로 도우면서 살아갔음을 알 수 있다.

3) 생계 유지를 위한 가족의 노동 참여

강제로 또는 일제의 수탈과 탄압으로, 이에 더한 자연재해 때문에 극심한 가난으로 인해 고향을 떠나 '천리만리' 낯선 땅 일본에 빈손으로 온 이주민들의 생활이 편할 리 없었다. 곽귀훈은

군인이나 징용공을 제외하면 대부분 집도 없고 직업도 없어, 실상은 비참하기 이를 데 없었는데 거리를 배회하면서 폐기물이나 담배꽁초를 주워 모아서 그것을 팔아 끼니를 때울 정도였다. 좀 나은 축이라 할지라도 교외 빈민촌에서 돼지를 기르거나 도축장 근처에서 일본인들이 먹지 않고 버리는 선지나 내장을 주워다 먹거나 밀주를 만들어 파는 등의 불법적인 방법으로 연명할 수밖에 없었다(곽귀훈, 2015 : 43)

---

9 유창수도 "거의 20대 청년들로 무척 배가 고팠던 모양입니다. 그중에는 밤중에 한 바(함바)에서 몰래 빠져나와서 먹을 것이 있으면 좀 달라고 해서 고구마나 채소 데친 것을 준 적도 있는데, 같은 동포로서 정말 불쌍했지요"(히라오카 다카시, 표문태, 1986 : 244)라고 증언했다.

라고 증언했고, 신복수는

> 처음 일본에 왔을 때 충격적인 광경을 목격했습니다. 간논쬬(觀音町)에
> 서 조선 부인 한 사람이 얼굴엔 땟국물이 흘러 시꺼멓고 리어카에 누더기
> 를 싣고는 허리띠로 아기를 등에 업었는데 아기에게 젖을 물리고 걸어가면
> 서 눈알만 두리번거리며 고구마를 한입 물고 우물대고 있었습니다. '얼마
> 나 처참한 내 동족의 모습인가! 이런 어려운 환경에 있는 동포도 많다.' 조
> 선 사람으로서의 비참함과 울분이 치솟아 올랐습니다(표문태, 1983 : 59)

라고 증언하여, 일본으로 건너간 조선인들은 대부분 일본에서도 어렵게 살
았음을 알 수 있다. 일본에서 성인 남성뿐만 아니라 성인 여성과 소녀 등 가
족 구성원들은 생존을 위해 노동시장에 참여하였다.

(1) 가족 내 성인 남성의 노동 참여

주요한 생계 유지자였던 가족 내의 성인 남성들인 아버지나 남편, 오빠
는 살아가기 위해 힘든 노동을 감내해야 했다. 히로시마에 있던 군수산업인
미쓰비시(三菱)중공업의 기계제작소와 조선소에만 해도 약 2,800명이나 되
는 조선인 청년이 전시노동력으로 강제 연행되어 있었다(이치바 준코, 2003 :
33~34). 이일분(가명)과 정일선(가명)의 남편이 바로 이 미쓰비시 공장에서 일
했다. 허종순은 아버지가 히로시마에 있는 미쓰비시 조선소에 취직되어 미
요시에서 출퇴근했다(한국원폭피해자협회, 2011 : 593)고 기억했고, 정선이(가명)
는 아버지가 비행장에서 일했다고 기억했는데, 이처럼 히로시마에서 많은
한국 남자들이 군수산업에 종사하였다.

그 외에도 전쟁을 뒷받침하는 군수산업과 관련한 공장에 아버지나 남편
이 일하러 다녔던 것을 기억한 사람들도 있다. 이점옥(가명)은 정확하게는 모
르나 아버지가 "철근 녹여 물건 만드는 공장"에 다녔다고 회상했다. 안두선
(가명)은 아버지가 이모노공장이라는 "쇠 깨는 공장"에 다녔다고 했다. 박춘

자(가명)는 아버지가 히로시마 외곽에 살아서 아버지가 기차를 타고 공장에 "씨앗 빼는 일"을 하러 다녔다고 말했다. 심수자(가명)는 아버지가 강가에 있었던, "전봇대 나무에 검게 칠하는 공장"에 다녔다고 기억했다. 박화선(가명)은 당시 양반집 둘째 아들이었던 아버지가 선비로 서당에서 공부도 하고 많이 배웠는데, 필적이 좋으니까 나무 공장에서 인부 관리 일을 했다고 말했다. 유갑연은 아버지가 철도 하역 작업을 하다 목재 공장에서 일을 했다(한국원폭피해자협회, 2011 : 750)고 했다. 김달람은 "남편은 그때 염색 공장에 다녔어요. 전쟁이 심해지면서 군복 만드는 천을 염색하는 일을 주로 했어요"(한국원폭피해자협회, 2011 : 692)라고 말했다.

일본의 전쟁 수행을 뒷받침하는 노동으로 특이한 경우는 일본 군대에서 군인이 타는 말을 키운 경우이다. "아버지는 일꾼 2명 데리고 말 세 마리를 키웠다. 어머니가 일본 군인이 와서 말 한 마리를 군대에 데려가자 눈물 흘리며 말에 절하면서 다시 살아 돌아오라고 했던 모습이 기억난다"(윤팔선(가명))고 말했다. 곽귀훈은

당시 일본 본토 공격에 대한 우려가 커지고 있던 상황에서, 미군의 낙하산 부대가 산중에 강하하면 길이 없으니 차로 갈 수도 없고, 그렇다고 걸어가서야 싸움도 제대로 못 할 테니 말을 타고 접근할 수밖에 없어서 이미 없앤 기마부대를 다시 부활시켰는데 농가에서 기르던 말을 징발하고, 훈련을 거친 후 부대를 편성하였다(곽귀훈, 2015 : 37)

고 기록했는데, 윤팔선(가명)의 부모는 이러한 말을 돌보는 일을 한 것으로 보인다. 산업화를 먼저 시작한 일본에는 조선의 농촌과는 달리 여러 공장이 있었고, 조선인들은 다양한 공장 노동에 종사하였다. 군사도시 히로시마에 위치한 이러한 공장은 군수산업과 직간접적으로 관련이 있었던 것으로 보이며 조선에서 건너간 남성들은 싼 노임으로 일본의 전쟁을 직접적으로 또 간접적으로 뒷받침한 노동력으로 동원되었던 것이다.

히로시마에는 당시 건설이 활발하게 이루어지고 있었고 많은 한국 사람들이 건설현장의 노동자로도 종사하였다. 유필연은 아버지가 히로시마에서 철도 놓는 공사를 했다고 하더라고 증언했다(한국원폭피해자협회, 2011 : 725). 구을선(가명)과 조경숙의 아버지는 건설현장에서 일할 사람들을 조선에서 모집하여 일본으로 데리고 왔고(한국원폭피해자협회, 2016 : 680), 이일수는 "아버지는 노가다 우케요이시라고 사람들 몇 데리고 일하는 그런 일을 하셨어요"(한국원폭피해자협회, 2011 : 907)라고 말했다. 엄분연의 아버지는 건설업으로 성공하여 이러한 한국 사람을 다수 고용했는데(嚴粉連, 1987 : 106), 활발했던 건설업에서 일자리가 비교적 많았던 것으로 보인다. 이들 외에도 이수용의 경우, 큰오빠가 일본 건설회사에 다녔는데, 건물 제일 높은 데 올라가는 사람인 '도비'였다고 한다. '도비'는 떨어지면 죽기 때문에 제일 위험한 일이어서 이를 가난한 한국 사람들이 도맡아, 한국 사람들의 직업으로 알려졌다(창원대학교 경남학연구센터, 2017 : 203). 복지회관에 거주하는 원폭 피해 여성들[10]은 아버지나 오빠가 '노가다' 즉 일용 노동자로 건설현장과 공장 등에서 비정규적으로 일했다고 말했다.

운수업에도 종사했는데, 아버지나 오빠 등 남자들이 말 구루마를 끌어 짐을 날라주는 일을 했다. 조분이(가명)의 아버지는 미나미 근처 바닷가에서 딴 굴을 말 구루마에 실어 가공공장에 날라다 주는 일을 하였고, 박남주는 아버지가 "낮에는 마차로 히로시마 후쿠시마초에 있는 정육점에 고기를 날랐다. 나중에는 군부대 고기 배달을 전문으로 했다……. 부지런한 아버지는 새벽에 짐마차를 끌며 쓰레기를 주웠다"(가와타 후미코, 2014 : 103)고 기억했다. 조분이(가명)의 아버지가 말 구루마를 끌었던 반면 오빠는 트럭 운전을 하여 짐을 실어 나르는 일을 하였으며, 이일수의 큰오빠는 자동차 운전수,

---

10 윤월순(가명), 안춘임(가명), 하선이(가명), 손경선(가명), 안두선(가명), 정일선(가명) 등.

작은 오빠는 자동차 공장을 다니고 있었다고 한다(한국원폭피해자협회, 2011 : 907). 그 외에도 아버지가 남의 집으로 돼지 먹이는 짬밥을 거두러 다녔고(강승자(가명)), 산에서 채취한 송진으로 기름을 짜는(안임이(가명)) 등 다양한 일을 하면서 생계 유지에 안간힘을 다했다. 김일조는 "노가다(막노동) 같은 거, 참 된 거, 그런 건 한국 사람이 다 했고예. 추접은(더러운) 일, 저 수채(하수도) 일하는 거, 저 나무 미고(매고) 하는 거는 한국 사람이 다 했습니다"(김승은, 2012 : 23)라고 증언했다. 한국 사람들은 가장 열악한 노동 환경에서 과도한 노동에 시달린 것이다.

한편 한국 사람들끼리 집단으로 거주하면서 한국 사람들을 상대로 돈벌이를 한 경우도 있었다. 한국 사람들을 상대로 의료 행위를 한 경우로, 김일선의 아버지는

> 선비로 글만 읽다가 일본에서 할 수밖에 없는 노동일을 못 하여…… 한국 탕약을 달여놓고 그거 팔면서 사셨어요. 환자 오면 봐주고 한약 지어주고 그랬어요. 그리고 침도 놓고요. 근데 한번은 그게 사고가 났나 봐요. 침을 놓다가 그 사람이 죽어버렸나 봐요

라고 말하고, 아버지가 침을 놓아주다가 과실치사를 하게 되자 유치장에 잠깐 갇혔다 나오고 난 후 "마음이 많이 상해, 그 길로 병을 얻고 곧 돌아갔다"(한국원폭피해자협회, 2011 : 849 ; 850)고 했다. 변연옥의 아버지도 중풍에 쓰러져 있었는데, "한국에서 어렸을 때 절에서 침 놓는 거 배우시고…… 일본에서도 동네 사람 오면 침 놔주고 그랬어. 그때는 병원도 많이 없고, 한국 사람들 갈 데가 별로 없으니까 아버지한테 왔어. 오른손이 중풍이 왔는데, 왼손으로 뜸도 뜨고 침도 놓고……"(한국원폭피해자협회, 2011 : 486)라고 기억했다. 김일선과 변연옥의 아버지는 정식 의료인이 아니었으나 한의사의 역할로 한국 사람들의 필요에 부응하면서 생계를 유지하였다.

또한 중고 물품을 취급하는 고물상이 성업했던 것으로 보인다. 가난한

조선인들은 이러한 중고 물품을 구입하여 살아갔고 이는 조선인들에게 밥벌이의 도구가 되었다. 김경자(가명)와 안춘임(가명)의 아버지나 강옥이(가명)의 부모는 여러 가지 고물을 파는 일을 했는데 특히 기모노 등 헌옷을 수집하여 도매로 넘기거나 직접 팔았다고 한다.

(2) 가족 내 성인 여성의 노동참여

아버지나 남편, 또는 오빠 홀로 벌어서는 살아가기가 힘들어 원폭 피해 여성들의 어머니나 자신도 일을 해야 했다. 여성들도 군수산업에 종사했는데, 유갑연의 어머니는 아버지가 철도하역 작업을 할 동안 군수공장에서 재봉틀로 옷 만드는 작업을 하면서 돈을 벌어 생계에 보태었다(한국원폭피해자협회, 2011 : 750)고 하였다.

건설업에 종사하는 독신 남성들을 상대로 한 숙박업 또한 성행했는데, 이 일은 건설현장에서 일을 하는 남편이나 아들과 연관하여 아내나 어머니의 주요한 경제활동 분야였다. 이수용은 "어머니가 우리 오빠가 건설현장에 오래 다니니까 거기 주변에서 '함바'를 했어요. 우리 집에서 자고 먹고 그런 사람들이 꽤 됐어요"(한국원폭피해자협회, 2011 : 774)라고 말했다. 김윤임(가명)은 "일본에서의 기억은 다 있다. 아버지는 인부 데리고 다니면서 일했고 엄마는 일꾼 밥해줬다. 일꾼들이 나를 예쁘다고 한 것이 기억난다"고 증언하였다. 허종순은 아버지가 한국에서 일꾼을 데리고 오는 중개 역할을 하면서 "함바 일꾼을 몇 명 데리고 있었어, 엄마가 히로시마에서 미쓰비시에 있는 사람들의 밥을 해주고 그랬지. 한 일곱 명, 여덟 명 그 정도가 우리 집에서 하숙을 한 셈이지"(한국원폭피해자협회, 2011 : 594)라고 말했고, 유필연도 "우리 엄마는 우리 고향 사람하고 함바"를 운영했다(한국원폭피해자협회, 2011 : 725)고 말했다. 이복남(가명)의 어머니는 아버지와 같이 여인숙을 했고, 이일분(가명)의 어머니는 중심지에서 3킬로미터 떨어진 곳인 에바에서 한국에서 단신으로 온 사람들을 대상으로 하숙을 했는데 하숙생이 20~30명에 달하기도 했다고 말했다. 외가 식구와 같이 살았던 안정숙은 자신의 아버지는 건설현장의 십장이었고 외할머니가 함바를 쳤다고 했다(정근식, 2005 : 132). 조선에서 남자들을 데리고 와서 건설현장에 투입하는 일을 했던 구을선(가명)의 아버지는 단신으로 일본에 온 이 노동자들에게 밥을 해먹여야 했는데, 어머니는 고향 합천에서 시부모를 모셔야 해서 일본으로 오지 못하여 아버지가 작은어머니(첩)를 들였다고 했다.

한국인을 상대로 한 한국 물품 매매도 성행했다. 최영순의 어머니는 땅을 빌려 마늘과 고추 등 채소를 재배하여 한국인을 상대로 팔았다(崔英順, 1987 : 18). 이일분(가명)은 아버지가 명태, 미역 등 건어물을 마산에서 주문해서 한국 사람들을 상대로 팔았던 반면, 어머니는 한국 사람들의 주요한 반찬거리인 콩나물 장사를 하였는데 "한국 사람이 돈이 없어도 우리 집에 와서 외상으로 물건을 사러 오고 해서 장사가 잘되었다"고 했다. 정일선(가명)의 어머니는 집에서 막걸리를 만들어 술집에 팔고 집에서 엿을 고아서 조청을 만들어 팔기도 하였다. 김일선의 어머니는 "과일이나 쌀 같은 거 떼다가 장사"(한국원폭피해자협회, 2011 : 850)를 했다고 말했다. 오재봉의 아버지가 고이역의 역원으로 일하는 동안, 어머니는 한국 사람들을 상대로 잡화상을 경영하고 한국 사람들이 마시는 막걸리 제조에 필요한 누룩을 비밀리에 만들어 팔아 부를 축적하는 데 기여했다. 오재봉은 어머니의 장사에 대해 다음과 같이 구술했다.

일본 사람 한 명, 한국 사람 한 명 남자애들 둘을 데리고 가게를 했어. 아버지가 …(중략)… 주문을 하면 한국 물건이 오고 그걸 가게에 두고 어머니가 장사를 한 거지. …(중략)… 한국 만물상점이지. 참빗이고 요강이고 그릇이고 체고, 그 뭐꼬, 없는 게 없는 기야(거야). 그러면 사람들이 물건 사러 오는 거야. 그리고 비단도 팔았어. 호박단이다, 양단이다 뭐 그런 것도 있고 베 장사도 하는데, 그런 것을 다 진열장에 진열하고, 또 우리 엄마가 바느질 솜씨가 좋아서 께끼저고리(깨끼저고리) 옷 만들어달라고 옷감을 가져오면 바느질해서 주고. 엄마가 누룩을 디디(띄워) 가지고 술을 빚었어요. 2층에서 누룩을 디디는 거야. 근데 그게 비밀로 하는 거야, 그러니까 밤에 숨어서 했지. 다행히 그때 우리 집 옆에 공장이 하나 있었거든. 거기서 소리가 시끄러우니까 밤에 누룩을 할 수 있는 거야. 한국 사람들 많이 와서 그거 가져갔어(한국원폭피해자협회, 2011 : 517; 518).

강옥이(가명)의 부모는 헌 옷을 수집해서 되파는 장사를 했는데 보조 서기까지 채용할 정도로 사업이 번성했다. 그녀는 "어머니가 똑똑해서 사업 주도하고 책임지고 아버지가 뒷수발했다"고 했다. 여성이 상업에서 주도적인 역할을 하면서 그 능력을 발휘한 것이다.

임일생은 자신이 3세 때 아버지가 사망하자 어머니가 홀로,

　　이런 일 저런 일 안 해본 일이 없이 다 하면서 고생을 했어요. 공장에 소가죽 같은 거 떼어다가 야미장사도 하고 쌀장사도 하고 그랬어. 전쟁 때라 배급으로 주는 식량이 모자라니까 쌀도 야미로 사고 팔고 하는데, 엄마가 그런 것을 했어. 그걸 몰래 해야 하니까 몸에다 애기처럼 둘러메고 해서 쌀도 팔고 해서 돈을 벌었지. 야미장사를 하니 돈은 잘 벌어서 그랬는지 먹고 사는 건 잘 먹고 살았어요(한국원폭피해자협회, 2011 : 525~526)

라고 말했다. 오재봉과 임일생의 어머니에게서 보듯이 여성들은 불법을 감행하면서도 장사를 하였고 상당한 수입을 올려 부를 축적하고 가족을 먹여살렸다. 특히 임일생의 어머니는 남편 없이 어머니 중심의 가족을 부양하기 위해 홀로 장사를 해서 6남매를 키웠다. 이 두 여성을 통해서, 새로운 환경에 적응해서 적극적으로 삶을 개척해나갔던 여성들이 있었음을 알 수 있다.

여성들은 무력한 남편을 대신하여 생활을 꾸려나가기도 하였는데, 권중판은 남편이 "탄광에서의 생지옥 같은 생활과 여러 번 당했던 린치가 남편의 몸에 입힌 상처는 거의 아무런 일도 못할 정도로 혹심"해서 건강하지 못한 데다 탄광을 탈출해 온 사람이라 일자리를 구하기 어려웠고, 친구들이 소

개하여 일거리가 생기면 우지나 항구에서 부두노동을 간간이 할 수밖에 없었다. 그래서 자신이 "이부자리 홑천을 짜는" 가내공장에서 2, 3년 일하였으나, 생활이 고되고 체력이 달려서인지 사산과 유산 끝에 장남이 태어나자 그만두었고, 그 후에도 인근의 세탁을 거들기도 하면서 생활을 꾸려나갔다"(표문태, 1986 : 114)고 했다.

김수자(가명)의 아버지도 딴 살림을 차리고 가족을 돌보지 않자 어머니가 가모장이 되어 오빠와 함께 가족의 생계를 책임졌는데, "고생한 거 말도 못 해요. 두부 장사도 하고 일본 사람들 목욕탕 소지(청소)도 하고 안 해본 게 없어요"라고 말할 정도로 생계 유지를 위해 조금이라도 나은 수입을 찾아서 끊임없이 일자리를 바꾸었다. 김수자는 "어머니가 대단하셨다"는 말로 어머니의 생계를 위한 노력을 설명했는데, 이 말에는 생계를 유지하기가 쉽지 않았다는 점과 함께 어머니에 대한 존경심이 나타나 있다.

정문옥의 경우, "일본으로 건너와 아버지를 만나기만 하면 편히 살게 된다고 믿고, 집을 버리고 땅을 팔아 고향을 등지고 고국을 떠났다." 그러나 징용으로 광산에서 일을 하던 아버지는

> 눈은 움푹 들어가고 손은 거칠게 뼈마디만 남았는데 숨을 쉬기조차 귀찮아 보였습니다. 먹을 것도 제대로 먹지 못하고 혹사에 혹사를 거듭했음에 틀림없습니다. 부친은 눈물을 뚝뚝 흘리면서 자식들의 머리를 쓰다듬고 '함바'에서 빠져나올 수 없다고 한마디 하고는 우리를 남겨두고 홀쩍 떠나버려[11]

어머니가 한국에서와 마찬가지로 네 식구의 삶을 책임져야 했다. 여성들은

---

[11] 합천에서 살면서 농사를 지어도 일제의 강제수탈에 못 이겨 모집 과정을 통해 자원하여 일본으로 일자리를 찾아 갔으나, 일은 고되었고 스스로 그만둘 수도 없이 강제되었음을 이 증언을 통해 알 수 있다.

한국의 농촌에서 홀로 농사를 짓다 일본의 수탈에 견디지 못해 남편을 찾아 일본에 왔으나, 남편도 일제의 착취로 시달리며 가족을 돌보는 것은 물론, 같이 살 수도 없었다. 정문옥은 어머니가 "낡은 시멘트 포대의 실을 뽑아서 재생하는" 일을 시작했는데, "좁은 방에서 얽힌 실을 푸는 일이어서 시멘트 가루가 숨이 막히게 날아와서 어머님의 콧구멍에 늘 새하얗게 묻어 있었습니다"(표문태, 1986 : 38~39)라고 말했다. 일본으로 갓 와서 일본말도 모르는 여성이 할 수 있는 일이란 집안에서 아이들을 돌보며 하는 가내 하청일밖에 없었다. 집안에서 하는 가내 하청일은 임금이 낮았어도 일본어에 서툴고 어린 자녀를 맡길 곳도 없으며, 또한 집 밖에서 일해본 경험이 없이 일본으로 온 여성들이 취업하기가 손쉬웠다.

남화자(1934년생)도 "어머니가 부업을 하셨어요. 그때 우리도 어머니가 부업 일하는 것을 거들고 했는데, 모기향 봉지 붙이는 거…… 어머니가 공장에서 어떤 분량을 가지고 와서 동네 사람들 나누어주고 본인도 그걸 바로 하시고 그랬었어요"(한국원폭피해자협회, 2016 : 505)라고 회상했는데, 남화자의 어머니가 자신도 가내 하청 노동자이면서 공장과 노동자들을 잇는 중간 역할을 하여 주변 여성들에게 일감을 나누어주었다는 사실을 통해서 가내 하청일도 히로시마의 한국 기혼여성들이 종사했던 주요한 일거리였음을 알 수 있다.

어린아이들을 돌보면서 경제활동을 해야 하는 경우도 있었다. 김경자(가명)의 어머니는 집안일을 하고 아이들 돌보는 틈틈이 홀로 살아가는 한국 남자들의 빨래를 해주면서 돈을 벌기도 하였다고 했다. 안두선(가명)의 어머니는 기차 길을 만들기 위해 자갈을 깨는 일을 했는데, 어린 동생과 자신을 일터로 데리고 가서 옆에 두고 자갈을 깼다고 했다. 안임이(가명)는 이모가 두 살과 네 살 난 두 동생을 돌보는 동안 어머니는 정미소에서 쌀 쓸어 담고 청소하는 일을 했다고 했다. 유삼이는 결혼 후 아이를 낳고 경제적으로 어려워 다시 "어머니한테 애기를 맡겨놓고" 돈을 벌기 위해 기린맥주에서 "맥주가 다 만들어져서 담겨 나오면 상자에 넣는 일"을 했다(한국원폭피해자협회, 2011 : 715). 어린 자녀가 있는 경우 주변의 도움을 받아가면서 경제활동에 참여하였다.

일본에서 여성들은 남편과 함께 또는 독자적으로 경제활동에 뛰어들었다. 한국의 농촌에서 농사를 짓거나 자녀양육과 가사노동에 종사하면서 살았던 여성들이 일본에서 남편이나 아들의 수입으로는 살기가 어려워 집 밖으로 나가 함바, 상업 등 다양한 직업에 종사하였다. 독자적으로 상업에 종사하면서 상당한 부를 축적한 경우도 있었고 경제활동을 주도적으로 이끌어나간 당찬 여성들도 있었다. 그러나 대부분의 여성들은 살아가기 위해 닥치는 대로 고된 노동을 하면서 차별 속에서 생계 유지에 급급하였다. 어린 자녀를 돌봐야 하는 여성들도 자녀를 큰 아이나 주변의 친인척, 또는 직접 돌보면서 가내에서 일을 하면서 적은 돈이나마 벌어 생계에 보태야 했다.

4) 일상생활 속의 차별

한국인은 생계 유지를 위해 어렵게 일하는 가운데서도 차별로 인해 더욱 고통을 받았다. 남편과 함께 징용에서 간신히 도망 나온 정문옥의 경우 남편과 함께 장신구 가게를 열었으나 경찰이 이유 없이 물건을 몰수해가자 남편은 토목공사장에서 노동을 하게 되었다. 그러나 남편 혼자 벌이는 "다섯 가족의 입에 풀칠을 하기도 어려워" 갓난아기를 업고 일본인 농사일을 거들었다. 당시 일본말을 못하자 일본인들은 "센진, 반도인, 요보, 닌니꾸(마늘), 쿠솟타레(똥 같은 새끼)" 하고 조롱했다. 일용품 배급을 받기 위해 줄을 섰을 때 일본인들은 "너는 뒷줄에 서라" 하며 일본인들이 모두 새치기하였고 쓸 만한 물건은 일본인이 모두 가져가고 남은 불량품이 조금 배당되었는데, 그것마저 선심 쓰듯 땅바닥에 던져주곤 했다. 아기를 위해 배급소에 설탕을 신청했더니 "쎈진(조선 사람)은 마늘이나 처먹어라. 너희들에게 줄 설탕이 있으면 돼지나 먹이겠어"라고 차별했으나 "나는 습관이 되어 모욕도 천대도 견딥니다. 그러나 억울하고 슬퍼서 큰 소리로 울었지요. 이날의 일을 잊을 수 없습니다"(표문태, 1986 : 81)라고 일본에서의 삶을 증언하면서, 남편이 탄광일 할 때, 한국 사람도 일본인과 마찬가지로 "일본의 천자(天子)님의 적자라는 가르침을 받았습니다. 그것을 믿었던 것이 바보라고……. 하기야 우리가 바보짓을 한 것은 사실입니다"(표문태, 1986 : 80)라고 자책했다.

한국 사람들은 전시에 지급되는 배급만으로는 먹고살 수 없어 야매 쌀 등 식료품을 구입해야 했는데, 불법 상행위는 일본 경찰의 심각한 폭력을 유발하는 빌미가 되었다. 최영순의 이웃에 살았던 어릴 때 친구 다케우치의 증언에 의하면, 한밤에 소변을 보러 일어났을 때 최영순의 어머니가 "아이고 아이고" 하며 우는 것을 목격했는데, 다음 날 최영순의 아버지가 얼굴이 부어 있었고 온몸이 시커멓게 멍이 들어 누워 있는 것을 보았다고 했다. 경찰서에는 목검과 대나무가 놓여 있었고, 경찰이 조선인을 차례로 불러다가 마구 때렸고 주변의 조선인 남자들이 대부분 검은 반창고를 붙이고 있었다고 했다. 다케우치는 또한 "그 시절은 정말 심한 차별이 있었습니다. 같은 인간이 저러면 안 된다"고 생각했다고 말했다. 그는 "당시 조선 사람들은 부족한 식품을 구하려면 야매(암거래)로 구할 수밖에 없었는데, 이 때문에 구타를 당한 것으로 생각했다"(崔英順, 1987 : 24~26)고 했다. 한국 사람들은 차별을 감수하면서 일본에서 살아가야 했다.

3. 원폭 피해 여성들의 일본에서의 삶

1) 학교 교육

연구대상자 중 2018년 현재 80대 이상은 일본에서 취학 적령기를 보냈다. 80대 이상인 41사례 중 무학이나 초등학교 중퇴 학력을 가진 사람은 27사례로 약 3분의 2를 차지하여 일본에서 여성들이 학교를 가지 않거나 초등학교에 다니다가 그만둔 경우가 대다수였다. 강이조는 일본에서 "그때 보면 한국 사람들은 애들을 학교 안 보내는 사람이 많았어……. 그러다가 나이가 좀 있으면 공장가서 일하고……"(한국원폭피해자협회, 2011 : 596)라고 말했다. 김일조는 "그 당시에는 국민학교(초등학교)가 의무교육이라 학교를 보내지 않으면 파출소에서 경찰들이 나와 부모들에게 학교에 보내도록 하여 2~3일 정도는 학교에 보내다가 또다시 학교에 보내지 않았다"(김일조, 2007 : 28)라고 말했다.

학교에서 교육을 받지 못하거나 중단할 수밖에 없었던 근본적인 이유는 가난 때문이었다. 아버지 혼자 벌어서는 가족의 생계 유지가 어려워 어머니도 자식이 여럿이었어도 돌보지 못하고 돈을 벌기 위해 일을 해야 했고 어린 소녀들은 학교에 가지 못하고 집에서 어머니 대신 동생들을 돌봐야 했다. 조분이(가명)는 일본에서 먹고살기 위해 일하러 가는 어머니를 대신해서 집안일을 하고 동생을 돌봐야 해서 학교를 다니지 못했다고 말했고, 안두선(가명)의 경우도 남동생은 학교에 보냈는데 자신은 "아버지가 일찍 사망하고 홀로 생계를 꾸린 엄마가 힘들어 학교에 안 보냈고 두 살, 다섯 살 난 동생을 돌봐야 했다"고 하였다. 안월선의 경우에는 일본에서 아버지가 노동일을 했는데 아버지 혼자 가족들 먹여살리기가 너무 힘들어 어머니가 돈을 벌기 위해 일하러 나가려고 하니 어린 동생을 누군가 돌봐야 한다고 하면서, 6학년 올라가는 언니에게 학교 그만두라고 아버지가 말하자, 자신이 "언니는 좀 있으면 졸업인데 계속 공부해서 졸업해라"고 하고 초등학교 3학년만 마치고 동생을 돌보았다고 했다. 어머니가 8남매를 낳았으나 돈을 벌려고 "눈 뜨고 댕기샀고(다녔고)……" 그래서 자신이 아기를 돌봐야 했다고 말했다(창원대학교 경남학연구센터, 2017 : 22).

자신이 어릴 때 부모가 일하러 가면서 자신을 방 안에 가두어놓고 가서 홀로 견디어야 했는데, 동생이 태어나자 동생을 돌보면서 조센진이라고 놀림 받으며 학교에 다니기를 병행했다는 증언도 있었다.

> 아버지가 거기서 공장에 다니시고, 엄마는 쏘케(솜) 공장 댕기고. 이불 맹그는(만드는) 쏨(솜) 공장. 나는 방에 물 잠가 간아(가두워) 놓고. …(중략)… 내가 여덟 살 때 남동생 놓고 나서 겨우 칠일 지나고 고마(바로) 일하러 갔어요. 내가 (동생을) 보고 '물 띠미고(떠먹이고), 뭐 띠미고, 띠미라.' 이래쿠데(이러더라고). 밥물로 따라놓고 가거든…… 선생님 보는 데는 (일본 애들이) 안 놀리지, 나오마(나오면) 놀리지, 조센징이라고. 막 괴롭히기도 하고. 뭐 피해 오삐께네(와버리니까) 험한 꼴은 마이(많이) 안 봐도. 내가 싫지. 피해댕기지. 내가 일찍 오뿌고(와버리고) 일찍 가고. 아들캉(아이들과) 몬(못) 놀고 얼라(아기) 때매(때문에) 집에 와야 되고 동상(동생) 키아야(키워야) 된게네(되니까)(창원대학교 경남학연구센터, 2017 : 219~220).

김일조는 당시 소녀들이 동생들을 돌보느라 학교에 다니지 못했던 상황을 자세히 구술했다.

> 부부간에 둘이 공장 생활을 같이 벌이마(벌면) 살이가 좀 수월하거든예(수월하거든요). 그러니까 애 봐요. 동생 업고 오전에 쉬는 시간에 9시 반에 15분 쉬고 오후 3시에 15분 쉬고 하면 그 두 사이에 가서 인제 '저임대(저입니다)' 하고 아 동생을 데리고 가서 엄마 젖 먹이고 데꼬(데리고) 와서 또 인제 애기 보고. 그래가지고 그래 시킬라고(시키려고) 학교를 고마 고만했는기라예(그만했어요)(김승은, 2012 : 20).

초등학교 졸업 후 상급학교 진학을 위해서는 경제적인 뒷받침과 부모의 의지가 필수적이었다. 강옥이(가명)는 자신이 초등학교를 졸업하고 고등과에 진학하려고 한 것은 부모가 경제적으로 넉넉했기 때문이라고 말했다. 강옥이(가명)는 외가 식구들과 어울려 살았는데, 자신이 당시 다섯 형제자매 중 두 번째로 이모가 동생들을 돌보아서 자신은 동생들을 보는 책임을 벗어나게 되어 학교에 갈 수 있었다고 했다.

엄분연은 아버지가 독립운동가의 후손으로 유일한 친자식인 딸에게 재일조선인들의 비참한 상황을 알려주고 민족의식을 심어주기 위해 노력했고 또한 일본에서 건축업으로 성공하여 주변 사람들에 비해 부자(嚴粉連, 1987 : 106)였다. 게다가 엄분연의 학교 성적도 우수하여 고녀 진학은 자연스럽게 이루어졌다. 담임선생의 성적 조작으로 엄분연이 현립학교[12]에 진학하지 못하게 되자 아버지가 나서서 항의하여 사과를 받아낼 정도로 아버지가 딸의 교육에 적극적이었음을 알 수 있다. 최영순의 경우, 당시 조선인으로는 처음으로 현립여고에 합격하여 신문에도 보도가 되었는데, 동생이 5명이나 되고 다들 학교에 다니지만 자식에 대한 애정을 숨기지 않았던 아버지와 민족의식이 투철했던 어머니는 어려운 가운데에서도 학교 성적이 우수하고 5학년 때는 반장으로 뽑힐 만큼 영특했던 최영순을 고녀에 보냈다(崔英順, 1987 : 30~32). 고등과를 졸업한 이수용은 주변에서 "가수나(여자아이) 핵교(학교) 시키가 뭐 할라꼬(하려고)?" 하고 흉을 보았으나 아버지가 "엄마 아버지 없이 숙모 밑에서 큰게(자라서) 설움도 마이(많이) 받고 고되서(힘들어서) 내 자식은 넘(남)부럽지 않게 키울라고 (학교를 보내셨어)"(창원대학교 경남학연구센터, 2017 : 221)라고 구술하여 일본에서 부모 특히 아버지가 딸의 교육을 적극 지원하였음을 알 수 있다.

---

12 현이 운영하는 공립여학교.

어머니가 일본에서 장사를 하는 등의 경제활동에 종사하면서 여자도 배워야 한다는 것을 절실히 깨닫고 딸의 교육을 고집한 경우도 있다. 김일조는 "다행히 나는 국민학교(초등학교)는 졸업을 하였는데, 주위에 나 혼자뿐이었다"(김일조, 2007 : 28)라고 말했다. 김일조는

> 그 당시에 내가 학교 들어갈 때에도 우리 아버지는 또, 저 날 딸아들(딸들) 공부시켜봐야 소용없다고 안 시킬라캤어(시키려고 했어). …(중략)… 뭐 건방만 난다사코(하고). 머시마(남자 아이)는 공부시키고 딸아(아이)는 공부 안 시켰어. 학교 들어갈 때에도 한 그 이웃에서 여남은씩(십여 명) 들어 갔어예. 나도 같이 입학했는데 1학년 댕기다가(다니다가) 말고, 2학년 댕기다가 말고, 3학년 댕기다가 말고 졸업했는 건 내 하나뿐이래. 장사를 했기 땜이로(때문에) 우리 엄마가 인자 옛날에 참 촌에서도 글로 쪼메(조금), 옛날에 뭐 부끄럽지도 않아, 글로 쪼끔(조금) 아는데 암만캐도(아무래도) 글이 짜르고(부족하고) 하니까, 아라비아 숫자 안 배웠지예. 그란께네(그러니까) 여자도 공부를 해야 된다. 이래 되가주고(이렇게 되어) 날로(나를) 학교를 억지로 옜는기라(넣은 거야).(김승은, 2012 : 20)

라고 회상했다. 아버지가 성차별적인 이유로 김일조의 학교 교육을 반대했으나 어머니가 장사를 하면서 자신의 부족함을 절감하여 여자도 교육을 받아야 한다는 주장을 폈고 이를 관철시킨 것이었다.

대부분의 소녀들은 가난 때문에, 그리고 집안에서 생계 유지에 동분서주하는 어머니를 대신하여 동생을 돌봐야 하는 책무가 주어져 학교 교육을 제대로 받지 못했다. 그러나 경제적으로 넉넉할 경우, 그리고 딸도 교육을 시켜야 한다는 부모의 의지가 강한 경우, 소녀들도 초등학교는 물론 상급학교로도 진학하였다. 특히 아버지가 성차별적인 의식에서 벗어나 딸의 교육을 적극 지원하기도 했다.

2) 학교에서의 차별

학교에서 한국 아이들은 대부분 한국 사람이라는 이유로 차별을 받았다. 최영순은 자신이 조선인이라는 의식을 잘 못 했으나 '조센진 조센진' 하고 뒤에서 손가락질받으면서 점차 자신이 조선인이라는 것을 의식했다(崔英順, 1987 : 18~19)고 했다. 일본 아이들이 "조센징 부다노크노, 냄새나고 돼지새끼다"라고 하면서 "싫어하고, 놀리고 하는데, 그래도 몬(못) 들은 체했다"(창원대학교 경남학연구센터, 2017 : 124)고 했다.

한국 음식 때문에 차별을 받기도 했다. 강이조는

> 아이고, (공부) 잘 못했어요. 왜 못했냐 하면, 낮에 점심 도시락을 싸가잖아요. 그럼 이놈의 할마이(어머니)가 김치를 싸주네요. 일본 사람이 '닌니쿠구사이'(마늘 냄새)라고 놀려대니 밥을 먹을 수가 있어요? 사람이 기분이 상하고, 아주 애들이 지랄을 해요. 때리기도 하고 그러니 뭔 공부가 되겠어요(한국원폭피해자협회, 2011 : 627).

라고 말했다. 손경선(가명)도 "일본 아이들이 '조센징 닌니꾸고사이나'라며 마늘 냄새 더럽다고 했던 말은 아직도 생각난다. 그 말 듣기 싫었다, 일본 친구들 없었고 일본 아이들이 나를 따돌렸다. 그때 굉장히 충격받았다"고 회상했다. 한국 음식, 특히 마늘 냄새 때문에 차별당하면서 한국 음식문화를 기피하게 되었다.

박남주는 소학교 저학년 때 치마저고리에 고무신을 신고 학교에 다녔는데, 한 반에 조선인 학생은 5, 6명 정도가 있었고, "짓궂은 아이들에게 '조센, 조센, 뭐가 다르지. 돛단배처럼 생긴 신발, 좀 다르지'"라면서 유난히도 놀림을 많이 받았다. 하지만 자신은 당당하게 "니들은 반장도 부반장도 못 하잖아. 난 부반장이다!"라고 되받아치곤 했다(가와타 후미코, 2014 : 103)고 말했다.

최영순은 조선인으로 손가락질받지 않기 위해 노력했고 성적이 좋아 5

학년이 되어 선거에서 반장이 되었으나 일부에서 "조선인이 반장을 한다"
고 싫어해서 사퇴해야 했다(崔英順, 1987 : 19). 노귀엽도 자신이 "영리해가지
고 오사카에 살 때는 급장도 하고 그랬는데 나가사키로 가니까 급장을 안 시
켜주더라고. 공부를 잘해도 안 시켜줘"(정근식, 2005 : 302)라고 증언하여 한국
학생들은 차별 때문에 학교에서 리더로서의 역할을 할 수 없었음을 토로했
다.

　김일조는 "일본서도 제일 싫은 게 조센징 카(하)면서는 차별하는 거, 그
게 일본 아 아(아이)들하고 싸워 가주고 일본에서 머시마(남자아이)하고 싸워
이 머시마 도끼 갖고 여 내 쪼사 쪼사(찍어) 죽일 뻔했어예. 제일 그게 괴로웠
고"(김승은, 2012 : 31)라고 말하여, 일본 아이들로부터 조선인이라고 조롱받고
차별받는 것이 괴로웠음을 토로했다. 엄분연은 집안이 경제적으로 넉넉했고
학교 성적도 6년 동안 반에서 일등을 하였는데, 자신은 친구들로부터 차별
받았다고 생각하지 않지만 다른 조선인 아이들이 따돌림 당하는 것을 목격
했다고 증언했다. 엄분연은 "한국 남자아이 전군은 일본인 아이의 죄를 뒤집
어쓰고 (일본인)선생님이 양동이에 물을 가득 담아 두 손에 들고 벌을 서게 했
다"(嚴粉連, 1987 : 107)고 기록하여, 급우들뿐만 아니라 일본인 선생도 조선인
이라고 학생을 차별하는 경우가 있었음을 알 수 있다.

　학교에서 일본인 동급생으로부터의 놀림은 학교를 기피하는 요인이 되
었다. 조경숙은

　　　내가 학교를 옮겼거든. 근데 그 옮긴 학교를 몇 번 안 나갔어. 그리고 애
　　들이 나를 많이 놀렸어, 조센징이라고. 그래서 내가 학교 가기 싫다고 하고
　　그랬어. 또 제 시간에 가면 기미와헤이오 그런 노래 불러야 하는데 그거 부
　　르기 싫어서 조선애들 모아가지고 아침 일찍 학교에 가는 거야. 그렇게 지
　　냈어(한국원폭피해자협회, 2011 : 682~683).

라고 회상했고, 엄분연도 "이지메 때문에 학교를 그만둔 여자아이도 있었

다"(嚴粉連, 1987 : 107)고 증언했다. 손경선(가명)은 학교에서 조선인이라고 따돌림 당했던 경험 때문에 초등학교 2학년 다니다가 학교를 그만둔 이래 한국에 귀국한 후에도 학교에 다니지 못한 것에 대한 미련이 없었다. 하해수도 차별 때문에 초등학교 입학하고 2~3일만 다니고 그만두었는데, "처음 학교 다니기 시작할 무렵, 가까이에 있는 후쿠시마초 아이들이 던진 돌멩이에 맞았다. 조선인 아이가 살해되는 사건도 있었다"고 하며, "이런 일이 무서워서" 학교를 그만두었다고 했다(가와타 후미코, 2014 : 121). 차별은 살인으로까지 이어져 한국 아이들을 두려움에 떨게 하였다.

경제적으로 부유한 경우, 일본에 적극 동화하기 위해 한국 사람들과 거리를 두고 일본인 주거 지역에 집을 사고 자녀들을 일본인이 주로 다니는 학교에 보내기도 했다. 아버지는 고이역에 정규직으로 근무하였고, 어머니는 한국물품 상점을 열어 경제적으로 부유했던 오재봉은 "길가에는 전부 일본 사람들만 살지 우리 집 한 집만 한국 사람이었다……. 우리 형제를 다 니시 간온학교로 다 보냈어. 거기 한국 사람 많이 없다고……. 내가 한국 사람인 것을 알아서 이지메도 당하고 그랬어."(한국원폭피해자협회, 2011 : 518)라고 토로했다. 경제적으로 여유가 있었던 구순임도 한국 사람이 다니지 않는 학교에 들어갔는데,

> 일본 애들이 우리가 한국사라는(한국 사람이라는) 것은 알아. 그래도 언니들이 내가(10형제 중 막내) 학교 가서 좀 그럴까 봐 한국 사람 티 안 내게 하려고 그랬어. 그때는 조센진이라고 놀리잖아. 그러니까 언니들이 나를 참 신경을 많이 써줬어. 왕따 당할까 봐(한국원폭피해자협회, 2011 : 733~734)

라고 말했다. 경제적으로 여유가 있었던 한국 사람들은 가난한 한국 사람들과 거리를 두면서 한국 사람이라는 사실을 드러내지 않으려고 노력했으나 여전히 차별을 받았다.

상급학교 진학 과정에서 한국인이라 불리할까 봐 불안해했고 또 차별

을 받았다. 엄분연과 최영순은 고녀 진학 원서를 제출할 때 당시 한국인이면 입학을 못할까 봐 창씨개명을 해야 했다. 독립운동가의 후손이었던 엄분연의 아버지는 당시 한국 사람들이 창씨개명을 했으나 이를 거부했는데, 엄분연의 진학을 위해 하는 수 없이 啓本粉連으로 바꿀 수밖에 없었다(嚴粉連, 1987 : 109). 최영순도 福本英子로 바꾸고 입학했는데, 당시 최영순은 조선인이 최초로 현립고녀에 입학했다고 신문에 보도되었다(崔英順, 1987 : 31). 엄분연은 성적이 우수했으나 담임선생이 성적을 조작해서 현립고녀에 진학하지 못했다. 아버지가 교장에게 항의해서 담임선생의 사과를 받았으나 결국 제일현여(고)에 진학하지 못하고 사립 안전(安田)고녀에 진학했다(嚴粉連, 1987 : 107).

일본에서 차별로 중학교에 진학하지 못하기도 했는데, 김일선은

> 소학교(초등학교)를 졸업하고, 해방된 그해 중학교를 가려고 시험을 치는데, 필기도 아니고 면접만 보는 거예요. 저는 공부를 잘했으니까 자신이 있고 문제가 없다고 생각했는데, 그 면접에서 떨어져버린 거예요. 그래서 중학교로 진학을 못 했어요. 조선 사람이라 그랬다고 생각해요. 일본 사람들 만나서 물어봐도 그럴 거라고 하던데. 그래서 중학교 못 가고 소학교 고등과로 갔어요(한국원폭피해자협회, 2011 : 850)

라고 말했다.

학교에서는 일본말 사용이 강요되었다. 한국 사람들은 처음 일본에 가서는 일본말을 몰라 한국 사람들이 사는 곳에 집을 얻어서 한국 사람들끼리 어울려 살면서 한국말을 하고 살았지만 학교에서는 일본말만 해야 해서 힘들게 적응해야 했다. 신복수는 경남 동래군 일광면에서 태어나서 열 살 때 일광공업보통학교에 입학하여 십 리의 산길을 따라 학교에 갔는데, 학교에 일본 아동은 하나도 없는데도 일본인 교사가 3분의 2를 차지하고 교장도 일본인이어서 학교에서 한국말을 못 하게 할 뿐만 아니라, 집에서도 못 쓰게 하

여, 한국말을 쓰다가 들키면 엄한 벌을 받았다. 학교의 한국말 교육은 일주일에 단 한 시간, 그것도 학부형의 항의로 간신히 얻어낸 것이었다. "가정에서 조선말밖에 못 배운 일학년생이 '오줌'이란 일본말을 몰라 바지에 오줌을 싸기도 하였다. 조선말 사용을 학생들끼리 감시하게 하고 매를 때리거나 벌을 서게 하였다."(표문태, 1983 : 57)

한국 사람이라는 것이 드러나지 않아 차별을 받지 않은 경우도 있었다. 허종순은 "그때는 그냥 겉모습만 보면 한국 사람인 줄 몰라. 집도 좀 살았고. 똑같잖아"라고 외모에서 차이가 나지 않을 경우 "누가 일본 사람인 줄 알아? 그래서 일할 때나 학교 때 차별은 없었어"(한국원폭피해자협회, 2011 : 596)라고 회상했다. 변연옥도 "히로시마 시내에서 떨어져 있는 곳이라 한국 사람이 많지는 않았던 같아. 사실 그때는 철이 없어서 우리가 일본 사람인 줄 알았으니까 누가 한국 사람이다 아니다 그런 것은 관심도 없었다는 말이 맞겠지"(한국원폭피해자협회, 2011 : 486)라고 일본 사람들 속에서 일본 사람으로 스스로 착각하고 살면서 차별당하지 않았다고 증언했다. 변연옥은 원폭 피해자로 일본에 갔을 때 학교 동창들과 만났는데 처음으로 한국 사람이라는 것이 알려지자 "너 한국 사람이었니?" 하면서 일본인 친구들이 모두 놀랐다고 한다(한국원폭피해자협회, 2011 : 486).

한국 사람들끼리 모여 살고 어머니가 한국말을 사용하는 경우 한국말을 어느 정도 구사했으나, 학교에 입학한 후 학교에서 일본어만 쓰기 시작하면서 한국말은 완전히 잊어갔다. 어머니가 일본말을 전혀 못하여 한국말을 계속했기 때문에 한국말을 알아들을 수는 있었으나(한국원폭피해자협회, 2011 : 600; 735; 806) 말하기 능력을 상실했다. 한국이나 일본에서 모두 학교에서 전적으로 일본말만 사용하게 하여 소녀들은 한국말을 점차 잊어갔다.

3) 노동 참여

가족 중 취업이 가능한 구성원은 모두 생계 유지를 위해 임노동과 상업에 나서서 살아가기 위해 온 힘을 다하였는데, 어린 나이의 소녀들도 대다수 10대 초반이 되면 가족의 생계를 위해 돈벌이에 나서야 했다. 82명의 조사대상자 중 히로시마에서 10대를 지낸 경우 대부분이 공장 노동을 경험하였다. 유창수는 "여자들도 중소공장과 육군 피복창에서 일하고 있었으며, 그 중에는 열 살에서 열두세 살 먹은 어린 처녀들도 많았다"(히라오카 다카시, 표문태, 1986 : 244)고 증언했는데, 1977년에 실시된 히로시마의 원폭 피해자에 대한 실태조사에서도 당시 열 살 이상의 아동들이 여공으로 일했다는 것을 확인했다(히라오카 다카시, 표문태, 1986 : 251).

강이조(1929)는 초등학교를 졸업하고 10대 초반에

> 군복, 군인들 옷 짓는 데 다녔어요. 친구들하고 여럿이, 아침에 7시에 가서 저녁 7시에 퇴근했어요. 일은 미싱도 하고, 옷을 다 만들고 나서 시아게(마무리) 그런 거 옷 개고 그런 일을 했지요. 그 공장에 사람들이 아주 많았어요. 조선 사람도 많고 일본 사람도 많고 그랬어요. 한 2년 정도 근무했을 거예요(한국원폭피해자협회, 2011 : 622).

라고 회상했듯이, 소녀들이 군복을 만드는 피복창에 동원되어 하루에 12시간의 장시간 노동을 하였음을 알 수 있다. 이뿐만 아니라 군사병기를 만드는 공장에도 어린 소녀들이 동원되었다. 이일수는 고등소학교 2년 때 학도 동원으로 비행기 부속품과 총을 만들고 석탄 파는 기계를 만드는 군수공장인 동양공업에 근무하였는데, 졸업 후에도 계속 근무를 하였다(한국원폭피해자협회, 2011 : 907~908)고 한다. 허종순은 공장에서 비행기 부품 닦는 일을 했고(한국원폭피해자협회, 2011 : 595). 최영순은 학도 동원으로 히로시마 동쪽에 위치한 해군 병기의 부품을 만드는 '중국배전'의 기계공장에서 친구들과 전열기의 선을 잇는 작업을 했다(崔英順, 1987 : 34).

　군인용 쌀 정미소에서는 일본 군인들이 한국에서 가져온 현미 쌀을 찧어 오면 쌀을 100kg 단위로 무게를 재어 포대에 담아서 군대 쌀 배급소에 보내었는데, 박춘자(가명)는 그곳에서 10여 명의 소녀들과 같이 일했다고 기억했다. 윤월순(가명)도 바로 여기서 일했는데, "놀고 있으면 정신대 가야 한다"고 해서 1945년 6월부터 이 일을 하게 되었다고 했다. 즉, 토지조사사업과 그 뒤를 이은 산미증산계획에 따라 조선의 농촌에서 강제로 공출한 쌀을 일본 군대에 배급하기 전 가공하는 일에 조선의 어린 소녀들이 동원된 것이다.

　이점옥(가명)은 15세부터 통조림 공장에 다녔는데, 밀감을 까서 고무통에 있는 약물에 넣어 껍질이 녹으면 통조림통에 넣어 밀감통조림을 만들고, 그 외에 쇠고기, 버섯, 복숭아 등 온갖 것을 통조림으로 만들었다고 했다. 통조림 공장에서 안두선(가명) 등도 일했다고 한다. 정문옥은 어머니가 징용 간 아버지를 대신해서 집안에서 시멘트 포대의 실을 뽑아서 재생하는 일을 했지만 이것으로는 네 가족의 입에 풀칠도 안 되어, 자신은 일본인 집에 아기 보는 식모로 들어갔는데, 등허리의 아기가 보채면 자신도 서러워서 함께 울었다고 했다. 그 이후 후나이리라는 곳에 10~13세 정도의 같은 또래 한국인 여공들이 일하는 통조림 공장, 주스 공장에서도 일했다고 했다(표문태, 1986 : 39). 한국 소녀들이 만든 통조림 등은 전쟁을 하고 있는 일본 군인들에게 공급되었던 것으로 보여 어린 조선의 소녀들도 일본의 군국전쟁에 동원되었다는 것을 알 수 있다.

　윤월순(가명)은 13세 때부터 집 근처에 있는 방직공장에서 일을 하기 시작했다. 이 공장이 다음해에 군수품 공장으로 바뀌는 바람에 14세가 되던 1944년도에 미나미 가오마치에 있는 인쇄 공장에 취직하였고 종이를 끊어서 정리하고 숫자 세는 일을 했다. 공장에서 제일 어려서 귀여움을 받았는데, 7월에 같은 나이 또래 학생들이 와서 중요한 일하고 자신은 그 학생들의 보조로 일하게 되어 학생들을 보면 부끄럽고, 공장이 싫어져 1945년 5월에

"그냥 안 갔다"고 했다. 이일분(가명)은 초등학교를 졸업한 후 12세부터 고무 공장에서 일을 하기 시작했으며, 조분이(가명)는 14세 때부터 후리카게(밥 위에 뿌려 먹는 것) 통을 만드는 공장에 다니기 시작해서 펌프 만드는 공장으로 옮겨 친구 5명과 함께 다녔다고 했다. 백두이는

> 좀 나이 먹어서는 가온마치, 돌가리 공장하는 데가 있었어요. 거기 시멘트 포대 떨어진 데를 바루고(수선하고), 시멘트 봉지 큰 것 만드는 데야. 같은 공장인데 시골서 헌 책이나 잡지를 가져와서 구분해서 정리하는 일도 했다(한국원폭피해자협회, 2011 : 821)

고 말했다. 유삼이는 결혼하기 전에도 형편이 어려워 중학교에 못 가고 "일본 사람 회사인데 '재무'라고 하는데 옷핀같이 옷에 꼭 끼우는 그런 것을 만들었어요. 여기 글쎄 한 몇 년 다녔어요"(한국원폭피해자협회, 2011 : 713)라고 말했다.

일본은 더 나아가 10대 소녀들뿐만 아니라 열 살도 되지 않는 소녀를 노동에 동원하면서 조선의 아동을 착취하였다. 하서운은 어머니가 사망하고 난 후 "아홉 살 때부터 공장을 갔어요. 베 짜는 공장인데, 실을 연결해서 작업을 하는데, 키가 작으니까 밑에 발판을 깔아놓고 할 정도였어. 그렇게 사람이 없었던가. 그때 5원 받고 일했거든"이라고 회상하고 그러다가 한 달에 30원 정도 주는 공장으로 옮기고 또다시 옮겼다(한국원폭피해자협회, 2011 : 478)고 했다. 박춘자(가명)도 아버지가 공장에서 일을 하기 위해 기차를 타고 다녔는데, 기차에서 내리다 헛디뎌 기차 발통에 치여서 병원에 열흘 동안 입원해 있었으나 사망하고, 어머니마저 사망하자 어린 나이에 공장에 취업을 했다고 했다. 박춘자(가명)는 "엄마 죽고 새끼 짜는 공장에 친구들과 다니다 양말(다비)공장에 몇 년 다녔다"고 말했다. 10세가 되지 않은 어린 아동이라도 생계 유지를 위해 노동할 수밖에 없었고, 노동력이 부족했던 일본은 어린 아동을 노동력으로 산업에 동원했다.

대부분 공장에서 노동하는 소녀들은 모두 한국인이었고 일본인은 없었다고 기억했다. 다만 정신대로 동원된 일본 학생들과 함께 일한 경우는 있었다. 고무공장에 다니다가 머리가 아파서 도저히 일을 할 수가 없어 곧 그만둔 경우가 있으나 대부분 공장 노동의 경우 일 자체는 그리 힘든 일은 아니었다고 회상했다. 노동시간은 아침 7시에서 오후 5시까지, 또는 아침 8시에서 오후 6시까지로, 대부분 10시간 노동하였고 12시간 노동을 하는 경우도 있었으며, 점심 도시락을 싸서 다녔다. 임금을 어느 공장이 더 많이 주는지를 알아내기 위해 친구들과 함께 알아보러 다니기도 하였다고 했다. 대부분 돈을 벌면 용돈 조금 떼고 나머지는 어머니에게 드렸다고 했다.

일본에서 취업한 어린 소녀들은 대부분 부모와 히로시마에서 같이 살면서 취업을 했으나, 일본에서 취업하기 위해 단신으로 일본으로 건너간 경우도 있었다. 정학연은 10대 초반에 가난한 가족을 위해 돈을 벌고자 일본어를 전혀 모르면서 지인의 주소만 가지고 일본으로 홀로 갔다.

> 텐노지(천왕사)까지 더듬어 가 마중 나온 그 사람을 따라 와카야마로 갔다. 그 사람의 밀감밭에서 일한 것은 이틀뿐으로, 그 사람의 소개로 텐노지에 있던 일본인 집의 가정부가 되었다. 거기서 몇 개월 일한 후, 언니가 사는 오사카의 항구마을에 있는 로프와 끈을 만드는 공장에서 1년간 일했다. 언니는 16세에 합천에서 히로시마의 합천 출신자가 사는 곳으로 시집 온 뒤, 오사카로 이사해 있었던 것이다. 그 후 나는 외삼촌에게 부탁해 히로시마로 가서 신발 공장에서 일하기 시작했다. 어렸던 나의 돈벌이는 적었지만, 그래도 합천의 부모에게 계속 돈을 보냈다(이치바 준코, 2003 : 309).

조선인에게는 기회조차 주어지지 않던 정규직에 응시하여 취업한 경우가 있었다. 김수자(가명)는 초등학교 졸업 후 2년제 상급학교를 졸업할 때 담임 선생님이 시청이나 저금국에 원서를 내라는 권유에 따라, 부모와 친인척들은 일본인도 취업하기 어려운 곳인데 한국 사람이라 되지도 않을 것 왜 응시하느냐고 만류했지만 시험에 응시하였다. 일본 이름 '요시다 지요코'로 응시하여 주산시험, 필기시험, 구두시험에 통과하자 신원증명을 떼어 오라고 해서 고향인 고령에서 신원증명서를 발급받아 제출하였다. 이때 한국 사람이라는 것이 알려졌지만 합격하였다. "뭐 할라꼬(하려고) 하느냐?"는 주위의 만류에도 불구하고 응시해서 합격했다고 가족 친지들이 모두 대견해했다고 회상했다. 이 사례에서 당시 한국 사람에 대한 차별이 만연했으며, 따라서 한국 사람이 공공부문에 진출하는 것은 매우 어려웠다는 것을 알 수 있다. 김수자(가명)는 자신이 어려운 관문을 뚫고 취업한 것에 대한 자부심이 컸다.

허종순은

> 고등과 1학년 때 철도계, 샤쇼계, 내가 거기가 너무 들어가고 싶어서 철도본부에 가서 들어가고 싶다고 말하니까 시험을 보라 하데. 철도계는 아주 인기가 좋았어. 여자들은 차장으로 역에 도착하면 '여기가 어디다, 다음에는 어디다.' 그런 말 해주는 사람. 조선 사람들은 잘 안 해줘. 우리 본적이 '경상남도 밀양' 이렇게 나오잖아. 그래서 내가 그걸 떼고 다른 종이를 붙여 가지고 일본 주소로 바꿔서 냈어. 내가 조선 사람인 거 숨기고 그렇게 들어간 거야. 오오시마 후지코라고 내 일본 이름으로 월급 내역도 다 있고(한국원폭피해자협회, 2011 : 595~596)

라고 회상했다. 최봉선은 "제2고등과에 들어갔는데 2학년 때 사람이 모자라서 다들 간즈메(통조림) 공장이며…… 동원되어 가는데 나는 히로시마 에키 안에 전화국 교환수로 시험 쳐서 들어갔어요. 전화가 와서 어디로 연결해달라고 하면 그거 연결해주는 일"(한국원폭피해자협회, 2011 : 886), 즉 공장이 아닌 사무실에서 일하는 서비스직에 취업했다고 했다. 이일분(가명)은 고등소학교(2년제)에 진학했으나 학교를 그만두고, 고무 공장에 다니다가 히로시마 히로뎅주식회사(버스와 전차를 운행하는 회사)에 응시했는데, 일본 친구들은 다 탈락하고 자신만 합격했다고 했다. 한 달 동안 강습을 받고 시내버스 승무원으로 1~6호선에서 3년간 1945년 4월까지 일하였다고 했다. 이들은 입사시험을 통해서 한국 사람은 들어가기 어려운 직장에 취업했다.

이일분(가명)은 3년간 일을 하였으나, 2교대로 근무했는데, 저녁 늦게 퇴근할 경우 집에 돌아오는 길이 무서웠고, 또 다리가 아파서 중단하였다. 정문옥은 통조림과 주스 공장에서 일했으나 "임금은 내가 흘린 눈물방울만큼이었고 여름이나 겨울이나 연중 물 작업을 해서 무좀이 생겼고 지금도 그 자리의 가려움과 함께 그 당시의 슬픔을 잊을 수 없지요"(표문태, 1986 : 39)라고 기억했다.

직장을 그만두면 근로정신대로 동원되었다. 안월선은 1945년 7월 해군기지에 폭격이 시작되자, 그 시내에 나가는 것이 무서워서 회사에 가고 싶지 않았지만 근로정신대에 동원될까 봐 회사에 갈 수밖에 없었다고 했다(안월선, 2008 : 35~36). 근로정신대로 동원되면 적은 임금이나마 받지 못하고 일해야 하기 때문에 이를 피하고자 한 것이다. 이일분(가명)은 버스 차장으로 일하다가 힘들어서 그만두고 난 후 3개월이 지나자 "고양이 손이라도 빌리고 싶은 이 시대에 놀아서는 안 된다"는 독려에 따라 근로정신대에 동원되어 공장에 취업했다. 군용공장에서 화약 통 만드는 일을 했는데, 나무를 뒤집어가면서 말리는 일이었다. 공장 취업과는 달리 임금이 없고 매일 점심 도시락을 싸가서 일했는데 5개월 동안 월급도 받지 못하고 일을 해야 했다. 근로정신대를 통해 전쟁에 무상으로 강제동원되었는데, 일본의 출산 독려 정책에 따라 결혼하고 임신하고 난 후에야 근로정신대 동원령에서 제외되었다.

이일분(가명)은 한국에서 온 사람들은 살기 위해 가능한 모든 가족 구성원이 일하였으나 대부분은 살기 힘들었다고 증언하였다. 정일선(가명)은 일본에서 "고생 많이 했다"고 기억했고, 안두선(가명)은 어머니가 "군인 잔반을 소쿠리에 쳐 쪄서 우리를 먹였다. 콩기름 짜고 난 찌꺼기를 밥에 놓아 먹였다. 양식이 모자랐다"고 말했다. 한국원폭피해자협회 경북지부 조사에서 '당시 생활에서 어려웠던 것은 무엇이었나?'라는 질문에 대하여, '생활고'를 든 사람이 가장 많았고, 이어 '차별', '식량부족', '말이 통하지 않는다'를 든 사람 순이었다. 이러한 대답을 보면 합천에서 극한적인 상황에 몰려 히로시마로 건너갔지만, 많은 사람은 생활고로부터 벗어날 수 없었다는 것을 알 수 있다 (이치바 준코, 2003 : 307).

일부 경제적으로 성공한 경우도 있었지만, 대부분은 먹고살기 위해서 일본으로 왔으나 먹고사는 것이 일본에서도 쉽지 않자, 생계 유지를 위해 일할 수 있는 전 가족이 동원되어 일을 해야만 했다. 아버지, 남편, 오빠 등 남성 가족 구성원은 물론 어머니도 임금 노동에 종사하면서 돈을 벌어야만 했다. 한국에서는 농사를 지으며 살림만 살았던 여성들도 생소한 고장에서 집 밖으로 나가 처음 해보는 일에 적응하면서 힘들게 살아야 했다. 취학 적령기에 있는 소녀들은 초등학교를 졸업하거나 상급학교 진학하는 경우는 예외여서, 대부분 초등학교를 중퇴하고 어머니를 대신해서 동생을 돌보았고, 10대가 되면 대부분이 공장에 가서 여공이 되거나 서비스업에 취업하여 적은 돈이나마 벌어 가족 생계에 보태었다.

제2장

원폭 투하로 인한 피해와 참상

제2장 원폭 투하로 인한 피해와 참상

1945년 8월 6일 미국은 히로시마에 인류역사상 최초로 원자폭탄을 투하하였고, 8월 9일에는 나가사키에 두 번째 원자폭탄을 투하하였다.

히로시마에 투하된 것은 우라늄 원자핵 폭발병기이며, 나가사키에 투하된 것은 플루토늄 원자핵 폭발병기였다. 원자폭탄의 파괴력은 원자핵분열 연쇄반응으로 순간적으로 생긴 강렬한 에너지가 낳은 것으로 TNT화약 폭탄의 2천만 배에 해당되는데, 히로시마와 나가사키 전역이 단 한발의 폭탄으로 순식간에 폐허가 되었다. 히로시마와 나가사키에 작열한 원자폭탄에서 방출된 열선으로 폭심지 부근의 지표 온도가 섭씨 3,000~4,000도나 되었다. 또한 원폭이 터질 당시에 생긴 충격파로 고밀도, 고온도가 된 상공의 공기는 폭풍으로 바뀌었다. 이 고온도의 열선과 강력한 폭풍으로 폭심지에서 반경 1km이내 지역에서는 대부분 사람들이 순식간에 타죽거나 압사했다. 그리고 히로시마에서는 폭심지에서 3.5km 이내, 나가사키에서는 4km 이내에 있던 사람들은 모두 노출부에 화상을 입었다. 폭심지에서 4km 떨어진 지점에서도 폭풍으로 건물이 반파되고 많은 사람들이 폭풍에 날려서 다치거나 날아다니는 물건에 다쳤다. 또한 열선으로 인한 직접 발화로 히로시마에서는 폭심지에서 3km, 나가사키에서는 3.5km 이내에서 건물이 발화했고, 화재는 폭풍으로 폭심지에서 4km 지역까지 번졌다. 그 결과 히로시마의 경우 폭심지에서 2km 이내의 건물은 거의 전소되었고, 2~2.5km 구역에서는 약 50%의 건물이 전체가 타거나 파괴되고 2.5~4km 구역에서는 대부분 건물이 반소반파 상태가 되었다. 히로시마에서 폭심지로부터 약

3.5km, 나가사키에서 4km 이내에 있었던 사람은 노출부에 화상을 입었고, 전체 사상자의 65%가 열선과 화재에 의한 화상이 원인이었다고 추측한다. 방사선 피해는 방사선이 인체에 강한 침투성을 가지며 조직세포에까지 근원적 장해를 주어 살아 있는 내내 건강파괴가 진행되기 때문에 이로 인하여 피폭자는 고통을 받는다(이치바 준코, 2003 : 31).

원자폭탄 투하 당일에 히로시마와 나가사키에 있었던 한국 사람들은 저마다의 상황에서 원자폭탄을 맞았다. 원폭이 투하된 당일이나 그해 말까지 사망한 경우를 '피폭사(被爆死)'로 규정하는데, 첫째로 원자폭탄이 직접적인 사망 원인이 되어 열에 의해 타 죽거나 압사한 경우와 화상을 당하였거나 방사선에 노출되어 사망한 경우, 둘째로 원자폭탄으로 인한 건축물 붕괴로 인한 2차 피해로, 원자폭탄 투하 당시 건물 내부에 있다가 건물이 붕괴되면서 그 속에서 깔려서 피해를 입은 경우나 건물이 불에 타면서 건물에 깔려 타 죽은 경우 등이 이에 해당한다. 원폭 참상에 대해 "인간의 생명, 존엄은⋯⋯ 원폭을 맞은 생명은 벌레 같았어"(박남주, 가와타 후미코, 2014 : 108), "지옥도 그런 지옥이 없지"(하서운, 한국원폭피해자협회, 2011 : 480), "아이고 나, 그 이야기 다 하려면 못 해"(하종순, 한국원폭피해자협회, 2011 : 596)라고 말할 정도로 참혹했다.

1. 원자폭탄이 터지던 순간

히로시마의 다양한 지점에서 각자 다른 상황에서 원자폭탄의 비극을 맞이했던 원폭 피해 여성들은 원자폭탄이 터질 때의 상황을 다양한 모습으로 기억했다. 제일 먼저 보였던 것은 빛이었다. "창문 쪽에서 번쩍하는 불꽃 광선"(김수자(가명))이 보였고 "갑자기 번개가 번쩍하고"(유갑연) 쳤고 "태양이 퍽 떨어지더라"(안임이(가명)), "그냥 번갯불처럼 반딱(반짝) 하드만. 반딱하더라고. 뭐 전기불인가 했지. 이렇게 둥근 해가 떴는디(떴는데)"(전소자), "번갯불처럼 천상 그기라. 우르릉, 꽝 하는 천둥"이라고 묘사하기도 했고, 또는

> '퍽' 해요. 옛날에 보면 사진 찍을 때 '퍽' 하는 것처럼, 섬광이 팍 비치는 거야. 그때 나는 그게 폭탄이라고 생각도 안 했어. 예전에 내 동생하고 나하고 언니들하고 고이 사진관에서 사진을 찍은 적이 있어. 그런 것 같았어……. 그래서 그날도 그렇게 번쩍하는 것이 미국 비행기가 그런 삐라에 들어갈 우리들 사진 찍는 줄 알았어(변연옥, 한국원폭피해자협회, 2011 : 479)

라고 회상했다.

처음 본 것은 섬광이었고, 이어서 폭음이 들렸고 폭풍이 불었다. 이일분(가명)은 "번갯불과 같은 광선"이 지나고 난 후에는 "산이 뒤비질(뒤집어질) 정도의 큰 소리가 났다"고 기억했으며, "번쩍 빛나는 순간 '쿵쾅' 하고 귀청이 찢어지는 폭음이 났으며, 주위는 캄캄해져서 보이는 것이 없고, 맹렬한 광선과 뒤이어 폭발음이 났다"고 말했다.

폭풍이 이어져 물건이 날아다니고 건축물이 넘어지고, 또 화재가 발생해 불바다가 되어 "하늘이 타들어가는 것같이 불타고 있었어요, 3일 내내"(박남주, 가와타 후미코, 2014 : 108), 그러고는 "검은 비"가 내렸다고 회상했다. 그 외에 아래와 같이 원자폭탄이 떨어지던 순간을 기억했다.

유갑연
    정찰기 한 대가 지나간 후에, 연이어 고공에서 번쩍하는 섬광이 빛난 후 천지가 칠흑 같은 어둠으로 뒤덮여버리고, 폭음으로 온 집과 건물이 폭삭 주저앉고 사방이 흙먼지로 뒤덮였지요. 원자폭탄으로 생기는 버섯구름이 수 시간 동안 피어올랐고, 여기저기서 비명소리가 들리며, 2~3시간이 지난 후에야 칠흑 같은 암흑의 연기와 먼지가 해가 동녘에서 먼동이 트듯이 뿌옇게 날이 밝아오듯 하였다(한국원폭피해자협회, 2011 : 751).

안임이(가명)

해가 구름처럼 뽀하얗게(보얗게) 되었다. 집도 찌그러지고 학교의 토끼장, 닭장이 날아 가버렸다. 흰색, 분홍색 구름처럼 내려와 꺼졌다. 집이 무너졌다. 나무 잎이 빨갛게 말라 죽었다……. 2층에서 밖으로 내려가려고 방 한가운데로 뛰어갔다. 그러나 몸이 이리저리 흔들리는 느낌이 들었다. 순간, 귀를 두 손으로 막고 방 한가운데 엎드렸다. 잠시 후 우르릉, 우르릉…… 번개 치는 소리인지 집이 무너지는 소리인지 모를 소리가 들리고, 그 뒤 어떻게 되었는지 아무것도 모르겠다. 얼마 후 갑자기 몸이 이리저리 흔들리는 것 같은 느낌을 받았는데 집이 와르르 무너져 내렸고 꽝 소리에 나가보니 부채, 지갑이 날아다녔다.

정순남

맹렬한 광선과 뒤이어 폭발음에 놀라 밖으로 뛰어나갔어요. 이윽고 히로시마 방면에 이상한 버섯구름이 뭉클뭉클 솟아오르고 잠시 후 갑자기 어두워진 공중에서 가지각색의 물건이 떨어져 내렸어요. 지폐랑 포목, 나무 조각 따위 꺼멓게 불에 탄 물건들이었지요(표문태, 1986 : 82).

하서운

번갯불처럼 천상 그기라. 그리고 소리가 나더만, 그 벼락 떨어지고 나니까 깜깜해져요. 아무것도 안 보이제(보이지). 그게 왜 그러냐 하면 그게 터지면서 땅에 있던 모든 것이 뒤집어지고 하니까 먼지가 올라가서 그래. 구름이라고 하는데 구름이 어디 있어. 먼지가 올라가서 태양을 가려서 어두운 거지. …(중략)… 가만히 한참 있으니까 밝아져서 뭐가 보이고, 먼지도 올라가고 밝아졌어. 일어나서 보니 지갑도 날아가버리고. 나와보니까 몇백 년 된 수양버들 나무가 뿌리째 자빠져가 있대. …(중략)… 아침밥 할 때 켜둔 불이 나선지 집에 다들 불이 났어. 집집마다 불이야. 그때 서민들은 다 나무로 된 긴 집에 사니까 온 데 불이야. 천지 불이야(한국원폭피해자협회, 2011 : 479).

조경숙

천지가 흔들리면서 휙 그래. 그러니까 폭풍에 나뭇잎들이 다 떨어지는 소리가 나. 그리고 전신주들도 다 넘어지고 전선도 뚝뚝 끊어지면서 떨어지고, 땅이 흔들려. 그리고 내 생각에는 그 도랑물이 끓는 것처럼 부글부글해(한국원폭피해자협회, 2011 : 684).

유한순

비행기가 B29가 죽 돌더니, 조금 있으니까 또 나오라고 해제됐다고 해서 나가니까 막 비가 쏟아져. 비행기가 두 번째 돌면서 수구 비가 내려요. 소낙비가 쏟아져요. 이 멀쩡한 날에 비가 오는데 석유 내가 난다 해요. 가보니까 그게 비가 아니고 하늘에서 석유가 내려와요. 비행기가 석유를 뿌렸나 봐. 옷에 보니 다 기름이어. 조금 있으니까 바짝 하는 사이에 집이 들었다 놓은 것처럼 팍삭 가라앉았어(한국원폭피해자협회, 2011 : 660).

이와 같은 원폭 피해 여성들의 증언을 종합해보면 먼저 태양과 같이 강한 불빛이 발산되었고, 이어 굉음이 발생하였으며, 잠시 주변이 깜깜해지고 난 후에 버섯구름이 올라가면서 광풍이 발생하여 사람은 물론 주변의 집이 무너지고 물건들이 함께 하늘로 딸려 올라갔다. 그 후 하늘에서 "검은 비"라고 칭하는 기름이 비처럼 쏟아졌고 하늘로 딸려 올라갔던 물건들이 쏟아져 내렸으며, 주변의 무너진 건물에서 화재가 발생했다.

2. 여성들의 피해

원폭 피해 여성들은 유례가 없을 정도로 가공할 만한 파괴력을 지닌 원자 폭탄을 당시 아침시간에 저마다의 사정에 따라 다양한 상황에서 맞았다. 집안에서 원폭 피해를 당한 경우에는 직접 원자폭탄의 열선을 피할 수 있어서 생존율이 가장 높았다. 이 연구 조사대상자 82명의 원폭 피해자 여성들의 반 이상이 집 안에서 피해를 당해서 비교적 피해를 덜 입어 오래 생존할 수 있었다. 히로시마의 '조선인피폭자협의회'가 1977년 일본 단체와 공동으로 히로시마 시내에 거주하는 한국인 피폭자 1900명 중 208명을 대상으로 한 실태 조사에서도 여자들은 집 안에서 피폭당한 경우가 많았다고 한다(히라오카 다카시, 표문태, 1986 : 251).

[표 9] 원폭 피해 여성들의 피해 장소

피해 장소	인원(명)
집 안에서	45
집 근처	5
학교/가는 길	6
일터	5
학도호국대의 작업장	4
피난지/방공호	8
길거리	6
절에서	1
기억 없음	2
계	82

가장 피해가 심했던 것은 원자폭탄이 떨어진 곳과 가까운 길거리에서 원자폭탄의 광선과 열에 직접 노출된 경우이다. 피해가 심했던 만큼 생존자들의 숫자는 적었다. 유필연은 히로시마역에서 친척집으로 가는 길거리에서 화상(한국원폭피해자협회, 2011 : 726)을 입었고, 하서운은 고이 기차역에서 시외로 나가는 전차를 기다리고 있다가(한국원폭피해자협회, 2011 : 479) 원자폭탄을 맞았다. 최순례는 친구 김복희와 일본 아이 하나와 같이 "전철 타고 신텐지 구경 간다고 가다가…… 갑자기 번쩍하면서 껌껌해지는 거예요……. 눈이랑 가리고 의자 밑으로 들어간 거예요"(한국원폭피해자협회, 2011 : 577~578)라고 기억했다. 김정순은

나가사키에 살고 있는 사촌 여동생으로부터 얼마간의 쌀을 마련해주겠다는 전갈을 받고 마침 첫아이를 낳고 젖이 부족했으므로 젖 쌀이나마 마

련해볼 생각으로 아침 일찍부터 서둘러 나가사키에 갔다. 역두에서 동생을 만나 역 앞 행길로 나온 것이 11시쯤, 노상에서 다시 어린 것을 고쳐 업고 몇 발짝을 막 내디뎠을 때였다. 마주 바라보이는 하늘가에서 태양빛이 번쩍 갈라 터지듯 흩어지는 불덩이를 봤다. 그 불덩이가 자신을 향해 달려든다고 생각했을 그 순간, 김여인은 정신을 잃고 앞으로 쓰러졌다. '그때 저의 이 왼쪽 눈알이 튀어나가 버렸어요'(박수복, 1975 : 64~65)

라고 증언했다. 김복철은 오사치바시를 건너가는 전차 안에서 피폭당했는데, "빈갯불 같은 광선"에 쪼여서 초등학교 6학년생인 자신의 얼굴과 양팔 피부는 손가락 끝에서 "누더기, 부스러기처럼 벗겨져 아래로 대롱대롱 매달렸다"(히라오카 다카시, 표문태, 1986 : 169)고 말했다.

학교 가는 길에서 원자폭탄에 직접 노출된 경우도 피해가 컸다. 윤부선(가명)은 초등학교 2학년 2학기였는데, 아버지가 그날 학교에 가지 말라고 했으나 "미찌꼬 선생님에게 줄 연뿌리를 하나 캐서 책가방에 넣고 두 번째 뿌리를 캐는데 그 이후 정신이 없었다. 눈을 떠보니 어머니가 옆에 있었다"고 말했다.

학교 내에서도 원자폭탄의 피해를 당했는데, 안임이(가명)는 다음과 같이 증언했다.

방학이라서 학교에 모여서 운동시켰다. 8시까지 학교에 갔다. 남동생은 2/3학년 교실에 있고 나는 교문에 있었다. B29가 나타났다고 해서 모자를 쓰고 땅에 엎드려라 해서 엎드렸다. 반짝했다. 형제간에도 생각이 안 났다. 태양이 퍽 떨어지더라. 해가 구름처럼 뽀하얗게 되었다. 집도 찌그러지고 학교의 토끼장 닭장이 날아가버렸다. 남동생 찾아 교실에 갔더니 유리에 머리가 깨어져 있었다, 머리가 새까맣게 변했다, 집에 가니 아무도 없었고 찌그러져 있었다.

김분자(가명)는 히로시마 변두리 지역에 있는 "학교에서 염소 풀 주는 담당이었다. 벌건 것이 하늘에 있는 것을 봤는데 1, 2초 만에 떨어졌다. 먼지 때문에 1센티 앞도 안 보였다"고 회상했고, 유송자는 "학교에서 창문 쪽에 앉아 있었나 봐. 그래서 폭탄 떨어지고 유리가 온몸에 박혀서 피를 흘리면서 울면서 집으로 왔던 게 기억"(한국원폭피해자협회, 2011 : 700~701)이 난다고 했다. 김일선은 "학교를 들어가는데…… 건물 거의 다 가서 반짝 하더니 어찌 된 일인지 엎어진 거예요. 내가 다리 무릎이 빠져버린 거야"(한국원폭피해자협회, 2011 : 851)라고 회고했다.

이수용, 안월선, 허종순, 최봉선, 박춘자(가명) 및 이정자는 취업한 일터에서 원자폭탄의 피해를 당한 경우인데, 다음과 같이 증언했다.

이수용

1945년 8월 6일이었습니다. 그날 날씨는 무척 좋았습니다. …(중략)… 내 책상은 2층 창문 옆이었습니다. 일을 시작하려는 순간 창문 쪽에서 번쩍하는 불꽃광선이 보이자 쿵쿵 하는 소리가 여기저기에서 들렸습니다. 놀라서 눈과 귀를 막고 책상 밑에 엎드렸는데 책상 밑에는 철갑 등이 있었지만 너무 순식간이라 사용할 수가 없었고, 잠시 동안 의식을 잃었습니다. 동시에 강한 폭풍과 열풍이 불고 의식이 돌아와보니 사무실 안에는 아무도 없고 의자와 책상, 신고 있던 신발까지 날아가버렸고 손등과 머리, 얼굴, 등과 왼쪽 발등에 유리 파편이 파고들어 혈관이 끊어져 피가 분수처럼 쏟아졌습니다. 온 바닥이 피바다가 되었습니다. 머리카락은 폭풍에 산발이 되었고 윗도리와 바지는 피투성이가 되어 있었습니다. 나는 온몸이 유리 파편으로 상처를 입어 출혈이 심해 다리를 절면서 2층에서 겨우 내려올 수 있었습니다. 직장 옆에 방공굴이 있었는데 그 옆에 머플러 같은 것이 있어 주워서 출혈이 심한 왼쪽 다리를 단단히 묶었습니다. 그래도 출혈은 계속되었습니다. 이제는 살 것인가 죽을 것인가 하고 있으니 섬(니노시마)에서 군인이 배를 가지고 와서 중상자만 타게 하였습니다. 나는 온 전신이 피투성이고 왼쪽 다리에 출혈이 심해 일차로 배에 태워주었습니다. 머리는 산발이고 온몸이 상처투성이고 피로 물든 옷을 입고 왼쪽 다리에 피가 줄줄 흐르고 있어 사람의 몰골이 아니었습니다. 배에서 다리를 높이 들어 올렸는데도 배 바닥이 피로 물들고 있었습니다……. 그 후 이틀이 지나서 동료의 남동생이 누나를 데리러 와서 나도 같이 트럭을 타고 섬을 나오는데……. 출혈이 심한 다리가 엄청나게 붓고 피투성이가 된 채 머리는 산발을 해서 맨발로 걸어 집에 도착을 하였습니다. …(중략)… 우리 가족은 유령 같은 내 모습을 보고 놀라 말을 하지 못하고 서 있었습니다. 피가 말라붙어 있고 얼굴이 상처투성이고 머리는 산발에 옷은 피로 범벅이 되어 있고 맨발인 채로 다리는 부어 있어 사람의 형태가 아니니 놀랄 만도 하였습니다(이수용, 2009 : 7~15).

안월선

모자를 벗고 사무실 문을 여는데 '꽝' 하는 소리가 나더니 번쩍하더니 건물이 부서져서 난 그 밑에 깔리고 말았습니다. 나는 내가 있던 건물만 폭격당한 줄 알고 살려달라고 소리쳤습니다. 5분쯤 지나서 정신대 남학생들이 내 발을 잡아 당겼습니다. 깜깜한 새벽 같았습니다. 여기저기에 불이 타고 사람들 우는 소리가 들렸는데 차차 밝아져서 보니 내가 있던 건물도 불이 붙었습니다. 불덩이가 여기저기에 튀어 뜨거워서 살려달라고 소리를 쳤습니다. 어떤 젊은 사람이 와서 나를 업고 강둑에 내려놓고 갔습니다. 나는 집이 멀어서 가족들과 연락도 되지 않고 혼자서 살려달라고 지나가는 사람을 보고 소리를 쳤습니다. 그때 지나가는 군인이 조금만 기다리라며 곧 데리러 오겠다고 하고는 오지 않았습니다. 그러다 오후 3시가 지나자 군인이 와서는 너무 미안하다며 들것에 실려 요시지마 비행장에 갔습니다. 그러나 아스팔트 위에 누워 있었는데 바닥이 너무 뜨거워져 죽기 직전이었습니다. 그 뜨거운 날 하루 종일 물 한 모금 먹지 못하고 있다가 배를 타고 미노시마 섬으로 갔습니다(안월선, 2008 : 34~36).

허종순

그때 나는 그 차장실 2층에 있었는데, 순간 거기가 무너지더라고. 그리고 내려가려고 하는데 그 앞에 불이 붙어서 어떻게 할 수가 없는 거야. 거기다 무너지는 건물 더미에 묻혀가지고 어떻게 할 수가 없는 거야. 그 이후 잠깐은 내가 생각이 안 나. 그 순간이 기억이 안 나. 내가 걸어 나갔는지 그 건물이 무너져서 내려갔는지 하여간 근데 호무 거기를 딱 나가는 거기서부터 생각이 나…… . 그때 누군가 남자 하나가 불붙었으니 빨리 나오라고 하면서 돌아다녔는데 그 소리를 들어도 나가지를 못 해. 내가 정말 그때 열네 살인가 그랬는데 어린애지. 그 상황에서 죽겠다 싶더라고. '엄마, 나 죽는다.' 하고 그러는데, 말은 안 나오고 그 사람 소리가 들리는데 내가 어떻게 움직이니까 거기에 뭔가 구멍이 생기고 거기로 나온 거야. 근데 그 계단에 불이 붙어서 들어가지도 못하고 나오지도 못하고 그런 거야. 근데 어떻게 나갔는지 모르겠어. …(중략)… 우리 철도 마크 붙인 여러 사람들이 모여 있는 거야. 나는 그 당시에 신입이니까 그 선배들이 내 옷이랑 마크를 보고 나를 데리고 가더라고. 그렇게 시골 쪽으로 그 사람들하고 피난을 갔지. 그중에 한 사람이 아는 사람이 있어서 거기로 갔는지. 맨발로 갔지. 맨발이고, 옷은 완전 너덜너덜하고 반은 벗은 상태인 거야. 나뿐만 아니라 다 그렇게 생겼어. 온몸은 다 재로 덮이고 피를 철철 흘리면서 가는 거야. 근데 가면서 보니 사람들이 다 귀신같이 옷도 제대로 없이 다 팔을 들고 귀신같이 다 시골 쪽으로 걸어가는 거야. 거기 있다가 3일 만에 시내로 간 거야. 처음에는 역으로 가니까 우리 신입생 친구가 거기 있더라고. 걔를 붙들고 울고 그러는데 그날도 기차역에서 사무 보시는 분이 있더라고. 근데 그분이 우리를 보고 집에 일단 가서 부모님 안부를 확인하고 오라고 하더라고. 그래서 거기에 이름 적어놓고 걸어서 에바로 걸어갔지. …(중략)… 그렇게 집에 갔는데 집이 다 타버리고 아무것도 없어(한국원폭피해자협회, 2011 : 596~597).

최봉선은 전화국 교환수로 근무했는데 전화국 "건물이 콘크리트 건물이라 무너지지는 않았는데 유리가 다 깨졌어요……. 신입이니까 가운데 서고…… 번쩍하데. 그리고 나서 완전 아수라장이 되고……. 사람들 가는 데로 따라만 갔어요"(한국원폭피해자협회, 2011 : 886)라고 말했고, 박춘자(가명)는 "벤또(도시락) 싸서 다비 공장에 일 시작하러 앉으니까 '구수다 구수(공습이다 공습)'라고 피해라 해서 대밭으로 이찌지꾸(무화과) 먹으면서 산으로 피했다. 솔나무 밑에 앉아 있었다"고 회상했다. 이정자는 "그날 아침 저는 평소 친숙한 여공들과 어울려서들 복판에다 양털을 늘어놓다가 등에 불길을 느끼고 엉겁결에 마차 밑으로 기어들"(박수복, 1975 : 132)어가 피신하였다고 말했다.

하위년, 엄분연, 최영순 및 손귀달은 고녀 재학 중에 학도호국대에 동원되어 작업장에서 일하다가 원폭 피해를 당했다. 하위년은

(동양공업) 기계 앞에서 묵념하거든예(묵념하거든요). 그래 하고 스위치를 넣었거든요. 스위치를 넣자마자 번쩍하며 번개 치듯이 불이 오더라고예. 그래서 내가 스위치를 잘못 넣었나 싶어서 얼른 껐어요. 껐더니만 조금 있으니까 막 폭풍이 막, 막 오는기라(오는 거라)……. 그냥 아무 데나 엎드렸어요……. 인제 캄캄한데, '다이히! 다이히!' 하더라고. 대피하라고…… '게다' 소리가 자박자박 나는기라…… 그래 남이 들어가니께(들어가니까) 따라 들어가 있었지요……. 인솔자가…… 각기…… 친척집을 찾아가든지 하라 그러데요……. 그래서 삼촌 집으로 찾아갔거든요(국무총리실 소속 일제강점하 강제동원피해진상규명위원회, 2008 : 225~227)

라고 말했다. 엄분연도 학도보국대로 동원되어

히로시마 금속예(譽)항공에서 비행기 엔진을 만드는 공장에서 작업 검사대에서 빛이 번쩍하는 것을 보았는데, 이를 공장에서 사용하는 마그네슘이 폭발하는 것으로 생각했는데, 곧 기절을 했고 30분 정도 있다 정신을 차렸으나 공장 건물 전부가 무너지고 불탔는데, 자신은 무엇인가에 맞아서 움직일 수 없었으나 간신히 일어나 방공호 방향으로 뛰었다(엄분연, 1987 : 110~111).

라고 기억했다.

최영순은 학도 동원으로 해군 관리공장 해군 병기의 부품을 만드는 공장인 히로시마 동쪽에 위치한 중국배전의 기계공장에서 친구들과 전열기의 선을 잇는 작업을 했는데, 피폭 날 공장에 도착해서 작업대에서 번쩍하는 빛을 보았고 전기 공장에서 스위치 올린 것이라고 생각했으나, 굉음이 나고 깜깜해졌다고 했다. 공장 건물이 무너졌고 학생들 중에는 사망한 사람이 없었으나 선생님이 사망(崔英順, 1987 : 34~35;39;40)했다고 했다. 손귀달은 당시 16세로 학도 동원으로 미쓰비시조선소에서 작업 도중 피폭되었다(박수복, 1975 : 183)라고 말했다.

집 안에서 원자폭탄을 맞은 원폭 피해 여성들은 결혼하여 가사노동을 하거나 나이가 어려서 집에 머물러, 원자폭탄의 열선에 직접적으로 노출이 되지 않아 화상을 입지는 않았으나 원자폭탄이 투하되고 난 후 일어난 폭풍으로 인해 집이 무너지면서 목숨을 잃거나 심각한 부상을 당했다.

이순옥은 원자폭탄으로 집이 무너져 어머니와 여동생과 함께 깔렸는데. 유리 파편에 온 몸이 찔려 피를 흘렸다(李順玉, 1987 : 64; 68). 이일분(가명)은 아침 7시에 공습경보가 해제되어 아침 먹은 후, 남편은 출근하고 어머니는 동생 둘과 함께 방 안에 있고 자신은 설거지를 하고 있었는데, 번개처럼 번쩍한 광선 뒤에 큰 소리가 났고, 곧 자신의 "함석집이 무너져 어머니는 머리를 다쳐서 몸에 있는 피 반은 흘린 것 같았다. 나는 얼굴, 머리를 다쳤다. 얼굴에 흉터, 머리 나지 않는 곳 있다"고 말했다. 김경자(가명)는 "원폭 당시 몰랐으나 철들고 생각하니 집이 무너지면서 신장 더미 속에 묻혀 기절해 있었다"고 말했고, 이복남(가명)은 "나도 얼굴에 나무가 넘어져 흉터 있다"고 말했다. 정선이(가명)는 당시 "어머니는 돈 벌려 다녔다. 나와 여동생이 집에 있었는데, 2층집이었는데 유리문이 많았다. 원폭에 집이 무너지면서 나와 여동생이 깔렸는데 어머니가 와서 유리에 찔려 피투성이 되어 있는 우리 둘을 꺼내느라 애먹었다"고 기억했다. 안정숙은 "밥 먹고 학교 나갈 시간이야. 기왓장 이런 것이 날라와가지고 머리에 맞았지. 그 당시는 의식을 잃었어"(정근식, 2005 : 133)라고 말했다. 김말순(가명)은 "칸막이 집에서 피폭당했습니다……. 그날 건물에 깔려서 넘어진 무거운 기둥이 머리와 등을 강타했던 것입니다"(표문태, 1983 : 102; 103)라고 증언했고, 이일수는 "원폭 떨어지고 나서 넘어지면서 팔이랑 다리 쪽에 상처가 나고…… 우리 집은 유리가 깨지고 했어요"(한국원폭피해자협회, 2011 : 908)라고 말했다. 김달람은

나는 집 안에 있었어……. 애 낳고 나니까 봐줄 사람이 없으니까 집에서 살림을 했어……. 내가 피가 그냥…… 머리에 깨진 유리가 박혀서 피가 전신에 묻었는데, 나는 그게 내 피인 줄도 모르고 머리에 파편 박힌 것도 모르

고 돌아다니는데 애가 피 난 건 줄만 알았어(한국원폭피해자협회, 2011 : 693)

라고 회상했다. 임일생은 "불이 번쩍하고 떨어지데. 쫓아가서 엄마 방에서
치마를 감고 있었지. 겁이 나서 있다가 눈을 떠보니 지붕이고 뭐고 아무것도
없어. 무릎이고 뭐고 다 다쳤지…… 맨발로 뛰어나갔어"(한국원폭피해자협회,
2011 : 526)라고 회상했다. 김분순은 집 안에서 깔려서 꼼짝도 못 했는데 근방
의 열다섯 살 난 소년이 꺼내주었다고 한다(在韓被爆者問題市民會議, 1988 : 100)

송임복과 신복수는 집 안에 있다가 원폭 피해를 당한 상황을 자세히 기
억했다.

송임복

1945년 8월 6일. 아버지는 직장에, 오빠는 학교에, 나는 혼자 이층 방
에 책을 보고 있었다. 공습경보가 울렸다. 하루에도 몇 번이나 울리는 공
습경보의 사이렌 소리였기에 그 자리에 그냥 앉아 있었다. 몇 분이 지났을
까?…… 나는 2층에서 밖으로 내려가려고 방 한가운데로 뛰어갔다. 그러나
몸이 이리저리 흔들리는 느낌이 들었다. 순간, 귀를 두 손으로 막고 방 한
가운데 엎드렸다. 잠시 후 우르릉, 우르릉…… 번개 치는 소리인지 집이 무
너지는 소리인지 모를 소리가 들리고, 그 뒤 어떻게 되었는지 아무것도 모
르겠다. 몇 시간이 지났을까? 정신이 든 모양이다. 한치 앞도 보이지 않는
암흑세계였다. 얼굴을 꼬집어보았다. 꿈이 아니었다. 나는 '살아야지' 생각
하고 몸을 움직여 보았다. 몸은 무거웠으나 움직일 수 있었다. 희미한 구
멍이 보였다. 기어나와 보니 천지가 캄캄하였다. 낮인지 초저녁인지 분간
할 수 없었다. 정신을 차려보니 유치원 지붕 위였다. 유치원 마당에는 그
네와 미끄럼틀이 넘어져 있는 것이 보였다. 무서웠다. 지붕에서 '살려주세
요. 살려주세요' 하고 외쳤다. 어디서인지 얼굴이 새까맣게 탄 소방관 아저
씨가 나타났다. 나를 쳐다보더니 어디서 사다리를 가지고 와서 구출해주셨
다. 오빠는 나의 팔에 피가 난다고 했다. 나는 팔을 쳐다보았다. 차마 쳐다
볼 수가 없었다. 머리에도 피가 얼마나 흘렸는지…… 등 뒤의 옷이 시뻘건
피로 흥건히 젖어 있었다(송임복, 2009 : 17~19).

신복수

아침밥을 먹으면서 일곱 살 먹은 장남 다께오가 '공습이 있을 것 같아요. 할머니 조심해요. 난 도망치겠지만 할머니는 걸음이 느리니까' 하니까, '할머니 걱정 말고 너나 조심해라' 하고 시어머니가 대답했습니다. 남편은 집을 나가서 가와하라의 직장에 갔습니다. 공습경보로 잠을 이루지 못한 두 아이를 안방에 재우고, 한 살 먹은 차남 히데오는 할머니가 업고 있었습니다. 할머니가 밥그릇을 씻으려고 부엌방으로 들어가고 나는 목욕탕의 호스를 끌어내어 마당의 금붕어에 물을 갈아 넣으려는 순간이었습니다. '번쩍' 빛나는 순간 '쿵쾅' 하고 귀청이 찢어지는 폭음이 났습니다. 주위는 캄캄해져서 보이는 것이 없고, 암흑 속에서 '살려줘! 살려줘!' 하고 외치는 소리가 들렸습니다⋯⋯. 부엌방 쪽에서 '빨리 도와줘!' 하고 할머니가 소리쳤습니다. 정신을 차릴 수 없고 다리가 움직이지 않아 어둠 속에서 멍하니 움츠려 있는데 잠시 있다가 조금 밝아졌습니다. 어인 일인가 있어야 할 집이 간 데 없으며⋯⋯(표문태, 1983 : 60).

정순남은 원자폭탄이 투하되고 난 이후 "남편과 나, 그리고 세 아이는 집에 있었으나 맹렬한 광선과 뒤이어 폭발음에 놀라 밖으로 뛰어나갔다"(표문태, 1983 : 82)고 회상했다. 권중판은 "비행기 소리가 나서 가족 일곱 전원이 집을 뛰쳐나갔습니다⋯⋯. 부엌으로 돌아왔었는데 남편과 아이들은 바깥에 남아 있었어요. '꽝!' 하는 굉장한 폭음과 동시에 눈앞이 캄캄했습니다. 무슨 일인지 영문을 몰라서 눈을 감고 부엌에 쪼그리고 앉았었지요"(표문태, 1983 : 115)라고 증언했다. 심학수는 "부엌일을 하고 있었고 두 살 난 젖먹이와 여섯 살 난 셋째 놈 계환은 마루에서 놀고 있었다⋯⋯. 먼 하늘에서 불길이 번쩍하는 것을 보았을 때 집이 무너졌다. 지붕 밑에 깔려버리고 나만 가까스로 헤집고 나"(박수복, 1975 : 39)왔다고 했다.

집 안에서 비교적 피해가 적었던 경우도 있었다. 전소자는 "반딱 하더라. 뭔 전기불인가 했지⋯⋯. 조금 있으니까 집 상량(樑)이 딱 내려앉아버렸어"(정근식, 2005 : 165;168)라고 말했다. 정명선(가명)은 원폭 투하 날 "집이 짜

들어졌다. 기둥 밑에 있어 다치지 않았다"고 했다. 김윤임(가명)은 자고 있었는데, "어머니가 나와 동생을 데리고 집에서 한 발 나가자 이불이 떨어지고 집이 무너졌다"고 말했다. 구순임은 "우리 집은 집이 한쪽 기둥이 무너져서 기울어졌어. 그래도 다치지는 않았어…… 나는 수도에서 걸레 빨고 세수하고 간다고 하고 있었고, 폭탄이 떨어지니까 폭풍에 붕 떠서 떨어졌어"(한국원폭피해자협회, 2011 : 734)라고 말했다. 이정수는 "변소에서 집 안으로 들어가다 변을 당했습니다. 운이 좋았는지 저는 발목만 약간 데었을 뿐 다친 데라곤 없었습니다"(박수복, 1975 : 173)라고 말했고, 이영균은 네 살 때 "어머니가 수돗가에서 빨래하는 것을 보고 방에서 달려 나가다가 당했다"(박수복, 1975 : 133)고 했다. 그 밖에 심수자(가명), 박점순(가명), 손경선(가명), 정일선,(가명) 조경숙, 구순임도 집 안에서 원자폭탄을 맞았다. 강이조는 집 근처의 물레방앗간(한국원폭피해자협회, 2011 : 624)에서, 또 조경숙은 잠자리 잡고 놀다가(한국원폭피해자협회, 2011 : 684) 원자폭탄의 세례를 받았다.

　　조경숙은 자신은 심하게 다치지 않았으나, 원폭 투하 날에 집으로 돌아오지 않는 오빠를 찾아 히로시마 시내를 돌아다니며 방사선 피해를 심하게 당한 입시피폭(入市被爆)인 경우인데 그때 상황을 다음과 같이 회상했다.

　　　　강물 쪽에 내려가서 보는데 우리 오빠 같은 사람이 있는 거야. 그래서 가서 보니까 우리 오빠야. 그래 내가 왜 여기서 뭐 하냐고 하니까, 목이 말라서 물을 먹으려고 한다는 거야. 뜨거워서 거기 있다는 거야. 그래서 내가 가자니까, 발을 데어서 못 간다는 거야. 그래도 내가 안 된다 그랬지. 안 데려가면 작은아버지고 나고 죽는다고. 그러면서 내가 작은아버지를 데리고 와서 자전거에 싣고 오빠를 데리고 집으로 갔어. 그런데 그날 집에 가는데 (내가) 갑자기 배가 아프고 와락 토해버렸어. 그리고 쓰러져버렸어. 그리고 나서 어떻게 됐는지 모르겠는데 좀 있다가 정신을 차렸어(한국원폭피해자협회, 2011 : 686).

　　공습이 계속되자 피난을 떠나거나 방공호를 파놓고 대피한 경우에는 피해가 상대적으로 적었다. 김명순(가명)은 "원폭 날 작은오빠가 학교 가려니까 못 가게 하였고 친구 아버지 따라 피난 갔다"고 했고, 최귀선(가명)은 "임신해서 촌으로 피난 갔는데 빛이 빤짝했다"고 말했으며, 이점옥(가명)은 "원폭 날 비행기가 빙빙 돌아다녔다. 산 밑에 있어서 피해는 없었다. 방공호 안에 들어갔다"고 말했고, 하순이(가명)는 "히로시마 고이에서 살았는데, 방 하나 셋방 얻어 식구가 같이 살았다. 원폭 당시 굴에 뛰어 들어가서 엄마 치마 뒤집어쓰고 있었다"고 어렵게 회상했다. 구을선(가명)도 굴 속에 살고 있었고, 정경순(가명)도 비행기 뜨면 모자를 쓰고 콩 등을 가지고 비닐하우스처럼 굴을 파놓은 데 갔다고 했으며, 강옥이(가명)는 "아버지가 파놓은 굴에 들어가 있었다. 아이들 구석에 놓고 부모가 내다보았다. 햇빛에 못나오게 해서, 배고팠다. 머리 다쳤다"고 말했다.

원폭 피해 여성들은 원폭이 투하된 당일 집 안이나 집 근처에서, 또 학교와 학교 가는 길에서, 일터에서나 학도호국대의 작업장에서, 그리고 피난지와 방공호에서, 그리고 길거리에서 원자폭탄을 맞았다. 또한 원폭 피해를 당한 가족을 찾아다니면서 방사능에 노출되는 피해를 입기도 했다.

3. 사망한 가족

남편과 자식들, 그리고 부모, 형제자매를 비롯한 가까운 친척이 원폭 피해로 죽음을 당한 것을 증언한 기록이 있다.

김말순(가명)은 일본으로 간 어머니를 찾기 위해 일본에서 취업을 시켜준다는 말에 속아 일본으로 갔으나 유곽(성매매 집결지)에 팔려 성매매에 종사해야 했는데, 그 후 어렵게 가정을 꾸렸지만 남편이 원폭으로 사망하고 다시 외톨이가 되었다.

결혼하고 나에게 가장 기뻤던 것은 아이들이 나를 '어머니'라고 불렀을 때였어요. 내 배에서 나온 아이는 아니더라도 '모친'으로 대접받은 것은 평생 못 잊을 기쁨이었습니다. 그러나 나의 행복은 짧은 세월에 불과했답니다. 신의 장난인가 아니면 내가 타고난 팔자소관인가, 간신히 붙든 행복도 그 가공할 원폭 때문에 눈 깜빡할 사이에 빼앗기고 말았습니다. 34년 전 '그날' 나는 폭심지에서 겨우 700m밖에 안 떨어진 카라사야바시 부근의 칸막이집(長屋)에서 피폭당했습니다. 아침 일찍 남편은 아이들과 나를 집에 두고 근처에 다른 집을 빌리려고 외출했습니다. 그 당시 우리가 살고 있던 집은 여러 가족이 사는 칸막이집의 맨 안쪽이며 연일 심한 공습으로, 만일 직격탄이라도 떨어지면 도망갈 길이 막힌다 하여 좀 더 피난하기에 편리한 장소를 구하려고 나갔던 것이에요. 거리에서 피폭당한 남편은 전신이 타서 얼굴 모습을 못 알아볼 정도로 상처가 심하여 15일 견디다가 단말마의 고통 끝에 이 세상을 떠났습니다. 밖에서 놀고 있던 아이 둘도 희생되고 집 안에 있던 나와 세 아이는 구사일생 목숨만을 보존했습니다. …(중략)… 피폭 후 살아남은 아이들 셋은 모두 고향으로 귀국하고 지금 나는 전과 같이 혼자 사는 적적한 나날이지요. 전후 34년간 몇 번이나 죽을 생각을 했답니다. 살아서 무엇 하랴. 이런 생각이 여러 번 머리에 떠올랐습니다.(표문태, 1986 : 99~103).

여러 여성들이 남편과 자식, 자식과 동생, 아버지와 자식, 어머니와 누이 동생을 원폭으로 잃었던 경험을 다음과 같이 구술하였다.

심학수

남편인 이갑영(당시 48세)가 규슈 석탄탄광에서 21개월의 보국대 일을 끝마치고 막 돌아온 다음날이었다. 심여인은 부엌일을 하고 있었고 두 살 난 젖먹이와 여섯 살 난 셋째 놈 계환은 마루에서 놀고 있었다. 심여인이 먼 하늘에서 불길이 번쩍하는 것을 보았을 때 집이 무너졌다. 지붕 밑에 깔려버리고 만 심여인이 가까스로 헤집고 나와, 역시 깔려 있는 셋째 놈을 끌어냈다. 바로 툇마루 유리문 앞에 꽃나무를 심은 꽤 큰 화분이 놓여 있었는데, 그것을 끌어안고 있는 남편을 발견하고 '여보!' 하고 소리 지르며 달려갔다. 유리조각이 전신에 박힌 채 남편은 이미 숨져 있었다. 어린 젖먹이를 발견한 것은 그로부터 얼마 후 정신이 든 후였다. 뜰아래 한 모퉁이에 고개를 묻고 어린것은 죽어 있었다……. 그로부터 1주일 후, 심여인이 정신을 차리고 집터에 가보았더니 남편의 시체는 그대로 나딩굴고 있었다. 일본 군인들이 시체 운반 작업을 서두르고 있었는데, 워낙 경황이 없는 터라 심여인은 어느 일본 군인을 붙들고 호소했다. 이 시체는 제 남편이니 잘 좀 실어달라며 호주머니 돈 30원을 내맡겼다. 군인은 돈을 거절했지만 심여인은 재차 애원을 했다. 이 사람은 조선 사람이니 부티 잘 부탁한다고…… 조선 사람이니 그 돈으로 일본 사람 시체와 동등하게 잘 불태워달라는 뜻이었다고 한다. 두 살 난 어린것의 시체는 끝내 찾지 못했다(박수복, 1975 : 39~40).

신복수

조모와 차남이 흙더미에 깔려 있는 것을 발견하고 황급히 살려내려고 했으나, 목과 발이 나무에 걸려서 꼼짝도 할 수 없었습니다. 살려달라고 울며 불며 소리를 지르고 있으니까…… 이웃의 이시하라라는 아주머니가 피투성이가 되어 자루가 없는 부엌칼을 가지고 왔습니다. 이것으로 할머니가 차남을 업고 있는 띠를 끊고 차남을 구해냈습니다. 비명을 지르고 있는 할머니를 구하는 데 30분쯤 걸렸습니다. 나는 어머니와 차남을 집 앞에 있는 히로시마시립상업고등학교(당시 시립조선공업학교) 운동장 옆의 조밭 속에 남겨두고 급히 집에 돌아와서 지붕의 기와를 하나하나 들어내면서 아래에 깔려 있는 두 아이의 이름을 미친 듯이 불렀습니다. 그때 하늘에서 기름이 섞인 것 같은 새까만 비가 내렸습니다. 검은 비를 맞으며 두 아이를 찾고 있으니 팬티 바람의 키가 크고 온몸이 새까만 사내가 걸어왔습니다. "애들은 어떻게 됐어?" 하고 물어 얼굴을 보니 남편이 아닙니까. 남편은 가와하라에 일하러 나갔다가 화장실에서 피폭, 건물에 깔렸습니다……. 남편은 무너진 건물에 깔려 있다가 새어드는 한 줄기 광선을 목표로 필사적으로 헤치고 나왔다는 것입니다. 남편은 아이 둘을 살려내려고 부근에 있는 짚 명석에 물을 퍼부어서 기와를 들어 올렸습니다. 명석이 불에 타고 아이는 발견하지 못했습니다. 우리는 조밭에 있는 어머님과 차남이 걱정되어 일단 밭에 들렸다가 다시 집에 돌아와 보니 군인들이 서서 줄을 둘러치고 못 들어가게 막았습니다. '아이가 깔려 있어요' 하고 울부짖었으나 군인은 내 손을 붙들어 못 들어가게 했습니다. 사랑하는 내 자식들이 눈앞에서 불에 타 죽는 것을 보고도 나는 속수무책이었습니다. 이런 일이 이 세상에 있을 수 있을까 눈물도 목소리도 말라버린 이제 '자식들만 죽일 수 없다. 나도 죽어야지!' 하고 생각했습니다. 6일 밤은 상업고등학교 운동장에서 남편과 차남, 시어머니와 넷이 판대기(판자)를 주워서 울타리를 치고 잤습니다. '아파! 아파!' 하고 소리를 지르던 사람이 갑자기 소리가 끊어지는가 싶더니 바로 죽어버렸습니다. 송장 속에서 간신히 숨을 쉬고 있는 것이 우리들의 실정이었습니다. 지옥 같은 6일은 저물고 7일 이른 아침, 우리들은 곧 집으로 돌아갔습니다. 집에 돌아와보니 상업학교의 불똥이 튀어서 집은 또다시 불이 붙어서 타기 시작했습니다. 나는 미친 듯 '다께오! 테루오!'를 불렀습니다. 그러자 두 애가 있던 부근에 모기장이 타고 있었고, 한창 불이 붙은 다께오의 시체가 보였습니다. 타고 있는 몸의 한복판에 학생복 단추가 세 개가 나란히 남아 있었습니다. 자식의 몸이 불타고 있는 것을 보고만 있어야 하는, 바로 지옥의 광경이었습니다(표문태, 1986 : 60~62).

정용분

네 살 난 둘째 아들은 업고 일곱 살짜리 딸의 손을 잡은 채 칸논바시(관음교)를 막 건너는 순간, 번쩍하는 불길과 함께 폭풍에 날려서 강 위 뗏목에 떨어졌다……. 정여인이 정신을 차렸을 때는 온몸에 피가 낭자했다. 알고 보니 등에 업은 아이의 목이 날아가버렸고, 업고 있는 것은 몸뚱이뿐이었다. 반기절 상태에서 보이지 않는 딸을 찾았다. 딸의 이름을 소리 지르려 해도 목은 잠기고 몸은 움직여지지 않았다……. 정신이 든 정여인이 미친 듯이 다리께로 딸을 찾아갔을 때, 딸은 이미 형상조차 알아볼 수 없는 한 줌의 숯덩이로 굴러 있었다(박수복, 1975 : 91).

김분순은 19세에 결혼하여 남편과 4개월 된 아이와 살다가 집 앞에서 원폭 피해를 당하였다. "아이는 6미터 떨어진 곳에 날아갔"는데 "10일 낮에 그곳에서 아이가 죽었다. 전신화상으로, 어머니가 옆에서 자고 있었지만, 소리도 지르지 못하고 눈을 뜬 채 나만 쳐다본 채로 죽었다"고 말했다. 아버지는 철공소에서 일했는데, 근로봉사로 시청 앞으로 갔다가 결국 돌아오지 못했고 아버지의 시체도 찾지 못했다(在韓被暴者問題市民會議, 1988 : 100~101)고 하였다.

정문옥

친정에서는 모친과 오빠, 남동생, 여동생, 모두 넷이 행방불명이 됐고, 이튿날 7일, 부친과 올케가 집에 와서 '아이고 이 일을 어쩌나!' 하고 울부짖었습니다. 모친은 6일에 가베로 이사하려고 남동생을 요꼬가와 역까지 데리고 나갔다가…… 사흘 후 오빠와 동생은 찾았으나 모친과 네 살의 누이동생은 지금도 소식을 모릅니다. 그 후 오빠는 화상이 심하여 이듬해 봄에 사망했습니다(표문태, 1983 : 41).

노귀엽

시체를 폴딱 폴딱 뛰어넘음서 이 사람이 아버진가 저 사람이 아버진가 찾으러 다닐 때. 어머니랑 같이 다니니까 따라 다녔지 안 그러면 못하죠……. 아버지를 찾겠다고, 그 굶주리고 있는 애기를 엄마젖을 먹여서 업고 폭탄 떨어진 데를 찾아다녔어…… 그 애기가 원폭 냄새를 맡아 버렸어…… 한 달이나 지났을까…… 빼빼 말라서 죽어부렀(버렸)어요(정근식, 2005 : 293~296).

송임복(2009 : 16~27)은 아버지가 원폭으로 사망하기까지의 과정을 다음과 같이 기억했다.

아빠는 알아보지 못할 정도로 얼굴과 몸 전체가 타 버리고 팬티와 허리띠만이 남아 있었다. 어디서 주웠는지 담요 한 장만 몸에 감고 계셨다. 나는 아빠 곁에 엎드려 얼마나 울고 울었는지……. 아빠는 나의 머리를 쓰다듬어 주시면서 '다행이구나.' 하셨다. 아버지께서는 역에서 일을 하시다 폭탄 열에 화상을 입어 온몸에 물집이 생긴 상태로 집으로 돌아 오셨다. 아버지의 모습이 무섭고 이상했지만 살아서 돌아오신 것이 정말로 기뻤다. 아빠가 걱정이 되었다. '오빠, 아빠는 어떻게 해?' 오빠도 머리를 긁적긁적하였다. 창밖을 멍하니 쳐다보고 있던 오빠가 '하나짱, 아빠 곁을 떠나지 마. 밑에 갔다 올게!' 하면서 갑자기 내려가 버렸다. 숭늉은 아직 따뜻하였다. 그 숭늉을 아버지에게 드렸다. 아버지는 꽤 많이 마시셨다. 남은 숭늉은 오

빠와 둘이서 조금씩 마셨다. 조금 살 것만 같았다. …(중략)… 아빠의 신음 소리도 점점 심해져갔다. 가냘픈 목소리로 오빠를 부르셨다. 무슨 말씀을 하시는지 그 때 오빠의 눈에 눈물이 고였다. 가냘픈 목소리로 '동생들 데리 고 조선에 나가야 한다.'고 말씀하시는 소리가 들렸다. 나도 모르게 눈에서 눈물이 흘러내렸다. 오빠 무릎에 엎드려 엉엉 울었다. '하나짱, 아빠는 괜찮 아. 울지 마라.' 아빠는 나를 쳐다보셨다. 아빠의 가슴에 엎드렸다. 아빠의 몸에서 코를 들이댈 수 없을 정도로 쾌쾌한 냄새가 났다. 그러나 나는 가 슴에 엎드려 얼마나 울고 또 울었는지 모른다. 그러다가 나는 고개를 들어 "오늘 엄마 오시겠지?" 하고 물었다. "응." 오빠는 이 한마디를 남기고 창문 밖을 멍하니 쳐다보고만 있었다…….무서웠다. 나는 또 울었다. 오빠가 살 며시 내 어깨에 손을 얹으면서, '하나짱, 울지 마. 우리들도 언제 어떻게 될 지……. 조금만 있으면 엄마 오실거야. 우리 용기를 잃지 말자.' 오빠를 쳐 다보았다. 오빠의 눈에도 눈물이 고여 있었다. 얼마나 시간이 지났을까? 삼 촌과 갓 첫돌을 지낸 여동생을 업은 엄마와 이웃 아주머니와 숙모님이 오 셨다. 엄마는 아빠를 보시더니 쓰러지셨다. '엄마 정신 차리세요.' 엄마는 갸냘픈 목소리로 '걱정 마. 나는 괜찮아.' 하셨다. 목 메인 소리로 '너희들은 무사하구나.' 하며 꼭 안아주셨다. 우리들은 엄마 품에 안겨 얼마나 울었는 지 모른다. …(중략)…엄마는 어린 동생들을 시내 근처 마을인 미사사(みさ さ)라는 곳에 사는 아는 사람에게 맡겨놓고 오셨기 때문에 가서야만 했다. "내일 아침에 일찍 올게." 하시며 숙모님과 같이 떠나셨다. 다시 우리들만 아빠 곁에 남아 있었다. 날은 점점 어두워졌다. 시내의 불길은 금방이라도 이쪽으로 올 것만 같았다. 몸이 지쳤는지 그 날은 일찍 잠이 왔다. '오빠 잘 래?' '그래, 나도 잠이 오는구나.' 나는 아빠 곁에, 오빠는 내 뒤에 누워 얼마 나 지쳤던지 그 시체들 사이에서 잠이 들었다. 얼마나 잤을까 오빠가 나는 불렀다. '하나짱! 하나짱! 아빠가 이상해! 빨리 일어나봐.' 고함소리에 나는 놀라 일어났다. 아빠의 숨소리가 이상했다. '아빠! 아빠!' 정신없이 부르고 있을 때 아빠가 눈을 뜨셨다. 아빠는 아무 말씀도 하지 않고 내 손을 꼭 잡 아 주셨다. 아빠의 눈에 눈물이 줄줄 흘렀다. 아빠의 손을 꼭 붙들고 엉엉 울고 있을 때, 아빠의 손이 힘없이 내 손을 내려놓았다. '아빠! 아빠!' 울고 또 울고 있을 때 곁에 남편과 아이를 잃은 아주머니가 '얘들아 울지 마라. 너희 아빠는 천당에 가셨을 거다. 어린 너희들이 정성껏 돌봤으니 하늘나 라에 가셔서 너희들을 돌봐주실 거야.'라고 말씀하셨다. 그 아주머니의 눈

에도 눈물이 고였다. 시내 쪽에는 불길이 하늘 끝까지 치솟고 있었다. 오빠는 담요를 아빠 얼굴까지 덮어 드렸다. '오빠, 엄마 오시면 뭐라고 말씀 드릴래?' 오빠는 아무 말 없이 아빠 곁에 누웠다. '오빠, 난 아빠 곁에 누울래.' '그래.' 우리들은 아빠 곁에서 또다시 잠이 들었다. 추웠다. 몇 시나 되었을까? 눈을 떠보니 어두컴컴한 새벽 같았다. 오빠도 놀라 일어났다. 담요를 들어보았다. 아빠의 얼굴은 퉁퉁 부어 차마 볼 수가 없었다. '오빠!' 나는 벌떡 일어났다. '오빠! 엄마 오시면…… 엄마 오시면…… 무어라고 할래?' 몸이 부들부들 떨렸다. 무서웠다. 오빠와 내가 간호한 아빠의 죽음에 죄책감이 들었다. 점점 날이 밝아왔다. …(중략)… 그때 오빠 나이 열다섯, 내 나이 열세 살, 집도 재산도 모두 타 버리고 우리 칠 남매만 남았다. 아빠 없이 엄마 혼자 힘으로 어떻게 살아야 할지…… …(중략)… 저녁 해가 질 무렵 아빠의 유골을 목에 건 오빠가 기진맥진하여 돌아왔다. 엄마가 유골을 헤쳐보았다. 그처럼 다정하시던 아빠, 체격도 남보다 큰 편이었던 아빠, 하얀 목곽 속에는 한 주먹의 하얀 가루만이 남아 있었다(송임복, 2009 : 16~27).

이순옥은 원자폭탄으로 집이 무너져 어머니와 여동생과 함께 깔렸는데, 어머니는 떨어진 물건을 머리에 맞아 즉사했고, 트럭 운전수였던 아버지는 원폭 투하 날 폭사했는지 돌아오지 않았으며, 14세인 자신과 머리에 경상을 입은 11세의 여동생은 고아가 되었다(李順玉, 1987 : 64; 68~69)고 했다. 박점순(가명)은 아버지가 큰 공장에 다녔는데 거기에 바로 원자폭탄이 떨어져 시체도 못 찾았다고 하였다. 구을선(가명)은 시아버지가 아침 먹고 말 사러 돈 가지고 나갔다가 원폭에 즉사했고, 시체가 엎어져 있는데 돈이 덜 타고 남아 있어 알아보았다고 했다. 안춘임(가명)도 아버지가 고물상이었는데 시내 나갔다가 외상 없이 돌아왔으나 한국 오자마자 사망했다고 했다. 백두이는 원폭으로 어머니를 잃었는데, "어머니가 밖에 손님 만나러 갔다가 화상 입었다. 앞으로 데었다. 얼굴에 구더기가 끼었다. 열흘 후 사망하여 화장했다. 우리가 그 어머니 장사도 못 지내고 태우고 유골 하나도 가지고 오지 않아요"(한국원폭피해자협회, 2011 : 822)라고 회한에 차서 말했다.

형제자매의 죽음을 목격한 증언은 다음과 같다.

이정숙

어머니를 구하고 정신을 차려보니 막내 남동생이 보이지 않았다. 우리는 동생을 구하기 위해 집더미를 뒤졌다. 그런데 동생이 깔려 있는 곳이 불길에 휩싸여 있어 동생을 구할 수 없었다. 그런데 어머니는 막내 동생을 구하기 위해 불길로 들어가려고 하셨다. 친척 아저씨가 이미 늦었다며 어머니를 붙들고 막으셨다. 어머니는 대성통곡을 하셨고 결국 기절을 하고 마셨다. 나와 동생은 너무 무섭고 겁이나 눈물을 흘리며 어머니를 깨우기 위해 계속 어머니를 부르며 몸을 흔들었다. 얼마 후 어머니께서 깨어 나셨다. 그리고는 한없이 눈물을 흘리셨다……. 며칠을 지내다 집터로 가보니 이웃사람들은 거의 없었고 막내 동생은 죽어 있었다. 우리 가족들은 서로 부둥켜안고 한없이 눈물만 흘렸다(이정숙, 2011 : 10~13).

유한순

그때 아침인데…… 근데 우리 어머니 아버지는 그 해를 보니까 등어리가 다 까지고, 여동생은 가스를 독하게 먹어서 바로 죽고, 남동생은 그 집 옆에 물가에 있었는데 거기 떨어져 죽었는지 시체도 못 찾았어요. …(중략)… 올케는 폭탄 맞고 얼굴이 덜렁덜렁하고(한국원폭피해자협회, 2011 : 660).

변연옥

언니가 나중에 집으로 오더라고. 재를 듬뿍 뒤집어쓰고 왔는데 괜찮더라고. 그때는 그렇게 괜찮고 멀쩡했는데 한국 와서 바로 다음해 죽었어. 죽기 사흘 전에 '아이고, 머리야' 그러더니 금방 그렇게 죽어버렸어. 살도 안 찌고 노랑 병이 들긴 했었어. 상처보다 방사능이 더 무섭다네(한국원폭피해자협회, 2011 : 487).

하위년은 고등학교 1학년에 다니던 남동생이 집으로 돌아오지 않자 온 가족이 찾으러 나섰는데,

군인들이 나와서 전부 시체를 정리하고 있었거든요. 근데 구리띠에다가, 돗단 안 있습니까? 돗단에다가 시체를 한 구 한 구씩 이래 눕혀가지고 인제 화장할라고 쌓아놓는기라…… 중학생들이 있어서 들여다보니까 제일중학교 학생 4명, 공업학교 3명. 그중에 동생이 있었어요……. 명찰 보고 알아서, 창자가 터져가지고 비참하게 그래가 있어…… 시체 찾았습니다(국무총리실 소속 일제강점하강제동원피해진상규명위원회, 2008 : 228~229)

라고 회고했고, 안월선은 그해 태어난 여동생이 있었는데, 어머니가 애기 젖 준다고 누워 있다가 폭탄으로 집이 내려앉아 "기왓장에 깔려서 죽어버렸어요. 돌도 안 되서. 게이코라고 했는데……"(한국원폭피해자협회, 2011 : 800)라고 말했다. 강이조도 오빠는 행방불명으로 시체도 못 찾았다(한국원폭피해자협회, 2011 : 624)고 증언했다.

그 밖에 가까이 살던 친인척들의 죽음을 목격한 경우도 있다. 전소자는

큰작은아버진가 온몸이 다 벗겨졌어……. 작은작은아버지도 많이 디어 버렸어. 둘이 다 큰집이라고 (우리집을) 찾아왔어……. 큰작은아버지는 닷새 만에 돌아가시고, 작은작은아버지는 이레 만에 돌아가시고. 그것을 어떻게 헐(할) 수가 없어……. 아버지가 산에 가서 나무를 가지고 와서 전부 다 하나씩 태우고 태우고 태웠어(정근식, 2005 : 169~170)

라고 기억했다. 이복남(가명)은 막내 삼촌이 같이 피난 가자니까 집 지킨다고 남아 있었는데 집이 원폭으로 타버려 사망하여 시체도 못 찾았다고 하였고, 김분자(가명)는 이모부가 말 구루마(수레) 끌고 나갔다가 못 찾았는데, 비참한 것이 가끔 생각난다고 말했다. 정순남도 원폭 투하 일주일 후에 남편의 "종형이 죽었고 이주일이 지나고도 숙부를 찾아내지 못했다"(표문태, 1986 : 83~84)고 했다. 윤월순(가명)도 행방불명된 삼촌의 시체를 찾지 못했다. 백두이는 "언니는 계집애 딸이 두 명인데, 하나가 피난 가다가 죽고, 하나는 네 살인가 다섯 살인가였는데, 얼굴에 조금 데인 데 있었는데 그 애도 삼일 있

다 죽어버렸어요"(한국원폭피해자협회, 2011 : 818)라고 회고했다. 김정순은 나가사키역에서 만나 자신에게 젖 쌀을 건네준 "사촌동생은 그길로 흔적도 없이 시체조차 찾지 못 찾았구요"(박수복, 1975 : 65)라고 말했다. 무궁화(가명)는 사촌 형님의 아들과 딸이 죽었고, 큰어머니도 일을 하다가 원폭으로 인해 물에 빠져죽었다고 했다. 정선이(가명)는 "육촌 큰언니가 시집가기 전에 같이 살았는데 온몸이 데어서 찾아와서는 우리가 보는 앞에서 쓰러져 죽었다. 똑똑했다. 천재라 했다"고 회고했다. 히라오카 다카시가 1972년도에 이미 사망한 석연이(石連伊, 89세) 씨가 생전에 남긴 말을 기록했는데, 석연이는

> '피폭자라 하지만 나같이 불행한 사람도 없겠지요. 아무런 죄도 없는 우리들에게 무엇 때문에 이처럼 잔인한 짓을 할까요.' 피폭 당시 그녀의 가족은 대가족으로 같은 동리에 자녀 일곱 명과 손자 아홉이 살았다. 그 중 딸 셋이 살아남았고, 다섯 자식과 아홉 손자는 눈 깜박할 사이에 잃었다, 그녀는 생전에 '일본 와서 남은 것은 골병뿐이다'(히라오카 다카시, 표문태, 1986 : 254)

라는 말을 남겼다.

생존한 원폭 피해자들은 자신은 살아남았지만, 남편과 자식이 눈앞에서 죽는 것을 봐야 했고, 아버지와 어머니의 죽음을 또한 목격했다. 형제자매와 가까운 친인척의 죽음을 목격하지 않은 경우가 드물었다. 오재봉이 "다 몰살당한 사람도 많고 한데, 우리는 다 살아서 만난 거야"라고 하면서 언니가 다치기는 했으나 가족이 다 살아남은 것을 다행으로 생각할 정도로(한국원폭피해자협회, 2011 : 521) 원자폭탄이 터진 부근에 살았던 한국 사람들의 가족 구성원 중에서 죽음을 당하지 않는 경우가 거의 없었다.

4. 부상당한 가족

원폭 투하 당시 원자폭탄의 고열로 인해 치명적인 화상을 입거나, 이어 일어난 폭풍으로 인해 건축물이 무너져 부상을 당한 사람도 많았다. 그때까지 전혀 알려지지 않은 정체불명의 독가스로 인식된 방사선으로 인해 2차 피해를 입었다. 화상과 방사선으로 인한 피해는 치명적이어서 사망하지 않은 경우에도 극심한 고통을 초래하였다.

1) 고열로 인한 화상

원폭 피해 여성들은 원자폭탄의 고열로 인해 화상을 입은 당시의 가족 상황을 아래와 같이 기억했다.

> **무궁화(가명)**
> 바로 밑에 동생은 역전에서 유리파편에 얼굴이 상했지만 해거름에 돌아왔다. 남편도 돌아왔다. 그러나 둘째 동생은 히로시마겐쯔리 상업중학교 1학년이다. 며칠이 지나서 학교 게시판에 니노시마에 갔다고 이름이 나왔다고 했다. 니노시마 학교로 갔다. 아버지와 이웃 사람, 내 남편이 니노시마에 가서 돌아보았지만 쉽게 찾을 수 없었다. 그때 얼굴은 퉁퉁 부어 있고 옷도 다 떨어져 너덜너덜한 사람이 눈에 띄었는데, 누군지 몰라 눈물만 흘리고 있었다. 그런데 '오또오상' 하고 힘없는 약한 소리가 나기에 보니 동생이었다. 이대로 두면 죽겠다고 생각한 아버지는 계속 아프다, 아프다 하는 동생을 수레에 싣고 밤길을 달려 우시따로 돌아왔다. 얼굴, 두 팔, 무릎 밑에 모두 고름, 진물이 나고 뻘겋게 되어 차마 눈뜨고 볼 수 없었다. 사촌형님 본인은 온몸을 다쳤다고 들었다. 신가이로에 가서 만났다. 몸에서 구들이(구더기)가 나왔을 때 나도 보았다. 지금은 돌아가시고 이 세상에 없다(무궁화, 2014 : 10~13).

정선이(가명)

아버지는 비행장에서 일했는데 일한 사람이 1천 명이 있었는데 다 죽고 3명만이 살았는데 아버지가 그중 한 명이다. 아버지는 화상을 당해서 목이 뱀 껍질 같고 새끼 꼬듯이 목이 돌아갔다.

심수자(가명)

저녁에 집이 어찌 되었나 혼자 가봤다. 집은 무너져 있었다. 골목에 모자 쓰고 검은 옷 입고 누가 쳐다보았다. 얼굴과 팔이 데인 사람을 만났다. 돌아서서 가려는데 내 이름을 불렀다. 눈, 이빨만 하얗게 보였는데, 아버지였다.

정문옥

그날 밤 늦게 남편이 돌아왔습니다. 현관 입구에 누더기 같은 것을 두 팔에 안고 말없이 우뚝 서 있었습니다. 가까이 다가가서 보니 그것은 누더기가 아니고 얼굴과 가슴의 피부가 불에 타서 벗겨져 내려온 것입니다. 너무나 참담한 모습에 기절할 뻔했어요(표문태, 1983 : 41).

심학수

다시 정신이 들었을 때 일본인 구장 미가미 씨가 열세 살 난 딸 갑영이는 자기 집에서 무사하다고 일러주며 불이 번지고 있으니 빨리 여기를 떠나라고 소리 지른다. 비로소 불길이 사방에서 치솟고 있음을 알고 사람들의 뒤를 따라 삼양조선소 뗏목 위로 피난을 갔다. 아홉 살인 둘째 아들 놈이 화덕과 호박 하나를 들고 뗏목에 오른 것을 획 강물 속에 내던져버렸다. '이것으로 사느냐?'고 외마딧 소리를 지르면서. 심여인은 이때 거의 미친 상태였다고 한다. 장남 일환은 그해 간자키초등학교 고등과를 졸업하고…… 조선소에 다니고 있었다, 그때 나이 17세. 그날 아침도 출근길이었는데, 형무소 못 미쳐서 변을 당하자 강으로 뛰어들었다. 그 후 어떻게 구출됐으며 육군 병원으로 실려 갔는지 본인은 전혀 알지 못한다고 한다……. 가까스로 장남 일환의 소식을 들은 것은 그날 오후, 수라장이 된 육군병원 안을 샅샅이 뒤졌으나 아들은 보이지 않았다. 반 미친 상태에서 소리를 지르며 환자 사이를 누비고 다니던 끝에 마침내 모기 소리 같은 아들의 대답을 들을 수 있었다. 일환은 전신화상으로, 특히 등에 중상을 입고 엎드려 누운 채 모포를 뒤집어쓰고 있었다. 모포를 들치던 심여인은 충격과 숨 막힘에 휘청거

렸다. 혹 하고 끼치는 뜨거운 열기는 가마솥 뚜껑을 열었을 때의 그것이었
다. 아들의 온몸은 검누런 황색으로 어디가 어딘지 분간할 수 없게 곪아 오
르고 있었다. 부은 입은 어머니와 말조차 할 수 없을 정도로 입을 봉해버렸
다. 심여인은 어떻게 그곳에서 아들을 끌어냈는지 모른다. 일주일간 아무
것도 먹지 못하고 치료도 받지 못한 채 방치되어 있었던 일환은 강이[1] 노천
에 거적으로 둘러친 임시 피난처로 옮겨졌다. 상처에서는 수없이 구데기가
들끓고 비로 쓸어내듯 했다(박수복, 1975 : 39~41).

하종순의 오빠는 심한 화상을 입고 돌아왔으나 여동생 하나는 행방불명
이 되었다. 강이조는 "우리 아버지는 등거리 홀랑 다 타서 벗어졌지. 어머니
그랬지. 말도 못 해요……. 올케는 여기저기 다쳐가지고 피가 나고 그랬지
요. 안 다친 사람이 없었어요"(한국원폭피해자협회, 2011 : 624)라고 말했고, 손
귀달의 오빠(손진두, 당시 19세)는 시청 앞에서 지하에다가 전신선을 매립하
고 있는 인부들의 감독을 맡고 있던 도중 피폭되어 좌측 허벅다리에서 한 근
이 넘는 살이 튀어나가면서 많은 출혈과 화상을 입었고(박수복, 1975 : 183), 조
분이(가명)는 오빠가 원폭으로 팔에, 아버지는 몸 뒤 전체에 화상을 입었다고
했다. 오재봉은 남동생이 "노지에서 그랬는지 등 쪽이랑 팔이 화상을 입고
아주 심했다. 그거 치료한다고 애먹었다. 야마오쿠 가서 절인가 어디로 내가
데리고 가서 치료 받으러 댕겨도 어디 낫나, 한국 와서 나았어. 그 동생이 귀
국하고 치료받고 좀 괜찮았는데, 일찍 죽었어"(한국원폭피해자협회, 2011 : 519)
라고 말했다. 김경자(가명)의 둘째 오빠는 학교에서 조회하다 목 줄기부터 왼
팔에 화상을 입었는데, 부모가 시체 더미 속에서 며칠을 뒤져 찾아내었다고
했다.

---

1   원문의 오타.

2) 폭풍으로 인한 피해

원자폭탄이 떨어지고 이어 일어나 폭풍으로 인해 사람이 날아갔으며 집이 무너지고 날아갔는데, 이로 인해 부상당한 경우도 많았다.

오재봉

와중에 갑자기 휭 하고 몸이 날아올라서 그대로 산 쪽으로 처박힌 거야. 엄마랑도 다 넘어지고. 완전히 폭풍 같은 그런 바람에 다 처박힌 거지. 정신을 잃었다가 한참 있다 일어나 보니 아버지는 시궁창에 빠지셔가지고 올라오셨고, 주변에 나무 이파리는 다 떨어졌데. 우리 아버지는 옷이 다 젖어 있고 그래. 산 너머에 붉은 불이 벌겋게 올라오는 거야……. 우리 남동생, 네 살짜리 그 애가 '다마짱'이었어. 옷을 하얀 에리에 빨간 기모노 옷을 입고 있었는데 그 애가 폭탄 떨어지고 나니까 없어져서 그 애 찾는다고 보니 그 에리가 보이더래. 미세(가게) 있는 데 거기서 보이더래(한국원폭피해자협회, 2011 : 520~521).

유갑연

저는 방에서 나오다가 현관에서 튕겨 날려가서 폭삭 주저앉은 집 더미 속에 깔리고, 우리 형제들 4명은 구출됐어요. 그때 우리와 같이 살던 외갓집 강석순 아저씨가 속옷 바람으로 나와서 맨몸이니까 우리 어머니 기모노를 입고 나와 저를 빼내고 그제야 부친은 폭싹 쓰러진 집 밑에 깔려서 비명을 지르는 가족을 찾고 쓰러진 흙더미 속에 파묻힌 자녀들을 일일이 구제해냈어요(한국원폭피해자협회, 2011 : 751).

폭풍으로 건축물이 넘어져 부상당하고 화재로 인하여 화상을 입은 경우가 제일 많았다. 이는 실제 폭풍으로 인한 부상이 많았을 수도 있으나 화상이나 방사선에 심하게 노출된 경우보다, 그 이후 살아남을 가능성이 비교적 컸기 때문에 제일 많은 것일 수도 있다.

3) 집이 무너지거나 화재로 인한 피해

원폭 피해 여성들 중에서 집 안에서 부상당한 경우가 가장 많았다. 임일생은 "엄마가 시타지키 돼가지고 (무너진 건물에 깔려서) 손가락만 가딱가딱(까딱까딱) 하고 있는 것을 오빠가 꺼내 가지고 살려"(한국원폭피해자협회, 2011 : 526)내었다고 했으며, 이일분(가명)은 함석집이 무너져 어머니가 머리를 다쳐서 "몸에 있는 피 반은 흘린 것 같았다"고 말했다. 정선이(가명)는 유리문이 많았던 2층집이 무너지면서 "여동생은 깨진 유리조각에 눈이 찔려 실명했고 이마에 유리조각이 박혔고 언니는 코에 유리조각이 박혔고 화상을 입었다"고 했다. 박화선(가명)은 "원폭 당시 꽝 소리가 나고 집이 무너져 어머니 아버지가 어깨와 등을 크게 다쳐 상처가 컸다. 오빠도 판잣집이 무너져 어깨 맞았다. 아버지는 피를 철철 흘리며 나를 업어서 나도 피가 범벅이 되었다"고 기억했다. 이복남(가명)은 원폭에 "언니가 넘어져 피가 나왔다, 지금도 귀에서 고름 나온다. 평생 귀에서 웅 소리가 난다고 한다. 아버지도 얼굴을 다쳐 메고 나왔다"고 했다. 노귀엽은 "어머니는 집에서 콩나물 개리다가(가리다가) (원폭 떨어지니까) 넷째 동생을 옆구리에 끼고 나오다가 팔이 떨어졌다"(정근식, 2005 : 293)고 하며, 이일수는 "외할머니가…… 유리 파편에 많이 다쳤어요. 그때 집 유리창이 다 깨져버렸어요. 큰 오빠 애가 많이 다쳤"(한국원폭피해자협회, 2011 : 908)다고 했다. 그 밖에도 가족이 부상당한 상황을 다음과 같이 구술했다.

이정수
부엌에 계시다가 무너진 집채에 깔려 버린 아버지를 가까스로 끄집어냈을 때는 기쁜 나머지 저는 아버지를 덥석 끌어안았습니다. 그런데 이상하게 제 팔이 뜨듯해서 살펴보니, 아버지의 온몸은 피로 흥건히 젖어 있었습니다. 급히 저는 상처를 더듬느라 피가 흐르고 있는 머리 부분에다 손을 대 보았습니다. 중심 골에서 약간 비켜선 곳에 제 손이 쑥 들어가버리는 게 아니겠습니까. 기겁을 하다 말고 가까스로 저는 비명을 삼켰습니다…… 그때 이미 사방에서 번진 불길이 우리 가까이까지 다가들고 있었습니다. 숨은 차고 빨리 피하라는 아우성이 어디선가 들리고 있었습니다. 저는 아버지를 일으켜 세웠습니다. '아버지 살아야 합니다. 어서 여기서 도망쳐야 해요.' 아버지가 뛰기 시작했습니다. 그런데 아버지는 한쪽 다리로 뛰고 있었습니다. 아버지의 오른쪽 아랫다리가 무릎 중간에서 끊겨서 나가버린 사실을 알아차리기까지는 저는 적잖은 시간이 필요했습니다…… 학교에 가다가 노상에서 번개 폭탄을 만났다는 아들을 길에서 붙들어 세운 것은 그날 해가 질 무렵, 발가벗은 알몸에 두 눈만 빠끔히 뜨고 머리와 얼굴은 피로 몇 꺼풀 더께가 씌워져서 그야말로 이 어미의 발악적인 수색이 아니었으면 도저히 알아낼 재간이 없었을 것입니다…… 아들의 중요 상처는 머리 전반의 화상이었는데, 그해 11월 귀국할 때까지도 완전히 아물지 않았습니다…… 하늘이 저를 버리지 않았다고 눈물을 흘리며 감사했습니다. 아들을 지켜주셨고, 꼭 돌아가실 줄로만 알았던 아버님이 살아서 함께 고국에 돌아갈 수 있게 된 기적에 대해서 말입니다(박수복, 1975 : 173~175).

이정숙

순식간에 나는 동생들과 함께 깔려버렸다. 나와 동생들은 온 힘을 다해서 무너진 집 더미 속에서 겨우 빠져나올 수 있었다. 세상은 어두컴컴하였고 집은 불에 타고 있었다. 너무도 무섭고 두려워 나와 동생들은 눈물을 왈칵 쏟았다. 그러다 도와달라는 목소리가 들렸다. 주위를 둘러보니 어머니가 무너진 파편 속에 깔려 있는 것을 보았다. 나는 동생들과 온 힘을 다해서 어머니를 구하려고 하였으나 다들 너무 어렸기 때문에 역부족이었다. 우리는 눈물 콧물을 흘리며 어머니를 살려달라고 소리 소리쳤다. 옆집에 사시는 친척 아저씨께서 우리가 소리치는 것을 듣고 오셔서는 어머니를 집 더미에서 빼내는 것을 도와주셔서 우리는 다행히 어머니를 구출할 수 있었다(이정숙, 2012 : 10).

전소자

저만큼 가다가 생각한 게 세 살 먹은 애가 그때사 기억이 나. 셋이서 다시 가서 보니까 깨구락지만이로(개구리처럼) 그러고 있어. 애를 빼가지고 큰 언니가 업고 한 30리 갔는가. 가다가 보니까 죽었네. 말하자믄 까무러친 거야……. 30분이나 있으니까 그때사 살아나더라고……(정근식, 2005 : 169).

일터에서 집이 무너져 부상을 당하기도 했는데, 손경선(가명)의 아버지는 "허리를 다치고 갈비뼈 2~3개가 다쳐서 피가 철철 흘렀"다고 하며, 박경임(가명)의 아버지는 "등 뒤에 못이 꽂힌 채로 돌아왔다"고 했다. 김달람(가명)의 남편은 공장이 무너져서 "허리 아래쪽이 다 묻혀버린 거야……. 쇠막대기 같은 것을 밀어 넣고 돌 같은 걸로 바치고 해서 어찌어찌 해서 빼냈는데, 그것 때문에 죽을 때까지 다리를 제대로 못 썼다(한국원폭피해자협회, 2011 : 692)고 했다. 손귀달의 아버지(손용조, 당시 47세)는 기수였는데 히로시마 체신국 4층에 있는 사무실에서 피폭되어 건물이 무너지면서 중상을 입었다(박수복, 1975 : 183).

4) 방사선 피해

원자폭탄이 터지고 난 후 이어서 실체가 없는 방사선으로 쓰러져갔다.

하서운

시청에서 동생이 어느 국민학교에 있다고 연락이 오더라고. 그래서 언니랑 찾아갔지. 그때 찾으러 갈 때 아직도 미국 비행기가 날아다녀. 그 비행기가 뜨면 숨고 그러면서 그 학교를 찾아가니까 동생이 있어. 동생은 많이 마셔가지고, 한복판 아니었습니까. 몸을 어디 데이지는 않았는데 마셔가지고 나중에는 목이 아파서 밥도 못 먹고, 물도 한 모금 못 넘기고(한국원폭피해자협회, 2011 : 480).

정순남

그런데 뜻밖에도 백부와 숙부…… 가 살아서 돌아왔습니다. 상처도 거의 없었습니다. 히로시마 시내에 있었으나 운수 좋게 건물 뒤에서 난을 피했고 불길이 없는 쪽으로 도망쳐 나왔다는 것입니다. 백부는 종전 직후 고향으로 귀국했습니다만 3년도 못 되어 사망했지요. 운수가 좋았다고 항상 말하고 했었는데 원폭에 행운은 없었어요(표문태, 1986 : 83).

당시는 무엇인지 정체를 몰랐으나 마시면 안 되는 '독가스' 또는 '화기'로 인해 당시에 그리고 그 이후 치명적인 결과를 낳았다. 방사선으로 인한 피해는 행방불명된 가족을 찾기 위해 원폭 피해 현장으로 들어간 사람들에게서 나타났다.

하종순

오빠가 그날은 안 들어오고, 나도 안 들어오지, 여동생도 안 들어오고 하니 아버지가 '텐노헤이카가 사람 죽이는 텐노헤이카냐?' 하며 고함을 치면서 시내를 들어가서 우리를 찾고 그랬다고 하더라고. 아버지는 당시에 에바 공장에 있었으니까 상처는 많지 않으셨는데, 우리 찾으러 다니면서 몸이 다 다치고 그러셨던가 봐……(한국원폭피해자협회, 2011 : 596).

김정순

운명의 그날, 나가사키에 폭탄이 떨어졌다는 소식을 듣고 광산에서 달려온 주씨(주석문)는 8월 10일부터 가족을 찾기 위해 며칠 밤낮을 나가사키의 온 시내를 헤맸다고 한다. 수용소, 시체 더미, 병원. 결국 아내를 찾아내기까지 10여일 걸린 것은 김여인의 두 눈이 안대로 가리워져 있었고 중화상으로 몰라보게 부은 탓도 있었지만, 신원 파악조차 제대로 어려웠던 혼란기였기 때문에 부득이했다고 한다. 성한 사람도 쓰러져 죽었다는 2차 방사선의 무서운 오염 속에 주씨의 몸인들 성할 수 있었을까? 생전에 주씨는 몸이 아플 때마다 곧잘 되뇌었다고 한다. '도무지 무슨 병인지 무슨 탓으로 이 욕을 보게 되는지……. 조상에 죄지은 사람 없고 병신 낳아 망신당했다는 소리 못 들었거늘, 날이면 날마다 평생을 이 고통을 이렇게 참고 살아야 하다니'……(박수복, 1975 : 69~70).

엄분연의 아버지는 원폭으로 귀가 떨어졌는데, 자신을 찾으러 시내를 돌아다니다가 독가스를 많이 마셨고(한국원폭피해자협회, 2011 : 790), 윤월순(가명)의 아버지도 "화기를 많이 마셔서 나를 찾고 바로 직후 각혈하고 하혈"을 했고, 이로 인해 사망하였다. 당시 원자폭탄 투하 이후에도 방사선이 사람에게 가공할 만한 폐해를 지속적으로 끼친다는 것을 알 길이 없었던 사람들은 가족을 찾기 위해 거리를 배회하면서 피해가 확대되었다.

히로시마의 원폭 투하 후 뒷수습에 동원되어 방사능에 노출되기도 하였다. 김일조는 남편이 히로시마 외곽으로 일하러 나가서 원폭 당일에는 피해가 적었으나, 원폭 후에

시내 정리할라 카믄(하면) 젊은 사람 나가서 거들어줘야지. 그래 우리 남편이 나가서 인자 그 시체 치와는(치우는) 데도 거들어주고 좀 거들어준다 아닙니까(아닙니까)?…… 그 근처에 그 나쁜 공기가 안 있어예? 그거를 마시니 옛날에는 그러기네(래서) 간지러운 병을 얻었어…… 피부병을……(김승은, 2012 : 29)

이라고 증언했다.

원자폭탄 투하로 인한 인명 피해는 그 숫자와 참혹함에서 역사상 유례를 찾아보기 힘들다. 원폭 피해 여성들은 자신의 목숨은 잃지 않았으나 여러 가족 구성원의 비참한 죽음을 하루아침에 겪어야 했고 삶의 터전을 잃어 형언할 수 없는 슬픔과 고통을 겪었다.

5. 참상의 목격담

원자폭탄 투하로 인해 원폭 피해 여성들 스스로 부상을 입었고 가족이 죽고 다치는 고통을 겪은 것 외에도 피난 가는 길에서 목격한 피해의 참상을 다음과 같이 증언하였다.

권중판

전차 길을 걸어서 탄나신사까지 달아나면서 도중에서 달마 부처님 같은 하얀 등허리를 보았습니다. 폭풍으로 퉁퉁 부어오른 피폭자였어요. 전차 궤도에 우두커니 서 있는 여자도 있었어요. 입은 옷도 누더기로 찢기어 정신이 돈 여자였어요. 탄나 부근의 생선시장 일대에는 죽은 사람이 정어리 떼처럼 늘어 누웠습니다. 폭심지 근처에서 트럭에 실어 온 피폭자들이었습니다. '물을 다오', '엄마!', '도와주세요' 등 사람 같지 않은 신음 소리가 지금도 귀 속에 남아 있습니다. 죽어 가는 소리를 듣고도 나는 아무런 도움도 주지 못했지요. 피폭자는 물을 마실 수도 없고 마셔도 안 됩니다. 이틀이 지나서 그곳을 지나가 보았더니 모두 죽어 있었습니다. 탄나신사는……그 당시 군대가 임시구호소를 설치하여 수백 명의 피폭자가 모여 있었어요. 고무풍선처럼 배가 퉁퉁 부어오른 사람도 있었고, 멍하니 서 있는 광인도 있었습니다(표문태, 1983 : 115~116).

하서운

시내 한복판이 불바다가 되어서 못 들어가……. 그런 학생들이 그날 "미즈 미즈" 해가면서 물을 찾더라고. 그때 물을 주면 안 된다고 하드만. 그리고 조금 있다 보니 비가 오데. 비가 새까매. 고르당² 물처럼. 먼지가 올라가서 만들어진 비라. 검은 비라. 데인 사람이 그 비를 맞으니 그 살이, 휴, 옷을 안 입고 있는 사람들 보면 비를 맞으면 껍데기가 싸악 벗겨져. 감자 껍질 벗겨지듯이. 그래 막 아프다고 하고. 또 그래가 모자를 쓴 아이들 보면 모자 아래에는 머리가 있는데, 밖에는 머리가 다 타버리고 없어요. 말도 못해요. 지옥도 그런 지옥이 없지. 전차 댕기던 데고 어디고 다 쓰러지고……걸어서 시내로 들어가는데 전차들이 서가지고 있어. 보니, 전차가 나무로 만들어져 있었는데 나무는 타고 없고 시체만 엉켜서 있고. 사람들이 데이고 그리고 죽으니까 이를 드러내고 그러고 있는데, 누가 그새 정리를 했는고, 시체를 길 가에다가 모아놨어. 무시(무)를 담아서 들어다 부은 것처럼 그렇게 시체를 정리를 해놨습디다. 옷이고 어디고 파고……, 아이고, 하루만에 애벌레가 파리가 되는지, 파리가 시체에 새까맣게 붙어 있어(한국원폭

---

2 콜타르(coal tar). 검은색 끈적끈적한 액체.

피해자협회, 2011 : 479).

김일조

동료가 울면서 내려오는데 보니 폭풍과 열풍으로 인해 머리카락이 산발이고 나와 같이 머리가 빠지고 얼굴이 부어오르고 눈이 보이지 않게 되었습니다. 잇몸도 떨어져 나가고 피부 살갗이 벗겨져 손톱 끝에 달려 있어 참으로 유령의 모습이었습니다. 하는 수 없이 죽을 각오를 하고 다리를 절며 걷기 시작하였습니다. 하늘이 캄캄해지면서 검은 기름 같은 비가 왔습니다. 뒤를 보니 시내는 불이 나서 타오르고 있었습니다. 겨우 전찻길로 가다 보니 우지나 방면으로 다리가 있었는데 피부살갗이 벗겨진 사람, 한쪽 팔이 없는 사람, 화상을 입은 사람, 상처를 입은 사람들이 방화수를 마시고 있었습니다. 강당 같은 곳에 있었는데 피 비린내가 나는 사람, 화상을 입은 사람, 살갗이 벗겨진 사람들과 함께 지내고 있었습니다. 피 비린내가 진동을 하고 매일 죽어 나가는 사람을 산처럼 포개 놓고 기름을 뿌려 태웠습니다. 길거리에는 남자 여자 구별을 못할 정도로 어퍼(엎어)져 죽어 있었다. 시체 많이 봤다. 시체 너무 많이 봐 무섭지도 않게 되었다. 죽는 다고 봤지 산다고 생각하지 않았다(김일조, 2007 : 28~29).

심수자(가명)

거기에서 조금 있으니 피투성이가 된 사람들이 물을 달라고 하고 피부 껍질이 벗겨진 사람과 불에 타서 남자인지 여자인지 구분을 못할 정도인 사람도 있었다. 사람들이 점점 죽어나갔고 길가에 피 철철 흘리며 우는 소리, 전차가 새까맣게 타서 서있었다. 사람이 돼지 새끼처럼 타있었다. 집집마다 집 앞에 물통이 있었다. 아는 사람 집에 가는 길에 말이 죽어 있고 말에 기대어 사람이 죽어 있는데 창자는 새파랗게 나와 있었다. 그것을 지금도 안 잊어버린다.

신복수

이웃의 집들은 박살나고 부근 일대는 기와 조각의 잿더미 벌판이 아닌가. '도대체 무슨 폭탄인가, 살아남은 인간은 없을 것이다. 나도 곧 죽게 되는가……' 하는 생각이 뇌리를 스쳤습니다…… '물, 물 좀 주세요!' 하고 외치면서 불에 탄 비닐 조각 같은 유방을 대롱거리며 걸어가는 여인, 새까만 시체는 남녀의 구별이 안 됩니다. 뜨거워서 물을 찾아 쇄도한 여학생 4,5명이 상반신을 방화용 물통에 담그고 다리를 하늘로 치켜들고 거꾸로 선 채 죽어 있었습니다. 간논 다리 부근의 하천은 송장으로 덮여 있어서 새까맣더군(표문태, 1983 : 60;62).

심학수

이미 그곳(육군병원)에는 죽은 사람도 산 사람도 없었다. 모두가 시체더미 속에서 죽어가거나, 아니면 죽음을 기다리며 즐비하게 누워 있었다. 바로 눈앞에서 곁에서 시체가 끌려 나가고, 그 자리에 다른 환자가 자리를 잡는가 하면 다시 죽어 나갔다(박수복, 1975 : 39~41).

정순남

히로시마의 하늘은 연기로 새까매졌습니다……. 히로시마는 불바다가 되어 시민 거의 모두가 타 죽었다는 말이 돌았습니다……. 시내에서 피난해 오는 피폭자의 행렬은 바로 지옥의 그림이었어요. 불에 타서 벗겨진 피부를 드리우고, 초점이 없는 눈, 입속에서 무슨 소린지 중얼중얼거리며 어슬렁어슬렁 걸어왔습니다. 요꼬가와까지 도망쳐 나오고도 숨진 사람들의 시체는 보리 짚단 위에 물고기 모양으로 눕혀놓았습니다……. 시가는 전소되어 남은 것은 아무것도 없었습니다. 있는 것이라곤 시체뿐이었어요. 아이후(相生) 다리 일대가 가장 심했어요. 다리 위에는 새까만 시체가 널려 있고, 하천도 시체로 메워졌습니다. 부근 일대는 송장 냄새가 가득했습니다……. 수용소가 된 학교나 집회장도 찾아갔습니다. 물을 달라고 모두 신음하고 있었습니다. 트럭을 몰고 와서 숨을 거둔 사람의 시체를 차례차례 실어 갔습니다. 불을 태우기 위해서지요. 아직 살아 있는 사람이라도 상처가 심한 사람은 그냥 트럭에 실었습니다. 산 채로 태워버리는 모양입니다(표문태, 1986 : 82~83).

송임복

유치원 앞 전찻길에 오고가던 전차 두 대가 꼼짝도 하지 않았다. 전차 안에 앉아 있는 사람, 줄을 잡고 서 있는 사람 등 모두가 꼼짝도 하지 않았다. 모두가 죽은 모양이었다. 집 건물은 모두 무너져 있었고 거기엔 아무도 없었다. 이웃 사람 한 사람 만날 수 없었다. 나는 다시 시내 쪽으로 뛰어갔다.

조금 뛰어가다 보니 사람인지 짐승인지 모를 사람들이 거리에 나오기 시작했다. 큰 도로에 도착했을 때 차마 눈으로 볼 수 없을 정도로 비참했다. 불에 탄 사람, 피투성이가 된 사람들이 개미떼처럼 몰려오고 있었다. 남자인지 여자인지조차 분간할 수 없었다. 모두들 변두리 쪽으로 가고 있었다. 컴컴한 하늘에서 비가 내리기 시작했다. 비가 내리는지 기름이 내리는지…… 하늘에는 번개치는 소리, 비행기 소리가 들려왔다. 어디서인지 '고이국민학교로 가라'는 소방관 아저씨의 외치는 소리가 들렸다. 사람들이 가족을 찾기 위해 외치는 소리에 온통 아수라장이 되었다. 도로에는 한 사람, 두 사람 많은 사람들이 쓰러져 가고 있었다. 변두리로 뛰어가 보니 돼지, 닭 등 검게 탄 짐승들이 이리저리 나뒹굴어져 있었다. 검은 소낙비는 그칠 줄 몰랐다. 아무리 헤매어도 아는 사람 한 사람 찾아볼 수 없었다. 점점 어두워져 가고 있었다. 학교 운동장과 교실에는 피투성이가 된 사람, 검게 탄 사람, 사람인지 유령인지…… 정말 무서웠다. 마음이 불안했다. 저녁이 깊어만 갔다. 히로시마 시내는 불바다가 되고 있었다. 교실 안은 환자들의 신음소리와 '물! 물! 물!' 하며 물을 달라고 신음하는 소리, '살려달라'고 외치는 소리 등으로 아수라장이었다. 성한 사람은 나와 오빠와 그 외에 대여섯 명밖에 없었다. '오빠! 아무래도 안 되겠어. 저 사람들에게 물을 갖다 주자.' '그래!' 오빠와 나는 시체와 환자들 사이에 있는 계단 사이로 겨우 내려와 운동장으로 빠져나왔다. 찌그러진 바케스(물통)와 그릇을 겨우 찾아 우물에서 물을 담았다. 2층 계단으로 올라가다 시체의 손을 밟아 미끄러질 뻔도 하였다. 물을 환자들에게 조금씩 주었다. '언니 저도 주세요.' '형 더 주세요.' 환자들은 그릇을 붙들고 놓아주지 않았다. 오빠와 나는 실컷 먹여주었다. '고마워요.' 몇몇 환자들은 물을 마신 후 '고마워요.' 한마디 남긴 채 눈을 감아버렸다. 곁에 있는 환자들을 쳐다보니 얼굴이 통통 부어 누가 누구인지 분간을 할 수가 없었다. 모두 죽어 있었다. 살아 있는 사람은 아빠와 나, 오빠, 아이를 업은 젊은 아주머니였다. 그 아주머니도 남편을 잃으셨다. 점점 날이 밝아왔다. 시내에는 불길이 치솟고 있었다. 불바다였다. 몇 시가 되었는지 바람이 불기 시작하였다. 초저녁인지 새벽인지 바람이 심하게 불어왔다. 교실이 흔들거렸다. 한참 후에 옆에 있던 아주머니의 흐느끼는 소리가 들렸다. 쳐다보니 업고 있던 아이가 아무 부상도 입지 않았는데 죽은 모양이었다. 그 아이를 안고 울고 계셨다. 아이의 머리와 팔이 축 늘어져 있었다. 이상했다. 그 아이는 아무런 부상도 없었는데…… 시외 사람들이 가족을 찾기 위해 모여들기 시작하였다. 아들과 딸의 이름을 부르는 사람, 남편의 이름을 부르는 사람…… 시간이 갈수록 아수라장이 되었다. 뒹굴고 있는 시체들을 뒤져보며 허리띠, 신발을 확인하기도 하였다. 한참을 지나니 오빠가 왔다. 둘이서 손을 잡고 엄마를 기다리고 있을 때 어느 아주머니 한 분이 빵과 우유를 손에 쥐고 우리들을 쳐다보시더니, '너희들은 다행히 무사하구나' 하시면서 오빠와 나를 안고 한참 우시더니 '배고프지? 이 빵 먹어라. 우리 아들과 딸은 중학생, 고등학생이란다. 아무리 찾아도 찾을 수가 없구나' 하시면서 빵과 우유를 주고 가셨다(송임복, 2009 : 16~27).

남화자

시내로 들어가는 것 겁났다. 18살, 20살 남자 아이들이 시내 구경 갔다가 와서 머리 아프다고 하면서 죽었다. 무서웠다. 비 온 후에 나간 사람 모두 죽었다……. 그 핵이라는 게 얼마나 무서운지,…… 일본 사람들도 식구들이 죽으면 어디 화장할 데가 없으니까 그런 밭 한가운데서 화장을 해. 집들이 다 부서졌으니까 그런 걸로 시체를 화장하는 거야. 그렇게 밭에 사람들 화장하느라고 밤새도록, 집에 불을 안 켜도 환해…… 그런데 자기 식구 화장 다하고 치다꺼리 다하고 그러다가도 멀쩡한 사람이 그냥 죽어버리는 거야. 그리고 그냥 걸어 다니다가 죽는 사람도 허다분하고…… 그렇게 멀쩡하다가 갑자기 죽어. 그런 거 생각하면 끔찍하고……(한국원폭피해자협회, 2011 : 509).

최순례

전철 타고 신텐지 구경 간다고…… 우리가 전차를 타고 가고 있는데 갑자기 번쩍하면서 껌껌해지는 거예요……. 저는 눈이랑 가리고 의자 밑으로 들어간 거예요……. 저는 한참 있다가 조금씩 먼동 트듯이 환해지면서 나갔어요. 나가보니 경찰들이 가죽 띠를 매고 있는 거, 일본도 그것만 남고 옷은 다 발기발기 찢어져 있고, 그리고 나가자 김복희랑 보니 그 애들도 살이 다 벗겨지고 그랬더라고요(한국원폭피해자협회, 2011 : 577, 578).

노귀엽

뼈 부러진 사람, 반 죽은 사람, 손 든 사람, 발 든 사람, 별 사람들이 눕혀져 있어. 무섭지도 않아. 하나둘 아니고 천지에 죽은 사람들이 바닥에 누워 갖고 있는디. 어떤 사람들은 해골만 있고. 어떤 사람들은 반 타진 사람만 있고, 지금 막 죽은 사람 있고. 희한한 사람이 다 있어. 지금 생각하면 무서운데 그때는 무섭지도 않데(정근식, 2005 : 293~296).

허종순

온몸은 다 재로 덮이고 피를 철철 흘리면서 가는 거야. 근데 가면서 보니 사람들이 다 귀신같이 옷도 제대로 없이 다 팔을 들고 귀신같이 다 시골 쪽으로 걸어가는 거야. 아직까지 불이 붙은 데도 있고, 시체 같은 거 태우기도 하고, 말 같은 것도 타 있고 그러고. 그리고 우리 집 옆에 강이 많았는데 거기에 시체가 빡빡했었어. 물이 안 보일 정도로 사람 시체가 가득 차 있었어. 집 앞에 바로 앞 도로 옆에도 거기 강이 있었는데, 거기 시체가 빡빡했었어. 뜨거우니까 거기로 다 뛰어 들어갔던 거야(한국원폭피해자협회, 2011 : 597).

하위년

방화용수 안 있습니까? 그 물탱크 거기에도 마- 뜨거우니까 들어가가 시체가 척척척 쟁여가 있고. 그래 시내에 내(川)가 많이 흐르고 있는데, 내려가는 계단에 거기도 척척척척 막 시체가 쌓여져 있고. 인제 바닷물이 들어오면 시체가 둥둥 떠가 내려가는 거예요. 그런 참혹한 광경을 보고 했는데(국무총리실 소속 일제강점하강제동원피해진상규명위원회, 2008 : 225~229).

히라오카 다카시는 일본인이 한국인 원폭 피해자에 대한 목격담을 전한 것을 다음과 같이 기술하고 있다.

언덕은 이미 신음하는 소리로 덮였다. '아이고, 아이고······' 하는 한국인의 우는 소리. 길바닥에는 여자 같은데 머리칼은 하나도 없고, 얼굴, 손발, 몸뚱이는 퉁퉁 부어서 빨갛게 짓무른 사람이 들릴 듯 말 듯 희미한 소리로 도움을 구하면 괴로워하고 있으며 그 주위는 배설물로 더러웠다(이께다 도시꼬씨의 수기. 나가다 신 편『원폭의 아들』게재, 1951년 10월 발간, 히라오카 다카시, 표문태, 1986 : 234에서 재인용)

원자폭탄이 투하된 직후에는 폭탄이 터지면서 일어난 고열로 인해 사람들이 새까맣게 타서 즉사하거나 화상으로 피부가 다 벗겨지며 목말라서 갈증으로 고통 속에 죽어갔다. 또한 열풍으로 건물이 붕괴되었고 화재가 발생하여 원폭이 떨어진 지역은 불바다가 되었으며, 이로 인한 인명 피해도 많았다. 또 아직 목숨이 붙어 있는 중상자도 역부족으로 살려내려는 노력보다 아예 포기해버렸다. 그 비참함이 형언할 수 없을 정도였다. 인간이 만든 무기로 다른 인간을 단시간에 가장 많이 살상을 하고 가공할 만한 고통을 안겨준 것은 인류 역사상 전무후무한 일이었다. 일제의 수탈과 이로 인한 가난 때문에 일본으로 건너가 그 순간 히로시마와 나가사키에서 힘들게 살아가고 있던 무고한 한국인들에게까지 그 고통을 안겨주었다. 한국인 원폭 피해자의 경우는 대부분이 판잣집에서 집단생활을 하고 있어 폭풍에 의한 건축물 붕괴와 날아온 파편으로 맞아 죽었고, 남자들은 태반이 옥외에서 노동일에 종사하고 있었던 관계로 폭심지에서 1.5km 이내에서는 방사선에 노출되어 사망자가 많았다. 즉 열선과 폭풍과 화재가 한꺼번에 덮쳐서 일본인보다 한국인의 희생자 비율이 훨씬 높았다(1977년, NGO피폭문제 심포지엄 보고서, 히라오카 다카시, 표문태, 1986 : 244에서 재인용).

6. 생존과 치료

1) 피난

원자폭탄이 투하되고 수많은 사람들이 죽음 속에서 살아났지만, 원폭이 투하된 시점에는 "피난할 시간적 여유가 없어서 저금통장이며 중요한 물건을 꺼낼 시간이 없었고, 집안 가재도구가 모두가 불타서 알거지가 되었다"(유갑연, 한국원폭피해자협회, 2011 : 751)라는 말이나, "옷가지 살림 다 타고 먹을 것 없어 어찌 살아 나왔는가 싶다"(최귀선(가명))라는 말에서 보듯이 황폐화된 피폭지에서 고통 속에서도 생존해야 했다.

원폭 투하 후 파손된 집으로 되돌아갔기 때문에 더 많은 피해를 당한 경우도 있었다. 최순례는 "집으로 돌아가야 배급을 준다는 것이 와서 집으로 갔어요. 근데 그 집이 원폭에 비틀어졌었는데, 들어가서 얼마 안 있다 쓰러졌어……. 우리 어머니……가 더 다쳤어요. 아버지도 거기 깔렸는데…… 꺼내고 했는데 그때 더 많이 다치셨지요"(한국원폭피해자협회, 2011 : 578)라고 말했다.

원폭 투하 지점과는 상당한 거리에 있는 변두리 지역에 거주했던 경우 살던 집을 고쳐서 살았다. 안춘임은 집이 있었던 고이가 변두리이고 앞에 산이 있는 곳이었는데, 무너져서 아버지와 오빠가 집을 수리해서 계속 살았다. 김일조는 "다행히 우리 집은 무너졌지만 불은 타지 않아 옷가지 정도는 꺼내올 수가 있었"는데, 3일 만에 요코가와에서 살고 있는 언니네 가족(4명)이 와서 한집에서 같이 살았다(김일조, 2007 : 28)고 했다. 집이 반파된 변연옥의 가족도 집을 완전히 떠나지 못하고 집에서 비상식량을 조금 가지고 가서 밥을 해먹었고(한국원폭피해자협회, 2011 : 488), 강옥이(가명)의 어머니는 원자폭탄 투하 후에 "집에 먹을 것 가지러 왔다 갔다" 하면서 연명했다. 한국인 피해 여성들 중 일부는 피난을 가지 못하고 파손된 집을 수리해서 살거나 생존하기 위해 집을 완전히 떠나지 못하였는데, 폭심지와 거리가 떨어졌어도 방사선의 위험에 그대로 노출되는 것이었다.

집을 떠나 피난을 가야 하는 처지에 있는 어려움 속에서 친척들은 기댈 수 있는 언덕이어서 친척집으로 피난을 가기도 하였다. 이정숙은 역에서 일하다 화상을 입었으나 돌아온 아버지는 이러고 있을 수 없다며 우리 가족들을 데리고 친척집으로 가기로 결정하셨다. 모든 것을 하루아침에 잃은 우리는 뭐 하나 챙길 것도 없이 친척집으로 향하였다(이정숙, 2012 : 10~13). 강옥이(가명)는 아버지가 파놓은 굴에 들어 있다가 고이(골짜기)의 제종 언니 집으로 피난 갔으며, 정명선도 삼촌이 촌(가께)에 살아 피난 가서 옆집을 얻어 살았다.

잦은 공습에 대비해서 대피소를 이미 마련해놓은 경우에는 피난 가는 길의 혼란을 크게 겪지 않았다. 강이조는 폭탄에 "피할 데를 만들어놓으려고 방 세 칸 자리를 만드신 거예요……. 한 방은 육촌, 한 방은 올케가 살고 우리가 또 한 방에 살"(한국원폭피해자협회, 2011 : 624)았다고 했다. 정경순(가명)은 판잣집에 살았는데 집이 무너져, 연습했던 대로 모자를 쓰고 콩 등을 가지고 비닐하우스처럼 굴을 파놓은 데로 갔다고 했다. 사람들을 따라 피난을 가기도 했는데, 이일분(가명)은 갑자기 번쩍하는 동시에 어머니와 자신이 머리를 다쳐 피가 많이 흐르고 있었으며, 많은 사람들을 따라 사라야마산 군인 사격장 밑으로 피난을 갔다고 했다.

일본 사람들이 더 멀리 피난가고 없는 빈집에 들어가서 생활하기도 하였다. 박화선(가명)은 빈 외딴집에서 마다리(명석)를 구해서 마당에서 깔아서 살았는데, 쌀을 사서 주인집 밥솥을 걸어서 쌀에 소금 조금 넣어 끓여 먹었으며, 9월 중순께 "한국에 나올 때까지 거지 아닌 거지 생활했다. 내가 집에 가자고 울었다"고 회상했다. 김분자(가명)도 후우쥬 촌의 빈집으로 피난 갔는데, 이사할 때 감이 달려 있었다고 기억했다.

히로시마 원폭 투하 지점에서 더 멀리 떨어진 골짜기로 더 들어가서 셋방을 얻어 산 경우도 있다. 하위년은 "아주 산중으로 들어갔어요……. 하늘과 땅이 맞붙었다 할 정도로 그런 산중에 들어갔거든요……. 구렁이 아주 팔뚝만 한 기(것이) 막 다니는기라(다니는 거라)……. 이거 사람 살 곳이 못 된다 이래 가지고 조금 더 나왔거든요"(국무총리실 소속 일제강점하강제동원피해진상규명위원회, 2008 : 229)라고 말했다.

의지할 친인척도 빈집도 찾지 못한 경우에는 창고와 마당에서 지내야 했다. 김윤임(가명)은 야매 배를 타고 부산으로 돌아올 때 까지 고물 창고에서 지냈다고 했고, 최순례는 부모님이 저희를 데리고 피난을 가시는데, 그때 집 왼쪽…… 수수밭에 물그릇하고 주전자만 가지고 가서 어두워지도록 있었어요. 그런데 어디 갈 데가 없어요. 그래서 집에 가서 짐 챙기고…… 절 마당이 컸어요. 거기 큰 마구간이…… 있었는데, 우리 어머니가 거기를 정리를 하시고 다다미 같은 것을 구해서 깔고 거기서 생활을 했어요(한국원폭피해자협회, 2011 : 578)

라고 회상했다. 하서운도 "집도 없고 아무것도 없으니 카바 같은 거 막을 쳐 가지고"(한국원폭피해자협회, 2011 : 482) 지냈고, 변연옥은 "우리는…… 산으로 갔어…… 모기장 같은 걸 걸치고 돗자리 깔고 거기서 산 거야……. 얼마간은 해방된 줄도 모르고 산속에 있었어"(한국원폭피해자협회, 2011 : 488)라고 노천 생활을 회상했다. 원폭이 투하된 이후 일본 사람들은 멀리 떠나버렸으나 한국 사람들은 일본 사람들이 두고 떠난 빈집에서 또는 노천에서 천막을 치고 살았다. 당시 비록 피폭지로부터 떨어진 외곽이었다 해도 방사선 피해는 여전하여 이로 인한 2차 피해가 가중되었다.

　　하종순은 이웃에게 부모의 행방을 물었더니 사람들이 밭에 모여 있더라고 해서

　　거기 갔더니 거기에 어머니가 원폭 떨어진 날 낳았다고 애기 하나 데리고 계시더라고요. 아버지가 애 받는 사람이 없어서 가위 가지고 자르시고 그러셨다고 그러대요. 그 애가 정선이에요. 용순이가 그러는데 그 애는 같이 있었으니까, 그 원폭 떨어진 날 밤에 엄마가 애 낳을 기미가 있었는지 이불을 덮고 불을 켜라고 해서 자기가 불을 켠 기억이 있대. 근데 그 다음에는 기억이 없는데, 자고 일어나니까 엄마가 애를 낳아놓고 있더래(한국원폭피해자협회, 2011 : 596)

라고 회상했는데, 원자폭탄이 떨어져 수많은 생명이 죽었던 그날 난을 피해 간 피난처에서 새로운 생명이 태어났다.

2) 고통 속에서의 생존

원자폭탄 투하로 사람들이 죽어가는 순간에도 간신히 목숨을 건진 사람들은 생명을 부지할 수 있는 길을 찾아야 했다. 멀리 피난을 가지 못한 한국 사람들 중 일부는 무너진 집에 들락거리며 생필품을 가져다가 생활하였는데, 특히 집에서 식량을 가져다 먹고 살았다는 변연옥과 강옥이(가명)의 경우에서 보듯이 집에서 방사능에 노출되어 오염된 음식을 먹고 연명하였음을 알 수 있다.

원폭이 투하되고 난 직후에는 대부분 배급을 타서 연명하였다. 당시 경방단[3]에서 구조하러 와서 건빵을 배급했고(가와타 후미코, 2014 : 107), 피해가 심했던 김수자(가명)는 환자수용소에서 하루 세 번 매실을 넣어 만든 죽을 먹고 간신히 기운을 차렸다. 변연옥도 "배급을 얼마 동안 받고 살았다"(한국원폭피해자협회, 2011 : 488)고 기억했으며, 김남출은 다음 날인 7일 한 사람이 배급으로 주먹밥 한 개를 주었는데 시모노세키에서 왔다고 했다(한국원폭피해자협회, 2011 : 118)한다. 전소자는 "일본 군인들이 오라고 해갖고 담요를 주더라고…… 군인들이 밥을 주더라고. 그것을 먹고"(정근식, 2005 : 169)라고 회고했다. 남화자는 "절로 피난을 갔는데, 근데 거기서 차에서 주먹밥을 나눠주더라고. 그걸 먹고 지냈어요"(한국원폭피해자협회, 2011 : 508)라고 말했다. 하서운도 "집도 없고 아무것도 없으니 카바 같은 거 막을 쳐가지고…… 지내면서 일본 정부에서 주는 배급 같은 거 먹고 살았지"(한국원폭피해자협회, 2011 : 482)라고 회상했다. 박남주는 후쿠시마초에 군용 고기를 저장하는 공장이 있었는데, 얼음이 녹아 위쪽에는 구더기가 들끓었으나, 1미터 아래에 있던 해동이 덜 된 고기를 가져와 먹었다(가와타 후미코, 2014 : 108)고 증언했다. 돈이 있는 경우 쌀을 사서 살기도 하였다(하서운, 한국원폭피해자협회, 2011 : 482).

---

3   일제가 유사시에 치안을 유지하기 위해 설치한 단체.

피해자들은 원자폭탄으로 피해를 당한 후에 겪은 혹독한 시련을 다음과 같이 증언했다.

신복수

생활은 정말 혹독했지요. 입을 옷도 없고, 헤어진 몸빼를 주워서 철사로 기워서 입고, 하루에 한 개씩 배급 주는 주먹밥으로 허기를 면했습니다. 몸빼가 한 벌뿐이라 할머니가 세탁해줄 동안 나는 이불을 덮어 쓰고 기다려야 했지요. 정말 필요했던 것은 살아남은 한 살 먹은 차남을 위한 기저귀였습니다. 배급 받은 식량의 반은 아이(들)에게 먹이고 나머지로 옷이나 기저귀와 교환했습니다. 기저귀는 간신히 구했으나 기저귀 덮개를 못 구했습니다. 하루는 어느 집을 지나다가 기저귀 덮개가 빨랫줄에 걸려 있는 것을 보고, 그것이 너무나 탐이 나서 훔칠 결심을 하고 세 번이나 그 앞을 왔다 갔다 했으나 결국 그냥 돌아왔지요. 남의 것 훔쳐서까지 살아야 하는가 하는 원통한 생각이 들었습니다(표문태, 1986 : 63).

권중판

궁핍한 생활이 한결 심해진 것은 역시 원폭을 겪은 날부터입니다. 노동자 합숙방에서의 학대와 '번쩍'이 겹쳐서 남편은 전혀 노동을 못하게 되었습니다. 아이 다섯과 일 못하는 남편을 데리고 여자 손 하나로 살림을 꾸려나가야 했어요. 탁주를 빚어서 노무자에게 팔기도 하고, 야미쌀 장사를 하기도 했지요. 아무튼 내가 일손을 놓으면 가족이 굶어죽게 되므로 죽기 아니면 살기였어요. 야미쌀 구하러 나갔던 어느 날 결국 경찰에 들켰습니다…… 쌀을 담은 포대를 몸에 감고, 외투를 입고 날랐는데, 큰 말로 한말네 되의 쌀은 몸집이 작은 여자의 몸으로는 너무 무거워서 걸음을 옮겨놓기도 힘들 정도였어요. 역에서 잠복 감시하던 경관에게 발각되었지요. 미쯔구경찰서의 유치장에서 하룻밤을 잤습니다. 내가 잡히면 가족은 굶어요. 한심스럽고 서글퍼서 한잠도 눈을 붙이지 못했지요. 집 가까운 곳에 야마네라는 동포가 살았는데 구변이 좋은 사람으로, 반장과 함께 가족을 데리고 미쯔구서에 담판하러 와주었어요. 아이 셋과 남편을 세워놓고, "당신들이 기어이 이 아주머니를 가두어둘 셈인가. 이 아주머니는 여자 손 하나로 가족 여섯을 먹여살리고 있다. 아주머니가 갇혀 있으면 가족은 목숨을 이어갈 수 없다. 남은 가족은 죽는 수밖에 도리가 없으니 당신들이 먹여주시오"라고 강경하게 대들었습니다. 그 덕택으로 석방되었으나 차가운 유치장에서의 비참했던 꼴은 잊혀지지 않습니다. 나는 쌀장사도 못 하고, 쌀 구하러 갈 생각도 없어졌어요. 그렇다고 다른 벌이가 있는 것도 아니어서 기아의 공포에 시달렸습니다……. 아이들 모두 데리고 함께 죽어버릴까 생각했던 적도 한두 번이 아닙니다(표문태, 1986 : 117).

수중에 있는 모든 것을 잃었고, 돈을 벌 수 있는 방법도 없어 경제적으로 어려움이 더해가자, 당시 불법이었으나 "촌 같은 데 가서 과일 같은 거 주워서 팔"(하서운, 한국원폭피해자협회, 2011 : 482)아서 생명을 부지했다. 노귀엽은

> 돈도 없고 하니까 쪼까쪼까식(조금씩) 배급 나온 거 먹고 살았는데 그 때당시에 쌀 배급표를 만들었어요. 그때 쌀 표를 만들어 가면 배급을 주는데, 내가 배급표를 하나 더 만들어 가지고 갔어요. (웃으면서) 나쁜 맘이었제(마음이었지). 내가 어떻게 그런 꾀가 났던가 몰라. 내가 배급표를 하나 또 만들어서 배급을 타가지고 그 쌀을 팔아서 생활하고 살았어(정근식, 2006 : 296).

라고 말했다. 노귀엽은 채소 장사를 하면서 미군이 일본에 상륙하자, "양키 담배를 사다가 딴 데다 팔고 그랬다니까"(정근식, 2006 : 296)라고 말했는데, 이처럼 새로운 상황에 적응해서 살아가는 방도를 찾았다. 모든 것을 잃고 살아남기 위해 불법이라도 마다할 수 없었다.

멀리 피난 갈 곳이 없었던 한국 사람들은 원폭 피해지역과 파손된 집 근처에 머물면서 배급에 기대어 연명했는데, 권중판은 보리 주먹밥을 배급받았으나 "반 이상은 질척질척 부패해서 도저히 먹을 수 없었습니다. 아이들은 영문도 모르고 안 먹겠다고 울기만 합니다"(표문태, 1983 : 115~116)라고, 제대로 된 구호를 받지 못하고 차별도 받았음을 증언했다. 박화선(가명)은 원폭 이후 일본 사람들이 조선 사람에게 쌀도 안 주었다, "먹을 식량이 없어 쫓겨

나오듯이 나왔다"며 원폭 이후의 생존에서도 차별받았다고 말했다. 또한 아이들을 맡길 곳이 없어 아이들을 원폭 피해지역까지 데리고 다닐 수밖에 없었다. 그리하여 일본인 중에서 양심적인 사람들은 피폭 한국인을 '산골짜기에 버려진 피폭자'라고 불렀다(히라오카 다카시, 표문태, 1986 : 239).

이치바 준코는 한국 사람들이 일본 사람들보다 더 많은 피해를 입은 것은 한국인 피해자에 대한 일본의 차별과 배제로 인한 것이라고 설파했다. 즉 한국 사람들에게는 한국 사람이기 때문에 입을 수밖에 없는 원폭 피해란 것이 또 있었다. 그것은 한국 사람들이 일본 사람에게서 받았던 차별과 상당히 관계가 있는 사회적인 2차 피해라고 할 수 있다. 즉,

> 일본 사람의 경우 원폭 투하 직후에 친척이나 아는 사람을 찾아 피폭지 밖으로 피난을 갈 수 있었고, 거기서 상처를 치료받거나 장기간 쉴 수도 있었다. 이에 반해 한국 사람의 경우에는 피폭지 밖으로 피난 갈 곳도 없었고, 어디로 피난을 가야 할지도 몰랐다. 대개는 일본말을 잘 몰라서 피폭지에 그냥 남아 있었다. 또한 구급이나 원조 활동에서도 한국인이기 때문에 배제당하는 경우가 적지 않았다. 그 결과 많은 한국 사람들은 공기나 물이나 음식 중에 잔류하는 방사능을 입이나 피부를 통해 흡수할 수밖에 없었다. 피폭사한 한국 사람은 히로시마에서 약 3만 명, 나가사키에서 약 1만 명으로 추정되는데, 피폭자 전체 수에 비해 피폭사한 사람이 많은 것은 한국 사람들이 피폭지에 잔류할 수밖에 없었던 처지와 관계가 있을 것이다. 또한 살아남은 사람들도 대량의 잔류 방사능으로 인한 이후의 건강파괴가 걱정되는 바이다(이치바 준코, 1999 : 168~169)

라고 썼다.

일본 사회로부터 소외당하고 차별을 받아 강이나 산 부근의 입지조건이 나쁜 곳에 조선인 부락(朝鮮町)을 만들고 생활할 수밖에 없었던 피폭 전의 생활 상황은 원자폭탄 투하 후에도 계속되며 조선인이기 때문에 시외로 피난 갈 수도 없고 피폭지에 그냥 잔류해야만 했으므로 많은 잔류 방사능이나 검

은 비를 맞을 수밖에 없었고(한국교회여성연합회, 1984 : 163), 피폭지 근처에서 방사능에 오염된 환경에서 연명하면서 차별과 배제 속에서 2차로 피해가 가중되었다.

> 살아남은 생존자도 일본 사회의 차별 때문에 고의로 몸을 피하여 찾아갈 친척도 지인도 없었으므로, 부상당하고 급성 방사능증에 고생하면서 피폭지에 머물고 있을 수밖에 없어서 식량과 음료수 등에서 이차적 방사능을 많이 받았으리라 생각된다. 이와 같이, 원폭 피해는, 대량실해, 지역사회 붕괴, 가족파괴를 초래하고, 피해가 영속적이고 확대되는 특성을 갖는데, 이것은 피폭지역에 부득이 잔류하지 않을 수 없었던 피차별 피억압자에게 현저하게 많았다(1977년, NGO피폭문제 심포지엄 보고서, 히라오카 다카시, 표문태, 1986 : 244에서 재인용)

라고 일본인들도 한국 원폭 피해자들이 원폭 후에 2차적인 피해를 당했음을 인정하고 있다.

3) 치료

원자폭탄의 파괴적 위력에서 간신히 살아남은 사람들은 원자폭탄이 터지면서 발생한 어마어마한 열기로 인한 화상, 그리고 폭풍과 같은 바람으로 인한 직접적인 타박상과 건물이 무너지면서 입은 타박상으로 인한 외상이 당장 두드러지게 나타났다. 상처 난 몸의 치료를 받는 것은 시급했다.

철도에서 일했던 허종순은 철도 직원만 치료해주는 곳에서 자신뿐만 아니라 오빠의 상처 치료를 받을 수 있었다(한국원폭피해자협회, 2011 : 598). 이정자는 "피폭 일주일 만에 뒷골에 풍선처럼 커다란 혹이 부풀어 절개수술을 받았는데, 거짓 없이 한 동이에 가까운 피고름이 쏟아져 나왔어요. 이후 계속 부풀어, 2, 3회 더 수술을 받은 결과 그해 10월에 귀국할 때는 완전히 까까중머리"(박수복, 1975 : 132)였다고 했다. 박화선(가명)은 "아버지가 나를 업고 어머니가 오빠 손 잡고 육군병원에서 임시 치료받으러 다니기도 하였다"고 말했다. 윤월순(가명)은 얼굴에 유리 파편이 들어가서 피가 심하게 났지만 우선 피만 멈추게 하고 "한 며칠 있다가 치료했지. 학교에 의사들이 와서 치료했다"고 했다. 그런데 그 치료라는 것이 임시적인 것이었다. 유한순은 "등에서 피가 나고 난리가 났는데, 어디 구호소 같은 데 가니 석유통 같은 데서 뭐를 페인트칠 하듯이 발라주었다"(한국원폭피해자협회, 2011 : 660)고 말했다. 안월선은 "약은 없고 다친 사람들이 치료를 해달라고 소리를 지르니까 군인들도 답답해서 빨간약 한 병을 물에 타서 치료를 해주"(안월선, 2008 : 36)어 제대로 된 치료가 아니었다고 말했다. 정문옥은 간논고교에 가면 약을 발라준다고 해서 시어머니를 손수레에 태우고 나갔으나 송장이 앞을 막아서 나갈 수 없었다(표문태, 1983 : 62)고 회상했다. 치료받을 수 있는 곳까지 가기도 어려워 치료를 포기할 수밖에 없기도 하였다.

> **이정자**
>
> 병준(7세)이가 둑에서 폭탄을 맞았는데, 상처 자국에서 곧 창자가 비집고 나올 듯이 보였습니다. 그리고 온몸에 주먹만 한 물집이 생겨서 가위로 잘라도 자구만 계속 생겼습니다. 어머니가 쌀 물이며 심지어 송장가루를 구해 와서 상처에 바르고 필사적인 간호를 했지만 파리가 상처에 수없이 구더기를 슬었고, 어린 것은 아직도 살아 있는데 무서운 파리 떼와 구더기에 싸여서…… 그 생각만 하면 지금도 몸이 떨린답니다. 며칠을 살지 못하고 죽고 말았지요(박수복, 1975 : 131~132).

극히 일부만 일본의 의료기관에서 치료를 받았을 뿐이었고, 이들도 부분적인 도움밖에 받지 못했고, 한국인 원폭 피해자들 대부분은 제대로 된 치료를 받지 못했다.[4] 집이 무너지면서 받은 타박상은 "피가 묻어도 병원에서 받

---

4 오봉수(67세 남)는 원폭이 투하되던 날 건물 소개 작업장에서 나무토막이라도 주울까 하고 갔다가 뒤통수에서 번쩍하였고 그 자리에서 쓰러졌다. 소학교에 가면 군인과 간

아주지 않았다"(정명선(가명))고 한 것처럼, 타박상의 경우에는 병원 치료는 거의 받지 못하였다. 유갑연은 "사방에서 쥐불처럼 번져 들어오는 대피 길에서 저는 유리조각을 밟아 걸음을 잘 못 걸어 항상 달리기 하면 꼴찌를 했"는데 당시 치료를 받지 못하였고, 안월선은 "구샤스중학교에서 치료를 받았는데 의사 선생님께서 내 얼굴에서 유리를 빼내며 상처가 난 지 여러 날이 지나서 피부가 많이 상했다고 하였습니다. 얼굴에서 빼낸 유리 조각이 한 움큼이나 되었습니다. 얼굴에 구더기가 바로 생겼다"(한국원폭피해자협회, 2011 : 660)고 했다. 원폭으로 한국 사람들은 일본 사람들과 같은 피해를 입었지만 병원 치료를 제대로 받지 못한 데다 치료 과정에서도 차별받았음이 분명하다.

그리하여 대부분은 전래 민간 치료요법에 매달렸다. 강이조는 "내 머리가 터졌는데 피가 자꾸 나오니까 우리 할머니가 된장을 어디서 구해가지고 붙여주니까 피가 멈추데요"(한국원폭피해자협회, 2011 : 628)라고 했는데, 민간요법으로 된장을 발라 지혈한 경우이다. 박화선(가명)은 "약도 병원도 없었다. 수양버들 나무껍질 속껍질을 돌멩이로 찧어 뼈 위에 붙였다"고 증언하였다. 가장 두드러진 외상은 화상이었는데, 강이조는 어머니와 아버지의 화상에 병원에서 처방한 약과 함께 참기름을 발랐다고 했다(한국원폭피해자협회, 2011 : 628). 대부분은 심학수가 증언한 것과 같이 "상처에서는 수없이 구데기(구더기)가 들끓고 비로 쓸어내듯 했다"(박수복, 1975 : 41). 화상을 입은 곳을 대칼로 긁어내고 감자, 오이를 갈아서 바르고, 명주 가루를 붙였다. 유갑연은 "대피 중에 집 안에 불이 붙어서 넘어지면서 몸에 화상을 입"어, "감자, 오이

호부가 있고 약도 있다 하여 거기 가서, "따가운 볕이 닿으니 아파서 견딜 수 없어 나도 모르게 빨리 도와주시오 하고 소리를 질렀습니다. 그러나 군인이 나를 쏘아보며 이 새끼! 조선놈이 깽깽거리지 마! 하고 화를 내더군요…… 이런 변을 당하고도 민족차별인가. 나는 몸에서 맥이 빠져나가더군요"(표문태, 1986 : 93~94)라고 치료 과정에서 한국 사람에 대한 차별을 증언하였다.

를 갈아서 바르고 해서 치료를 했"는데, 배꼽 주변에 전신화상 흉터가 있고 턱 밑에도 약간 화상 흉터가 남아 있다(한국원폭피해자협회, 2011 : 751)고 했다. 그 외에 상처 치료에 대해 다음과 같은 증언이 있다.

무궁화(가명)

약도 없고 의사도 없었다. 할 수 없이 감자를 갈아서 감잎을 따 바르고 오이를 갈아서 붙이고 고름을 짜고 또 그 부위에, 감자를 갈고 감잎을 따 바르고 붙이는 과정을 반복했다. 그런데도 동생은 계속 아프다, 아프다 하면서 울기만 했다. 엄마는 화장터에 가서 뼈를 가져다가 갈아서 뿌리며 울고 또 울었다……. 동생 얼굴은 지금도 화상 흔적이 남아 있다(무궁화, 2014 : 13).

조경숙

오빠는 목이 그렇게 타는지 물 달라, 술 달라, 계속 술을 달라고 하는 거야, 입이 마르니까. 그러니까 작은 아버지가 술을 받아다 줘서 준 거야. 아버지는 주지 말라고 했는데, 할머니는 어떻게 해도 죽을 거면 먹고 싶은 거나 주자고 해서 술을 주신 거야. 돈은 있는 집이니까 어떻게든 구했겠지. 그래서 오빠가 그 술을 많이 먹었어. 그럼 그 술을 먹고 자는 거야. 그리고 몸에 화기가 많으니까 힘든 거야. …(중략)… 그런데 며칠이 지났는지 오빠 무릎 있는 데서 구더기가 기어 나와. 근데 바깥에 있는 것은 잡아내지만 그 속으로 들어가는 것을 어떻게 해. 술을 먹으면서 그걸 견디는 거야. 그리고 작은 엄마보고 찹쌀밥을 먹고 되게 변을 누어라 해서 그걸 구워서 발랐어. 그래서 그 구더기를 다 파냈어. 근데 어쨌든 그렇게 해서 오빠가 나았어(한국원폭피해자협회, 2011 : 684).

김달람

제부를 찾아왔는데, 거기는 화상을 너무 많이 당해서 몸이 퉁퉁 부어 있어…… 감자가 좋대. 식용유 바르고 감자…… 그걸 바르는데 너무 많이 데이니까 소용이 없어. 그리고 이불을 깔고 거기 누워 있는데, 그 이불이 다 젖도록 진물이 나와. 그래 그런 이불을 몇 채를 버렸어(한국원폭피해자협회, 2011 : 693).

한국인 피해자들은 제대로 된 치료를 받지 못했고 전통 민간요법으로 화상에 감자나 오이를 갈아서 바르거나 식용유를 바르기도 하고 감잎을 따서 물에 끓여서 발랐고 온천물로 치료하였다. 이뿐만 아니라 화장터에 가서 사람의 뼈를 가져다가 갈아서 뿌리기도 하였고, 찹쌀밥을 먹고 되게 변을 누운 것이나 어린 동생의 변을 구워서 발랐다. 심지어 술을 먹어 낳았다고 생각했다. 대부분은 "저절로 낫기를 기다리는 수밖에 딴 방법이 없었"(표문태, 1983 : 62)다.

방사선에 노출되어 일어난 피해도 컸으나 당시 방사선에 대한 인식도 없는 상황에서 속수무책으로 치료는 불가능했다.

변연옥
동생은 많이 마셔가지고, 한복판 아니었습니까. 몸을 어디 데이지는 않았는데 마셔가지고 나중에는 목이 아파서 밥도 못 먹고, 물도 한 모금 못 넘기고, 당시에는 약도 없고 하니까 전철 타고 시외 학교 같은데 가서 치료를 받으려고 하는데 치료라고 약도 없으니 소금물로 헹구고 그것뿐이지. 그게 하루가 걸려. 매일 데리고 다니다가 하루는 갔다 와가지고 소금물로 씻어내라 하니 입에서 뭐를 꺼내. 물도 안 넘어가고 아무것도 못 먹는데, 소고기 기름 같은 시커먼 뭐가 나와 잡아당겨보니 안 잡아당겨지는 거라. 편도선 그거였나. 그걸 병원에서 끊어내고 나니 죽도 조금씩 먹고 물도 먹게 됐지. 어쨌든 그거 맞으면 머리도 빠지고 잇몸에서 피가 나고 그런다고 하는데, 내 동생이 그랬거든……. 우리가 너 뭐를 먹었냐 했더니, 감 있잖아. 떫은 감 안 있어요? 그걸 두 개 정도 먹었다 그기라(한국원폭피해자협회, 2011 : 479).

안월선은 아버지가 자신을 찾기 위해 시내에 들어갔다 독가스(방사능)에 노출되었고 자신을 찾아놓고 하혈하고 구토하기 시작했는데, "할머니가 약초를 캐서 찧어서 약물을 내서 피를 토하는 아버지에게 먹였다"(한국원폭피해자협회, 2011 : 805)고 말했다. "떫은 감 두 개와 약초를 캐서 찧어서 약물을 내서 먹"는 것이 치료의 전부였다. 제대로 된 치료를 받지 못하고 민간요법으로나마 치료를 위해서 안간힘을 썼다.

한국인인 까닭에 겪었던 차별 때문에 살 수 있는데도 치료를 뒤로 미루어서 가련하게 죽은 사람도 적지 않았다고 한다(1977년, NGO피폭문제 심포지엄 보고서, 히라오카 다카시, 표문태, 1986 : 244에서 재인용). 일본인들 스스로 한국 원폭 피해 부상자에 대한 치료에서도 차별과 배제가 있었고, 이로 인해 피해가 커졌음을 기록하고 있다. "조선인이기 때문에 구호반의 응급치료의 거부를 당한 예도 몇 가지 있으며 일본인의 차별주의가 조선인의 원폭 피해를 한층 더 확대시켰다"(한국교회여성연합회, 1984 : 163)고 했다.

히로시마 평화공원은 원폭 희생자를 기리는 장소이다. 여기에 한국인 희생자를 기리는 위령비가 있다. 이 위령비의 위치는 오랫동안 일본이 7만 명에 달하는 한국인 원폭 피해자에 대해 어떠한 태도를 취했는지를 극명하게 드러내는 것이었다. 1974년 공덕귀, 이우정이 일본에서 열리는 국제평화회의에 참석하고 히로시마 평화공원에서 한국인 피폭자들을 위한 위령비에 참배하러 갔는데,

> 안내인은 평화공원의 그 넓고 넓은 광장을 한참 지나가더니 광장 뒷길에 흐르고 있는 개천가로 우리를 안내하는 것이었다. 멋모르고 따라온 우리는 평화공원의 외각 개천가 다리 옆 한 귀퉁이에 서 있는 비 하나를 발견하였다. 이것이 바로 이우공 전하와 우리 동포 희생자들을 위한 위령비라는 것이었다. 눈앞이 캄캄했다. 세상에 이럴 수가 있을까? 비 앞에 꽃다발을 놓고 이우정 선생과 나는 비 앞에 엎드려 엉엉 울었다(공덕귀, 1994 : 173).

한국인 원폭 피해자를 기리는 위령비[5]가 공원 안에 있지 못하고 외각에

---

5 공덕귀와 이우정은 그 이후 '절치부심(切齒腐心)'하며 일본의 지도자들을 만나 위령비 이전을 위해 노력하였다. 그 이후 많은 논란 끝에 마침내 1999년 한국인 원폭 피해자

초라하게 놓여진 것은 한국 원폭 피해자들이 피폭 전 일본에서 받았던 차별과 배제는 물론, 원폭 투하 이후 구조와 치료 과정에서, 또 그 이후에도 계속 어떠한 대우를 받았는지를 상징적으로 보여주는 것이었다.

7. 귀향

1) 귀향을 결정하기까지

원폭 지옥 속에서 구사일생으로 살아남은 사람들은 아픈 가족을 돌보면서 살아갈 방도를 찾았다. 삶의 터전으로 삼고 살아온 일본에 남을 것인가 고향으로 돌아갈 것인가를 결정해야 했다. 엄분연은 할아버지가 독립운동에 가담하여 일본 경찰의 감시가 심해지자 일본으로 왔던 부모는 "내가 만신이 다쳐서 아파가지고 있으니까, 살아 있는 동안에 조국 땅을 밟아서 조상님들도 뵙고, 또 독립을 찾았으니까 조국으로 가야 한다고 바로 가겠다고 했어요"(한국원폭피해자협회, 2011 : 790)라고 증언했다. 즉, 독립운동을 했던 가족은 해방된 조국으로 돌아가는 것을 당연시하고 아픈 가족을 이끌고 돌아왔다.

또한 원자폭탄으로 황폐해진 히로시마가 더 이상 살아갈 수 없는 불모의 땅이 될 것이라고 떠나왔다. 변연옥은

> 아버지가 그때 히로시마에는 30년 동안 풀도 안 난다고 했어. 물도 못 마신다고 그러니까 한국 가야 한다고……. 사람들이 사는 게 사는 게 아니지. 절망적이었지……. 나는 학교 친구들에게 간다 온다 소리도 못하고 선생님한테 인사도 못하고 온 거야(한국원폭피해자협회, 2011 : 488)

를 위한 위령비가 히로시마 평화공원 내로 이전하였다.

라고 말했다. 전소자의 경우, 아버지가 "형제간 그랬제(두 작은 아버지 원폭에 사망), 어머니 그랬제(할머니 사망)……. 아버지가 일본서 살기가 싫어"(정근식, 2005 : 171) 한국에 나오기로 결정하였다.

　원자폭탄을 투하하고 일본에 대한 전쟁 승리자로 들어온 점령군 미군들이 또 다른 공포의 대상이 되어 귀향을 재촉했는데, 이수용은 "큰오빠가 이제 가족이 다 모였으니 한국으로 돌아가라고 성화를 하였"고, "어머니와 둘째 오빠, 나 이렇게 셋은 큰오빠의 성화에 견딜 수가 없어" 귀향길에 올랐다(이수용, 2009 : 14)고 한다.

　하서운은 "그때 해방되고 사람들 독립돼서 좋다고 한국 간다 하는데 나는 안 가고 싶었"지만,

> 유골이라도 아버지가 얼마나 가고 싶겠나 하는 생각이 들어서. 왜냐하면 옛날에 어렸을 때 보면 어머니가 돌아가셨을 때 아버지가 기름종이를 펴놓으시고 어머니 속옷을 꺼내고 그 옷에 엄마 유골을 넣어서 곱게 싸서 거창에 큰아버지한테 보냈었거든. 그게 생각이 나더라고…….

그래서 귀향하였고, "절에 있는 아버지 유골을 가지고 한국으로…… 돌아와서 두 분을 합장을 했"(한국원폭피해자협회, 2011 : 482)다고 말했다. 부모님의 살아생전의 망향의 심정을 헤아려 돌아오기로 한 것이다.

　김일조의 남편은 한국의 실정을 잘 알고 있어

> 고향인 합천에 가도 농토가 없고 시부모님이 일찍 돌아가셔서 일할 곳도 없다면서 한국에 가지 말고 일본에서 살자고 하였으나 내가 나이가 어렸고 (당시 18세) 부모님을 따라 한국에 가기를 원하여 남편도 하는 수 없이 1945년 10월에 한국으로 들어왔다(김일조, 2007 : 29)

고 한다.

　김분자(가명)는 원폭 투하 후에도 "비행기가 날마다 떠다녔"는데, "삼촌이

한국 가자고 졸랐는데 다른 가족이 한국에서 너무 고생해서 가기 싫다고 했으나 합천 월평으로 추울 때(12월) 나왔다"고 했다. 한국에서의 가난을 기억하고 귀향하기를 꺼렸으나 일부 가족의 강권으로 돌아오기도 하였다.

또 시집의 강권으로 돌아와야 했던 경우도 있다. 박점순(가명)의 어머니는 원폭 당일 즉사하여 시신도 못 찾은 아버지를 두고 나오지 않으려고 했고, 할머니(시어머니)가 무서워서 못 산다고 안 나오려고 해서 끌려 나오다시피 나왔는데, "아버지 버리고 온다고 배를 타기 전에 어머니가 통곡을 하고 울었다"고 했다. 조분이(가명)와 정일선(가명)도 시숙이 한국에 가야 한다고 해서 10월에 야매 배를 타고 부산으로 왔다. 남성 중심의 가부장제 이데올로기 하에서는 이들이 사는 곳을 결정하는 권한도 호주에게 있어, 남편이 있는 경우뿐만 아니라 남편이 사망한 경우에도 거주를 정하는 데에 결정적인 영향을 미쳤다.

대부분의 경우 귀향 여부에 대한 개인적인 의사와는 관계없이 한국으로 돌아오기로 결정을 한 데는 일본 사람들의 살해 위협에 대한 공포가 깔려 있었다. 일본에서 어느 정도 기반을 닦은 사람들은 처음엔 돌아올 생각을 하지 않았는데, '한국인들의 스파이가 신호를 보내 폭탄을 맞았다'는 소문과 함께 관동(關東) 지진 때처럼 보이는 대로 한국인을 죽인다는 말이 돌았다(김동현, 1973 : 235). 원폭 피해자들은 살해의 위협에도 불구하고 한국에 나올 것인가 일본에 계속 체류할 것인가로 가족 간의 의견이 나뉘었다. 박경임(가명)은 한국 사람들이 일본 사람에게 맞아죽는다고 "어머니가 졸라서" 폭탄 떨어진 지 사흘 만에 나왔고, 정명선(가명)도 어머니가 "조선 가자"고 우겨서 한국으로 왔다. 강승자는 "일본 사람들이 조선 사람에게 쌀도 안 주었다. 먹을 식량이 없어 쫓겨 나오듯이 나왔다. (일본 사람들) 독하다"고 말했다. 김복수는 "해방되고 바로 와부렀는갑데(와버렸는가 보다)", "쫓겨 오다시피 왔다고"(정근식, 2005 : 262) 했다. 노귀엽은 한국에서 쫓겨 들어온 (일본)사람들이 악들이 바쳐서 들어왔기 때문에 어머니를 어쩔(해칠) 것 같드래요……. 꼭 죽일 것 같드래요. 무서워서 못살겠드래요. 그래서 빨리 나가자고 하드라고요. 일본말도 안 통하지. 능력도 없고 팔은 아퍼서 병신이지. 나는 어리지. 그래서 죽어도 시골 와서 죽는다고 해서 왔어(정근식, 2006 : 296).

라고 증언했다. 신복수도 일본 사람들의 위협 때문에 고향으로 돌아가기로 마음을 먹었다.

지금 죽어도 그런 지옥이 있을라구요. 나는 혼 빠진 사람이었어요. 방향도 없고 생각도 없이 (죽은 둘째) 아들만 지켜보다가 조선 사람은 다 죽인다는 소문을 듣고 제 정신이 들었다고 할까. 죽더라도 아이들만은 고국에 데려가 줘야겠다고 생각했지요. 뒤에 들으니까 만주나 조선에서 살던 일본인들이 그런 소리를 퍼뜨렸다고 하지만 그때는 무서운 생각이 들어(박수복, 1975 : 41).

유한순은 오빠가 자신이 일하던 공장 사장을 원폭 때 구해주자, 그 공장 사장이 귀국하지 말라고 종용하는데도 뿌리치고 귀향한 것을 다음과 같이 구술하였다.

오빠는 그때 출근해 있었는데 나사 같은 거 만들어서 수출하는 공장에 다녔는데, 일을 하던 중에 공장이 무너져서 기와 밑에 완전히 깔렸대요. 그걸 겨우겨우 치우고 나오는데, 거기 안에서 누가 소리를 질러서 보니까 사장이더래요. 그래서 그 사장까지 구해서 어디 피난하는 데다 데려다 놓고 집에 왔어요. …(중략)… 구해줘서 고맙다고 나중에 한국 나올 때 나가지 말라고 잡고 그랬다고 해요. 목숨을 살려줬으니까 살림을 봐주겠다고 하는걸, 어머니는 소문에 일본에서 쫓겨 나온 사람들이 조선 사람들 보면 어떻게 할지 모른다 그런 소리를 듣고 바로 나왔죠(한국원폭피해자협회, 2011 : 660).

이일분(가명)과 이점옥(가명)과 안춘임(가명)도 "조선 사람은 일본 사람들에게 맞아 죽는다는 소문이 돌았고 한국 사람들은 모두 짐 쌌"고, "일본 사람들이 칼로 죽인다 해서 나왔다. 조선 사람 다 때려 죽인다 해서 무서워 못 살아 한국으로 나왔다"고 했다. "일본 사람들이 조선 사람들 때려서 돈 뺏어 내보낸다는 소문이 나돌아, 다 죽을 수도 다 남을 수 없었다"(안월선, 2008 : 34)고 했다. 유례가 없는 처참한 피해를 당한 일본인들은 관동 지진 때처럼 감당하기 힘든 비극과 피해에 대한 책임을 한국인들에게 전가하려고 한 것이다. 관동 지진 때 무고한 한국 사람이 죽임을 당한 악몽으로 한국 사람들은 서둘러 짐을 싸서 일본을 떠날 수밖에 없었다(이치바 준코, 2003 : 319). 그리하여 원폭의 '열선(熱線)화상'으로 노출된 피부는 녹아내려, 이어지는 화농과 통증으로 거의 거동조차 불편한 상태였으나 너나없이 귀환의 길을 서둘렀다(허광수, 2004 : 100).

실제로 일본 사람들에게 살해되기도 하였다. 조경숙은 아버지를 "해방되고 한국 들어오기 바로 전에 (허드레 일하던) 일본 사람들이 바다에 빠뜨려서 죽였어요"라고 하고, 다른 일본인 직원이 알려줘서 살해당한 곳에서 무당을 불러서 굿을 하자 바다에서 아버지의 시신이 떠올라 수습을 했다고 했다. 그리고 "아버지가 한국에 들어갈 준비를 하느라고 집안에 골동품이 많았는데 그런 것을 짐을 싸고 돈도 싸고 해서 한국으로 먼저 짐을 부쳤어요. 근데 나중에 그 짐이 안 오더라고…… 짐 부친 사람들이 중간에 농간을 친 거야"(한국원폭피해자협회, 2011 : 687)라고 말했다. 즉, 혼란한 틈을 이용해서 남의 재물을 탐하고 이를 위해 살인까지 서슴지 않는 공포의 시간이었다.

가족을 잃고 아픈 몸을 이끌며 귀향하는 길에서도 일본인의 차별과 멸시는 계속되었다. 김분순은 모든 재산을 잃고 빈손으로, 1945년 12월 걷는 것조차도 불가능했기 때문에 동생의 등에 업혀 히로시마를 떠났다. 남편은 지팡이를 짚고 어머니와 여동생이 함께 남편의 부모가 있는 합천으로 향했다. 결국 아버지를 찾지 못하고 가까운 사람에게 '아버지를 찾아달라'고 부탁하

며 작별을 하고 히로시마역으로 갔다. 그런데

> 어머니는 히로시마역에서 기차를 타려고도 하지 않고 딩굴며 '아이고 아
> 이고' 대성통곡을 했다. 그러나 일본 경찰이 와서 '왜 울어' 조선인 주제에.
> 빨리 꺼지라고 말하며 때리고 발길질을 했다. 동생이 경찰관의 어깨를 잡
> 자, 다짜고짜 두들겨 팼다……. 어머니는 아버지를 찾지 못한 이래로 아무
> 것도 먹지 않았고 귀도 들리지 않게 되어버렸다(在韓被爆子問題市民會議,
> 1988 : 100~103).

슬픔을 안고 귀향하는 과정에서도 일본 사람들의 핍박을 견디어야 했다.

원폭으로 부모를 잃고, 남편과 자식을 잃고, 친척을 잃고, 재산도 잃고,
상처 입은 몸뚱이 하나를 이끌고 피폐한 고향으로, 혹은 아직 가본 적이 없
는 조상과 남편의 고향으로 돌아갔다. 살해의 위협에도 일본에 남은 사람들
은 재일교포로 살아남았다.

2) 현해탄을 건너

고향으로 돌아가기 위해서는 현해탄을 건너야 했다. 현해탄을 건너는 것
또한 만만치 않은 일이었다. 귀향하기 위해 시모노세키에서 관부연락선을
타기도 했지만, 대부분은 배고픔을 견디면서 배를 타기 위해서 항구에서 기
다려야 했다. 유삼이는 "내가 애들 둘 데리고 옷 보따리 하나 들고 나오는데,
시모노세키가 아니고…… 항구에 아주 큰 창고가 있었어요. 근데 거기 사람
이 너무 많아서 노숙을 사오일 했어." 그 창고에 "한국 나올 사람이 가득 차
서…… 처마 밑에 이불을 깔고 노숙을"(한국원폭피해자협회, 2011 : 717) 하다가
순서를 기다려 배를 타고 현해탄을 건너왔다고 했다. 박화선(가명)은 "배곯은
것 말도 못 한다, 부둣가에서 배를 기다리면서 죽 멀거니 끓여서 마시고" 지
내다가 배 안에서 연락선 타고 올 때 죽을 끓여서 차츰 나아졌다고 했다. 이

복남(가명)은

> 아버지가 돈을 많이 벌어서 리쿠사쿠(배낭)에 각자 돈을 넣었다. 미숫가루와 콩을 볶아 비상식량으로 싸서 준비했다. 물만 부어서 먹으며 천막을 구해서 치고 앉아 있었다. 일꾼을 데리고 돈을 옮겼는데 일꾼이 돈 가지고 달아나버렸다. 말밤[6]을 따먹으면서 굶주림을 견디었다

고 했다.

정규 연락선을 타고 온 사람도 있었으나, 대부분은 '도둑배' 또는 '야매배'를 타고 나왔다고 하는데 이는 대부분 고깃배를 빌려 타고 온 것으로 보인다. 이 배들은 부실하여 침몰할 위기를 겪어야 했다. "배에 물이 새어 섬에 내려서 고물 창고에서 지내다가 다시 새로 야매 배를 타고 부산"(김윤임(가명))으로 오기도 했고, 식구 6명이 "배에 물이 들어와 옥상으로 간 기억이 난다"(정경순(가명))고 위험했던 순간을 기억했다. 안임이(가명)는 "배를 타자마자 가라앉으려 해서 내렸다. 쌀을 챙겨 나와서 주먹밥을 해 먹었다. 며칠 있다가 다시 야매 배를 탔다. 대마도보다 큰 섬 근처에서 배가 구멍이 나고 기름도 떨어져서 정박"하는 고생 끝에 귀국했다고 말했다. 이복남(가명)은 한국으로 가는 두 번째 배를 탔는데 첫 번째 배가 침몰하는 것을 목격했고, 정선이(가명)도 바다에 가라앉은 배의 돛대가 떠다니는 것을 목격하면서 바다를 건넜다고 한다. 이점옥(가명)도 자신이 탄 연락선 3층에서 보니 "바다와 하늘이 붙었고 마지막이다" 하는 생각이 들었다고 했다. 원자폭탄에서 살아남았으나 다시 죽음의 위험 속에서 귀향해야 했던 것이다.

배가 표류하여 돌아오는 데에 대부분 여러 날이 걸렸다. 연락선 타고 사흘을 떠다닌 것(박점순(가명))은 다행에 속하였다. 김달람은 "차비를 만들어

---

6 '말밤'의 표준어는 '마름'으로 물속에 있는 수초로, 그 뿌리가 마치 밤과 같다.

서 야미 배 타고 한국을 오는데, 근 한 달이 걸려, 바다 생활 하는데, 어디 섬으로 갔다가 어디로 갔다가…… 식량을 가지고 탔으니까 그걸로 밥을 해 먹으면서 부산으로 도착"했다(한국원폭피해자협회, 2011 : 693~694)고 했다. 유송자도 "배가 표류했는데 어느 섬 쪽으로 붙어서 거기서 사는데 먹을 것이 없어서 오줌도 받아먹고 그랬을 정도였대. 그러다가 이른 봄에 한국으로 나왔어"(한국원폭피해자협회, 2011 : 701)라고 회상했다. 배가 바다에서 표류하면서 오랜 시간이 걸려 식량이 없어 고통을 당하였다.

또한 선장의 무능과 미국 비행기의 순찰도 귀향길을 지체하는 데 한 원인이 되었다. 정선이(가명)는 "배 선장을 잘못 만나 바다 가운데 한 달을 떠 있었다. 배가 바위에 받혀 모두 죽는다고 난리쳤다"고 했다. 또한 박경임(가명)은 "도둑배 타고 나왔는데 부산까지 오는 데 일주일 걸렸다. 비행기가 뜨면 선장이 배를 세웠다. 배 멀미를 해서 죽은 듯이 누워 있었다. 원폭 나자마자 돌아와서 부산 오니 해방되었다"고 회상했다.

태풍과 추위 등 날씨로 인해서도 배가 표류하여 고통을 받았다. 이수용은 원폭 투하 직후 귀향했는데, "야매 배를 타고 오는데 태풍이 불어 배가 너무 심하게 흔들려 죽을 고비를 넘"(이수용, 2009 : 7~15)겼고, 안월선은 무너진 집에 깔려 죽은 여동생을 제외한 8명의 가족 중에 자신을 포함하여 어머니, 여동생 1명, 남동생 1명, 4명이 1945년 10월 초에 한국으로 오는 배를 탔는데,

한국을 가는 길은 멀기만 했습니다. 태풍이 하루도 쉬지 않고 불어 근근이 배 안에서 24일을 고생하다가 대마도에 도착하였습니다……. 대마도에서 고기 잡는 조그만 배를 갈아탔습니다. 우리는 고기잡이 배 안에서 오후 5시에서 밤새도록 고생하고 다음 날 아침에 부산에 도착하였습니다. 우리는 이제 살았다 하며 서로 부둥켜안고 울었습니다(안월선, 2008 : 34~38).

김경자(가명)도 시모노세키에서 남동생을 업고, 엄마가 뜨개질로 떠준 옷

을 입고 있으면서 "오까상, 사무이 사무이(엄마, 춥다 춥다)"라고 말했던 기억이 난다고 하여 겨울에 귀향한 사람들은 추운 날씨로 고생했음을 알 수 있다. 대부분의 경우 정규 여객선이 아니라 고깃배를 타고 태풍과 추운 날씨로 생명의 위협을 느끼면서 힘들게 귀향했다.

심학수는 "꼼짝도 못 하는 아들을 데리고 빌어먹어가며 귀국하던 그때 일을 생각하면…… 말이라고 다 할 수 있습니까, 못 합니다. 개나 돼지라면 또 모를까, 못 하고 말구요"(박수복, 1975 : 41)라고 말해 그 어려움이 얼마나 컸는지 가늠하게 한다. 사고로 목숨을 잃을 뻔하기도 했는데, 정명선(가명)은 연락선을 타고 나왔는데 연락선 타다가 떨어질 뻔했고, 남자들이 건져 올렸다고 기억했다. 정일선(가명)은 임신 중에 배를 타고 귀향했는데, "맏동서가 게다 신고 오다 발 다쳐서 부어 있는 것 고름 빨아서 뱉어주었다"고 기억했다. 귀향길에서도 원폭 후유증으로 죽어갔는데, 김분자(가명)는 "어머니 밑 여동생은 한국에 나오다 아이 둘 다 죽었다"고 말했다. 원폭 투하에서 가까스로 살아남았으나 귀향길에서 죽기도 하였고, 죽을 고비를 넘기면서 현해탄을 건너야 했다. 원폭 피해자 중 2만 3천 명이 한국으로 돌아왔다고 추정되나, 참혹한 원자폭탄 피해에서 가까스로 살아남고도 현해탄을 건너면서, 또 건너고 난 후 얼마나 많은 사람이 목숨을 잃었는지는 아무도 모른다.

부산항에 천신만고 끝에 도착하자 모두 기쁨에 얼싸안았다. 정달화(가명)는 미야지마에서 도둑배 타고 돌아왔는데, 날이 새니까 부산항에 불이 번쩍번쩍하니 너무 좋았다고 기억했고, 최귀선(가명)은 "징용 갔다 오는 사람들은 고향 산이 보이니 배고팠으나 노래 부르고 춤 췄다"고 회상했다. 부산에 도착한 후 각자 고향을 찾아 돌아갔다. 안월선은

> 내가 귀국할 때 가슴에 유리가 꼽혀 있었고 붕대를 얼굴에 감고 지팡이 짚고 있었습니다. 부산역에 나올 때 아주 붕대를 하고 아주 꼴이 말이 아니게 나왔는데…… 부산역에서 이틀을 역 앞에 마당에서 밤을 지새우며 대구

로 오는 기차를 탔습니다. 기차를 타고 창밖을 보니 감나무의 감이 빨갛게 익어 달려 있었습니다. 그리고 몇 시간 후에 대구역에 도착을 하였습니다. 거기서 고향 가는 차를 구하기 위해 하루 종일 애를 쓰는데 해가 다 질 무렵에 트럭을 빌려 타고 고향으로 오니 우리 집에 살던 사람들이 우리가 올 줄을 알았는지 마침 집을 비워놓았습니다(안월선, 2008 : 34~38).

라고 가족이 무사히 돌아온 것에 대해 안도했다.

그런데 그 고향은 대부분이 아버지의 고향이었다. 유갑연도 아버지의 고향인 합천으로 돌아왔는데, 부산에서 합천까지 와서 마침 "합천 닷새 만에서는 장날이라 달구지(구루마) 편으로 가족이 고향 대병까지 타고 온 기억이 나요"(한국원폭피해자협회, 2011 : 753)라고 회상했고, 강옥이(가명)는 부산에 내려 기차타고 진주로 가서 고향 합천으로 갔는데, "차가 산길을 가다가 어른들이 내려서 차를 밀었다. 율곡에 가기 위해 아이들 업고 걸리고 강을 건넜다. 중간에 팔촌 집에 가서 자고 아침 먹고 율곡으로 걸었다. 우째(어찌) 그리 먼지……"라고 고향으로 돌아가는 것도 고단한 일이었다고 말했다. 정명선(가명)은 고향 가는 길에 마산으로 와서 돈을 주고도 쌀이나 보리를 사기가 어려워 부둣가에서 생선을 잡아먹었고 합천까지 걸어서 왔는데, 걷다가 자면서 올라왔다고 말했다. 박화선(가명)은 돌아오는 배를 못 잡다가 9월 중순에 센사키 연락선을 타고 부산에 도착, 합천 신소양에 있는 아버지 고향으로 돌아왔다. 삼촌이 우겨서 귀향하게 된 김분자(가명)의 가족은 시모노세키에 3, 4일 있다가 연락선 타고 부산에 도착했고, 부산에서 2일 있다가 기차타고 다시 며칠 밤 자고 짐차 타고 아버지의 고향 합천으로 왔다고 했다.

일본에서는 친정 가족과 함께 살거나 가까이 산 경우도 고향에서는 대부분 남성 중심 가족으로 편입되었다. 김일조는 일본에서 어머니와 함께 살았고 남편의 반대에도 어머니를 따라가고 싶어 임신한 몸으로 귀국하였는데(김승은, 2012 : 30), 귀국 후에 어머니를 따라 어머니 친정이 있는 고령으로 가고 남편은 친가가 있는 합천으로 돌아갔으나 곧 자신도 합천으로 돌아왔다. 일본에서 결혼하고 친정부모와 가까이 살았던 정일선(가명)은 시집 식구와 함께 귀국하였고, 친정어머니와 같이 살았던 안두선(가명)도 어머니가 원폭으로 사망하자 시집 식구들과 함께 시집으로 돌아왔다. 친정에 들렀다가 원폭 피해를 당한 조분이(가명)도 큰시누이가 지키고 있던 남편의 본가로 돌아왔고 함께 살았던 두 시누이는 각각 자신의 시가로 돌아갔다. 외가와 가까이 살았던 강옥이(가명)도 귀국할 때에는 아버지의 사촌이 살고 있는 친가로 돌아갔고, 함께 살았던 이모는 자신의 시동생과 함께 시가로 돌아갔다. 결혼하고서도 친정부모와 동생들과 가까이 살았고 어머니와 동생과 함께 귀국한 김분순도 남편의 부모가 있는 합천 시집으로 돌아왔다(在韓被暴者問題市民會議, 1988 : 101~103). 일본에서 외가로 귀향한 경우도 있었는데, 일본에서 외가와 어울려 살았던 안임이(가명)는 아버지가 조실부모하여 친가가 없고 친가 쪽이 가난하였던 데 비해 외가가 경제적으로 넉넉했고, 아버지가 일본에서 돈을 벌어서 한국에 있던 외삼촌에게 돈을 보내 전답을 사놓은 것이 있어 외가로 돌아왔다. 손경선(가명)도 친가는 가난했던 반면 경제적으로 넉넉했던 외가로 귀향했다. 그러나 귀향과 함께 대부분 남성 중심 가족으로 편입되었다. 일본에서는 핵가족으로 살면서 외가의 친인척과 가까이 살았으나 귀향한 후 아버지의 고향으로 전통사회 대가족의 일원으로 편입되는 것이기도 했다.

원자폭탄으로 집이 무너지고 힘들게 모아둔 재산과 살림살이가 일시에 사라졌으며, 상처 난 아픈 몸과 두려움으로 일본을 얼떨결에 떠나야 하여 제대로 귀중품이나 돈을 챙겨 가져나오지 못했고, 또 챙겨서 떠나온 것도 현해탄을 건너기 전에 잃어버리기도 했다. 부실한 배와 날씨 때문에 고통을 당하며 천신만고 끝에 부산항에 도착했고 다시 고향으로 가는 머나먼 길을 차를 타기도 하고 걷기도 하면서 갔다. 원폭 피해자들은 일제에 의한 강압과 이로 인한 가난으로 고향을 떠나 이역만리 일본으로 살길을 찾아 나섰고, 일본에서 열악한 환경에서 살기 위해 고군분투하면서 식민국가 일본의 전쟁에 동원되어 일하며 살아가다 원자폭탄의 피해를 입었다. 원자폭탄으로 죽어가는 상황에서도 차별과 배제를 당했고, 자발적으로, 또는 일본인들의 죽음의 위협 앞에서, 일본에서 갖은 고생을 하며 이룬 적은 재산이나마 챙기지 못하고 또다시 죽음의 위험을 무릅쓰고 현해탄을 건너 고향으로 향했다. 돌아온 고향은 아버지와 남편의 고향이었다. 일본에서 외가 친인척과 이웃하여 어울려 살던 사람들도 고향으로 돌아올 때는 외가 친척들과 헤어져 각자 부계가족으로 돌아갔다. 일본에서 일시적으로 또 부분적으로 무너졌던 부계가족 중심의 삶이 다시 복원되었다:

돌아갈 고향마저 없었던 정임술은 귀국하자마자 자식과 남편의 죽음을 지켜봐야 했다.

아무리 보아도 남편은 살아날 사람이 아니었다. 검붉은 피부는 인간 형상조차 알아볼 수 없게 부어올라서 숨소리조차 겨우 들릴락 말락 했다. 한 달, 두 달, 필사적인 간호를 했지만 남편의 병세는 차도가 없었다. 주위에 있던 피난민들은 어느 새 한 가족, 두 가족 자리를 뜨고 있었다. 해방된 조국으로 돌아간다는 것이었다. 사경을 헤매고 있는 남편을 두고…… 정여인의 가슴은 암담할 뿐이었다. 남편이 죽으면 나는 이 땅에서 운명을 같이 하리라……. 굳게 마음을 다져 먹고 있던 어느 날 남편이 손짓으로 정여인을 불렀다. '나를 데려가요. 죽더라도 고향 땅에 가서 죽고 싶으니……' 1945년 11월 말이다. 살을 에이는 추위 속에 남편을 들것에 실어 차에 태웠다. 센사끼(仙崎)라는 어항에서 배를 타기 위해 한 달을 기다렸다. 재임이는 누운 채 똥오줌을 쌌고 다른 애들도 추위와 굶주림에 반죽음 상태였다. 부두에서 1킬로미터 가까운 바다 가운데 있는 배를 타기 위해 적은 보우트를 타야 하는 위험성, 중환자고 뭐고 추호의 사정도 없었다. 마구 잡아당기고 밀어붙이는 거친 승선 절차에 정여인은 몇 번이고 하느님께 살려달라고 소리쳤다고 한다. 시모노세끼(下關)에서 다시 며칠을 노숙했다. 부산(釜山)에 도착했을 때는 어느덧 46년 새해로 바뀌고 있었다. 부산 어느 국민학교 피난민 임시 수용소에서 보름 동안을 온 가족이 누워 앓다시피 했다. 세 살 난 도미꼬가 여기서 죽었다. 그동안 제대로 돌보지도 못하고 말없이 지쳐있기에 경황이 없는 대로 내버려두었더니 어린 것이 결국 눈을 감고 만 것이다. 남편은 이미 슬픔조차 느끼지 못한 채 누워 있었고, 임신 6개월이던 정여인 역시 그동안의 긴장감에 반쯤 정신을 잃고 있었다. '우리는 거지였어요. 노자는 부산 왔을 때 다 떨어져 버렸고 고향이라고 찾아드니 아는 친척이 있어요? 의지할 방 한 칸 있어요? 아이들은 우리말을 하나도 모르지요. 당장에 주인은 눕혀둬야 하는데 말입니다. 살아 나온 말이라니요. 시댁 사촌 동생이 한 분 산 너머에 살고 있었는데 그 당시에는 알 길도 없었고, 만났다고 한들 자기네들 생활도 어려운 농사꾼이고 보니 도리가 없었겠지요. 빌어먹더라도 몸이나 성해야지 애들까지 반병신이니 어찌 사람들의 눈총을 피할 수 있겠어요. 지난 일이니 이렇게 입을 놀립니다만, 무슨 말로 그 지옥을 표현합니까! 바로 이 집 자리에 움막을 짓고 얻어먹다시피 하면서 4월 말에 제가 아이를 낳게 되었지요. 부기가 가시지 않아 다 죽게 돼서 자리에 누워 있는데 바로 옆에서 주인이 피를 쏟기 시작하더군요. 그길로 죽고 말았지요. 소망하던 조국 땅이라고 하지만 그렇게 죽을 목숨이었으면 고생이나 덜 시키고 일본 땅에 붙들어둘 것을 두고두고 마음에 걸린답니다. 그때 주인은 40살이었지요'(박수복, 1975 : 84~86).

제3장

계속되는 고통

제3장 계속되는 고통

1. 조국, 그러나 낯선 땅

1) 귀환동포에 대한 차별

원폭 피해자들은 혈육의 비참한 죽음 앞에 가눌 길 없는 슬픔을 안고 상처 난 아픈 몸을 이끌고 고향으로 돌아왔다. 그러나 조국과 고향은 낯선 땅이었다. 특히 일본에서 태어나고 자란 경우는 말이 통하지 않는 전혀 새로운 곳으로 돌아온 것이고 여기에 적응해야 했다. 이일분(가명)은 자신은 "완전 일본 사람이었다"고 말했고, 유삼이는 "한국 사람으로서 할 소리는 아니지만 나는 완전 일본 사람으로 살았고 몸에 그 생활이 배었으니까……. 한국 사람이다 이야기 안 하면 모를 정도로 내가 아주 일본 사람으로 살았어요"(한국원폭피해자협회, 2011 : 715; 717)라고 말하며 일본에서 태어나고 일본인처럼 살았는데 귀국해야 했다고 회고했다. 이일수는 전에 일본말밖에 못 했던 자기를 "나는 한국 사람도 일본 사람도 아니었다"라고 슬퍼했(마쓰이 요시코, 1995 : 79)고, 김분순은 "나는 정말로 태어난 곳도 교육받은 곳도 히로시마여서 귀국 후에는 아무것도 알 수 없었다"(이치바 준코, 2003 : 321)고 말했다. 아버지 어머니 등 윗대 선조가 고향을 떠나 물도 말도 낯선 땅 일본으로 가서 새로운 환경에 어렵게 적응해야 했는데, 일본에서 돌아온 여성들도 낯선 땅이 된 고향에서 새로이 뿌리를 내리고 살아가야 했다.

해방 후 해외로부터 귀환한 사람들이 경남지방에 많았는데, 이들을 '우환동포'(이혜숙, 강인순, 2015 : 37)라고 칭했던 것에서 보듯이, 일본에서 갑자기 해방을 맞아 쫓겨 오다시피 돌아온 고국에서 귀향한 사람들은 환영받지 못했을 뿐만 아니라 '반쪽발이'라고 매도당하기도 했다. 일본에서 힘들게 살았고 죽음을 넘어 귀국한 동포를 한국을 식민지로 만들고 강압통치를 하면서 한국인을 전쟁에 내몬 일본인을 보는 눈과 혼동(가와이 아키코 1990 : 452)하였고, 일본에서 돌아온 '귀환동포'를 일본의 강압통치의 앞잡이로 간주하였다. 한국 사회가 일본을 증오하고 비판한 나머지 일본에 있으면서 차별받고 어려움 속에서 살아간 이들을 경원하였다. 그래서 이들은 일본에서 귀향했다는 자체를 밝히기를 꺼렸다.

정용분의 아들 원조는 "엄마, 쪽발이가 뭐야? 왜 밤낮 이렇게 당해야 하지? 그 이유가 뭐야? 말해봐, 말해봐! 왜 말 못 하지?"(박수복, 1975 : 93)라고 물었는데, 일본 사람을 비하하는 '쪽발이'라는 표현이 일본에서 돌아온 사람들을 비하하는 말이 되었다. 임일생은 "애들이 나를 쪽발이라고 패고 그랬어. 여기저기 피투성이 되고 집에 들어오고 그랬어"(한국원폭피해자협회, 2011 : 527)라고 회상했다. 이정수는

> '야! 너 왜년이지?' '너 쪽발이 년이구나' 노동판이나 뱃사람들의 희롱은 유난히 사나웠습니다. 주르르 눈물을 쏟다가도 저는 고개를 젖고 얼른 웃었습니다. 움집에서 허리띠를 조이며 제가 돌아오기만을 기다리고 있을 가족의 얼굴을 생각하면, 말로 희롱을 당하는 것쯤은 문제가 아니었습니다(박수복, 1975 : 176)

라고 가난으로 고통받으면서 일본 사람이라고 조롱하는 것에 항의하지 못했다. 한국말을 못하는 것은 큰 흉이었고 살아가는 데 큰 장애가 되었다. 허종순은

나는 일본에서 나왔다는 게 창피하고, 한국말도 잘 못 하고 하면 '쟤, 왜 놈 아니가' 하고 그러면서 놀리고, 한국말을 해도 발음이 이상하니까 놀리고 그랬어. 그러니까 나도 일본 갔다 온 걸 잘 드러내지도 않고 다른 사람 갔다 왔다고 해도 물어보지도 않았어(한국원폭피해자협회, 2011 : 594)

라고 말했다. 손경선(가명)은 "아홉 살, 열 살경 한국에 나왔는데 '오까상, 오또상, 오바상' 등 일본말 한다고 한국아이들이 흉을 많이 봐서 일본말 잊어버리려고 노력해서 다 잊었다"고 했다. 엄분연은 한국어와 관습을 잘 몰라 친일파로 몰려 차별받자 아예 말을 하지 않고 지내자 주위에서 사람들이 자신이 말 못 하는 벙어리가 아닌가 하고 의심했다고 한다(嚴粉連, 1987 : 125~126). 박수복은 원폭 피해자의 생애 구술담을 채록하면서 이들 중에 한국말을 못하는 사람들을 '우리말을 잃은 사람들'이라고 명명하고,

자기 이름조차 쓰지 못하는 노파도, 기력이 쇠진한 중환자도 몇몇 일본 고유명사 속에서 과거를 찾아내려는 듯 안간힘을 쓰며 소리 내어 읊조려보고 매달리던 그 일본말, 그 일본말의 의미야말로 가장 뿌리 깊게 내재하고 있는 한국 피폭자들의 오늘의 비극의 본질이며 시발점임을 너무나 뼈저리게 느끼게 했다(박수복, 1975 : 28)

고 기록했다.

한국말을 못하여 또다시 언어장벽 때문에 고초를 겪자, 고향에서 살아갈 수 없어 다시 일본으로 간 경우도 있다. 심학수의 경우,

귀국 후 일 년 만에 큰놈 일환이가 몸을 움직일 수 있게 되자 '어머니 어떻게 하든 일본으로 도로 가겠습니다. 여기서 굶어 죽으나 가다가 죽으나 매일반이겠지요. 우리 말 한마디도 못하는 내가 여기서는 빌어먹을 수도 없지 않습니까. 앉아서 죽느니보다 부산에 나가서 뱃길을 찾아보겠습니다

라며 일본으로 떠나버렸다. 원폭 이후 구순임은

아버지가 이제 히로시마는 볼 것 없다 해서 가족 다 데리고 한국에 일단 왔어. 근데 와보니까 살길이 없잖아. 한국말을 못하니까. 근데 길이 막혀서 들어갈 때는 밀선 타고 들어간 거야. 그 언니 오빠들이 처음에 다 바로 다시 들어갔다(한국원폭피해자협회, 2011 : 734)

고 했다.

일본의 민족말살정책으로 일본에 동화되어 일본인으로 정체성을 가지고 살아가면서 한국말을 잊거나 배우지 못한 사람들은 해방 후 귀국했지만 다시 말도 물도 낯선 조국에서 정착하기 위해 분투해야 했고, 일부는 일본 땅으로 되돌아간 것이다.

2. 가난과 갈등 속에서 새 삶을 꾸리다

1) 일본에서 가져온 재산

원자폭탄으로 집이 무너지고 불타면서 타국에서 힘들게 모은 재물과 살림살이가 한순간에 날아가버렸다. 그렇지 않은 경우에도 두려움으로 일본을 얼떨결에 떠나야 해서 귀중품이나 돈을 제대로 챙겨 가지고 나오지 못했다. 또 챙겨 가지고 온 것도 현해탄을 건너면서 잃어버리기도 했다.

그런데 슬픔 속에 아픈 몸을 이끌고 풍랑을 견디어 내며 천신만고 끝에 도착한 부산에서 고향으로 가는 길도 쉬운 것은 아니었다. 유갑연은 "돈을 옷고름이나 치마단 속에 숨겨서 바늘로 누벼서 옷을 입고 옷 고리짝과 거울 등 가재도구만을 챙겨서 합천 고향길로 향했어요"(한국원폭피해자협회, 2011 : 752~753)라고 말했고, 하서운은 "나는 돈을 바지 허리춤 허리띠에 넣어 와서 가지고 온 것은 다 바꿨지. 그때 짐 속에 넣어놓은 사람은 (짐을 잃어버려서) 못 바꾼 사람도 있었어. 천 엔인 갑다(같다). 한국 돈으로 7천 원 주더라고"(한국

원폭피해자협회, 2011 : 482)라고 회상했는데, 도둑 맞지 않고 일본 돈을 환전한 경우는 그나마 다행이었다.

이와 달리 "일본 갔다 온 사람들은 돈 많다고 소문이 나서 도둑이 버글버글했"(박경임(가명))으며, 임일생은 "한국에 나올 때 가지고 나온 돈을 누가 바꿔준다고 하더니 가져가서 떼인 거야. 그러니 엄마가 속상해서 드러눕고 그랬"(한국원폭피해자협회, 2011 : 528)다고 회상했다. 유삼이의 경우는

> 일본에서 가져온 돈이 조금 있었는데, 그 돈을 잘 보관하고, 젊은 사람들 돈 헤프게 쓴다고 어머니 치마 속에 주머니를 달아서 다 맡긴 거예요. 그때 고삐를 타고 갔거든요, 화물차. 거기서 어머니가 내리려고 하는데 어떤 조그만 남자애가 어머니를 딱 치고 나가는 거예요. 그래서 어머니가 야 이놈아 어른 먼저 내려야 하고 그랬어요. 그리고 내려서 보니까 거기 고구마를 쪄서 팔아요. 그래 그게 먹고 싶어서 어머니한테 돈을 받으려고 하니까, 그 주머니가 없는 거예요. 아이고 참……. (눈물이 나셔서 말씀을 못하심)(한국원폭피해자협회, 2011 : 718).

정일선(가명)은 시숙이 일본 돈 바꾸러 갔다가 소매치기를 당했고, 유갑연은 가족이 배를 타고 나오는데 나오기 전에 "한복 천이며 돈 같은 것과 숙부님의 책, 레코드 등 귀중품을 화물로 탁송했는데 부산항에서 도둑이 다 훔쳐가 없어졌다"(한국원폭피해자협회, 2011 : 753)고 말했다.

일본 돈을 환전하려 했으나 제대로 못 바꾼 경우도 많았다. 안월선의 경우 원자폭탄 투하 후, 자신을 찾아다니느라 방사선에 심하게 노출된 아버지가 치료가 더 필요해서 할머니와 남동생과 함께 남겨두고 어머니와 동생 둘과 함께 귀향하면서, 아버지가 자신이 올 때까지 돈을 바꾸지 말고 기다리라고 하여 1천.엔만 바꾸고 나머지는 집에 놓아두었는데, 아버지가 그 다음해 3월에 나오니까 그 돈이 휴지조각이 됐다(한국원폭피해자협회, 2011 : 805)고 했다. 일본에서 힘들게 벌어 은행에 저금해두고 통장을 가져왔으나 무용지물

이 되거나 힘들게 한 노동의 대가를 잃어버려 허사가 되기도 했다. 이복남(가명)은 "룩사크(배낭) 울러 매고 왔다. 옷과 돈을 가방에 넣고 왔다. 통장도 많이 가지고 나왔는데 6·25전쟁이 나고 버렸고"라고 말했고, 강옥이(가명)은 부모가 헌옷 장사 하면서 돈 잘 벌어 3천 몇백 원을 일본 은행에 저금해놓았으나 통장을 잃어버려 돈을 못 찾았다고 했다. 일본에서 귀향하는 과정에서 가지고 나왔던 돈을 사기당하거나 잃어버렸고, 또 일본 은행에 예금한 돈은 통장을 버리거나 분실하여 사라져버리면서 일본에서 어렵게 벌고 모은 돈을 온전히 지키지 못한 것이다.

2) 재산을 둘러싼 분쟁

일제에게 농토를 빼앗기고, 땀 흘려 수확한 곡식마저 공출로 빼앗기고, 또는 자연재해로 먹을 식량이 없어 굶주림에서 벗어나기 위해 일본으로 떠난 사람들은 돈을 벌어 고향에 농토를 사는 것이 희망이었고 꿈이었다. 그래서 돈을 벌어 여유가 있으면 고향 친척에게 보내 농토를 사놓기를 부탁했다. 고향으로 향했던 원폭 피해자들은 고향에서 자신들이 산 농토를 기반으로 살아갈 계획이었다.

이복남(가명)은 아버지가 한국에 있는 큰아버지에게 돈을 보냈는데, 비록 "우리 산은 높은 데 사고 큰아버지 산은 낮은 데 있었"지만, 논도 사고 집도 지어놓아서, "다른 사람들 송구죽[1] 먹는데 우리는 밥 먹었다"고 회상했다. 조분이(가명)는 "시숙 앞으로 사놓은 네 마지기, 시어머니가 밭 여섯 마지기 농사짓던 땅에 농사지어 먹는 것은 충분히 되었다"고 말했다. 구을선(가명)의 경우에는 어머니가 고향에 남아 시부모를 봉양하면서 농사를 지으며 고향땅을 지키고 있었고, 아버지는 나무해서 차로 가져가 팔았고 삼의 겉을 벗겨서

---

1 소나무 속껍질로 끓인 죽.

속을 도시에 내다 팔아 "친정이 동네에서 제일 부자로 살았는데, 넉넉해서 머슴을 두고 농사지어 배는 굶지는 안 했다"고 말했다.

그러나 대부분은 농토가 조금밖에 없거나 전혀 없어 살아가기가 힘들었다. 심수자(가명)는 합천 아촌 큰집에서 방 한 칸 얻어서 일본 있을 때 사놓은 논 두 마지기로 농사지었으나 식구가 많아 먹고살기 힘들었다고 했다. 심수자(가명)는 아버지가 일본에서 돈을 많이 벌어서 사촌 형님에게 돈을 보내 논 여덟 마지기, 밭 서너 떼기를 사놓았는데, 당장 먹을 쌀을 구하려고 했으나 돈 가지고도 쌀 못 사 먹어 쌀 두 말에 밭 두 떼기 주고 바꿔서 먹고살기도 했다. 강옥이(가명)는 귀향했으나 살 집이 없어 아버지 고향인 합천 율곡의 재실²에서 살다가 오두막집 빈집으로 이사했다가 밭에다 집 지어 살았다고 하면서 "고생한 것 말도 못 한다"고 회상했다.

그리고 농토를 사달라고 일본에서 친척에게 돈을 보냈지만 농토를 사지 않거나 샀어도 일부만 돌려주거나 아예 돌려주지 않은 경우는 더욱더 살기가 힘들었다. 김수자(가명)는 아버지가 돈 벌어서 고향 고령에 농토 사라고 사촌에게 보내주었기 때문에 고향으로 갔는데, 삼촌과 사촌이 고향에 살고 있었으나 지어서 먹고살 농토는 없었다고 했다. 이일분(가명)도 "사촌시숙에게 논 사달라고 돈 보냈으나 가로챘다"고 했고, 정명선(가명)도 아버지가 "일본에서 돈 벌어 고모 집에 논 사라고 보냈는데 고모 집 사장이 다 쓰고 없었다"고 했다. 김분자(가명)도 아버지가 공장에서 돈 벌어 땅을 사놓으라고 작은집에 보냈으나 돈을 떼였다고 했다. 오재봉은 한국에 재산이 있어 아버지가 서둘러서 귀향했는데, "우리 아버지 칠촌 아재가 농사를 대신 지어주고 재산을 맡겨놓고 있었는데…… 논 다섯 마지기 팔아먹고, 우리 고향에 사놓은 네 칸 집에 아버지가 일본서 오실 때마다 가져왔던 옷이고 뭐고 다 갔다

---

2 씨족 모임과 제사 지낼 때 사용하는 공동체 집.

놓은 것도 귀국해서 가보니까 다 없어졌"고, "사놓은 집은 팔아버리고……
저쪽 서 마지기 팔아먹"어, 아버지가 "그건 됐다. 다른 건 돌려달라 해서 받
아서 농사를 지어서 살았다"(한국원폭피해자협회, 2011 : 522; 521)고 말했다. 이
점옥(가명)은

> 큰집에서 논 사달라고 해서 상답 세 마지기 사주고 작은 집에는 밭 여덟
> 마지기 사주었다. 돌아오니 공짜로 부쳐먹고 아무것도 안 주었다. 돌려달
> 라니까 돌려주면 자기 식구들이 굶는다고 돌려주지 않았다. 큰집에서 논
> 한 마지기 돌려주었다. 양식 좀 달라니까 나락 한 가마니 주었다. 깨도 한
> 톨 안 주었다. 논 한 마지기에 농사지어 먹고살았다

고 회상했다. 윤월순(가명)은 고향에 집과 땅이 있었는데, 친척이 9년간 농사
지어 먹은 삯으로 나락 두 섬밖에 안 주었다고 했다.

외가로 귀향한 손경선(가명)은 한국에 나오니 외갓집이 합천 문림에 있었
는데 부자여서 논 세 마지기, 밭 두 마지기를 주어서 어렵게 살지는 않았으
나 외갓집이 다 먹여살리지는 않아 오빠가 남의 집 살면서 고생 많이 했다고
하였다. 일본에서 외가와 가까이 지냈고 외가로 귀향한 안임이(가명)도 아버
지가 돈을 보내 외삼촌에게 부탁해서 땅을 사놓았지만 "외삼촌이 땅을 돌려
주지 않았고, 돈이 있어도 쌀을 못 사서 죽 끓였다. 일본에서는 쌀밥 먹었는
데 힘들었다. 보리농사로 좀 나아졌다"고 회상했다

조분이(가명)는 귀국하지 않고 일본에 남아 있었던 아버지가 한국에 오는
시숙 편에 돈을 주며 논을 사놓으라고 했고 그 액수는 당시 논 열 마지기 살
수 있는 돈이었는데, 시숙이 그 돈으로 일본에서 냄비 등을 사와서 한국에서
팔아 이윤이 많이 남자, 시숙이 한 번 더 냄비 등을 사와서 장사하고 싶다고
해서 동의했으나 시숙이 일본에 밀항하다 걸려 오무라 형무소에 잡혀, 시숙
에게 돈 일부를 떼었고, 마침 그때 동네마다 일본에서 나온 사람들이 "바글
바글"했고, 서로 논 사려고 하여 논 값이 올라서 아버지가 보낸 돈으로 논 세

마지기밖에 못 샀다고 했다.

일본에서 돈을 보내 농토를 사도록 부탁받은 친인척은 돈을 보낸 사람들이 일본에서 돌아오리라는 것을 생각하지 못했고, 갑자기 원자폭탄 투하로 인해 해방을 맞이하고 일본에서 쫓겨 오다시피 돌아오게 되자 돌려주기를 거부하거나 일부만 돌려준 것이다. 당시에는 친인척을 믿고 돈을 보냈으나, 일본에 거주하고 있어 소유권을 명확하게 해놓지 못해, 부탁받은 사람이 돌려주지 않으면 받을 길이 없었다. 원폭 피해자들은 일본에서 귀향했으나 농토를 돌려받지 못해 가난에 허덕이게 되고, 더 나아가 대가족 내의 신뢰관계도 무너지면서 좌절이 컸다.

3) 굶주림

농토를 미리 마련하지 못하고 일본에서 모아둔 재산도 버려둔 채 쫓겨온 경우의 가난은 더욱 심했다. 땅이 없는 경우 소작농으로 남의 땅에 농사지어 곡식을 나누어서 살기도 했다. 정경순(가명)은

> 아버지 고향 합천 나무골로 돌아왔으나 땅이 없어 아버지가 남의 농사 부쳐서 수확물 반씩 나누어 먹고살았다. 어머니는 들에 가서 살았다. 눈만 뜨면 잡초 뽑았다. 할머니가 밥했고 어머니는 점심, 저녁만 먹으러 온다. 나도 엄마 옆에서 흙덩이를 갱이(괭이)로 깼다. 목화밭, 깨밭 잡초도 뽑았다. 모내기는 손으로 했다. 할머니가 목화 베어서 실 잦았는데 꾸벅꾸벅 졸던 모습이 생각난다. 옛날 사람들 고생 안 한 사람 없다, 오빠는 술도가에 배달부로 취직했다.

고 말했다. 안순자(가명)도

> 밭 조금 있었을 뿐 논농사 지을 농토가 없어, 아버지가 남의 땅 부쳐서 먹고살았다. 아버지가 소쿠리 만들어 팔았다. 목화 심어 목화 따고, 삼 심

고 친구들과 모여 밤낮 베 짜고 안 해본 것 없다. 놀게 안 놓아두었다. 빌어 먹고 살았다

고 말했다. 김분자(가명)는 "어머니 고생한 것 말 못 한다, 열두 식구가 살았다, 배도 많이 곯았다"고 했다. 남에게 얻어먹어야 하기도 했는데, 이점옥(가명)은 "조선에 나왔는데 가뭄으로 곡식이 타서 아무것도 되지 않았다. 피를 섞어서 피죽을 끓여 먹었다"고 했으며, 그것마저 먹을 것이 없을 때는 "고모 집이나 아는 집에 가서 한 끼 얻어먹었다"고 했다. 김명순(가명)은 일본서 갓 나와서 일본의 탄광에 징용 갔다 온 작은아버지와 함께 살다가 "설 쉬고 얄 궂은"(형편없는) 집 지어 분가했는데, "가을에 보리 심고 나락 털고, 목화 심 어 길쌈했"지만 얻어먹듯이 살았다고 했다. 안춘임(가명)은 "죽 끓여 먹고 명 만 붙이고 살았다. 일본에서는 쌀밥 먹다가 쑥죽, 송구죽 먹고 살았다. 고생 말도 못 한다"고 회상했다. 정일선(가명)은 "산을 다 벗겨 먹었다. 칡 캐서 먹 었다"고 말했고, 박춘자(가명)도 "못사는 사람 많았다. 어찌 살았는지 나 혼자 운다. 배부르게 먹어보지 못했다"고 말했다.

아버지가 원폭이 투하되던 날에 사망했으나 시체도 못 찾고 어머니와 함 께 둘만 귀국한 박점순(가명)은, 어머니가 남편 없이 시집살이하면서 "너무 배고파서 아무 풀을 뜯어먹어 채독이 올라 배가 불러 왔다"고 했다. 그리고 보다 못한 외할머니가 와서 병든 어머니를 데리고 갔고, 그 후 어머니는 자 신을 두고 재혼했는데, "할머니는 아이 두고 재혼했다고 엄마 욕했다. 할머 니가 너무 무서웠다"고 말했다. 불경이부의 윤리는 생존의 위협보다 더 강 고하지는 못했으나 살기 위해 재혼한 여성을 비난하는 데는 유용했던 것으 로 보인다. 박점순(가명)은 "굶기도 많이 굶었다. 죽 먹기 싫었다. 할매가 핍 박하고 구박했다. 그러다가 불쌍하다고 잘해주기도 했다"고 말했다. 남편과 아들 하나를 잃고 귀국한 심학수는

성한 몸도 아닌 어린 자식 넷을 데리고…… 외줄타기 생활은 날로 숨이 가빴다. 과중한 노동으로 자신의 아문 손발의 상처 자국에서 다시 피고름이 나는 것은 뒷전이었고, 일거리 먹을거리로 자나 깨나 제정신이 아니었다. 들녘조차 메말라버렸던지 그해(46년)는 흔해빠진 쑥조차 없었다……. 허기져서 쑥을 캐려도 눈앞이 보이지 않아서 더했겠지만, 끼니라곤 고작 멀건 쑥죽이 아니면 송기를 깎아서 물에다 불려 삶아가지고 그것을 가루로 만들어 잡곡 몇 웅큼을 넣어 떡으로 쪄먹었다. 울기도 많이 울고 산비탈에서 쓰러진 채 일어나지 못한 적도 많았다(박수복, 1975 : 42)

고 말했다.

김일조는 "결혼해논게(결혼하니까) 아(아이)는 가주고 나왔네, 한국에 나와서 낳은데 그만 키와다(키우다) 죽었어…… 1년도 못 키와고(키웠고) 마 내 젖이 안 나오지. 영양실조로 보냈지 뭐"(김승은, 2012 : 30)라고 말했다. 임신한 몸으로 귀향하여 아이를 낳았으나 먹을 것이 부족하여 "소나무 껍질을 벗겨 음식을 해 먹고 먹을 수 있다는 나물은 거의 다 먹어본 것 같다"(한국원폭피해자협회, 2011 : 29)며 아이가 돌이 되기 전에 영양실조로 죽었다고 증언했다.

동생들이 영양실조로 죽는 것을 지켜봐야 하기도 했다. 정명선(가명)은 봄에 쑥 캐서 쌀 조금 넣고 죽 끓여 먹었으나 세 살 어린 동생이 "배 아야" 하면서 배고픔을 호소했으나 결국 기아로 죽었다고 했다. 그리고 "아프리카 기아 어린이 보면 동생 생각난다. 힘이 없어 누워 있다가 조금 무엇이라도 먹으면 놀러나갔다"고 말했다. 박경임(가명)의 경우도 원폭 때 두 살이었던 젖먹이 여동생이 어머니가 굶어서 젖이 나오지 않아 굶어 죽었다고 했다. 박화선(가명)도 남동생이 양식이 없어 "엄마 배고프다 밥 줘" 하고 말하곤 했는데, 결국 영양실조로 죽었으며, "어머니가 돌아가실 때까지 동생이 죽은 것에 대한 죄책감으로 괴로워했다"고 했다.

안두선(가명)도 겪었던 가난을 기억해냈는데,

골짜기에서 논 두 마지기밖에 없었다. 쌀이 있능기요(있나요) 돈이 있능기요. 보릿고개 쑥, 소나무 속껍질 베껴 죽으로 끓여먹었다. 죽 먹기 싫어서 많이 울었다. 당시 도랑물이 맑아 몰(말)이 있어서 뜯어 된장에 묻혀서 먹었다. 보리 나면 영글기 전에 가위로 잘라 가마솥에 볶아 으깨어 채에 쳐서 가루 나오면 물 많이 넣어 끓여 먹었다. 요즈음 외국에서 굶주린 아이들 모습과 같았다. 큰아들과 나 말라서 보지 못할 정도였다.

라고 말했다. 돌아온 원폭 피해 여성들은 기아에 허덕였고, 어린아이들이 굶어서 죽기도 하였고, 이는 지금까지도 가슴 아픈 기억으로 남아 있다.

4) 학교 교육

80대 이상의 원폭 피해 여성들 중 일본에서 학교를 다닌 경우, 중간에 원폭으로 그만두고 귀국하였거나, 해방 이후 곧 초등학교에 입학할 나이를 맞이하였다. 복지회관 거주 조사대상 원폭 피해 여성 중 80대 이상은 일본에서 학교 교육을 받다 중단하고 귀향한 후에는 학교 교육을 더 이상 받지 못하였다. 일본에서는 초등학교 졸업 이후 고등과나 고녀에 진학했던 사례가 있었던 것에 비하면, 한국으로 귀환하고 난 후에 적령기를 맞이한 70대는 한국에서 상급학교에 진학하여 교육을 받은 경우가 드물고 무학자 비율이 더 높아(표 8 참조), 귀향한 후 학교 교육을 받기가 더 어려웠음을 알 수 있다.

해방 후 야간학교가 정규 학교를 다니지 못한 경제적으로 어려운 청소년들을 위한 배움터로 역할을 했는데, 강승자(가명)는 야간학교에 다니며 이름자 쓰는 것 정도밖에 못 배웠다고 아쉬워했으며, 박점순(가명)은 "종이가 없어서 야학에서 배운 글을 숯덩이로 돌에 쓰면서 연습했는데, 길쌈하고 아이 키우면서 글 다 잊었다, 손도 떨려서 이름도 못 쓴다"고 말했다. 김경자(가명)는 야학에서 한문과 영어까지 배웠다고 했다.

일본에서 태어나서 일본말만 배우고 귀환한 경우에는 한국말을 못하는 언어의 불편이 한국 생활에 적응하는 데 큰 어려움이 되어 학교에 못 가기도 하였다. 윤부선(가명)은 "일본에서 태어났고 초등학교 2학년 1학기를 다니다 아홉 살에 한국에 나왔는데, '엄마' 외에는 한국말을 못해서 학교에 안 갔다"고 했다. 『65년사』에 구술 기록된 24명 중 한국에서 학교에 다닌 경우는 임일생이 유일한데, "한국말을 못해서 애들이 쪽발이라고 때려서 피투성이가 되어 집에 들어오고 하니 엄마가 글을 배우라고 야간학교에 보내줬어"(한국원폭피해자협회, 2011 : 527)라고 말했다. 한국말을 못해서 학교에 가지 못하기도 하고 한국말을 못해서 한국말을 배우기 위해 교육을 받기도 한 것이다.

원폭 피해 여성들이 귀향한 후 학교 교육을 받지 못한 가장 큰 이유는 첫째로 가난 때문이었다. 일본에서 어렵게 모은 재산을 하루아침에 잃고 귀국했고, 해방 후 혼란기를 거쳐, 6·25전쟁이 발발하면서 생존에 허덕이던 시절에 학교에 가고 싶어도 가난해서 학교에 다니지 못한 경우가 대부분이었다. 김경자(가명)는 "사립학교라 월사금이 비쌌는데 학교에서 월사금 내라는데 아버지가 월사금 안 줘서 조르기도 했다. 너무 자존심이 상해서 초등학교 5학년³까지 다니다 그만두었다"고 말했다. 정명선(가명)은 초등학교에 입학했으나 6·25전쟁의 발발로 학업을 중단했고, 가난 때문에 더 이상 학교를 다니지 못했다고 애석해했다. 박경임(가명)과 손경선(가명)은 각각 "벌어먹고 사느라 글자 모른다. 읽지도 못한다. 학교를 보내줘야 가지", "학교 가고 싶었지만 없어서 못 갔다"고 말했다.

둘째로는 여자는 공부할 필요가 없다는 성차별적 사고로 인하여 학교에 가지 못한 경우이다. "옛날에는 가시나(여자아이)는 학교 가면 아무 짝에 못 쓴다"(김분자(가명))고 말했고, "할아버지가 여자는 글 배우면 안 된다고 아들만 가르쳤다, 글은 한 자도 못 배웠다"(최귀선(가명))고 말했다. 안임이(가명)는

---

3 김진환 담임선생님의 이름을 기억하고 있었다.

열서너 살에 한국 와서는 "가시나가 공부하면 못쓴다고 학교에 안 보냈다"고 했다. 이복남(가명)은 합천에서 초등학교 1학기 다녔는데 할아버지가 '가시나'를 공부시킨다고 야단쳐서 부자였던 김천 외갓집에 가서 초등학교를 졸업했으며, 6·25전쟁 이후 큰집 사촌오빠 따라 부산 가서 고등학교(중학 졸업장 없이)에 들어가서 1학년 2학기까지 다니다가, 아버지가 "가시나 버린다"고 집에 오라 해서 그만두었다. 김복수는 "나는 초등학교 댕겼어도 그때는 책도 없이 따라 댕겼제(다녔지). 오빠는 고등학교 나오고 할머니가 딸들은 공부 안 해도 된다"(정근식, 2005 : 263)고 해서 더 이상 학교를 다니지 못했다고 하였다. 오재봉은 "한국에 처음 와서 부산사범학교 넣어줘서 다니다가 시골로 갔잖아. 졸업도 못 하고 시골로 갔어. 할아버지가 여자가 무슨 학교냐"(한국원폭피해자협회, 2011 : 522)고 하고 "가스나(여자아이) 공부시키면 집안 망한다고"(창원대학교 경남학연구센터, 2017 : 32) 해서 학교를 중단했다고 말했다.

박화선(가명)은 몸이 허약해 학교에 가지 못한 경우인데, 몸이 허약했던 이유가 첫아들로 태어난 오빠 때문으로, "머시마(사내아이) 떠받치고 사는 세상"에서 오빠 돌 즈음에 자신이 연년생으로 태어나자, 할머니가 가시나가 오빠 젖도 못 먹게 태어났다고 젖을 못 물리게 해서 어릴 때부터 허약했다. 죽는다고 하얗게 입혀놓고 윗목에 누이고 부모가 내려다보고 있었는데 새벽에 깨어나기를 두 번이나 해서 도로 살았다는 뜻의 '도살'이란 별명을 얻었고, 몸이 약해 살아남지 못할 것 같아 출생신고도 2, 3년 늦게 했는데, "한국에 나와서 오빠와 동생만 학교 보내고 나를 학교 보내지 않았다"고 아쉬워했다. 할아버지와 할머니, 그리고 아버지가 손녀와 딸에 대한 성차별적 사고로 여성들의 학교 교육을 막았다. 일본에서는 아버지가 딸의 교육에 앞장서서 뒷받침하였고 어머니가 딸의 교육을 적극 지지하며 자신의 의지를 관철시키는 등 일본으로 핵가족 단위로 이주하여 가부장제의 영향에서 어느 정도 벗어났으나, 남편의 고향과 시집으로 귀향하자 성차별적인 가부장제의 영향이 다시 살아나 여성들의 학교 교육을 가로막은 것이다.

5) 다시 고향을 등지다

고향으로 돌아왔으나 먹고살기가 힘들어지자 다시 고향을 떠난 사람들도 있었다. 일본으로 돌아간 경우가 있다. 안정숙은 어머니가

> 살다 살다 살 길이 없어. 그래서 밀항으로 일본에 다시 들어간 거여……. 아버지는 한국에 있고. 그렇게 헤어지게 된 거여……. 야튼 한번 나왔다가 들어간 뒤에 6 · 25 터져서 못 나왔어……. 그래 갖고 헤어진 거지. 영 헤어 졌지. (어머니가) 고생 많이 했지, 돈 버느라고. 얼마나 고생을 했는데, 식당 도 허고 보따리 장사도 허고. 안 한 거 없어(정근식, 2005 : 135)

라고 말했는데, 어머니가 아버지와 다른 가족을 한국에 두고, 남동생과 함께 일본으로 돌아갔고 일본에서 돈을 벌어 한국에 있는 가족을 먹여살렸다. 김복수의 아버지도 귀향한 지 몇 개월 안 되어서 바로 일본으로 다시 갔다. 김복수는 원폭 날에 이사를 하고 있는데 세 살도 채 안 된 작은오빠가 이사하는 데 따라 다니다가 원자폭탄이 터지자 사라져버렸고 시체를 못 찾은 채 가족이 귀향했으나, 아버지는 다시 일본 히로시마로 가서

> 애기고 어른이고 끄어다가 놓고 다 뒤지고 찾아도 (작은오빠) 시체를 못 찾았다 그래……. 아버지는 안 오셨지……. 일본 사람 얻어 가지고 살면서. 19년을 거기서 혼자 사셨는데. 여기서는 못 산다고…… (어머니가) 말 잘 안 한게(하니까), 고생 많이 하셨제(하셨지). 농사짓고 혼자 사는데. 이혼도 안 하고 그냥 떨어져서 살은 것이제(것이지)(정근식, 2005 : 262).

라고 말했다. 심학수의 경우도 아들 일환이 한국말을 한마디도 못하여 먹고 살 길이 없다고 일본으로 돌아가버리자 "두 팔목과 무릎으로 기어 다니는 신세"가 되어 움직일 수 없어 방 안에만 있으면서 "방문을 열고 사계절의 변화를 지켜보며 떠난 후 소식이 없는 장남에 대한 그리움과 괴로움을 수없이 달

랬다"(박수복, 1975 : 42;43)고 했다. 일본으로부터 돌아온 고향에서 살아가기가 힘들어 정착하지 못하고 가족의 일부가 일본으로 다시 돌아감에 따라 원폭에서 살아남은 가족끼리도 또다시 헤어져야 했다.

일본으로 돌아가고 싶었으나 돌아가지 못한 경우도 있었다. 이일분(가명)은 합천 시숙 집에 얹혀서 죽을 끓여 먹고 살았는데, 한국에서 못 살 것 같아 이듬해 4월 22일 남편과 아이와 함께 일본 밀항을 결행했으나 붙잡혀 콜레라 전염시킨다고 석 달 반 대마도에 억류되어 있었는데, "찬바람 나니까 풀어주어" 한국으로 돌아왔다고 했다. 김수자(가명)의 큰오빠는 일본으로 돌아갔고, 김수자도 귀향한 후 "부산에 있었으면 일본으로 다시 돌아갔을 것"이라고 말했다.

귀향한 원폭 피해자들 중에는 고향에서 농토가 없어 먹고살 길이 없자 어려움을 견디다 못해 고향을 떠나 다른 지역으로 이주한 이들도 있었다. 박화선(가명)은 아버지 고향인 합천으로 돌아와서 참외와 수박을 키웠는데, 원두막 지어놓고 어린 자신(아홉 살경)을 두고 지키라고 했으나 소용없었고, 살아갈 수 없어 부산으로 가서 범일동에 위치한 일본인이 남기고 간 (마루보시) 사택에서 방 하나 부엌 하나 있는 집에 살다가 문현동 판잣집으로 이사 가서 모래 시멘트 등을 파는 건재상을 해서 먹고살았다고 하였다. 김수자(가명)의 가족도 농토가 없어 고령을 떠나 부산으로 가야 했고, 김경자(가명)는 합천과 가까운 대구로 왔으나, 시골에서는 풀이라도 뜯어 먹었는데, 아버지가 부지런했지만 도시에서는 아무것도 없어 먹는 것도 힘들었고, 오빠가 공장에 취직해서 겨우 먹고살았다고 말했다.

고향으로 돌아왔으나 살기가 어려워져 가까운 도시인 부산, 대구 등지로 이주했을 뿐만 아니라, 전라도가 살기 좋다는 말이 돌아 합천에서부터 멀리 떨어진 전라도로도 이주한 경우도 있다. 전소자는

해방되고 보름 있다가 한국에 왔어. …(중략)… 그때 합천으로 갔어. 가

니까 완전히 촌 골짜기라 못 살겠어…… 얻어먹어도 남 모르는 데 가서 얻어먹자 그래가지고 전라도까지 왔어……. 아버지, 어머니가 우리를 먹여살릴라고 고생을 많이 했지……. 어물 장사 짊어지고, 애기를 둘을 데리고 촌으로 다니다가, 잠자고 며칠마다 한 번씩 오고 그랬어. 옛날에 우리는 생보리, 보리 막 찧어 가지고 막 살았어(정근식, 2005 : 171).

라고 말했다. 안순자(가명)도 합천에서 전라도로 이주했다. 시동생이 정미소에서 일하다 배 타고 전라도로 가서 오라고 하여 시집살이 1년도 못 되어 아무것도 없이 분가해 나와서 목포 앞에 있는 섬으로 이주했다. 돈을 빌려서 정미소를 시작하면서 정착했다. 구을선(가명)의 남편은, 결혼 전에 부모를 원폭에 잃었고 4남매는 가난한 외갓집에 얹혀살다가 어린 동생 데리고 일본에서 신고 나온 신발이 다 떨어져 맨발로 전라도까지 가서 대소쿠리를 가지고 밥을 얻어먹었다고 하였다. 정경순(가명)의 가족도 농토가 없어 살기 어려워 전라도가 살기 좋다고 풍문으로 듣고, 할머니와 오빠만 두고 이사 갔으나 전라도에서도 살기 어려워 다시 고향으로 돌아와야 했다. 정경순(가명)은 고향에서 "쑥갱죽, 송구죽 등을 끓여 먹으며 고생 엄청했다. 목화는 아침 일찍 밤이슬 머금은 것을 뜯어다 말렸다, 목화로 무명 짜서, 설이 다가오면 물들여 치마저고리 해 입었다. 떨어지면 기워서 입었다. 삼베 실도 짰다"고 했다.

유한순은 가난하여 자신을 낯선 집에 남겨놓고 가버린 가족을 찾아다닌 이야기를 아래와 같이 털어놓았다.

어머니는 소문에 일본에서 쫓겨 나온 사람들이 조선 사람들 보면 어떻게 할지 모른다 그런 소리를 듣고 바로 나왔죠. 나와서 합천군 대안(대양)면으로 갔어요. 거기서 한 1년인가 있다가 전라도 군산 거기가 살기 좋다고 군산을 갔어요. 근데 나는 거기를 못 따라갔어요. 먹고살기 힘드니까 나를 어떤 집에 맡겨놓고, 부모님이랑 오빠 식구만 간 거예요. 부모님 생각에 밥이나 잘 먹고 있다가 시집가라고, 근데 저는 생판 모르는 사람 집에 간 거예요. 그러니 거기서 있으면서 어찌나 어머니가 보고 싶은지 그 집을 나와서 부모님을 찾으려고 온갖 수소문을 하고 다녔어요. 어디 식당일 같은 것도 하면서 돈이 조금 모이면 차비를 해가지고 울산, 부산이고 포항이고, 마산, 진주고 어디고 피붙이 있다는 데는 다 가봤어요. …(중략)… 나는 생전 부모 사랑도 못 받아보고, 맨날 엄마 아버지 찾아다닌다고 일하면서 돌아다니고 (한국원폭피해자협회, 2011 : 661~662).

낯선 땅에서 새로운 삶을 개척하며 뿌리를 내려가던 일본에서의 생활에서 쫓겨 힘겹게 돌아왔고, 돌아온 후에도 가난과 싸워야 했다. 더구나 어려운 가운데에서도 서로 돕고 살았던 가족이 재산 분쟁으로 서로 경원하게 되었고, 원폭에서 살아남은 가족들도 먹고살기 위해 뿔뿔이 흩어져야 했고 또다시 고향을 떠나야 했다.

가난과 6·25전쟁을 겪으면서 적령기의 원폭 피해 여성들은 학교 교육을 제대로 받지 못했고 고향으로 돌아오자 멀리 일본까지 미치지 못했던 성차별적인 가부장제는 다시 절대적인 영향력을 발휘하여 여성을 억압하였다.

3. 쓰러져간 부모와 형제자매

히로시마와 나가사키에서 한국인 원폭 피해자 2만 3천 명이 아픈 몸을 이끌고 귀향한 것으로 추정된다. 그런데 이들이 한국으로 귀향하는 과정에서 얼마나 많이 사망했는지 알 수 없고 또한 귀향하고 나서도 계속 쓰러지고 죽어갔다.

원자폭탄이 투하된 시점에는 3~4천 도의 엄청나게 높은 열을 발산하고 폭풍을 일으켜 화상과 압사로 많은 사람들이 사망했지만, 원자 폭탄 방사선에 노출되면 이후에도

조직세포에까지 근원적 장해를 주어 살아 있는 내내 건강파괴가 진행되

어 원자폭탄에서 살아남은 피폭자도 그 후 켈로이드[4] · 백내장 · 백혈병 · 빈혈 등의 혈액질환 · 암 · 간(肝)장해 등의 장기질환 · 정신신경장애 · 조기 노령화 현상 · 무력증후군 등 실로 다양한 장해가 일반인보다도 높은 확률로 일어난다(이치바 준코, 2003 : 31~32).

이를 '원폭병' 또는 '원폭증'이라고 통칭하는데, 원폭병은 특별한 병이 있는 것이 아니고 피폭에 의해 여러 가지 질환에 대한 감염성이 높아지는 것 등의 건강장애를 총칭한 것이다(가와이 아키코, 1990 : 456). 천신만고 끝에 고향에 돌아왔으나 원폭증에 대해 알지 못했던 사람들은 왜 죽는지도 모르면서 죽어가기 시작한 것이다.

1) 부모의 죽음

하종순은 부모가 1945년 해방되어 귀향하고 1950년 "육이오 나기 전에 돌아가셨어. 내가 어떻게 그 이야기를 다 해. 다 못 해"(한국원폭피해자협회, 2011 : 601)라고 말하면서 자세한 설명을 거부했는데, 그만큼 부모의 죽음이 애달프고 그 이후에 어려움이 컸다는 것을 말해준다.

안춘임(가명)은 아버지가 일본에서 고물상을 했는데 시내에 나갔다가 외상없이 돌아왔으나, 한국 오자마자 사망했으며, 의사가 없고 병원이 없어 병원도 못 갔는데, 당시 왜 사망했는지 몰랐고 후유증이 있는지도 몰랐다고 말했다. 구을선(가명)의 시아버지는 원자폭탄이 떨어지던 날 아침 먹고 말 사러 나갔다가 즉사했고, 시어머니도 한국 나와서 몇 달 만에 피를 쏟아내며 사망했다. 강승자(가명)는 어머니가

---

4   켈로이드(Keloid, 해족증)는 방사능의 영향으로 "상해를 입은 면이 회복되면서 변성된 반흔조직이 과하게 생겨나 불규칙한 기복이 생기는 상태이다(한국원폭피해자협회, 2011 : 85).

원폭 너무 많이 마셔서 (방사능에 많이 노출되어) 조선에 나와 3년 고생하다 돌아갔다, 숨이 가빠 조금 걸어가다 쉬어야 한다. 겨울 되면 더해서 감기약 늘 사놓고 있었는데, 병원에 가도 못 고친다고 했다. 아버지는 귀향한 지 5년 살다가 돌아가셨는데, 어머니와 같은 증상으로 진갑에 숨이 차서 몸져누웠다, 여름에는 좀 괜찮았는데 겨울 되면 (숨소리로) 시끄러웠다

고 회상했다.

박순선(가명)은 아버지가 피폭되자 "조선 사람 조선에 가서 죽을란다"면서 귀향했고, 어머니가 아픈 아버지를 위해 피 빨아서 죽 끓여 먹이면서 간호했으나 해방된 지 2년 후 배에 복수가 차서 약도 못 쓰고 "병원 갈 줄 몰라 아파서 돌아가셨다"라고 말했다. 유갑연은 "어머니는 일본에서 4남매 한국에서 4남매를 더 낳아 8남매를 기르며 가난과 싸우며…… 추운 겨울날 고혈압으로 돌아가셨다"고 했고, 아버지는 토목공사(미장이) 기능공이며 기술자였는데, 64세로 배에 물이 차는 복막염으로 사망(한국원폭피해자협회, 2011 : 753; 754)했다고 하였다.

정분선은 원자폭탄에 아버지의 몸 뒤 전체가 화상을 입었는데 삼촌이 촌에 살아 피난 가서 옆집을 얻어 살며 약 사서 집에서 치료하였고, 아버지가 완쾌한 줄 알았으나 귀향한 후 다시 재발했다고 했다. "아이고 그때 일을 생각하면 눈물이 나요. 우리 아버지는 그래 나아가지고 오셔서 곧 돌아가시고, 어머니도 간암으로 돌아가셨어요"(한국원폭피해자협회, 2011 : 814)라고 말했다. 김명순(가명)은 "어머니는 속이 아프면 못 먹고 다리미로 다리는 것 같다고 했다. 못 먹었다. 너무 속 썩어서 그런가?…… 아버지도 병원도 가지 못하고, 가난해서 약도 못 먹고 아픈지 3~4년 만에 사망했다"고 회상했다.

강옥이(가명)는 원자폭탄 투하 후에 집에 먹을 것 가지러 왔다 갔다 하던 어머니가 "맨날 '아야 아야' 하면서 다리 아프다고 절뚝거리고 다녔다"고 했다. 피난을 가지 못해 방사능에 노출되어 2차 피해를 당한 것이었는데, "원폭 아니었으면 더 살았지. 약도 없어. 배도 곯았제…… 기름도 다 빠져……

밥도 못 먹어 죽었다"고 하며, 아버지도 어머니 사망 후 곧 "풍이 와서"(고혈압으로) 사망했다고 말했다. 김윤임(가명)은 어머니가 다리가 "퉁퉁 부어 있었고 맨날 아프다고 '아야 아야' 했다. 그게 뭔지 몰라 별로(대수롭지 않게) 여겼어"라고 했는데, 어머니는 다리를 못 썼을 뿐만 아니라 위장도 안 좋았고 아버지는 당뇨를 앓았는데, 그때는 당뇨인지 몰랐고 의사도 없었다. 전소자도

> 우리 엄마는 진짜 많이 아팠어. 젊을 때부터서 너무 아팠어……. 가만히 생각해본게, 우리 엄마도 나하고 비슷한 병이었던 거 같애. 좀 아프면 숨이 차갖고 혈압이 올라오고 그러더라고. 늘 젊을 때부터 머리가 아프다고 머리를 싸 잡아매고 눕고. 항상 그러더라고……. 엄마 혼자 산게 어려운 것은 말로 할 수가 없제. 나 어릴 때부터 일을 하면서도 머리를 안 묶으면 못 살고, 숨이 차오르고. 항상 일을 하다가도 방에 가서 머리를 묶어갖고 찬물에다 하고. 우리 할머니가 또 저래 아파서 들어간다고 그러고. 엄마가 일하다 아프다고 들어간다고 할머니가 안 좋아라(정근식, 2005 : 268)

했다고 말했다.

유필연은 히로시마에서 원폭 투하된

> 그때 공사할 때 다 같이 가서 했는데, 우리 아버지만 살아서 온 거야. 그러니까 살아와도 사람들이 왜 너만 살아왔냐고 그러니까 쇼크로 여기 오셔서 한 7년 사시다 가셨어. 그때…… 겉에 상처는 없었는데 사시로 속이 아프다고 하셨어(한국원폭피해자협회, 2011 : 728)

라고 말해, 아버지가 원폭 피해에다 같이 일한 일가친척들이 다 즉사하고 자신만 살아온 것에 대한 주변의 비난을 감수해야 했고, 또 죄책감에 시달리며 고통받아야 했던 경우를 보여준다.

안순자(가명)는 어머니가 원폭으로 인해 다리에 화상을 입었다는데, "원폭 때문인지 어쩐지 모르겠지만" 중풍으로 3년 고생하다 사망했으며, "하도

험하게 살았다"고 어머니의 아픔을 설명했다. 안춘임(가명)은 일본에서 나오자마자 "아버지는 나 10대 때 돌아가셨는데…… 아버지는 기침을 그래 했다. 폐결핵으로…… 당시 무슨 병인지 몰랐으나 밤낮 약해 먹었다"고 기억했다. 김경자(가명)도 "어머니 아버지는 약을 달아놓고 살았다. 맨날 기침하고 머리 아프다 했고 밥 못 먹었다. 원폭 때문인 것 같다"고 말했다. 심수자(가명)는 "아버지의 얼굴과 양쪽 팔, 목이 나환자 같았다. 제일 안되었다. 불에 데여 얼굴 찌그러진 채로…… 어머니는 호강도 못 하고 좋은 것 못 봤다. 기침 많이 하고 약도 먹었다. 숨길이 뛰어서 가슴이 갑갑해서 고통받았다"고 회상했다. 정경순(가명)은 "아버지는 등을 데어서 등에 희끗희끗한 자국 있었"고, 늘 기침했는데, 63세에 폐암으로 사망했다고 하였다. 이복남(가명)은 아버지가 원폭 이후 "장에서 피 흘리는데 약이 없었다. 15년 고생하다 돌아가셨다"고 말했다. 이복남(가명)은 시집 식구들이 원폭 피해자들로서 시어머니는 엉덩이에 화상 입었는데 약을 못 써서 "살이 썩어 주먹만큼 움푹 파여 들어 있었고, 시아버지는 눈이 한쪽을 실명했고 귀도 한쪽 먹어" 고생하다 사망했다고 말했다. 강달화(가명)는 "어머니는 원폭 냄새 맡고 놀래고 해서 머리가 아프다가 돌아갔다. 몸 안 좋았다. 여사(예사)로 여겼다. 못 살아서 병원 갈 줄 몰랐다. 아버지는 외상 없었으나 늘 몸이 좋지 않았다"고 말했고, 정선이(가명)는 어머니가 똑똑하고 음식을 잘했는데, "늘 온몸이 아프다고 아스피린을 매일 먹었"고, 아버지는 "목이 새끼처럼 돌아갔다"고 말했다.

원폭 피해자들은 심한 경우에는 정신병자나 거지가 되어 거리를 방황하는가 하면 견딜 수 없는 극심한 고통으로 말미암아 마약 환자가 되기도 하였다(김동현, 1973 : 220). 원폭 피해 여성들의 가족 중에서도 정신질환으로 고통받은 사례가 있다. 유갑연은

어머님께서는 저의 셋째 남동생을 한국에서 낳고(1948년) 건강이 악화되고 특히 정신질환이 생겼어요. 가끔 공포에 시달리고, 헛말을 자주 했지요.

자주 구슈계호(공습경보) 온다. 그리고 제가 살아 있는데도 내가 죽었다고 그러면서 울고……특히 어머님 살아 계실 적에는 저를 보고 저의 이름을 부르며 '갑연아 폭탄이다' '밖에 나가지 못한다' 같은 공포에 시달린 헛소리를 자주 하시고 그때는 일본에서 전시 방공 대피훈련 등 흉내를 내면서 정신 외상 후유증인 줄 모르고 귀신 들었다고 하여 무당을 불러 귀신 쫓는 굿거리를 하고 해서 그나마 집안 가산이 다 탕진되었어요(한국원폭피해자협회, 2011 : 753~754)

라고 말했다. 유갑연은 어머니를 대신하여 초등학교 2학년 때부터 집안 청소며, 빨래며, 밥 짓는 일을 해야 해서 초등학교도 중퇴하고 "이 집 저 집 동네 일 거들어주고" 양식을 얻어 와서 가족들의 끼니를 해결해주면서 살았다고 했다. 윤월순(가명)은 아버지가 "속이 따갑다고 하며 박하사탕을 먹었다. 꼬짱꼬장 말라서 뼈와 가죽만 남았다. 위암인 것 같다. 5년 고생하다 죽었다"고 했다. 그리고

엄마는 아버지 돌아가신지 3년 만에 사망했다. 남편과 아들 둘이 죽는 것 보며 화병이 나서 동지섣달에 마루에 앉아 가슴을 두드리곤 했다. 엄마는 화병이 나고 온 전신이 아프다고 했다. 고향집에서 5년 내 나 외에 다 죽었다. 치료도 못 받고 보상도 못 받고 다 죽었다. 많은 피해 본 사람이 빨리 죽었다.

고 억울함을 토로했다. 윤팔선(가명)은 어머니가 화병이 나서 사망했는데,

일본에서 돌아와 모든 것 잃어 속상해서 한국 와서 화병 나서 석 달 동안 머리도 못 빗고 방에 있었다. 시집간 언니 집에 갔다 와서 갑자기 사망했다. 아버지도 그길로 병이 나서 편찮아서 밥 못 먹었는데, 굿을 하고 있는 동안 돌아가셨다.

고 기억했다. 안임이(가명)도 아버지가 수족을 못 쓰고 허리 아프다고 해서

산에 약초 캐서 달여 먹였는데, "정신없는 짓을 한 번씩 했다. 윗대에 이런 병 없었던 것을 보면 원폭 때문이라는 것이 분명하다"고 했다. 박화선(가명)은 오빠가 "핵 마셨"는데 그 딸이 어릴 때부터 몸이 아팠고 나중에는 정신병까지 있어 19세에 죽었다고 했다.

원폭피해의 고통에 못 이겨 자살을 하기도 하였다. 이정자의 경우, 1951년 봄에 어머니(김점회, 당시 48세)가 복막염으로 사망하자 3대 독자이며 "유난히 어머니를 따르시던 아버지"(이태호)는 1956년(당시 55세) "그 무더위가 한창이던 8월 달에", 수면제를 복용하고 자살했다. 자신의 약한 몸보다 "어린 우리 형제의 병든 몸을 염려하여 몸 둘 곳을 몰라 하며 가슴 아파하시던 아버지, 그 아버지가 한마디의 말씀도 남기지 않고 훌쩍 가버"렸다(박수복, 1975 : 133)고 했다.

원폭 피해 여성들은 어머니나 아버지가 무엇 때문에 죽어가는지 모르고 가난 때문에 치료도 제대로 받아보지 못하고 고통 속에 죽어가는 것을 지켜봐야만 했다. 원폭 피해로 인해 정신질환에 걸렸으나, 당시에는 정신질환을 "귀신이 들었다"고 생각했을 뿐, 질환으로도 인식되지 못해 치료를 제대로 받지 못하고 또 경제적인 낭비를 초래하였다. 뿐만 아니라 아버지가 자살하는 것까지 지켜보아야 하는 아픔을 겪은 경우도 있다. 어머니가 사망한 경우 원폭 피해 여성들이 가사노동을 하며 또한 끼니 해결에도 나서야 하는 어려움이 가중되었다.

2) 형제자매의 죽음

원폭 피해 여성들의 형제자매들도 상처가 덧나고 죽음을 이어갔다. 정선이(가명)는 한국에서 남동생이 태어났으나 "무다이(이유 없이)" 죽었는데, 왜 죽었는지 몰랐다. 강이조도 동생들이 원폭 당시에는 괜찮았는데 "밥 먹다가 배가 아프다고 하더니 병원 가서 죽었대요"라면서, 지금까지 어떻게 죽었는지도 잘 모른다(한국원폭피해자협회, 2011 : 625)고 했다. 강승자(가명)는 언니가 학교 가다가 죽었고 오빠는 숨이 가빠서 돌아가셨는데, "쌕쌕거리는 병, 목이 쌕쌕한다. 다 돌아가셨다. 피 막히는 병을 앓고 있는" 여동생과 자신과 한국에서 태어난 남동생(70세)만 남았다고 했다.

박점순(가명)은 아버지가 원폭으로 즉사하고 임신한 어머니와 자신만 귀향했는데, 돌아와서 아기는 태어나자마자 죽었다. 안순자(가명)는 한국에서 여동생 1명과 남동생 2명이 태어났으나 모두 다 어릴 때 죽었는데, 왜 죽었는지 모른다고 말했다. 정경순(가명)은 "하루는 자다가 일어나니 부모가 없어져 한참 울고 있는데 돌아오셨다. 여동생이 죽어서 묻으러 갔다 왔다, 왜 죽었는지 모른다"고 했다. 김윤임(가명)도 세 살 난 여동생 '수에꼬'가 갑자기 죽었는데, "죽었을 때 자루에 넣어 갔다 묻었다"고 슬퍼했다.

안월선은 동생 둘이 "한국 나와서 몇 년 살다가 결혼하고 갑자기 아프다가 죽었어요. 영복이가 스물아홉에 죽고, 영춘이도 그때쯤에 죽었어요"라고 말했다. 이 두 동생은 아침에 신문배달을 다녔는데, 원자폭탄이 떨어지던 때 "보급소는 강둑 쪽에 있어서 불이 난 거예요……. 창문을 부수고 나오는데, 영복이가 머리 위쪽으로 아주 많이 다쳐가지고 왔어요"라고 말하면서, 이미 여동생 하나를 잃었는데, 이어 두 남동생까지 잃어버린 것을 애통해했다. 또한 언니는 피폭 당시 한 공장 기숙사에 있었는데, 암 수술을 6번(골수암, 대장암, 폐암 등)하고 7번째 골수암이 재발해서 사망했다. 원자폭탄에 즉사한 삼촌은 시체도 못 찾고 귀국했으나 삼촌의 아들과 딸인 사촌도 "귀국하고 갑자기 46년도에 다 죽어버렸다"(한국원폭피해자협회, 2011 : 804)고 말했다.

윤팔선(가명)은 큰언니에 대한 애달픔이 가득하다.

큰언니 일본에서 고등학교 나왔다. 언니는 예뻤다. 공부도 1등하는 우등생이었다. 동네 남자가 결혼 안 하면 죽겠다더니 결혼 후 딸 하나 낳은 후 언니가 소박맞았다. 남편이 문을 잠그고 집에 못 들어오게 했다. 초등학교 4

학년 때 학교에서 돌아오는 길에 형부 집 앞을 지나면 아이가 울고 있어 집으로 데리고 왔다. 언니가 젖 먹이면 뺏어 데리고 갔다. 언니 너무 공손하고 약했다. 언니 일찍 죽었다. 언니 얼굴 피부가 좋았는데 개기름 끼이고 새까맣게 되었다……. 일본에 있었으면 뭘 해도 했을 것

이라면서 애통해했다. 오재봉은 언니(17, 18세)가 원폭 당시에는

멀쩡했으나…… 한국에 나와 그 다음해인가 세상에 갑자기 온 머리 밑에서 물이 줄줄줄 멀건 물이…… 귀로 타고 내려오는 거야. 근데 그 물이 손에 닿으면 찐득찐득해…… 그 땋아놓은 처자 머리가 홀딱 빠져버렸다. 그 머리 밑이 물렁물렁해. 저절로 물이 터져서 나오는 거지. 귀까지 다 내려오니까 겨드랑이고 살이고 어디고 다 물이 나오는 거야. 그리고 불긋불긋 그런 것도 나데…… 그게 한 3년 지나서 머리가 손상손상 자라고 손가락만큼 자라면 또 그러고 또 그러고…… 3년 꼴로 한 번씩 그랬다. 진물 나오면 머리가 벌겋지(한국원폭피해자협회, 2011 : 523).

라고 회상했다. 김윤임(가명)은 자기 동생은 한국에 나오자마자 죽었고 큰오빠는 원폭 때 타박상을 입었으나 크게 다치지 않았는데, "일본에서 나와 늘 꼬꾸라져 있었다"고 했다. 큰오빠 죽은 지 10년 되었다. 언니는 일본에서 시집갔는데 나보다 두 살 많은 조카를 합쳐 아들 셋과 딸 하나를 낳았으나 다 사망했다. "많이 낳아 다 죽었다"고 했다.

심수자(가명)는 남동생 3명이 간암과 위암으로 각각 50대에 죽고, 둘째인 여동생이 복지회관 2층에 함께 거주하고 있는데, 자신보다 "더 나이 들어 보이고 꼬꾸라졌다"고 말했다. 무궁화(가명)는 동생들이 갑자기 죽었는데, 살아 있는 막내 여동생은 "속이 안 좋고" 둘째 동생도 당뇨로 고생하고 있다고 했다. 박순선(가명)은 언니가 아기 셋 낳고 30살도 안 되어서 "복수 차서 죽었다. 원폭 후유증인지 몰랐다, 아프면 아파 죽는갑다" 했다고 하였다. 현재 남아 있는 세 자매도 다 아픈데, 둘째 여동생은 중풍으로 말을 못 하고, 막내

여동생도 아픈데, 그래도 복지회관에서 같이 있어 의지가 된다고 하였다.

안임이(가명)의 남동생(82세) 한 명은 속이 아프고 또 다른 남동생(77세)은 가슴이 갑갑해서 병원에 있는데 다 비슷비슷한 증상으로 고통받고 있다. 박경임(가명)은 일본에서 태어난 여섯 살 아래 남동생은 심장판막증으로 일본에서 두 달 치료했지만 50대에 사망했고, "그 밑에 남동생은 목 암에 걸려 못 먹어 죽었다. 원폭 만나서 그런가 싶다"고 말했다. 하종순은 동생이 원폭 떨어진 날 태어났는데, 그 동생에 대해 "걔는 말로 다 못해…… 걔는 아직까지 골골하고 있어. 병골이야"(한국원폭피해자협회, 2011 : 601)라고 말하면서, 부모가 귀향하자마자 원폭 후유증으로 사망하고 원폭 투하되던 날 태어난 병약한 동생을 돌봐야 했던 어려움을 토로하였다.

정선이(가명)는 원폭 피해자인 형부가 사망하고, 홀로 딸을 키우며 고생한 언니의 이야기를 들려주었다. 큰언니는 자신보다 열 살 위였는데 부모가 일본군 위안부로 안 보내려고 빨리 결혼시켰다. 큰언니는 원폭으로 인해 코에 유리가 박혀 흉터가 생겼으며, 원폭 피해자인 형부는 폐결핵으로 21세에 사망하여 혼자가 되었다. "재혼은 흉이어서 재혼 안 하고" 딸 하나 데리고 친정살이 하였다. 친정살이도 눈치 보이는 어려운 일이었으나 불경이부의 유교윤리를 지키기 위해, 친정 와서 지게 지고 농사지으면서 "논도 밭도 많이 매고…… 일도 억시기(심하게) 했다. 고생 많이 했다." 홀로 딸을 키워 결혼시킬 때 일본에서 형부의 형님 가족이 나와서 수고했다고 언니를 칭찬했다고 했다. 한평생 눈치 보며 친정살이하면서 노동에 시달리며 딸을 키운 희생은 시집 가족의 칭찬으로 가름되었다. 그 언니는 복지회관에서 치매를 앓다가 사망했다.

조영순(가명)은 일본에서 태어난 첫째 남동생과 여동생이 다 위암으로 사망했다고 했다. "동생들이 먼저 가버린 것이 너무 허무하고 슬프다"고 말하면서, 한국에서 태어난 셋째 동생(63세)과 막내 동생(60살)은 "살아 있는데, 건강하지 않다. 아프다는 이야기 하지 않으나 얼굴이 좋지 않다"고 안타까워했다.

김복수는 원폭에 사망한 남동생을 한평생 그리워하던 어머니의 모습을 회고했다.

> 아들이 죽어놓은 게 맨날 그거를 머리 속에 넣고 들먹이고 그랬겠
> 지……. …(중략)… 우리 큰오빠가 두 살을 더 먹었는데 항상 동생이 형을
> 데리고 손 잡고 댕기고 그랬다고 만날 그걸 평생을 들먹이고 살았어(살았
> 어)……. 우리 오빠 그렇게 똑똑하고 그렇게 남들 입에 올리는 게 죽었나 보
> 다(정근식, 2005 : 262; 263; 264; 273).

남편의 형제자매들이 죽어가는 것도 지켜봐야 했다. 최귀선(가명)은 첫 번째 결혼생활 동안 자신을 그토록 못살게 굴었던 시누이를 복지회관에서 만났는데, 시집 가족이 원폭 피해로 인해 암으로 다 죽었다는 소식을 전해 들었다. 구을선(가명)의 원폭 피해자인 시동생도 폐가 안 좋아 사망했다. 조영순(가명)의 시숙은 전쟁 때 전차를 몰다 원폭에 다리를 다쳐서 내내 아프다가 한국에 와서 사망했다. 원폭 무섭다는 것은 알았지만, 시숙이 다쳐 방 안에만 누워 있었는데, "약 먹어도 낫지 않고 방문 열면 냄새 났다. 큰 병이어서 낫지 않는 병인가 보다 생각했다"고 하였다.

원폭피해를 당한 가족들이 온갖 어려움 끝에 귀향하였으나, 구사일생 살아남은 가족들도 또다시 차례로 죽어갔는데, 무엇 때문에 죽는지도 몰랐고 가난 때문에 변변한 치료도 못하고 죽어가는 부모와 형제자매들을 바라만 봐야 했다.

제4장

결혼과 가족

제4장 결혼과 가족

1. 결혼

전통 사회에서 여성이나 남성에게 결혼은 필수였다. 특히 여성은 부부유별(夫婦有別)이라는 유교윤리 속에 위치했기 때문에, 혼인이 인간으로서 가치를 가지는 유일한 길이었다. 여성은 결혼하여 남편의 가계를 잇는 아들을 반드시 낳아야 하며, 이들과의 관계를 통해 삼종지도의 윤리는 완성된다. 또한 아들을 낳는 것은 죽은 후 제사를 받을 수 있는 지위까지 확보하는 길이었다. '짚신도 짝이 있다'고 하면서 누구나 반드시 결혼을 해야 하는 전통문화 속에서, 결혼하여 아이를 낳는 것은 여성이 필수적으로 해야 하는 것이었다. 결혼을 하지 않고 독신으로 지내는 것을 장애가 있는 사람으로 간주하던 전통 사회에서 딸을 결혼시키는 것은 부모의 중요한 의무였다.

1) 혼인연령

일제가 '처녀공출'로 젊은 여성들을 일본군 위안부로 차출해 나가자, 부모들은 딸이 10대 중반이 되면 서둘러 결혼을 시켰다. 김일조는 16세가 되니 일본군 위안부로 보낸다는 소문이 나서 부모가 서둘러서 결혼시켰다. 결혼시킬 생각도 없었는데, "어디 남양 저 남양 같은 데 보낼까 싶어서, 부랴부라 인자 중신애비 여여가주고(넣어서)"(김승은, 2012 : 22) 형님을 따라 일본에 온 18세의 신랑과 결혼했다. 일본에서 태어난 정일선(가명)도 나이 들어 일본으로 온 남편과 중매로 19세에 혼인했다. 조분이(가명)의 부모도 딸이 일본군 위안부로 뽑힐까 봐, 18세에 시숙을 따라 시누이와 함께 일본에 와서 공장에 다니던 신랑과 일찍 혼인시켰다. 안두선(가명)도 과자 공장에 다니다, 일본군 위안부로 데려간다고 해서 16세에 중매로 족두리 쓰고 결혼식을 올렸다. 남편은 징용 가서 골짜기에 있었는데 "배고파 죽겠다고 해서 친척 형이 몰래 빼냈다"는 사람이었다. 최귀선(가명)도 16세에 "보국대 안 보내려고" 부모가 서둘러 시집보냈다. 유삼이는 "어머니가 자기 혼자고 딸도 저 혼자니까 걱정이 되어서 빨리 보낸 거예요. 열여섯에 결혼했어요"(한국원폭피해자협회, 2011 : 713)라고 말했는데, 홀로 딸 하나를 키우던 어머니가 외롭고 또 하나뿐인 딸이 일본군 위안부로 끌려갈까 봐 빨리 결혼시킨 것이다. 부모들은 딸이 강제동원되는 것을 피하기 위해서, 살기 위해 일본으로 왔거나 강제징용에서 도망 나온 한국 남자들과의 결혼을 서둘렀다.

[표 10] 혼인연령

구분 연령	복지회관 거주 조사대상자		『65년사』		계
	일본에서 혼인	해방 후 혼인	일본에서 혼인	해방 후 혼인	
10대(15~19세)	6	19	2	5	32
20대(20~25세)	0	8	0	7	15
계	6	27	2	12	47
총계	33		14		47

협회에서 발간한 『65년사』에는 복지회관 거주 조사대상자와 중복되는 4명을 제외하고 20명 중 14명의 혼인연령이 명기되어 있어 복지회관 거주 조

사대상자 33명을 합하여 총 47명의 혼인연령을 알 수 있다.[1]

복지회관에 거주하는 조사대상 원폭 피해 여성들 중 일본에서 결혼한 여섯 사례 모두 15세에서 19세 사이에 초혼했다고 말했다. 『65년사』(2011)에 수록된 20사례 중 혼인연령이 밝혀진 14사례 중 일본에서 혼인생활을 한 사람은 김달람과 유삼이 두 사람인데, 이들도 10대 후반에 결혼하여, 일제강점기에 일본에서 여성들은 대부분 10대 후반에 결혼한 셈이다. 복지회관에 거주하는 원폭 피해 여성 중 27사례와 『65년사』의 12사례가 해방 후 귀향한 후에 결혼을 했는데, 이 중 19사례와 5사례가 각각 15세에서 19세 사이에 결혼했다. 결국, 전체 47사례 중 32사례, 즉 약 3분의 2가 10대 후반에 결혼하였음을 알 수 있다(표 10 참조).

해방 후 점차 혼인연령이 높아져 20세부터 25세 사이에 결혼하는 경우가 늘어났다. 복지회관에 거주하는 조사대상자 중 8명과 『65년사』에 수록된 7명이 이 연령대에 결혼했다. 김수자(가명)와 오재봉은 각각 23세에 결혼했는데, 이때 자신들은 '노처녀'였다고 말해서, 20대 초반에 결혼하는 것은 늦은 나이에 결혼한 것으로 간주되었음을 알 수 있다.

귀향하고 난 후에는 일본군 위안부 등의 강제동원이 사라졌으나, 가난한 집안일수록 딸을 일찍 시집보냈는데(정숙정, 2010 : 210; 신영숙, 1989 : 143), 극심한 가난에 시달리던 부모가 입 하나 덜기 위해, 또는 가난으로 끼니도 제대로 못 잇자 시집가서 밥 얻어먹고 살라고 딸이 10대 후반이 되면 시집보냈다. 그러나 새로운 생활에 정착하느라 또 6·25전쟁을 겪으면서 점차 혼인연령이 높아지기 시작한 것으로 보인다.

---

1   혼인연령은 원폭 피해 여성이 언급한 나이로 전통 나이 계산법에 따른 것으로 만 나이로는 1~2세가 적을 것으로 추정할 수 있다.

2) 혼인 과정

혼인은 절대 다수가 중매로 이루어졌다. 혼인 과정이 알려진 사례는 전체 82사례 중 47사례로, 이 중 2사례를 제외하고 모두 중매를 통해서 결혼했다. 일본에서는 친인척이 함께 살아가는 상황에서 주로 고향 사람들끼리 중매를 통해 결혼이 성사되었다. 아버지의 조수, 아버지 친구의 아들 등 아버지의 주변인과 이어지기도 하고, 친척과 친지가 중매에 나서서 결혼하기도 했다. 정명선(가명)은 해방 후 한국에서 "윗동네에서 아랫동네로" 아버지가 친구들끼리 중매해서 결혼했다고 했고, 안춘임(가명)은 "동네 영감들이 모이는 주막에서 말이 나서 정가(정씨)들 집 청년에게 시집갔다"고 말한 사실에서 알 수 있듯이, 주변인들도 중매를 했다. 또한 당시 마을에 전문 중신아비가 다녔는데, 중신아비 말만 듣고 혼인이 성사된 경우도 있었다(정숙정, 2010 : 214).

대부분의 경우, 부모 특히 가부장인 아버지가 딸의 결혼의 최종 결정자였다. 정일선(가명)은 아버지가 혼인 상대를 결정했고 이에 거역할 수 없었다. 집안이 경제적으로 넉넉했던 구을선(가명)은 아버지가 자신의 친구 집에서 일해주는 남자와 결혼시키려고 하자 어머니가 결혼을 반대했을 뿐만 아니라 오빠도 반대하여 "부산으로 도망갔"을 정도였으나, "아버지 (명)령에 못 이겨 결혼했다"고 말했다.

일본에서 중매를 통해서 결혼한 유삼이가 유일하게 결혼 전에 당사자끼리 선을 보았고, 그 외는 당사자끼리 서로 선을 본 적이 없었다. 다만 어른들이 상대방을 보는 경우가 있었다. 신랑 쪽에서 신붓감 선을 본 경우가 있는데, 조분이(가명)는 시누이 남편이, 강승자(가명)는 남자의 집안 어른들이 자신을 선보러 왔다고 했다. 신부 쪽에서 신랑감 선을 본 경우로는 정선이(가명)의 친척이 남자의 선을 보았고, 정경순(가명)은 어머니가 남자의 선을 보았다. 선을 본 경우에도 상대방에 대해 잘 알지 못한 것은 별다를 바 없었다.

친척이 선을 본 경우인 정선이(가명)는 남자가 청각장애인이라는 것을 모르고 결혼했고, 정경순(가명)의 아버지는 신랑감의 선을 본 어머니에게 "그것도 눈이라고 달고 다니냐?"라면서 신랑을 제대로 못 본 것을 타박했다.

혼인의 당사자인 여성들은 신랑이 될 사람이 어떤 사람인지도 모른 채 혼인이 성사되었다. "결혼하는 날 (신랑을 처음) 봤다 카이깨(하니까). 천지(아무 것)도 모리고(모르고) 결혼하라 카마(하면) 하는갑다(하는가 보다). 같이 살라 카마 사는갑다 그기지(그거지) 뭐"(창원대학교 경남학연구센터, 2017 : 114)라고 말했고, 유삼이도 "그때는 뭣도 모르고 시집가라니까 갔지요. 뭘 압니까"(한국원폭피해자협회, 2011 : 713)라고 말했는데, 이는 이들의 상황을 단적으로 말해 준다. 이일분(가명)은 자신이 일본에서 태어나 자랐으니 "왜년과 조선 사람이 만난 셈"이라고 말했는데, 즉, 자신은 일본에 동화되었으나 일본에 온 지 얼마 되지 않는 남편과 "맞지 않는 점"이 있었다는 의미로, 자신의 의사와는 무관하게 결혼했음을 회상했다. 부모가 없었던 박춘자(가명)도 "나의 결혼에 아무도 관심을 안 두었다. 나이가 차는데 올케가 관심이 없어 (오빠가) 아무데나 시집을 보냈다. 일본서 나온 가시나 시근(철)이 없으니 아무데나 시집보내도 된다"고 생각해서, "일본서 나온 멍충이(인 자신을) 시집보냈다. 도망가는 것 몰랐다"고 후회했다. 박경임(가명)도

> 지금 같으면 남의 집에서 그릇 씻어줘도 시집 안 갔을 텐데…… 시근(철)이 없어서…… 열여섯 살에 남편 열아홉 살에 결혼했다. 남의 집에 보내면 밥이라도 먹을까 하고 시집보냈다. 지금도 한이 된다. 가마에 들어가라 해서 가마에 들어갔는데 돌아보니 어머니가 담벼락에서 울고 있었다. 첫날밤 달 밤이었는데 밤에 돌아가라 하면 돌아가고 싶었다. 얼마나 울었는지 모른다

고 회상했다.

적극적으로 반대 의사를 표명한 경우에도 혼인은 강제되었다. 일본에서 결혼한 조분이(가명)는 시집 안 간다고 울고 했으나 어른들이 결정해서 거

역 못 했다고 했다. "선도 안 봤어. 등신이라……. 난 시집 안 간다고 얼마나 울고. 밥도 안 묵고 울고 공장도 안 간다 하고. 이불 밑에 드러누어(드러누워) 말라꼬(무엇 때문에) 일찍 치우냐고(결혼시키냐고)"(창원대학교 경남학연구센터, 2017 : 23) 항의했으나 소용이 없었다. 김경자(가명)도 어른들끼리 결혼을 정했는데 자신은 결혼 안 한다고 했으나 묵살되었다고 했다. 귀향한 후 김수자(가명)는 일본에서 정규직인 저금국에서 일한 경험을 살려 우체국이나 학교 교사로 취직하려고 했으나 오빠가 가사 배워 시집가야 한다면서 못 하게 하고, 신랑감이 "지(자기) 발등에 불은 끄겠다"라면서 자신의 결혼을 결정했다. 아버지가 부재하자 그 대신 오빠가 여동생의 혼인을 결정한 것이다.

상대방의 의사에 따라 강제로 혼인한 경우도 있었다. 정선이(가명)는 "내가 신경이 예민해서 공부하고 시집 안 가고 싶었다. 친척이 남자 선을 봤는데 다음날 아침에 사성이 왔다. 그때는 사성이 오면 끝이었다"고 했다. 당시에는 사성을 받았다는 것은 결혼한 것으로 간주되는 관습으로 결혼을 할 수밖에 없었다고 했다. 인륜지대사인 혼인이 남자 쪽의 의사에 따라 자신의 의사와는 무관하게 결정되었고 결혼할 수밖에 없었다. 당시에는 결혼 후 친정에 1년 동안 살고 난 후 시집으로 가는 신행 풍습이 있었는데, 신행 동안 심수자(가명)의 신랑은 "처갓집에 와서 친구들과 놀고 신부를 찾지 않았다"고 했으며, 강승자(가명)는 "시집오니까 (결혼한지) 1년이 지났어도 (신랑) 얼굴도 모르겠더라"고 회상했고, 김윤임(가명)도 결혼한 지 1년이 지나도 신랑 얼굴도 몰랐다고 했다. 결혼하고도 신랑 얼굴을 모를 정도로 결혼은 여성의 뜻과는 무관하게 이루어졌다.

여성이 초혼일 경우, 남편도 한 사례만 제외하고는 초혼이었다. 예외는 정경순(가명)으로 그녀는 초혼이었으나 남편은 이혼한 경험이 있는 남자였는데, "내가 팔자가 세서 재취 자리로 가는 것이 좋다고 해서" 자신의 뜻과는 무관하게 중매로 결혼했다고 말했다. 재혼한 두 명의 경우, 남편은 이미 결혼한 기혼자였으나 그 사실을 모른 채 결혼하여 본의 아니게 남편의 중혼의 배우자가 되었고 소위 말하는 '첩'이 되었다.

구순임은 연애결혼을 했는데, 부모가 사망하자, 결혼한 언니를 따라 서울 영등포로 와서 같이 살다가 서울 중심가 백화점에서 일하면서 근처의 증권회사의 과장으로 있던 남편과 1년가량 연애하고 결혼했다. "그때는 연애라고 해도 지금처럼 남세스럽게 하는 게 아니고 그냥 집에다 바래다주고 그런 거지"(한국원폭피해자협회, 2011 : 738)라고 했다. 결혼을 강제하는 부모가 부재하자 구순임은 스스로 남자를 사귀고 결정해서 결혼한 것이다. 부모가 일방적으로 정하는 결혼에 적극적으로 저항하여 거부한 사례도 있다. 조경숙은 시골에서 부모가 "시집을 보내려고 하는데 마음에 안 들어서 서울로 도망갔다"라고 했다. 조경숙은 친척 언니가 하는 악기점 일을 도와주다가 "남편을 만나서 결혼을 한 거야. 나이 차이가 많이 났어"(한국원폭피해자협회, 2011 : 690)라고 회상했다. 원폭 피해 여성들은 대다수가 자신의 뜻과는 무관하게 한 번도 본 적이 없는 남자와 혼인을 해야만 했던 것이다.

3) 혼인 과정에서 원폭 피해 사실 알리기

여성들은 신랑에 대한 정보가 없이 혼인했는데, 여성에 대해 정보가 없기는 신랑 쪽도 마찬가지였다. 원폭 투하 이후 귀향하여 혼인한 경우 여성들이 원폭 피해자라는 사실이 크게 문제시되지 않았다. 유송자는 남편이 "그냥 히로시마서 왔으니까 그런가 보다 하기는 했"(한국원폭피해자협회, 2011 : 702~703)다고 했다. 심수자(가명)도 남편이 자신이 일본에서 나온 것을 알았으나 꺼리지 않았다고 했다.

윤팔선(가명)은 아버지 친구의 아들과 결혼했는데, 남편이 자신이 일본에서 나왔다는 사실뿐만 아니라 원폭 피해자라는 사실도 알았으나 탓하지 않았다고 했다. 안월선은 일본에서 알았던 사람과 중간에 먼 친척이 중매를 해서 결혼했는데, 남편도 원폭 피해자로 이마에 상처가 남아 있었으며 자신이 원폭 피해자인 것을 알았으나 탓하지 않았다. 자신은 "그때는 얼굴에 상처가 아주 많았어요. 근데 그때는 얼굴도 안 보고 양반 찾을 때니까 양반 집안이다 하니까 그냥 시집을 가게 됐어……. 내가 배운 것도 없고 모르는데도 양반집 딸이라 그러면서 그냥 그렇게 데리고 갔어(웃음)"(한국원폭피해자협회, 2011 : 806)라고 말했다. 자신이나 남편이나 원폭 후유증에 대해 잘 몰랐고, 당시는 원폭 피해나 여성의 외모보다는 출신 신분이 더 중요시되었던 시기였기 때문에 문제시하지 않은 것으로 보인다.

그러나 의도적으로 원폭 피해에 대해 밝히지 않은 경우도 있다. 유갑연은 일본에서 피폭당했다고 소문 나면 혼사가 안 이루어지기 때문에 화상 입은 것을 비밀(한국원폭피해자협회, 2011 : 754~755)로 하고 비피폭자인 현역군인과 결혼했다. 하순이(가명)도 "내가 결혼할 때 숨겼다. 남편은 속았다. 내가 원폭 피해자라는 것 몰랐다"고 했다.[2] 유한순은 당시로는 비교적 늦은 나이인 25세에 열 살 연상인 비피폭자와 결혼하면서 피폭 사실을 비밀로 했는데, "알았으면 결혼을 했겠어요? 말을 안 했어요"라고 말하면서 남편에게 "도일 치료 갈 때 조금 말을 했다"(한국원폭피해자협회, 2011 : 664)고 했다. 안춘임(가명)과 손경선(가명)과 변연옥도 결혼할 당시 남편은 자신이 원폭 피해자인 줄 몰랐다고 말했는데, 변연옥은 "결혼하고 이런저런 이야기 하다 보니 내가 히로시마에서 왔다는 것을 알았지. 나도 결혼 전에는 그런 거 말하고 싶지 않지. 근데 부부니까 이야기를 하다 보면 나오잖아. 근데 몸에 아무런 표시가 나지 않으면 남편도 몰랐을 텐데……."(한국원폭피해자협회, 2011 : 494~495)라고 결국 알게 된 과정을 설명했다. 그러나 김경자(가명)는 "지금도 모른다. 남편에게 피폭 얘기 못 해보았다. 친정에서 원폭 얘기 나와서 남편이 알까 봐

---

2 인터뷰 동안 암울하게 말을 이어가던 하순이(가명)는 이 말을 하면서 처음으로 함박 웃음을 웃었다. 남편이 여러 가지로 자신을 학대했으나 자신도 원폭 피해자라는 것을 속임으로써 남편에게 당한 것만은 아니고 일부 복수했다는 뜻이 아닐까 싶다.

혼자 친정 갔다"고 의도적으로 숨겼음을 실토했다.

　위의 경우와는 달리, 연애결혼한 조경숙과 구순임 두 사람은 모두 자신이 일본에서 겪은 원폭 피해에 대해서 결혼 전에 말했다. 조경숙은 남편이 당시에는 "그게 뭔지 잘" 몰랐고 그래서 대수롭지 않게 생각했다(한국원폭피해자협회, 2011 : 690)고 말했고, 구순임은 "내가 미리 이야기했어. 약점 잡히면 안 되니까"(한국원폭피해자협회, 2011 : 739)라고 결혼할 즈음에 원폭 피해자라는 것을 밝혔고, 그 이후 자신이 가정의 생계를 전적으로 책임지면서 남편이 원폭 피해자라는 이유로 자신을 기피하지는 않았다고 말했다. 중매로 결혼한 경우, 원폭 피해에 대해 대부분 알리지 않았던 것에 비해, 연애결혼의 경우는 여성이 주체적으로 결혼을 하면서 자신의 약점이라고 여기는 원폭의 경험을 미리 알린 것이다.

4) 성에 대한 무지 : "아무것도 모르고"

　자신의 의사와 무관하게 부모의 주도로 10대 후반에서 20대 초반의 나이에 결혼한 대부분의 원폭 피해 여성들은 한결같이 자신은 "아무것도 모르고", 또는 "뭐가 뭔지 모르고" 결혼했다고 했다. 최귀선(가명)은 일본에서 16세에 일본군 위안부로 공출되는 것을 기피하기 위해 시집갔는데, "엄마가 없어 뭔지 몰랐다. 본 것 없고 들어본 것 없었다. 신랑이 무서워 웅크리고 구석에 있었다, 남편이 '내가 해꼬지(해치지) 안 할게'라고 말했다. 벌벌 떨렸다. 끌어다 갔다 뉘었다"라고 첫날밤에 대해 말했다. 첫날밤에 대한 사전 지식이 전혀 없는 상황에서 첫날밤의 성관계는 공포였다. 조분이(가명)도 첫날밤 남편하고 "안 잘려고 난리"쳤는데, 어른들의 야단을 맞고 결국, "몸 뺏겼다"고 말했다. 어른들은 성교육 대신 '야단'으로 강제했고 신부는 첫날밤 성관계를 "몸 뺏겼다"는 성폭력으로 받아들인 것이다. "그래 애기는 뱃는 그뿐이지(임신한 그뿐이지) 뭐 아무것도 몰라예(몰라요)"(창원대학교 경남학연구센터,

2017 : 114)라고 증언하였고, 정경순(가명)도 "나는 아무것도 모르는 바보였다"고 말해 성관계에 대한 자신의 무지를 한탄했다.

결혼 기간에도 남편이 밤에 성관계를 요구하는데 "말 안 들으면 보리타작하며 화나서 눈을 동그라니 뜨니 무서웠다. 여자가 대줘야 했다"고 박경임(가명)은 회상하며, 남편은 "마누라 아껴줄 줄 몰랐다"고 말했다. 남편의 일방적인 요구로 성관계를 해야 했고 이는 남편이 자신에 대해 배려하지 않았다는 섭섭함으로 남아 있다. 정명선(가명)은 10대에 결혼할 당시 생리를 하지 않고 성관계가 싫었고, 이혼을 거쳐 재혼한 후에도 성관계를 거부한다고 남편으로부터 폭력을 당했는데, 재혼한 남편은 성관계를 "거부하면 때렸고, 매많이 맞아"서 얼굴에 흉터가 아직 남아 있다고 했다.

심수자(가명)의 신랑은 외아들로 "식구 늘리려고 장가 일찍 온" 경우인데, 결혼한 후 1년 신행 기간 동안 친정살이할 때 신랑이 친정에 와도 자신의 아버지에게 가서 잤고 성관계를 하지 않았는데, "좋고 뭐시고 그러구르 그러구르(그럭저럭) 살았다"라고 표현했다. 그러면서 "어른들이 왜 그랬는지 모른다"라고 말하며 자신의 뜻에 반해서 결혼시킨 부모에 대한 원망을 토로했다. 자신의 의사와 무관하게 결혼한 대부분의 여성들은 "신랑 좋은 긴가 나쁜 긴가 모르고 결혼"하여 "남편 좋은 줄 모르고 살았다"고 말했다. 최귀선(가명)은 남편이 "좋은 것이 무엇인지 하잖은(좋지 않은) 것이 무엇인지 모르고…… 마음에 드는지 안 드는지, 좋은지 어쩐지 모르고 살았다. 너무 뜻 없이 살았다. 벌로(대충) 살았다. 신랑과 손도 한 번 안 잡아봤다"고 말하며, 남편과의 관계가 소원했음을 실토했다. 김경자(가명)도 "어른들이 정해서 결혼"했는데 남편을 "언제 봤다고 정이 드나 연애 못 해보고 선도 못 봤다"고 말하여, 일방적으로 결혼을 하게 한 부모에 대한 원망을 토로하며 남편에 대한 애정이 생기지 않았던 것은 자연스러운 결과라고 생각하고 있음을 밝혔다.

성에 관해 언급하는 것이 금기였던 시대여서 여성들은 결혼 전에 누구에게도 성교육을 받지 못하고 결혼했다. 어머니가 없는 경우는 물론, 어머니가 있는 경우에도 성관계에 대해 무지한 상태로 결혼했다. 성관계는 때로는 성폭력으로 인식되었고, 남편의 욕망에 충실하게 순종해야 하는 것이었다.

2. '수월한' 남편/힘들게 한 남편

1) '수월한' 남편

아버지나 오빠의 명령에 순종하여 전혀 알지도 못했던 남자와 결혼했지만, 남편과 사이좋게 행복한 결혼생활을 했던 여성들이 있다. 다정하고 순했던 남편을 "수월했다"라고 표현했다. 김명순(가명)은 시아버지가 남편이 어릴 때 사망하여, 여동생과 어머니와 셋이 살았는데, 남편이 군대에 가 있을 때 시어머니가 "황달이 나서 환갑도 안 지나서" 사망했고 시누이가 결혼하자, 홀로 남은 남편은 결혼하고 나서는 "정을 나에게 다 쏟았다. 욕한 적 없고 귀퉁이도 맞은 적 없다"라고 회상했다. 비피폭자인 남편은 "술만 취하면 엄마가 그리워 울었다"고 했다. 김윤임(가명)도 남편에 대해 "인물 잘나고 순했다"고 회상하면서, 남편은 서모 밑에서 서러움 받고 자랐는데, 자신은 "나쁜 소리 한번 안 들었다"라고 말했다. 그리고 대도시인 대구 주변부에서 노점상과 비정규직 노동을 하면서 가난하게 살았으나 부부 사이는 "좋았다. 싸움 못했다. 돈 없어도 좋은 사람이라 바가지 못 긁었다"고 말하면서 돈 많이 못 버는 남편이었으나 순하고 자신에게 다정했던 남편을 추억했다.

구을선(가명)은 남편이 원폭 피해자인데, 원폭에 부모 모두를 잃고 4남매의 장남으로 동생들과 가난한 외갓집에 얹혀살다가, 여동생 하나는 남의 집에 수양딸로 보냈고 남동생은 "남의 집에서 소 먹이면서 밥 얻어 먹으라고 보"내는 등 결국 형제자매가 남의 집으로 뿔뿔이 흩어졌"을 정도로 가난했는데, 결혼하고는 남편과는 "넘(남) 보듯 여기고 살았다. 서로 말도 안 하고, 좋은 줄 모르고 살았다"면서도 남편은

> 순하다. 욕도 안 했고 결혼해서 좋아했다……. 아무것도 없다가 나 같은 여자 만나서 좋아했다. 나를 만나 폈다(잘되었다). 남편은 산에서 나무 못하게 하던 시절 밤에 몰래 나무해서 장에 가서 팔아서 돈 벌었다. 소 사서 먹이고 남의 소 키워주고 팔면 반씩 나누면서

열심히 일해서 농토 사고 조금씩 살림을 늘려가면서 살았다고 회상했다. 박점순(가명)도 남편은 "법 없이도 산다, 마음씨 좋았다……. 죽자 사자 땅만 팠다"고 했다. 자신은 처음 시집가서 집이 없어 "원도 한도 없이 울었다……. 남편은 남의 집에 낮에 품팔이 갔다. 나 혼자 있으니까 울다가 먹다가" 했다고 했다. 곧 돈 모아서 오막살이 사고 아이들 다섯 명을 낳아 살았는데, 남편은 아버지가 일곱 살에 사망하고 어머니가 재혼해서 따라 다니느라 공부 못해서, "일자무식꾼으로 자기 이름자도 못 썼다……. 내가 저녁에 '기억', '니은' 하면서 가르쳤다. 종이 없어 야학에서 배운 글을 숯덩이로 돌에 쓰면서 연습시켰다. 답답하게 산 것 넘(남)에게 말 다 못한다"고 말했다. 무식한 남편을 이끌어가며 힘들게 살았으나 서로 다정하게 살지는 못했어도 큰 갈등 없이 산 경우이다. 부모를 일찍 여의거나 서모 아래서 또는 아버지를 일찍 여의고 재혼한 어머니를 따라 다니며 어렵게 성장하면서 사랑에 메말랐던 남편이 결혼하자 아내에게 사랑을 쏟으면서 화목하게 가정을 이끈 것이다.

김분자(가명)는 남편이 "키는 보통에 인물 좋았다. 시집은 머슴이 세 명 토지도 많고 잘 살았다"라며, 남편이 "양심적이었다. 남에게 요만큼도 싫은 소리 안 했다"고 했다. 행복했던 시절을 회상하면서, 남편이 죽었을 때 눈물을 "바가지로 흘렸다. 이 좋은 세상에 앞에 간 사람"이라며 안타까워했다. 정경

순(가명)의 남편도 원폭 피해자였는데, 정경순(가명)은 남편이 자신을 편하게 해주었고, "애 안 먹이고(속상하게 안 하고) 괜찮았다. 살기 위해서 성실하게 노력한 남편이었다. 농토를 다섯 마지기를 더 샀다"고 말했다. 안두선(가명)은 남편이 농사를 지었는데, "키가 크고 마음이 좋았다. 너무 좋은 사람이라 싫다. 내 일은 미뤄놓고 남의 일 먼저 했다. 나는 싫더라. 속상했다. 넘(남) 해치지 말고 넘 너무 도와주는 사람 싫다. 남에게 인심 쓰는 사람 싫다"고 말할 정도로 남편이 다른 사람을 적극 도와주어서 싫었다고 말했지만 선량했던 남편에 대한 그리움이 묻어난다.

정선이(가명)는 남편이 청각장애인인데 결혼 전에는 모르고 속아서 결혼했다. 가난해서 시골 대암산 아래에서 셋방살이했는데, "시집 갈 때 책을 가져갔는데 남편이 불을 놓아버렸다"라면서, 남편은 나에게 "거시게(드세세) 생겼다"고 했다고 말했다. 키도 크고 목이 가늘고 길고 눈도 크다고 "여자가 저래 생겨서 거시다……. 너무 똑똑하다고 뭐라 했"으나, "그래도 아이들 앞에서 다투고 하지 않았다"고 회상했다. 어머니가 "도망가라" 했고, 부산 언니가 "아이 두고 오라"고 재촉했지만, 딸 둘과 아들 셋을 낳고 무난하게 살았는데 남편이 일찍 사망하여 자식들의 결혼 등 좋은 일에 함께하지 못한 것에 대해 안타까워했다. 이들은 결혼 전에 만나보지도 못하고 서로 전혀 알지 못하는 상황에서 결혼을 했지만 선량했고 성실했던 남편을 추억하였다.

원폭 피해자인 아내에 대해 헌신한 남편도 있었다. 김일선은

> 근근이 혼인 말이 오가고 하면서 결혼을 했는데, 그리고 나서도 맨날 아파요……. 신랑이 월급 타오면 약값으로 나가기 바빴어요……. 나는 여자 구실을 하기 어려우니까 사람을 하나 얻으라고 했어요. 맨날 아파서 누워 있으니까 미안해서 사람 하나 정해라 그러면 쓸데없는 소리 하지 말고, 약이나 부지런히 먹고 나아라 그러더라고요(한국원폭피해자협회, 2011 : 853~854).

라고 말했는데, 김일선이 일본에 치료 차 갔다 오고 난 이후, 원폭 피해자라는 사실을 남편이 알게 되었다. 김일선은 '협회' 경남지부를 설립할 때 지부장이 되어 자비를 들여 회원들을 모집하기 위해서 울산으로 밀양으로 진주로 하동, 고성, 거제 통영으로 다녔고, 광고도 많이 했는데, 남편은

> 봉사한다는 마음으로 우리 서류를 다 마련해주고 그랬어요……. 협회 등록할 때도 그 서류를 다해주고…… 회원이 삼백 몇십 명이 되니까 그 회원 관리하는 일이 크죠. 그때 서류를 작성하면 히로시마에 살 때 어땠고 뭐하고 그걸 다 써서 준비를 해줬지요. 돈도 제대로 안 나오고 할 때에는 지부도 한다는 사람이 없었어요……. 회원들 한 사람이라도 더 만들어서 도와주려고 주인(남편)이 아주 고생을 많이 했거든요(한국원폭피해자협회, 2011 : 856~857)

라며 남편에 대한 고마움을 표했다.

이정자는 원폭 피해로 인해 겪는 극심한 고통 속에서, 남편이 자신과 자식에 대해 헌신했으나, 결국 자식에 거는 남편의 희망이 꺾여버린 것으로 인해 더 심한 고통을 호소하고 있다.

> 1951년 늦은 봄. 어머니가 돌아가신 얼마 후입니다. 부산에서 저는 군인으로 복무 중인 유동수(1928년생)와 결혼했습니다. 귀국 후 늘 숨이 차고 기침이 났지만, 머리가 큰 것으로 여타 일은 모두 잊어버렸습니다. 결혼 후에는 곧 임신과 출산이 계속되었으므로 사실상 몸이 어떻게 나쁘다든가 변한 것은 알 길 없었습니다만, 나타난 증세는 모두 임신 중의 한 증세로 받아들였지요. 저는 임신 5개월만 되면 꼭 저녁을 굶고 삽니다. 너무 숨이 차서 견딜 수 없기 때문이지요. 소화도 소화지만 저에게는 무엇보다도 숨가쁜 고통이 제일 컸습니다. 그 다음이 출혈입니다. 첫째부터 셋째 아이까지는 10개월 내내 임신 중 출혈이 계속됐어요. 그것도 적잖은 양인 데다 때로는 하혈처럼 심한 경우가 몇 번인가 있었어요. 그럴 때의 그 놀라움과 당황함, 그러나 왠지 저는 그 사실을 아무에게도 알리고 싶지 않았으며, 행여나 과거의 그 어두운 사실과는 전혀 별개의 임신 증세로만 굳게 믿고 싶었습

니다. 그래서인지 몇 번인가 아찔하게 정신이 멀어져 가는 위기를 겪으면서도 어떻게 기를 쓰다 보니 6남매를 무사히 낳게 됐었지요. 그런데 여섯째 아이를 낳은 이듬해인 1968년 11월 3일, 김장을 하다가 저는 갑자기 눈을 까뒤집고 쓰러졌습니다. …(중략)… 내일의 보장이 없는 목숨만을 건졌다고 해서 애기 아빠의 1, 2년 치 군인 박봉을 한꺼번에 날리고 보니, 그 고통은 육신의 고통 못지않게 저를 때려뉘었어요. …(중략)… 결코 살아생전에 놓여날 수 없는 병마의 정체를 알아차렸다고 자부하면서, 막상 저는 한순간이 가기 전에 그곳에서 도망치려고 소리 지릅니다. 미친개처럼 허둥대면서 살려달라고, 자식과 남편을 희생시키고 있습니다. …(중략)… 고3에 다니고 있는 장남은 중학교 때부터 럭비 선수인데, 작년 가을 대회 참가를 포기한 후부터 전혀 사람이 달라졌어요. 입을 봉해 버린 듯이 말도 않고 사람도 일체 가까이하려 들지 않습니다. 과도한 운동을 한 후에는 밤중에 번번이 요 위에다 흥건히 젖을 정도로 코피를 쏟기 때문입니다. 왜 어릴 때보다 자라면서 이런 코피 현상이 더 두드러지는지, 부락 의사의 말대로 운동을 일체 중지하고 조금 더 지켜봐야 할 일인지, 아니면…… 그것은 이 어미만이 답할 수 있는 회답일진대, 제가 산다는 것은 사는 만큼 죄를 보태는 짓밖에 아무것도 아니라는 것을 뼈아프게 느끼고 또 느낍니다. 남편의 한 가닥 희망마저 저는 꺾고 말았지요. 남편은 제 몸이 한이 되었는지 유난히 허우대가 우람하고 자기를 닮은 큰놈의 선수 생활에 반 미치다시피 온갖 정열을 쏟아 왔습니다. 50이 된 직업군인인 남편, 제 약값 때문에, 제가 또 쓰러져서 까무라치지나 않을까 하고 주야 없이 전전긍긍, 놀램증 때문에 드디어 지난해 복무 중 쓰러지고 만 그이는 두말없이 저의 제일 가까운 희생자입니다. 군에서도 이름난 체구와 명랑한 성품, 친구 초대와 술을 좋아하던 그이가 이제는 뼈만 앙상한, 웃음기라고는 모르는 늙은 군인이 되고 말았어요(박수복, 1975 : 133~137).

2) 힘들게 한 남편

수월하거나 무난했고, 원폭 피해자인 아내를 적극 지원했던 남편들이 있었던 반면에, 대부분의 남편들은 원폭 피해와는 무관하게 아내를 힘들게 했다. 원폭 피해 여성들은 남편 때문에 받은 상처에 대해서 "말 안 할란다. 골

아프다"며 더 이상 말하고 싶지 않다고 말을 중단했다. 어렵게 밝힌 여성들에게 제일 크게 상처를 준 것은 남편의 외도였다. 김수자(가명)는 아버지가 첩을 들여 따로 살았는데 자신의 남편도 "바람둥이"였다고 말했다. 이점옥(가명)은 남편과 시어머니가 "내가 못났다고 설움 많이 줬다. 못났다고 남편이 다른 여자 봤다"고 했다. 박순선(가명)은 남편이 딸 7명이 있는 집의 막내아들로 남성 중심적인 가정 내에서 독보적인 위치를 차지했는데, 해방 전에 시아버지가 일본에서 공장을 경영하여 넉넉한 집안에서 자랐고 일본 도쿄에서 고등학교를 졸업했고 "인물이 잘났다." 신랑감으로는 손색이 없었던 남편하고는 "잠시 좋았을 뿐"이었다고 했다. 남편이 "여자들에게 인기 있었다. 합천에서 하도 바람피워 대구로 가면 아는 사람이 없으니까 괜찮을 것이라고 친척이 권유해서 이사를 가서 복덕방 차렸는데 더 하더라"고 하면서 "남편은 가정을 모르고 바람피우는 것밖에 머리에 없었다"고 말했다. 하순이(가명)의 남편은 경제적으로 여유 있었으나 딸만 있었던 집안에서 막내로 태어나 가문의 대를 이을 집안의 귀한 아들로 자기중심적으로 성장하였고, 아내나 자식 등에 대한 책임감이나 배려가 없었다. 그래서 하순이(가명)는 "고생, 고생 말도 다 못 한다…… 지금도 밤에 꿈에 보이면 욕해버린다"고 했다.

원폭으로 아이를 더 낳지 못한 시부모에게 유일한 자식이었던 김경자의 남편 또한 가족 내에서 과잉보호를 받았는데, 김경자(가명)는

> 남편은 자고 먹고 가시나(젊은 여자)들하고 놀았다……. 남편이 돼지 장사한다 해서 돈 2백~3백만 원 주면 술 먹고 여자랑 놀면서 날렸다. 한번은 남편이 저 여관에 있다고 알려줘 찾아가서 문을 활짝 여니 다리가 4개 있었다. 이불을 벗기니 남편은 발가벗고 나를 두들겨 팼다. 그래서 옷 입고 때리라고 했다

고 말했다. 외도하는 남편이 아내에게 폭력을 휘두르는 것은 흔한 일이었다. 하순이(가명)는 남편의 외도 때문에 "싸움이 나고 때리고 그랬다"고 말했다.

외도는 가정폭력과 연결되었다. 박춘자(가명)의 남편은 세 살 때 시어머니가 죽어 가난한 시집에서는 유일한 아들이었는데, "어머니도 없이 남편이 바르게 컸겠나?"고 되물었다.

> 남편은 어머니가 없어서 본데가 없었다. 때리면 맞았다. (남편이) 좋은 줄 모른다. 가시나(여자)는 시집가면 그 집 삽짝(대문)을 몰라야 한다고 했다. 아무것도 몰랐다. 시키는 대로 했다. 술 먹으면 물 떠와라. 밥 해 와라. 지(자기) 새끼맨처럼 시키는 대로 다했다……. 대척하면 손을 놀린다. 아파서 겁나서 가만있었다. 마음에 없는 소리하면 안 된다.

라고 말했다. 이점옥(가명)도 남편의 폭력에 시달렸다.

> 하루는 시어머니에게 뭐라 했다고 별일 아닌데 작대기로 뉘어놓고 때렸다. 기어가서 방에서 누웠다. 말도 하기 싫다. 남편 무서워서 말도 못 했다, 툭하면 두들겨 패서 말 못 했다. 고생고생 말도 다 못 한다. 남은 아무도 모른다. 말했다가는 두드려 맞아 죽는다. 내가 못난지라. 못났다고 얼마나 천대받았는지 모른다……. 견디나간다(견디어나갔다).

고 말했다. 안순자(가명)는 "오른쪽 눈에 남편에게 맞아서 상처 났다. 내가 제일 피해 심하다"고 하소연했다. 여성들은 가정폭력에 시달렸고 묵종으로 견디어야 했다.

가정폭력을 휘두르는 남편은 술을 많이 먹는 경우가 대부분이었다. 정경순(가명)의 남편은 알코올에 의존하였는데,

> 남편이 대문 가까이 오면서 아들 부르면 숨으러 다녔다. 외상으로 술 받아오라 하면 아들이 싫어서 안 가고 외상으로 안 주더라고 거짓말했다. 나중에 거짓말했다고 야단쳤다. 스무 살에 아이 낳았는데 업고 친정으로 도망가기도 했다. 내가 맨날 울고, 먼 산 보고 많이 울었다. 울기도 엄청 울었다. 길가에 다니는 사람들 보면 저 사람들은 어떻게 팔자가 좋아 저렇게 다

니고 사나 싶었다. 12년을 눈물로 살았다. 하루도 술 안 먹는 날이 없고 술 먹고 고함지르고 작대기로 마루를 내려치고 술 먹고 물 떠오라고 해서 가져다주면 물 먹고 물그릇 집어 던졌다. 아이들 4명 데리고 도망 다녔다. 마음 맞아 의논해서 사는 남편이 부러웠다. 하루도 내 날이 없었다.

고 회상했다.

윤팔선(가명)도 남편의 성질이 "불 칼이었다. 군대 정신으로 성질을 캑캑부렸다. 애 터지는 정 없다. 클 때는 머슴이 2명 있을 정도로 잘 살았으나 군대 갔다 오고 살라 하니 힘이 들어서 성질 잘 내었다. 요새 사람들 같으면 안 산다고 도망갔을 것. 자식 낳아서 참고 살았다"고 회상했다. 박춘자(가명)는 "(다른)일은 나중에 하고 술 먼저 쳐야지(만들어야지)…… 술은 밥 안 먹고 먹었다. 술 빨리 안 주면 욕했다. 함부로 했다"고 말했다. 이점옥(가명)은 남편이 일본에서는 음식점 등에 다니며 열심히 일했고 귀향한 후에 농사일을 열심히 했으나, 나이가 들자 "맨날 술 먹고 화투치는 게 일이었다. 친구들과 함께 술집에 있으면서 집에 못 들어왔다. 집에 돈 씨를 말리었다. 남편은 술을 주야로 많이 먹고 병들었다. 일을 하지도 못하고, 말도 못 한다, 화투만 치고. 병들어 죽었다"고 말했다. 알코올 의존증으로 가정에 소홀했고 농사일도 방기하여 가난에서 헤어나지 못했고, 결국 남편 자신도 알콜 의존증으로 인해 사망에까지 이르는 비극을 초래한 것이다.

남편의 의처증 또한 여성들을 괴롭혔다. 안두선(가명)은 의처증 있는 남편 때문에 옷을 잘 못 갈아입었다. 유한순도 "사실 남편이 술을 좋아하고 의처증이 있어서…… 글도 모른다고 하고, 숫자도 모른다고 그랬어요. 글 안다는 소리도 못 하고 학교 다녔다는 소리도 못 했어요. 구구단도 모른다고 했다"(한국원폭피해자협회, 2011 : 664)고 했다. 정명선(가명)이 재혼한 남편은 대구에서 고등학교를 졸업했고 "글 좋고 한문에 능하고 영어도 잘했다." 그러나

남편의 아버지는 경주 최 부자의 서기로 있는 집 자식으로 남편은 쓰고

만 살았고 기생집에 다니는 한량이었다. 술 먹으면 뒤집어진다. 남편은 술 많이 먹고 천식으로 고생했다. 남편은 의처증이 있었다. 남편은 술 먹고 또라이(이상한 행동을 하는 사람)가 돼갔다. 남편은 밤에 술 먹고 떠들었다. 그 동네에서 살려면 동네 사람들에게 잘해야 했다. 남편이 안 좋았다. 성관계를 거부하면 때렸다. 매 많이 맞아 얼굴에 흉터 있다. 남편 마흔세 살 나 서른다섯 살에 아들 낳았다. 다섯 살짜리 아들 세워놓고 뺨을 이리 때리고 저리 때리고 했다. 남편이 배웠으나 아무것도 안 되니 나와 애들에게 화풀이했다. 애들도 잠도 못 잤다. 아버지가 정 서방 사람 안 되겠다, 헤어지라고 했고 시누이도 내버리고 가라고 했다. 시집 식구들이 잘해주었다. 15년을 자리에 누워 있었다. 동아일보, 조선일보만 읽었다. 이불 밑에서 만세 부르면 뭐 하나.

남편은 지식인이었으나 좌절한 지식인이었고, 알코올 의존증과 의처증으로 가정폭력을 행사하였고 병들어 오랫동안 병석에 있었다. 정명선(가명)은 남편 폭력으로 얼굴에 상처가 났고 아직도 남아 있다. 그러나 자신의 남편은 "나보다 더 불쌍하다. 내가 안 돌보면 누가 돌보냐?"고 하면서 남편을 돌보았다. 그러한 남편과 살아가는 정명선(가명)에게 "동네에서 효부상 준다고 했으나 남편이 더 난리 칠 것이라 생각해 거부했다. '니가 뭐 똑똑하다고 상 받나, 니가 뭐 나에게 잘해줬나'라고 욕할 사람이다"라고 말했다. 정명선(가명)은 남편의 성적 대상으로 노동에서 면제되어 호화롭게 사는 첩의 전형적인 모습과는 달리 남편의 의처증과 가정폭력, 알코올 의존증으로 인한 괴로움을 감내하면서 남편의 병간호와 함께 생계를 꾸리며 살아야 했다. 남편의 외도, 가정폭력, 알코올 의존증과 도박과 의처증은 꼬리를 물고 일어났으며, 이로 인해 가난은 깊어갔고 여성들의 삶은 고달팠고 불행했다.

수월했던 남편과 살았던 경우는 남편의 죽음이 애달프고 슬펐으나 의처증과 폭력, 알코올 의존증으로 아내를 고생시켰던 남편의 죽음에 대해서는 "죽어서 슬픈 것 없었다", "남편 죽었을 때 독하게 해서 눈물 안 났다. 제사에도 안 간다"고 잘라 말했다. 정경순(가명)은 자신이 34세일 때 41세의 남편이 술 먹고 오다 트럭에 치여 뇌를 다쳐 사망했다.

> 나는 남편이 죽으니 날아갈 것 같았다. 근심 걱정 털어버렸다. 너무 애
> 먹이니까 내가 이제는 살겠다 싶었다. 우찌 살꼬(어찌 살까) 하는 걱정이 없
> 어졌다……. 시숙이 같이 살자 해서 큰집에 들어가서 같이 살았는데, 하루
> 는 시숙이 들어오는데 남편이 살아 들어오는 줄 알고 소름이 돋았다

고 회상했다. 살아생전에 외도하고 술 먹고 가정폭력을 휘두르고 도박하며
가정을 돌보지 않았던 남편의 죽음은 슬프지 않았고, 오히려 큰 걱정을 더는
것이 되었다. 생전에 견디어야 했던 굴종에 대한 분노를 제사에 가지 않는 것
으로 그나마 표출했다. 다만 박춘자(가명)의 경우는 "어서 죽었으면 싶"었으
나 죽을 즈음에 한 달가량 아팠는데, 그때 "너에게 함부로 했다"고 "말을 고
맙게" 하며 사과를 하여 그나마 위로를 받았다고 했다.

복지회관 거주 조사대상자들 중 사별하지 않고 남편과 결별한 여성은 4
명이다. 별거 중인 박화선(가명)은 외도를 하며 폭력을 휘둘렀던 남편에게
"내가 얻어맞는 것 보고 '자녀들이 엄마 이혼하세요'라고 했지만 양반집 맏
딸인데 내가 이혼하면 집안이 어떻게 되나 내 사전에는 이혼은 없다"면서
자녀들의 이혼 권유를 거부했다. 그러나 중매한 먼 친척을 "이 갈린다"고 원
망했다. 박화선(가명)은 반가 출신으로서 양반 정체성을 지금까지 유지하며,
이를 위해 지켜야 할 일부종사(一夫從事)의 윤리가 강고하여, 남편에 대한 분
노는 컸으나 남편의 외도와 폭력을 감내하고 있다. 박화선(가명)은 성장할 때
"내가 몸이 허약해서…… 부모가 어디 가면 업고 다녔다. 여동생 4명이 우리
는 주워 왔다고 불평했다. 사랑을 너무 많이 받았다. 여동생들에게 미안하
다. 나만 귀여움 받은 것 같아 미안하다"라며, 그런 자신이 결혼해서 "잘 살
아야 하는데 별거해서…… 자꾸 눈물이 난다"고 말했다. 자신의 결혼생활에
서의 불행은 사랑을 많이 베풀어준 친정부모와 동생들에 대한 미안함으로
남았다.

윤팔선(가명)은 하루는 "밤에 걸어서 여스님에게 갔다. 남편 성질 때문에 못살겠어 절에 밥해주고 중 될까 했다." 그러나 시숙이 찾아왔고 동생도 타일러서 집에 돌아왔는데 "아이들이 죽도 밥도 아니라서 같이 살았다"고 말했다. 시집과 친정의 가족들의 간청과 아이들 때문에 남편과 결혼생활을 이어갔으나, 자신이 복지회관으로 오면서 남편을 떠나왔고, 남편은 2003년부터 뇌경색(중풍)으로 요양원에 가 있다. 남편에게 아들이 매달 50만 원씩 병원비를 보낸다면서 "돈만 까먹고 있다"고 불평하며, 최근에는 남편 보러 가지 않는다고 했다. 요양원에 입원해 있는 남편의 면회를 가지 않음으로써 남편이 자신에게 했던 행동에 대한 분노를 드러낸 것이다. 윤부선(가명)은 자신이 원폭 피해자라 건강하지 못한 아이를 낳았다고 구박했던 남편이 복지회관이 생기자 집을 떠나라고 강요하여 별거하게 되었다. 남편과의 관계를 단절해도 스스로 또는 주변의 만류로 이혼은 피할 수밖에 없어 별거 상태이다.

김경자(가명)는 이혼했는데,

> 60살 때 내가 너무 힘드니까 혼자 있고 싶었다. 우울증으로 내가 미쳐 나갈 것 같았다. 여기 안 왔으면 잘못되었을 것이다. 차나 오토바이가 지나면 치여도 못 죽을 것 같았고 트럭이 오면 뛰어들고 싶었다. 수면제 아니면 잠을 못 잤다. 지금도 불면증으로 고생하고 있다

고 말했다. 남편이 사업 실패하고 난 후 남편과 위장이혼했으나 실제로 이혼이 성립되어 결별했다. 이혼은 극구 피하고 싶었으나 결국 이혼하게 되었고 이혼은 스스로에게 큰 수치로 남아 있었다.

이혼은 쉽지 않아 남편을 떠나지 못하기도 하였다. 강달화(가명)는

> 뭐 하러 시집갔을꼬. 시집 간 것 후회한다. 시집 안 갈려고 친구하고 도망가려고 계획했다. 친구는 신랑이 보기 싫다고 했다. (나의) 남편은 군대 갔다. 내가 도망가면 바람났다고 소문 날까 봐 못 갔다. 친정에서 안 받아

주었다. 남편이 싫었다. 못났다. 싫더라. 도망가려고 했다

고 하였다. 자신은 결혼하기 싫고 남편이 싫어서 떠나고 싶었지만, 자신이
다른 남자를 좋아해서 떠났다고 소문이 날까 봐 두려워했는데, 다른 남자와
'바람났다'는 소문으로 부정한 여자로 낙인찍히는 것은 자신의 명예에 더 치
명적으로 부정적 영향을 미칠 것을 두려워한 것이다. 정절 이데올로기를 지
키기 위해 남편을 떠나지 못했고 평생 후회했다. 정절 이데올로기가 구체적
으로 여성의 삶을 어떻게 옥죄었는지를 보여준다.

외도와 가정폭력과 의처증, 알코올 의존증으로 힘들게 했던 남편과의 결
별로 여성들은 안도하였다. 그러나 이혼은 불명예로 낙인찍히고 가문을 더
럽히는 어려운 일이었고 별거로 대신하거나 참고 살 수밖에 없었다. 정절 이
데올로기와 일부종사의 유교 이데올로기가 이들을 강고하게 묶어놓았던 것
이다.

3. 6 · 25전쟁과 결혼생활

원자폭탄 피해를 당하고 어렵게 귀향한 지 5년 만에 다시 전쟁이 발발했
다. 군 징집 대상 연령에 있었던 젊은 남편들은 군대를 가고 전장에 나가야
했다. 6 · 25전쟁에 참여한 남편의 죽음을 맞이하는 비극을 겪은 원폭 피해
여성들이 있다. 원폭이라는 비극을 겪고 귀향하여 결혼하자마자 어린아이를
두고 남편이 사망하는 슬픔을 또다시 겪어야 했다. 엄분연은 자신의 남편이
"북해도 제국대학을 나왔는데 청년 시에 독립 사상을 가지고 학생운동을 많
이 한 사람이었는데, 6 · 25전쟁이 나면서 결혼하고 3년 만에 지원하여 군대
에 가서" 6 · 25 전쟁터에서 전사했다. "아이의 돌도 못 지나고 전사통지서를
받았어요"(한국원폭피해자협회, 2011 : 791)라고 말했다. 안임이(가명)도 "어린 아

들이 기다가 일어서려고 하는 때에 남편이 군대에 갔다." 남편은 군대 가지 않으려고 파출소 특공대에 다녔는데, 빨갱이가 내려오면 밤 12시까지 근무했으나, 영장 나온 지 1주일 만에 군대에 갔으며, 남편은 세 번째로 나간 백마고지 전투에서 시체를 남기지 않고 사라져, "오늘 올라나 내일 올라나 기다렸다"고 했다. 육군본부에서 쪽지가 왔는데 글을 몰라 무슨 말인지 몰랐으나 나중에 알아보니 '전사'라고 쓰여 있었다고 했다.

1953년 7월 남편과 형제처럼 지냈고 군대에도 같이 갔던 서산리 사람이 와서, 남편이 제주도에서 훈련받고 밀양을 거쳐 38선 근처로 갔다고 했다. 가다가 배가 고파서 집에 들렀다 가고 싶어 했으나 못 오고 갔다고 전했는데, 이것이 특히 "마음이 안되었(아프)다"고 회상했다. 18세에 결혼하여 19세에 시집으로 갔고 20세에 아들을 낳았는데, 아들 낳은 지 1년 만인 21세에 남편이 6·25전쟁에 나가서 사망한 것이다. 안임이(가명)는 홍수로 전답이 쓸려가 먹을 것이 없어 부모를 따라 일본에 갔다가 초등학교 다닐 때 원자폭탄 피해를 겪고 귀향하기 위해 현해탄을 건널 때 배에 구멍이 나고 기름이 떨어져서 정박하면서 구사일생 살아 돌아와서, 고향 합천에서 겨우 먹고살다가 결혼했는데, 결혼한 지 3년 만에 돌이 지난 아들 하나와 남게 되었다. 원폭의 피해를 입고 돌아온 고국에서 다시 전쟁을 맞닥뜨렸고, 젊은 나이에 남편의 전사 통지서를 받아야 했다. 아들 하나 딸린 청상과부가 된 안임이(가명)는 "그 집 귀신이 되어라"라면서 친정어머니가 재혼을 하지 못하게 했다. 자신도 "재혼할 생각은 안 해봤으나 죽을 생각은 해봤다. 물에 빠져 죽으려고 아이 업고 나갔다가 못 죽고 돌아왔다"라고 했는데, 일부종사의 윤리는 강고해서 죽음에의 유혹보다 강하게 자리 잡았던 것이다.

남편이 6·25전쟁에서 부상당한 경우도 있었다. 안춘임(가명)의 남편은 6·25전쟁 중에 군에 입대했다. 외삼촌이 입대를 만류했으나 자원했는데, 남편은 기차를 타고 부산에 도착하면 구경하고 돌아오겠다고 떠났으나 못 나오고 제주도에서 훈련을 받은 후, 백마고지 전투에 참여했다. 격렬했던 백마고지 전투에서 큰 포를 싣고 올라가다 수류탄 파편이 날아와 허벅지가 한 뼘이 찢어져 대구 복음병원에서 치료받고 광주 보병학교에서 제대했다. 그러나 제대 후 2년 만에 상처가 재발했다. "남편이 아파 죽겠다고 하면 업고 병원으로 갔다. 진주의 한 병원에서 20일간 입원했는데 돈이 없어 도망 나왔다"고 했다. 며칠 후 간호사가 환자 데리러 찾아왔고 병원비를 내라고 독촉을 받아, 병원으로 가서 병원장을 만나 사정해서 병원비를 면제받았다. 그 이후 다시 병이 도져 대구의 한 병원에 갔는데, 병원비가 없어, 의령의 한지를 서울로 가져다 장사를 하는 시아버지를 찾아갔다. 주소만 들고 밤에 기차를 타고 서울로 가서 시아버지에게서 5만 원을 얻어 소매치기 당할까 봐 밤을 꼬박 새우면서 돌아와 3만 원을 병원에 선금으로 지불했다. 그러나 대동맥 수술을 하고 한 달 반 입원한 병원비를 낼 길 없어 다시 옆 침대 환자의 도움을 받아 도주했다. "남편 불쌍한 마음만 들지 밉지 않았다. 남편은 아파서 화투치기밖에 할 것이 없었다. 남자 주머니에서 돈 떨어지면 기 죽는다. 그래서 화투치기 하라고 돈을 주었다. 번 돈 다 남편 주었다. 방앗간 이웃이 '너는 천사'라고 말해주었다"고 했다.

남편은 결혼 후 3년간을 군대에서 보내고 10년간 아팠다가 결혼한 지 16년 만에 사망했다. "점드럭하다 문에 못 들어간 것이다"(내내 노력했으나 살리지 못했다는 뜻)라고 표현했다. 남편 병원비로 논 세 마지기를 다 팔아야 했고 자신은 남편으로부터 "옷고름 하나도 못 받았다. 남편 덕 없었다. 말도 못 한다"라고 회고했다. 33세에 혼자가 된 안춘임(가명)은 아들 하나에 딸 셋을 "맡길 데가 있어야 살러 가지……. 친정어머니가 혼자 살려면 쇠지둥(쇠기둥)이 있어야 살아난다"고 말했다고 했다. 젊은 나이에 홀로 되어도 친정의 만류로 재혼을 생각해보지도 못했고, 또한 당시 여성이 재혼할 경우 자신의 자녀를 데리고 갈 수 없었고, 자녀를 맡길 데가 없어, 또 부모 없이 자랄 아이들이 불쌍해서 재혼을 하지 않고 살았다. 안춘임(가명)은 남편에 대한 헌신을 이웃의 칭찬으로 일정 정도 보상받았지만, 결국 자신이 남편을 위해 희생해야 했음을 한탄했다.

6·25전쟁이 끝나고도 남편이 징집되었고 오랫동안 여성들은 홀로 견디어야 했다. 윤팔선(가명)의 경우, 결혼 당시에는 남편이 군대 갔다 왔다고 했으나 거짓이었고, 결혼한 지 열 달 만에 딸을 낳고 한 달 후에 남편을 군대에 보내야 했다. 군대에 가야 취직을 할 수 있었기 때문에 하는 수 없이 갔다고 했다. 남편이 군대에 간 4년 동안 합천에 있는 큰집 아랫방에 얹혀살면서 혼자 생계를 꾸려가야 했다. 이복남(가명)의 남편은 외동아들이라 병역을 기피하고 있었는데 결혼한 지 3년 만인 22세 때 피할 길이 없어 군대에 갔다. 큰아들 임신 중에 군대에 갔는데 남편이 아이가 보고 싶어 강원도에서 합천까지 왔다 곧 돌아가기도 했다. 안순임(가명)은 남편이 군대 갔다 왔을 때 옷을 세탁하니 물에 "이가 하얗게 떠 있었다"고 회상했다.

징집을 기피한 경우에도 생활은 어려웠다. 김분자(가명)의 남편은 끝내 징집을 기피했는데 "기피자라고 잡으러 와서 쫓겨 다니며 이사를 스무 몇 번 다녔다. 부산에서 목수로 돈을 많이 벌었으나 순사에게 많이 뺏겼다"고 말했다. 남편의 군대 기피로 함께 도망하기 위해 이사를 계속 다녔고, 경찰에 발각되면 뇌물을 주어 무마하며 고달프게 살아야 했다. 윤월순(가명)의 남편은 군대에 갔으나 탈영한 경우이다. 윤월순(가명)의 남편은 "경찰로 공비 토벌 다녔는데, 공비는 산에 숨어 있고 경찰은 다 노출되어 더 위험했다"고 했다. 그래서 경찰을 그만두고 직업 없이 피해 다니며 살다가 강제로 붙잡혀 군대에 갔다. 군대 갈 때 자신은 임신 중이었는데, 이 아들이 서너 살 정도가 될 때까지 4년 정도 군대 생활을 하다 휴가 나와서 복귀하지 않았다. 이 때문에 40세가 넘게 직장 없이 피해 다녀야 했다.

6·25전쟁으로 남편이 사망하거나 부상당한 원폭 피해 여성들은 원폭 피해의 상흔과 함께 6·25전쟁의 비극을 짊어져야 했던 것이다. 또한 6·25전쟁 이후에도 군대의 긴 복무기간 때문에 견디지 못하여 탈영하거나 군대를 기피한 경우에도 결혼생활은 고달팠다.

4. 원폭 피해와 결혼생활

1) '원폭증'으로 인한 결혼생활의 파탄

원자폭탄의 투하로 인한 피해는 결혼생활에 큰 영향을 끼쳤다. 한국으로 귀향하여 비피폭자와 결혼한 원폭 피해 여성들은 1차적으로 피해자 자신이 원폭 피해에 대해 무지했고, 연애결혼한 2사례 외에 중매로 결혼한 경우 이에 대해 미리 밝힌 경우가 없었다. 대부분의 원폭 피해 여성의 남편은 아내의 원폭 피해에 대해 모르고 결혼했으나, 결혼생활을 하는 동안 원폭 후유증이 드러나기 시작했다. 가장 두드러진 것이 임신과 관련된 것으로 불임과 유산, 사산, 병약한 아이의 출산이었다. 한국교회여성연합회가 일찍이 조사한 결과에서 피폭 1세 여성 응답자 387명 중에 불임이 25.2%(98명)이고, 임신을 경험한 여성은 289명으로 그중에서 31.7%(91명)이 최소 한 차례 이상 유산을 했으며 7번 임신해 그중 5번 유산한 여성도 있었다(한국교회여성연합회, 1984 : 61~62). 한국교회여성연합회 보고서와 함께 묶여 출간된 '일본시민회' 실태(보충)조사에서는 유산 경험이 제1차 조사(서울)에서 30%, 제2차 조사(경북)에서 22%에 달했고, 폐경 시기는 매우 빠르게 나타나는 특징이 있음이 드러났다. 그런데 당시 한국 사회에서 결혼과 임신, 출산, 육아는 여성들이 반드시 해야 할 의무로 인식되었을 뿐만 아니라, 사회에서 온전한 여성으로 인정받기 위한 최소한의 조건이었다. 특히 남성 중심의 가부장제 사회에서 가문의 대를 잇는 출산에서 문제가 있는 경우, 어려움을 겪을 수밖에 없었다.

한국보건사회연구원의 원폭 피해자 실태조사 대상자 중 남성의 93%가 결혼생활을 한 반면, 여성의 경우 64.5%만이 결혼생활을 했고, 나머지는 이혼, 별거 등 배우자 없이 생활하고 있었다. 남성의 경우 6.6%만이 이혼이나 별거상태인데 여성은 35.5%에 달했다(장성한, 2017 : 22).

이 연구의 조사대상자들 중에서도 불임이나 건강하지 못한 아이 출산으로 소박을 맞았다는 증언이 있다. 남화자는 "열아홉에 시집을 갔는데 애 못 낳는다고 구박을 받다가 못살겠어서 스물둘에 친정으로 와버렸"(한국원폭피해자협회, 2011 : 509)고, 김분순도 "원폭을 당한 여성은 아기도 못 가진다고 쫓겨나기도 했어요"라고 원폭 피해 여성이 불임으로 쫓겨났던 것을 증언했다(이상화, 1995 : 196). 남화자는 자신의 불임을 "원폭 피해자 때문인 거는 아니고"라고 생각(한국원폭피해자협회, 2011 : 511)했으나 남화자의 불임도 원폭 피해의 하나의 증상임이 분명하다. 원폭으로 부모가 즉사하여 고아가 된 이순옥은 "다리 아파서 오른쪽 다리가 차거운 돌같이 되어 부자유하다. 자신은 아이를 낳지 못할 것이기 때문에 결혼할 생각을 접었다. 친구들 대부분이 결혼하였고 부모와 행복하게 사는 모습 보면서 언제나 자살이라는 두 글자가 있었다"고 말했다. 결혼을 반드시 해야 하는 당시에 결혼을 못 하고 자식을 낳지 못한다는 것은 여성으로서 암담한 일이었다. 이순옥의 여동생³은 결혼했으나 아이 못 낳는다고 이혼당하자 연탄불을 피워놓고 자살했는데, 원폭으로 부모가 즉사하고 여동생과 둘이 남았으나 유일하게 남은 혈육인 여동생이 자살하자 이순옥 자신도 세 번이나 자살을 시도한 것은 원폭으로 인한 후유증으로 아이를 낳지 못할 것이라고 생각했기 때문이었다(李順玉, 1987 : 72~73; 75~76; 80). 아들을 낳아 대를 잇는 것이 가장 중요한 부부의 의무인 남성 중심의 가부장제 사회에서 여성의 불임은 결혼에 치명적인 영향을 미쳤다. 원폭 피해 여성 중 불임을 겪은 여성들의 불행은 이혼은 물론 자살로까지 이어진 것이다.

복지회관 거주 조사대상 원폭 피해 여성들은 자식을 낳았어도 자식이 건강하지 못한 경우에 그 책임을 져야 했고 남편으로부터 소박을 맞았다고 말

---

3 한국교회여성연합회(1984) 보고서에 10세 때 피폭을 당하고 원폭후유증으로 임신을 못하고 있는 이순엽과 함께 남편의 사진이 실려 있다. 이순엽이 임신을 못해 이혼당하고 자살한 이순옥의 동생인지는 확인할 수 없었다.

했다. 학교에 가는 길에 선생님께 연꽃을 꺾어드리려다 원자폭탄을 맞아 정신을 잃었던 윤부선(가명)은 21세에 마을 사람이 중매해서 결혼했는데 남편은 윤부선(가명)이 원폭 피해자인 것을 몰랐으나, 아들을 낳았는데, 어느 날 "갑자기 열이 나고 피부가 일어나고 땀이 나는" 등의 증상을 보이자, 일본에 징용을 갔다 온 남편이 아들이 아픈 것이 원폭 때문이라고 하면서, 원폭 피해로 인해 생긴 얼굴의 흉터가 보기 싫다고 이혼하자고 강요해서 돌이 갓 지난 아이를 두고 쫓겨났다. 윤부선(가명)은 대구에 가서 식모살이를 하며 열 손가락이 다 짓무를 정도로 일했는데, 아이가 보고 싶어서 식모살이로 번 돈으로 아이와 시어머니 옷을 사가지고 찾아갔으나 남편이 다시 내쫓았다. 이혼 후 친정에 가보니 부모들은 다 사망했고 오빠도 집 팔고 이사 가고 없어 혼자 친정에 남았는데 살아갈 수 없었다. 두 번째 결혼은 남편의 형수가 독려해서 했는데, 남편도 재혼이었다. 두 번째 결혼에서 낳은 딸과 아들은 태어나자마자 죽었다. 재혼한 남편은 일본에서 중학교 다녔고 일본 군대에 간 적이 있어 원폭 피해에 대해 알았지만 이혼을 요구했다. 그러나

> 갈 데가 없어 사정사정해서 살았다……. 늘 이것 잘못하고 저것 잘못했다고 하면서 서러움을 주어서 하루도 마음 편할 날이 없었다. 그래도 두 번 다시 결혼 안 하려고…… 밥만 해주고 밥만 얻어먹었다. 비누 한 장 주면 쓰고 안 주면 안 썼다. 가정 일에는 아무런 말도 안 했다. 가라는 것이 겁났다. 갈 데가 없어서……. 이혼했다는 말하기 싫다. 누구한테도 이야기한 적 없다.

고 이혼의 아픔을 견디어야 했음은 물론, 이혼으로 인한 사회적인 비난 또한 두려워 이혼 사실을 숨겼다. 남화자의 동생 하나는 "등에서 다리까지 화상을 입어서 다른 사람들 눈에 띄고, 귀가 고막이 터져서 들리지도 않으니 바보 같았어. 귀가 아프다고 울고불고 그랬다……. 그 동생이 시집가서 애를 낳았는데 첫째가 뇌성마비라, 근데 그 시댁에서 그게 원자병이 있어서 그런 애기

낳았다고 구박, 구박을 그렇게 심하게 받았어……. 너무 구박이 심하니까 내가 가서 이혼을 시켰다"(한국원폭피해자협회, 2011 : 509)고 했다. 남화자의 여동생도 장애아를 출산한 것 때문에 결국 이혼해야 했다.

한국의 원폭 피해자들의 아픈 몸을 일본이 책임지고 치료해주어야 한다고 처음으로 요구한 손귀달 또한 아픈 몸 때문에 남편으로부터 이혼을 당했다. 1950년 이른 봄 아버지 고향인 경남 사천에서 스무 살인 손귀달은 스물일곱 난 지서 순경과 결혼을 했다.

> 제 나이 스물, 그의 나이 스물일곱. 귀국 후 아버지를 잃고, 그나마 온 가족이 피폭 이후의 후유증세로 앓고 있던 중이어서, 저에게는 남과 같은 이상이라든가 희망이라는 게 없었습니다. 억지 구실을 붙인다면 가난한 집안에서 입을 하나 덜어주는 일이라고나 할까. 결혼 2년 만에 저는 사산을 했습니다. 늘 심한 두통과 소화불량, 전신 신경통으로 몸이 극도로 쇠약해 있었으므로 그런 줄로만 알고 있었습니다. 다시 2년 후인 54년 봄에 첫 아들을 무사히 낳기는 했습니다만, 제 몸은 가눌 수조차 어렵게 되고 말았습니다. 부산에 있는 큰 병원을 찾아갔습니다. 종합 진찰 결과 아무래도 원폭증으로 인한 특수 후유 증세임이 틀림없는 것 같다는 주무의(主務醫)의 진단이었습니다. 이 사실에 남편은 대경실색 분노를 터뜨리게 됐고, 그날을 기해 남편은 사실상 저에게서 등을 돌리고 말았습니다. 과거를 숨기고 결혼한 사기꾼, 이게 바로 저에게 주어진 죄목이며 형벌의 시작이기도 했습니다. 남편은 공공연히 집을 비웠으며, 다음 달부터 생활비조차 한 푼도 주지 않게 됐습니다. 아이들을 위해 애원도 하고 기다려도 봤으나 날이 갈수록 칼날처럼 매섭게 죄인 취급만 해오는 남편을 견디다 못해 저는 애들을 이끌고 부산으로 나왔습니다……. 그때 장남이 세 살, 다음 딸애를 임신 중이었습니다. 이혼장에 도장을 찍어준 것은 그로부터 2년 후이지만, 원자탄을 맞았다는 그 한 가지 일로 해서 저는 말 한마디 못 하고 9년 동안의 결혼생활을 끝냈습니다. 어린 두 자식만을 안고……(박수복, 1975 : 183;194~195).

라고 말하였다. 변연옥도 병약한 몸 때문에 남편으로부터 배척당해 별거해야 했다.

몸에 그렇게 반점이 나는 것은 처녀 적에 20대 정도인가 살짝 왔는데, 좀 지나니까 또 나기 시작해서 나중에는 빈틈없이 보라색으로 변하니까 나중에 신랑이 그걸 보고 딱 그러는 거야. 이런 병은 원폭병이다라고…… 보라색 반점 같은 게 전신에 있었어. 사람들이 문둥이라고 나병 환자 취급을 해서 목욕탕도 못 갔어……. 그 당시에는 그게 왜 그런가, 왜 내가 그런 병에 걸렸나 만날 울었지. 남편도 그게 자기 책임이 아니라 원폭 때문에 그런 거니까 자기를 원망하지 마 그러고……. 근데 몸에 아무런 표시가 나지 않으면 남편도 몰랐을 텐데, 그 증세가 심해지니까 남편이 딱 그렇게 나오더라고……. 그래도 그때는 아버지 어머니도 안 계시고 나 혼자라 아무 데도 갈 데가 없으니 이혼을 못 했고……. (나환자용 약을 먹기 위해) 속을 달래고 잘 먹어야 한다는데 애는 셋이지 호랑이 앞발 같은 남편 있지…… 정말 눈물로 세월을 다 보냈지……(한국원폭피해자협회, 2011 : 489~490;495).[4]

라고 회상했다.

1968년 손귀달에 이어 일본에 가서 신병 치료를 요구했던 임복순 또한 원폭 후유증으로 결혼생활에 어려움을 겪었다. 임복순의 부모는

원폭 환자라는 것을 감추고 이발사 김홍문 씨에게 시집을 보냈으나 그것이 발각되어 별거생활을 하기도 했다. 특히 임여사는 원폭의 광선에 놀라서 불만 보면 현기증으로 쓰러졌으며 수족이 뒤틀리고 힘이 없어 빨래도 삯군을 불러와야 했다. 딸 하나는 소아마비로 죽었고 남아 있는 삼남매도 허약체질인 데다 모두 갖가지 중병으로 큰 수술을 받았다고 한다. '당신 때문에 자식들까지 모두 망쳐놓았다'는 남편의 비난은 귀에 못이 박이도록 들어왔으며 밥보다도 약으로 지금까지 병구(病軀)를 지탱해왔다는 임 여사는 한때 5만 원짜리 전세방에서 쫓겨나 한강변 모래사장에 천막생활을 하

---

4 김동현(1973 : 233)에 의하면 엄분연(45세)은 잦은 병치레와 외부의 상처가 싫다면서 비피폭자인 남편이 이혼을 요구하여 아들을 데리고 집을 나와야 했다고 기술하고 있다. 이는 남편이 전쟁에서 전사했다고 구술했다는 '협회'(2011 : 793)의 내용과 모순이 된다.

면서 집단자살을 하려고 연탄을 피워놓기도 했으나 철없이 자는 자식들이 불쌍해서 다시 꺼내기를 되풀이하기도 했다(이우정, 1976 : 229~230).

임복순은 남편과 별거했고 결국 이혼으로 이어져, 남편은 다른 여성과 결혼하고 자식을 낳았다(林福順, 1982 : 217).

임복순의 조카뻘 되는 김복희(40세)도 아픈 몸 때문에 남편과 헤어져야 했다. 김복희는 히로시마에서 초등학교 6학년 때 전차를 타고 학교에 가던 중 원폭을 맞아 전차가 궤도를 탈선, 나뒹굴면서 얼굴과 상반신 전부에 화상을 입어 외상이 심한 편이다. 김복희는 소화불량, 저혈압에다 한쪽 다리까지 절고 있으며 얼굴의 화상을 없애기 위해 경희대 의료원에서 석 달간 성형수술을 받았으나 살을 떼어낸 엉덩이 부분이 곪았다. 김복희는 인쇄기 조립기술자인 이성강 씨(45세)와 결혼했으나, 남편은 아내의 병치레에 진절머리를 내며 작은부인을 얻어 별거했다(김동현, 1973 : 230).

박차점은 히로시마 적십자 병원의 간호사로 일하다 병원에서 피폭되었는데, 26세에 결혼하고 둘째 아이를 출산했으나, 출산 후 원폭증이 악화되어 병원에 입원했다가 집으로 돌아가려는데 남편이 돌아오지 말라고 하여 그길로 남편과 이혼하였다(鎌田定夫, 1982 : 115~116). 최우재와 손학수 부부는 아들과 딸 4명이 모두 원폭 피해자였는데, 당시 세 살이었던 딸이 큰 화상을 입고 켈로이드가 생긴 채 귀국한 후, 학교에도 가지 못하였고 성인이 되어 결혼했지만 자식을 낳을 수 없어 이혼하고 친정으로 돌아왔다(이치바 준코, 2003 : 116; 117).

안순자(가명)는 결혼생활에 대해 말씀해달라고 요청하자 "쯧" 하고 혀를 찼다. 안순자(가명)는 자신은 "아무것도 모르고 시집가서 살았다"면서, 딸 하나 낳고 난 후에 "자궁에 혹이 생겨 임신한 것처럼 배가 부풀어 올랐고, 늘 피가 비춰서 깨끗한 팬티 입어보지 못했다"고 했다. 의료보험증이 없어 의료보험료를 6개월 내야 혜택 있다고 해서 기다리는 동안 증상이 점점 심해져, 목포에 있었던 가톨릭 계통의 '콜로바'(미국 사람들이 운영)병원에서 자궁 적출 수술을 했다. 자궁 적출 수술을 하고 나니 여성성을 잃어버렸다는 생각이 들었고, 이후 자신이 성관계를 하기 싫었고 남편도 싫어서

> 속상해도 내가 자식 없으니 할 수 없었다. 아들 낳으라고 바람피우라고 했다. 남자들 하는 것 짜다라(많이) 간섭할 수 없고…… 찍 소리도 못 했다. 아이를 낳아오지 못했다. 섬에 성당이 있어 영세를 받았다. 괴로우면 성당에 갔다. 마음에 위안이 되었다

고 말했다. 안순자(가명)는 운영하던 정미소 경영이 어려워지기도 하여, 남편에게 "말 안 하고 아무것도 가진 것 없이 혼자 몰래 섬에서 나와버렸다…… . 남편 속상한 것 말도 못 한다"라고 말을 맺었다. 원폭 피해를 입은 후에 비피폭 남성과 결혼한 여성의 경우 불임과 유산으로 결혼생활을 유지할 수 없었고, 더욱이 자녀가 건강상의 문제를 겪으면 이 또한 책임을 물어 이혼을 당했다.

2) 원폭 피해로 인한 남편의 죽음

원자폭탄 투하 이후 시간이 지나면서 원폭 피해 여성들은 남편이 원폭 피해자인 경우 원폭증으로 고통 속에서 죽어가는 모습을 지켜봐야 했다. 신복수는 남편 이두순이 충청북도 제천군 봉양면 학산리 출신으로, 남편 집안이 '이씨 왕조의 고관'으로 1910년 일본의 강점으로 몰락한 후 히로시마로 이주하여 살았는데, 원폭 피해를 당한 후

> 외상이 그다지 심하지 않아 기적적으로 살아남은 남편은 지옥 같은 고통 속에서 일거리를 구하려고 서둘렀습니다. 그러나 8월 하순경이 되자, 머리털이 빠지기 시작하고 27일에는 고열이 나고, 입술이 검은 자색으로 부

어울랐습니다. 남편은 '죽을 수 없어, 안 죽어!' 하고 소리 지르며 재떨이를 내던지고 몸부림치며 괴로워하다가 30일에 사망했습니다. 남편 가슴속에는 겨우 돌을 지낸 차남 히데오와 연로하신 모친을 두고 죽을 수 없다는 생각이 가득했을 것입니다. 그때의 '안 죽어!' 하던 울부짖음은 죽음을 앞에 바라보는 남편이 남은 생명을 다하여 외친 울분의 호소였습니다(표문태, 1986 : 62)

라고 회상했다. 신복수는 당시 동아일보 히로시마 지국장이던 사촌동생의 남편의 소개로 그의 친구였던 남편과 결혼하여 일본으로 "살길을 찾아"(표문태, 1983 : 57~58) 갔으나, 원폭으로 자식과 남편이 처참하게 죽어가는 것을 대면해야 했다. 정순남은 남편이

종전 후 15년이 지나서 50세에…… 간장만이 아니고 위와 창자 등 내장은 엉망이었다고 합니다. 그런데 남편은 원폭 수첩을 갖지 못했습니다. 원폭증임에 틀림없는데도 남편은 '일본 정부의 원조는 받기 싫다' 하며 몹시 화를 내더군요. 남편이 할 수 있던 저항의 전부였지요. 병원 치료와 자택 요양으로 버티다가 마지막에 외롭게 혼자 쓸쓸히 돌아갔습니다(표문태, 1986 : 85).

라고 말했다. 정순남의 남편은 일본 정부에 대한 증오로 재일교포 원폭 피해자에게 일본 정부가 주는 혜택도 거부한 채 원폭증으로 사망한 것이다.

복지회관 거주 조사대상 원폭 피해 여성 중에 6사례가 일본에서 결혼하여 남편도 함께 피해를 당한 원폭 피해자였고, 한국에서 결혼한 경우 중 3사례가 남편이 원폭 피해자였다. 안두선(가명)은 남편이 방에서 "아야 아야" 하면서 고통을 호소했는데, 골짜기에 살아서 병원에 가보지 못하고 있다가 한참 후에 병원에 가서 가슴이 아프다고 하니 만져보더니 '적'[5]이라고 했고, 다

---

5 옛날에는 암을 적이라고 했다 한다.

시 한의원에 가봤더니 병이 중하다고 해서 대구 병원으로 갔더니 간이 부었다면서 한 달을 못 넘긴다고 했는데, 결국 46세의 나이로 암으로 사망했다고 했다. 손경선(가명)의 남편은 58세에 "위궤양에 걸려 십이지궤양으로 번져" 사망했다. 원폭 피해자인 구을선(가명)의 경우, 남편 집안도 원폭 피해를 당했는데 남편은 군에서 제대한 후 폐가 안 좋아 약을 먹기 시작하여 "다른 사람처럼 못 살고 숨질(숨길)로 허둥대고 평생 고생"했는데, "멀쩡한데 헐떡거리고…… 8천 원씩 하는 약 입에 물고 있으면 좀 나아서"라고 회상했다.

무궁화(가명)는 남편이 위가 좋지 않아 하던 공장을 그만두고 수술을 여러 차례 하던 끝에 사망했는데 남편 사망 원인을 원폭 후유증과는 연관을 지어보지 못하고 남편이 술을 많이 먹어 술 때문에 병이 난 것으로 생각했다고 했다. 또 이점옥(가명)도 "남편은 술을 주야로 많이 먹고 일을 하지도 못하고, 말도 못 한다. 병들어 죽었다"고 말해서 술로 인한 병으로 추정하여 원폭과 관련을 짓지 않았다. 윤월순(가명)은 원폭으로 인해 이마에 상처가 있는 남편이 75세에 사망했는데, "무다이(아무 일 없었는데) 걸음을 못 걸었다"라고 하면서 술을 너무 좋아했는데, "술에 취해서 자빠져서 다쳐서 왔다. 앞으로 퍽 엎드려 있었다. 풍이 와서 그런지, 술 때문인지 말의 발음을 똑똑하게 못 했다"고 말해서 술로 인해 사망한 것으로 추정하였다.

이복남(가명)의 경우는 시부모와 남편이 모두 원폭 피해자로, 남편은 시어머니가 16세에 원폭 피해를 입기 전에 낳은 아들이었고 그 이후 시어머니가 아이를 임신할 때마다 3개월 만에 유산했다. 시어머니는 원폭으로 아이를 하나밖에 못 낳아 남편이 외동아들이어서, 시어머니는 가난할 때에도 자신은 하루 한 끼 먹고 아들을 먹이면서 과잉보호하였다. 아들이 장가 간 뒤에도 시어머니가 아들 팬티까지 갈아입힐 정도로 돌보았다. 시어머니에게 이복남(가명)의 남편은 시집의 가계를 이어주는 유일한 자손으로 자신이 결혼생활을 유지할 수 있게 지탱해주는 버팀목이었다. 그런데 이복남(가명)의 남편은 이기적이고 광포한 아들로 성장했다. 이복남(가명)도 남편이 "술병에 걸려 뒤죽박죽으로 살았다. 직장암에 걸려 3년 만에 사망했다. 대구 영대병원에서 1년 있었는데 살림살이 다 팔았다. 집으로 가자 해서 합천 고려병원에 있다가 집으로 와서 일주일 만에 사망했는데, 피가 나면 짚을 뭉쳐 막았다"고 말했다. 병원도 없어 대부분의 여성들은 죽어가는 원인을 정확히 몰랐고 평소에 자신을 괴롭힌 남편의 과음에 그 원인을 돌렸다. 과음 때문에 결정적으로 죽음을 맞이했을 수 있지만, 과음의 원인이 원폭 피해 당시의 정신적인 트라우마와 아픈 몸의 고통을 잊기 위한 것이었는지 헤아리기에는 사는 현실이 너무 각박했던 것이다.

일본에서 결혼한 이일분(가명)은 남편이 40대에 사망했는데, 남편이 가려움증으로 마산과 대구로 다니며 치료했고 낫지 않자 "원폭 탓이로구나, 속으로 생각"했다고 하여 이일분(가명)만이 원폭 피해자 남편의 죽음을 원폭과 연관 지어 생각했다.

3) 원폭 피해로 인한 자식의 죽음

어머니로서 자식이 죽어가는 것을 보는 것보다 더 큰 고통은 없을 것이다. 김달람은 "원폭을 맞을 때 임신을 해 있어서 한국 나와서 낳았는데, 한 3년 있다가 죽었다"(한국원폭피해자협회, 2011 : 694)고 했다. 정분선은 "내가 임신 상태에서 폭격을 맞고 한국 나와서 아기를 낳았는데······ 그 애가 아주 여기 저기 아팠어요. 폐가 많이 안 좋아서 결국 죽었어요"(한국원폭피해자협회, 2011 : 811)라고 말했다. 박남주의 경우, 아기가 "쌍둥이였는데 조산이었다. 둘 다 호흡이 정상적이지 않았다. 그때 남주씨 나이 18세. 보랏빛 아기들을 제대로 바라볼 수 없었다. 아기들은 간신히 일주일 동안 숨이 붙어 있었다"(가와타 후미코, 2014 : 111)고 했다. 윤부선(가명)은 첫 번째 결혼에서 낳은 아들이 온전하지 못하다고 시집에서 쫓겨 나와 재혼했는데, 재혼해서 낳은 딸과 아들도 태어나자마자 죽었다. 한 아기는 "갓 낳아놓으니 노랗게 변해서 죽었고……" 또 다른 아기는 "수족을 벌벌 떨면서 죽었다……. 아이들을 실패하고 나니 남편이 이미 낳아 기르고 있는 아이를 업고 나가라고 구박"하는 것을 견디어야 했다고 말했다. 윤부선(가명)의 동생 윤팔선(가명)은 딸 하나가 목젖이 없어서 젖을 못 빨아 죽었다고 했다. 김정순은

> 귀국 후 바로 낳은 사내아이는 낳은 지 몇 분만에 약간의 경련을 보이더니 곧 숨을 거두었다. 뼈도 없고 살도 아닌 물렁대기만 한 어린것은 사람이라기보다 흐느적대는 물체였다. 곧 이어 낳은 애가 태일이고, 그 다음에 낳은 사내아이도 1주일을 살지 못하고 죽었다. 첫 아이보다는 뼈대가 굳은 듯이 보였지만 보통 아이에 비해서 반골밖에 되지 않았다. 그 다음 1948년에 낳은 사내아이 문용은 1·4 후퇴 당시 피난지 군산에서 심한 열병 끝에 20일 만에 네 살 나이로 죽고 말았다(박수복, 1975 : 70)

고 회상했다.

어린 아기들이 죽어가는 것을 겪어야 했고, 아이가 자라다가도 속절없이 죽어가는 모습도 지켜봐야 했다. 강옥이(가명)도 딸이 "열 살도 못 되어 죽었는데 무슨 병에 죽었는지 모른다, 의사가 없어……"라고 병명도 모른 채 딸을 보내야 했던 아픔을 말했다. 안춘임(가명)도 딸 하나가 죽었는데 병명을 모른 채 죽었고, 조카도 한국에 오자마자 사망했는데 당시 "왜 죽었는지 모른다, 그 당시에는 핵이 나쁘다 무섭다는 것을 몰랐다. 별로 살았다"고 말했다. 갑작스러운 자식의 죽음이 무엇 때문인지도 모르고 보내야 했던 어머니들은 아픔과 자책감으로 고통받았다. 구순임도 무슨 병으로 아이들이 죽었는지

> 모른다. 애들이 어렸을 적에 죽었으니까. 내가 머시매 둘, 가시나 하나 낳는데 둘이 죽고 지금 머시매 하나 남았다. 내가 없이 사니까 장사로, 식당으로 차려갖고 하느라고 애들을 잘 거둬서 병원도 다니고 해야 하는데 그걸 못해서 애들 병을 키워놨어…… 그 애들이 콧구멍이 타고 입이 타고,

폐병 같은 걸로 죽었어(한국원폭피해자협회, 2011 : 739)

라고 말했다. 생계를 꾸려가느라 아이들을 돌보지 못했다는 죄책감까지 더하면서 자식을 잃은 어머니의 아픔은 더해갔다. 조경숙은 "스물네 살에 결혼해서…… 둘째가 아홉 살 때 뇌수막염 같은 것으로 죽었어요. 그러니까 남편이 내가 피폭자인 걸 알았으면 애기를 안 낳았을 거라고 하는 그런 소리를 들었어요"(한국원폭피해자협회, 2011 : 688~689)라고 말했는데, 자식이 죽어가는 슬픔을 겪으면서 남편으로부터 구박과 핀잔을 견디어야 했다.

이수용은 둘째 아들이 고등학교를 졸업하고 군대 제대 후에 직장 구하러 다니다가 25세에 갑자기 "우째 몸이 안 좋아"지더니 죽었는데, "부모로서 그만큼 아픈 것은 말도 못 한다"고 말했다. "그 당시에는 별로(무심히) 넘겼는데, 지금은 내가 죄악을 했구나 하는 생각이 납니다"(한국원폭피해자협회, 2011 : 785)라고 말하여, 당시에는 원폭 후유증으로 인한 사망이라고 생각하지 못했음을 토로했다. 조분이(가명)도 "둘째 아들 군에 갔다 와서 23~24세때 속이 안 좋았다. 원폭으로 병 나는 것 생각도 못 하고 대구로 어디로 병원에 다녔지만 죽었다"고 했는데, "아들이 나에게 얼마나 잘했는지 모른다"고 말하면서 원폭증에 대해 무지했던 것을 한탄하고, 효자였던 아들을 그리워했다.

임채화[6]의 사연은 원폭의 비극을 말해주는 사례로 여러 연구에서 소개되었다. 임채화의 비극적인 사연은 다음과 같이 기록되어 있다.

한국에 건너온 피폭자 가운데 가장 나이가 어렸던 임채화 양(서울 용산구 이태원동 164)은 채 피지도 못한 꽃봉오리인 채로 시들어, 지난 70년 12월 눈이 펑펑 쏟아지는 새벽에 원폭 인생을 마쳤다. 임양은 다섯 살 때 히로시마(廣島市 皆實町 三丁目) 골목길에서 공치기를 하고 놀다 원자폭탄을 맞아 가벼운 화상을 입었을 뿐 별 이상이 없이 그해 10월 고향인 충남 부여로 돌

---

6   임복순의 조카.

아왔다. 임양은 대전선화국민학교에 입학한 뒤 학년이 높아갈수록 학업성적이 떨어져 두 번이나 재수를 했으며 서울의 명성여중에 들어간 후부터는 공부보다도 운동에 전념, 배구선수가 되어 백넘버 9번의 유니폼을 입고 전국대회에 출전해서 여러 번 우승하자 각 고등학교에서는 유망주로 임양을 스카웃해 가려고 눈독을 들이기도 했단다. 그러나 여고 1학년 때 갑자기 몸살 비슷한 증세로 앓기 시작, 자리에 드러눕자 부모들은 감기 몸살 증상이라고 가볍게 생각하고 집에서 며칠 쉬도록 했으나 열흘이 가고 한 달이 갈수록 병세는 더욱 악화되어 식욕까지 잃고 말았다. 이곳저곳 의사들을 찾아다녔으나 '과로에 감기가 겹쳤다'고 말하고 있는 새 임양의 온몸에는 홍역과 같은 발진이 돋아나 얼마 후에는 곪아터지고 전신이 부어오르는 데다 원폭 특유의 켈로이드 현상이 뒤따랐다. 학교에 휴학계를 냈다. 64년부터는 정신착란증세가 나타났고 탈수현상까지 겹쳐 그 건강하던 몸이 반쪽으로 쇠약해졌다.

임양의 부모들은 딸을 건져내기 위해 전국의 명의를 찾아다니며 "못 고쳐주셔도 좋습니다. 확실한 병명이라도 알려 주십시오." 애원하는 동안 집과 농토를 팔고 이태원동에 월세 3천 원의 전세방 생활을 시작했다. 그때마다 의사들의 진단은 각기 달랐다. 소화불량, 관절염, 혈액순환기장애, 뇌막염, 백혈구 감소증, 빈혈, 정신착란 등 줄잡아 10가지가 넘는 병명을 선고받아 오다가 65년 말에야 방사선의학을 연구하는 원자력병원의 두 의사가 2주일 동안 임양을 세밀히 검진한 후에 처음으로 원폭 후유증이라는 것을 알게 되었다. 그러나 병명은 밝혀져도 치료방법은 없었다. 그래서 임양은 그 후 몇년간을 단칸방 구석에서 뒤척이다가 숨을 거두었다(김동현, 1973 : 225).

5. 생계를 위해

결혼생활에서 생계 꾸리기는 1차적으로 남성 가장의 책임이었다. 일본에서 결혼한 여성들의 남편은 미쓰비시 등 군수산업에 종사하거나 건설업 일용노동자, 일식집의 일용노동자 등으로 일했고, 대부분 여성들은 원폭 피해 즈음에 결혼한 지 얼마 되지 않아 임신 중이거나 아이가 어려서 전적으로 남편에게 생계를 의존하였다.

여성들은 결혼으로 일본군 위안부 동원에서 제외되었고, 아이를 많이 낳아 기르라는 일본의 방침에 따라 기혼여성은 근로정신대와 보국대의 강제 노동 동원에서도 제외되었다. 이일분(가명)은 전차 차장으로 일하다 힘들어 그만둔 후 근로정신대로 임금도 없이 동원되었는데, 1944년 12월에 결혼하자 "우메요 후야세요(낳아서 불리세요)"라고 하면서 일본 정부가 아이 낳기를 독려해서 공장을 그만둘 수 있었고 결혼으로 근로정신대에서 제외되어 다행으로 생각했다. 조분이(가명)는 45년 1월에 결혼하여 임신 3개월이었는데, 입덧으로 친정집에 가 있다가 원폭 피해를 당했고, 정일선(가명)은 결혼 후에 가사노동을 전담하며 친정과 가까이 살았다. 최귀선(가명)도 일본에서 결혼 후에 아이를 낳고 약국 경영으로 경제적으로 넉넉했던 시집에서 가사노동을 하며 남편과 함께 살았다.

다만 이점옥(가명)은 시아버지가 다른 여자와 살림을 차려 홀로 남아 함께 살았던 시어머니에게 네 살 난 아들을 맡기고 간즈메(통조림) 공장 등 임금이 조금 나은 데를 찾아 수없이 많은 공장을 전전하면서, 일본 음식점에서 일했던 남편과 살아가기 위해 안간힘을 썼다. 유삼이는 결혼 후에도 경제적으로 어려워 친정어머니에게 아이를 맡기고 기린맥주회사에서 일했다고 했다(한국원폭피해자협회, 2011 : 715).

원폭 피해 여성들 중 일본에서 10대를 넘어섰던 경우, 대부분 취업으로 또는 학도호국대와 근로정신대의 동원으로 결혼 전에 공장과 은행과 철도와 버스 등 다양한 근대 산업부문과 군수산업에서 종사했고, 상업에도 종사한 경험이 있었다. 그러나 해방 후 한국 경제는 일제 수탈과 뒤이은 6·25전쟁으로 빈사상태에 이르렀고 농업이 경제에서 가장 큰 비중을 차지했다. 일본에서 결혼한 원폭 피해 여성들은 농촌에 있는 시집으로 돌아왔고, 미혼이었던 원폭 피해 여성들도 부모를 따라 농촌으로 돌아와, 농촌에 사는 남자와 결혼해서 농촌에서 결혼생활을 시작했다. 대부분 남편과 농사일을 같이하면서 생계 유지를 했고 가사노동과 자녀 출산과 양육을 병행했다. 결혼하기 전에도 어머니를 도와서 가사일과 농사일을 도운 경우도 있었지만, 계속되는 임신과 출산, 이에 따른 자녀 양육의 짐을 지면서 다양한 가사노동뿐만 아니라 농사일을 주도적으로 해야 했다.

조분이(가명)와 엄분연은 일본에서는 "풀도 뽑아보지도 않"는 등 농사일을 해본 적이 없어, 농사일을 배워서 하느라고 힘들었다고 토로했는데, 조분이(가명)는 "씨 뿌리는 것도 모르고 밭 매는 것도 모르고…… 오만 몸부림을다 쳤다"고 말했다. 엄분연도 농사일을 해본 적이 없어 전혀 몰랐으나, 결혼이후 원폭으로 인한 후유증으로 아픈 몸에 힘든 노동이 가중되어 유산을 거듭했다(嚴粉連, 1987 : 128~129). 조선 사회에서는 유교의 부부유별 윤리에 따라 여성이 야외에서 활동하거나 남성과 같은 곳에서 노동하는 것은 금기시되어 있었는데 일제는 남성들을 징용이나 징병으로 차출하고 이농자가 속출하여 농업 노동력이 부족하자 여성의 야외노동을 독려하였고, 이는 실현되었고 이로 인해 농작업이나 가사노동으로 힘들었던 여성들의 노동은 가중되었다(신영숙, 1989 : 128).

전통사회에서 특히 반가의 여성들은 가사노동을 하인에게 맡겼고 농사일에도 종사하지 않았는데, 정명선(가명)은 양반집에 시집을 갔으나 "들일도해야 하고 오줌도 이고 다녔다"고 말했다. 몰락한 양반집에서 여성은 더 이상 노동에서 면제되지 않았고 험한 일도 마다하지 않아야 했다. 남편과의 사이가 원만했던 안순임(가명)은 삼베 짜면서 다 늙었다. 남편과 나는 같이 돗자리를 짰다. 남편은 닷새에 10개 짜고 싶어 했는데 내가 꾸벅꾸벅 졸아서 남편이 화가 나서 짜던 것 끊어버리기도 했지만 잠 오는 것은 어쩔 수 없었다. 장에 가서 팔았다. 남편 죽을 때까지 아프면서도 삼베를 짰다. 그런 것 안 하니 살찐다.

라고 하면서, 힘들게 살았던 것이 "넘사시럽다(창피하다)"고 했다.

농촌에서 농토가 없는 경우 살아가기가 더 힘들었는데, 정경순(가명)의 경우는 농토가 없어 살기 어려워 남편이 일본에 있는 형의 초청으로 일본 가서 8개월 동안 노동해서 돈 벌어 왔는데 "주변 사람들이 말하기를 남편이 일본에서 고생한 것 말도 못 한다, 안 봐서 모른다"고 할 정도로 힘들게 일해서 논 다섯 마지기를 사서 함께 농사지었다.

그러나 대부분은 지어 먹고 살 농토가 없는 경우 장사로 생계를 유지했다. 1970년대 원폭 피해 여성을 취재했던 박수복에 의하면 정용분은,

남편 박씨는 눈만 뜨면 일거리를 찾아 먼 부락으로 내려가서 일을 했으나 가난을 면하기 어려웠다. 정여인은 오그라든 발은 양말 속에 감출 수 있으나 손만은 어쩔 수 없이 드러내야 했다. 어느 때는 붕대를 감고 어느 때는 맨손으로 야채 장사를 했다(박수복, 1974 : 93~94).

고 기록하여 원폭 피해자 부부가 아픈 몸을 이끌고 상처를 숨기며 먹고살기 위해 동분서주했음을 보여준다. 남편이 차남이어서 시집살이의 의무가 없었던 경우는 대부분이 시집을 떠나 분가했고 새로운 직업을 개척해나갔다. 강승자(가명)는 시집에서 살다 5년 만에 시집에서 약간 떨어진 묘산(합천)에 방을 얻어 분가했는데, 분가할 때 시집에서 쌀 1되, 보리쌀 1말, 간장 1병, 된장 한 사발을 주어, 솥단지 걸어놓고 살았다. 그리고는 양은냄비 장사와 머리카락을 사서 되팔아서 생계를 유지했다. 즉 분가하고 난 후에 고향 근방에서 장사로 생계를 유지하기 시작한 것이다.

1960년대부터 경제개발 계획에 따라 산업화가 시작되면서 도시화가 진행되었고 산업 부문에 일자리가 창출되자 많은 농민들이 일자리를 찾아 농촌을 벗어나 도시로 이주하기 시작했는데, 원폭 피해 여성들의 가족도 이 물결에 합류하였다. 이일분(가명)은 남편이 농토가 없어 시숙에게 얹혀살았으나 남편과 함께 부산으로 이주하여 장사를 시작하여, 생계를 유지했다. 박화선(가명)은 남편과 농사짓고 살다가 가난한 농촌을 벗어나 부산으로 이주했고, 자동차 시트를 재봉틀로 만들어 달아주는 일을 했다. 강달화(가명)도 부산으로 이주하여 남편이 보따리 장사를 하여 생계를 유지했다. 윤월순(가명)은 남편이 징집 기피로 취업이 쉽지 않았는데,

> 대구에서 십자수 재료를 사다가 견본 책을 보고 창녕 근방 시골 아가씨들에게 재료를 나누어주고 일 시켰다. 거두어서 세탁해서 젖었을 때 손으로 두드리고 밤새도록 다듬이질 해서 도매상에 넘겼다. …(중략)… 화장실에 갔다가 길을 못 찾아 서문시장을 돌고 있는데 길에서 고모 만났더니 가게를 사라고 했다. 가게 사기가 쉽지 않고 돈이 가게 살 돈에 반밖에 안 되었지만 일수를 빌려서 가게를 샀다. …(중략)… 7개월 번 돈으로 가게 샀다. 너덧 살 아들과 돌 안 지난 아이를 데리고 서문시장에서 수예점을 했으나, 1년도 못 되어 서문시장에 불 나서 일시에 거지가 되었다. …(중략)… 불난 시장을 구경하러 오는 사람이 많아 냄비에 국수를 삶아 팔기 시작했다. 엄청나게 많이 팔렸다. 그 후 가게가 복구될 때까지 1년 동안 식당을 했다. 복구되고 난 새 가게에서 옷 장사를 시작했다. 직원들 데리고 옷 만들어 새벽 4시만 되면 문 열었다. 시골에서 온 장사들이 시장에 있는 불량배들이 무서워 돈을 가게 안으로 던져 놓고 아침 먹고 와서 물건을 샀다. 장사가 잘되어 돈 많이 벌었다. 남편이 같이 했다. 살만 했는데 시장에 불이 또 났다. 현금으로 보상 받고 장사를 접었다. 남편은 평생 옳은 직업 없이 가게를 거들었다. 성격이 무난했는데 직원들 관리를 했다.

한국의 산업화로 건설업이 활발하던 시기에 윤팔선(가명)의 남편은 농촌에서 벗어나 현대 건설에 취직해서 충청도와 울산 등으로 이사하면서 살았

다. 그러나 저임의 건설 노동자의 월급으로 식구들이 살기에는 빠듯하여 그만두고 진주로 돌아와 농산물 도매를 했는데, 자신이 계산을 빨리 잘해서 돈 받는 역할을 했으며, 또한 아파트의 통장을 맡아 생활비를 보태었다. 김윤임(가명)은 합천에서 살다가 대구로 가서 자신은 "칠성시장에서 노점상하고 남편은 노가다(일용직 노동)했다. 남편은 돈을 많이 못 벌었다. 노가다해서 하루 2백 원 벌었다. 내가 (노점상으로) 쫓겨 다니면서 벌었으나 사는 것은 빠듯했다. 없어서 애묵었다(힘들었다)"고 말했다. 김분자(가명)는 농촌에서 남편과 함께 생나무를 해서 팔아 살다가, 부산으로 이주하여 남편이 목수 일을 하면서 돈을 잘 벌었는데, 남편은 집이 없어도 돈 벌어 오면 고향인 창녕에 땅을 샀다. "땅 많이 샀다, 2천 평 가까이…… 그때 그렇게 좋을 수가 없었다"고 회상했다.

일본에 남은 원폭 피해자들도 살아가기 위해 필사적인 노력을 했다. 정순남은

> 남편은 고물 수집을 하고 나도 열심히 일했어요. 돼지를 사육하여 많을 때는 일흔 마리가 되었답니다. 조선 엿이랑 탁주를 고았습니다. 뱃속에도 아기, 등에도 아기, 나는 중노동에 매달렸지요……. 가난뱅이의 다산이라 하지만 물자가 모자라는 시절의 자녀 양육은 필사적 싸움이었지요. 열세 살을 맨 위로 여섯 자식을 거느린 부부니까 먹을 것 장만하는 것이 삶의 전부였습니다. 남편은 야미쌀 구하러 갔다가 경찰에 걸려들기가 예사였고, 나는 탁주 밀조로 곧잘 유치장 신세를 졌습니다(표문태, 1986 : 84).

라고 말했는데, 전후 일본에서 살아가는 재일교포 원폭 피해 여성도 불법을 마다하지 않으면서 분투했다.

남편이 있어도 병들어 있거나, 외도와 알코올 의존증 등으로 가족의 생계를 꾸려가기에 무능한 경우에는 여성들이 홀로 살아가기 위해 동분서주했다. 빚을 피해서 다락방에서 살았던 주명순의 어머니 김정순은

병신, 병신, 말로 하면 차라리 나아요. 물건을 사려다가도 제 얼굴과 다 빠진 이 머리칼을 훑어보고서는 휙 가버려요. 친한 이웃 간에도 집안에 무슨 일이 생겼다면 호기심과 이상한 눈길로 기웃대고는 소곤대기 일쑤지요. 게다가 이 눈이 또 말썽을 부렸으니, 지난 68년 봄이지요. 몹시 왼쪽 골이 쑤시고 무너져 내리듯 아프더니 폭탄 맞고 넉 달 만에 나가사키 군인병원에서 해박은 이 왼쪽 가짜 눈알이 툭 빠져나와 버렸지 뭡니까. 한 열흘 동안 심한 출혈이 계속되던 끝에 말입니다. 처음엔 남부끄럽기도 하고 한 푼 벌이라두(도) 하려다 보니 이렇게 안대를 끼고 다닌 지 3년이 됐어요. 이제는 누가 뭐라고 비웃는대두(도) 평생 감출 수 없는 병신이니 남의 눈은 아무래두(도) 좋지만, 안대줄 때문에 귀밑 살이 모두 짓무르고 찢겨져서…… 그 아픔만 없어줬으면 좋겠어요. 안대를 안 하자니 손님들이 기분 나뿔(쁠) 거고, 무슨 살이 이렇게 종이만두(도) 못한지…….(박수복, 1975 : 70).

라고 말했다. 김정순은 원폭 피해자인 남편이 제대로 생계 유지를 못하자 원폭 피해의 흔적을 안은 채 살아나가기 위해 안간힘을 썼다. 아픈 몸을 이끌고 구멍가게를 하면서 살았던 유한순은 가난으로 둘째 아들을 외국에 입양을 보내야 했다. "이름도 안 짓고 보냈"는데 "죽은지 산지도" 모른다고 말했다(한국원폭피해자협회, 2011 : 662).

남편 부재로 홀로 자식들을 키우면서 생계를 책임진 여성도 고달프기만 했다. 정순남은 원폭 피해로 남편이 사망하고 난 후에, 자신도 '원폭증'으로 심장병과 손발의 마비증상, 탈장, 고혈압으로 "밤낮 고통"을 받으면서 아픈 아이들과 함께 또 아이들을 위해 더욱 힘들게 삶을 지탱했다.

남편 사망 당시 마흔 나이에 아이 여섯이 달렸습니다. 남편의 죽음을 슬퍼하고만 있을 겨를도 없었습니다, 도둑질 빼놓고는 무슨 일이든 했습니다. 자식들도 엄마 사정을 알았는지 도와주었습니다. 계집아이는 소학교에 들어가고부터는 부엌일을 거들었고, 유치원에 다니는 아이도 수집해 온 책과 천을 골라내는 일을 시켰습니다. 노는 일요일은 우리 집에 없었습니다. 지금 와서 아이들이 엄마보고 말하지요. 아이들과 함께 놀아본 적도 없고 학부형 참관일에 학교에 가본 일은 한 번도 없었다고……. 먹고사는 일에 정성을 다했으며, 1년 365일 아침부터 밤까지 일손을 놓을 수 없는 생활이 었습니다(표문태, 1986 : 84; 85).

라고 살아가기 위해 고군분투했음을 밝혔다. 일당파출부를 하면서 혼자서 어린 4명의 아이를 키우는 오추자는

'몸이 나른해도 일을 쉬면 먹고살 수 없다'고 한다. 연탄을 아끼느라 그런지 온돌에는 온기가 없다. '피폭되었다는 것 따위를 생각할 겨를이 없다. 지금은 여러 아이를 키우는 것만으로도 머리가 복잡하다'고 빠른 말투로 말하는 어머니의 뒤로 어린 아이들이 한 장의 이불로 몸을 덮고 있었다(이치바 준코, 2003 : 115).

고 이치바 준코는 기록했다. 이정수는 자신을 버리고 떠나 별거 중인 남편이 언젠가는 돌아오기를 기대하고 있었으나, 아버지에 이어 1954년 봄 남편이 사망하자 아들 하나와 함께 홀로 삶을 헤쳐 나가야 했다.

블록 찍기, 운반하기, 통국수 행상, 어물장사, 건축공사장의 허드렛일 등 우리 모자는 언제나 같이 다녔습니다. 폭탄을 맞은 후 말과 행동이 모두 아둔하고 느린데다가 몸의 힘을 쓰지 못하는 아들은 어디를 가나 '바보' 소리를 들었으며, 옳은 일 삯을 받지 못했습니다……. 밑천이 달리던 우리는 주로 공사판을 많이 돌았는데, 공사판 일이란 밑 일이건 잔심부름이건 중노동을 하게 마련이어서 때로는 견디다 못해 반나절의 일 삯을 포기하고 작업장을 빠져나오는 경우도 많았습니다(박수복, 1975 : 177).

복지회관 거주 조사대상자 33명 중 20, 30대부터 남편 없이 홀로 살았던 경우가 3분의 1가량이 되며, 또한 대부분이 20년 전후의 기간을 홀로 살아서, 복지회관 거주 조사대상자는 대부분 남편 없이 오랫동안 홀로 살았다(표 6 참조).

6 · 25전쟁으로 남편이 전사하여 청상과부로 시집살이했던 안임이(가명)는

> 농사 홀로 지었다. 들에 가서 농사짓고 밭에 가서 잡초 매었다. 농사짓고 일하던 것 말도 못한다. 나만큼 일 그렇게 한 사람 없다. 나무 해다 쌓아놓고 떼었다. …(중략)… 내가 야물게 해서 전답 사서 남에게 양식 안 빌려도 되게 되었다

고 말했다. 심수자(가명)도 20대에 사별을 했는데, 네 살 난 아들이 체해서 병원에 가서 주사 맞고 남편이 업고 집으로 돌아가는 도중에 죽었는데, 22세의 젊은 남편이

> 애 죽고 난 후 모내기하고 누워 있다가 못 일어났다. 남편이 놀랬는지 병이 나서 그해 10월에 죽었다. 일 년에 초상을 3번 쳤다. 시어머니, 아들, 남편…… 남편 죽고 난 뒤 바보가 되어서 들어앉아 있었다, 기억력이 가버렸다……. 우째 살꼬(어찌 살까) 얼마나 울었는지……. 먹고살 것 있고 아이가 불쌍해서 살러 가지(재혼하지) 못했다. 작은집 큰집 사촌들이 있으니까 기대고 살았다. 나하고 아들하고 둘이 살았다……. 이제 슬픈 일은 모두 지나간 일이지만 우째 살꼬 우째 살꼬(어찌 살까 어찌 살까) 싶었다

라고 말했다. 심수자(가명)는 25세에 남편이 죽고 난 후, 농촌에서 두 살 난 아들과 함께 사촌들에게 의지하며 살았는데, 사촌오빠가 대구에서 재봉틀을 사다주어 바느질해서 살았다. 얼마 후에는 남동생이 사는 서울로 "아들 공부시키려고 맨주먹 쥐고 올라갔다." 서울에서 1년간 숭실대 교수 집에서 파출부 일을 하다가, 고향 사람이 하는 공장에 다니며, 물레 돌려 명주실 감아내는 일을 했다. 실크 옷 만드는 실을 '잔피엘' 등 강남역과 방배동의 유명한 옷 만드는 회사 3곳 의상실에 배달하러 다녔다. 74세까지 다녔다. 아들의 입학금과 등록금은 사장과 언니에게 빌려서 내었고 아들은 그 집 아이들 속에서 잤는데, "그 집 덕에 살았다"고 했다.

강승자(가명)는 33세 때 막내 아이 돌을 앞두고 남편(35세)이 죽었는데,

갑자기 죽었다. 무슨 병인지 모른다. 우째(어찌) 살꼬 싶었다. 이 이야글
(이야기를) 우째 다할꼬. 외사촌 옆으로 대구로 이사 갔다. 외사촌이 5천 원
빌려주어서 똥 가마 사서 돌 지난 아들 업고 똥 퍼서 강에 갖다 버리는 일
을 했다. 옷 떨어진 것 입고. (불법이어서) 똥 가마 5일 만에 뺏겼다. 아직 그
돈 5천 원 못 갚았다. 똥 푸는 집 주인이 뜨끈 뜨끈한 밥과 김치를 대접해서
등 뒤에 업은 아들은 눈에 안보이고 나만 퍼먹으니 아들이 달라고 잡아당
겼다. 배고프면 자식도 안 보인다, 아무것도 무서운 것이 없었다.

그 후에도 아이들을 집에 가두어놓고 일하러 가기도 했고, 친정에 방 하
나 얻어 합천 초계시장에서 생선 장사, 강냉이 장사를 하는 등 "안 해본 것
없다. 남편의 친척인 박씨들이 쌀도 퍼주고" 도와주기도 했다. 또 살아가
기 위해 이사도 많이 다녔다. 합천-대구-합천-부산-서울-포천으로 이사
를 다녔는데, 서울은 남동생의 주소만 가지고 찾아갔는데, 남동생이 "살려주
었"고, 봉제공장과 가죽공장에 취업을 했을 때는 "애 셋 데리고 공장에서 살
았다"고 했다.

안두선(가명)은 원폭 피해자인 남편이 죽자 "서른아홉 살에 과부 되어 재
혼할 생각해본 적 없다고 '저 남자 잘났다'고 생각해본 적 없이 우째 아이들
배 안 곯리고 사나하는 생각뿐이었다"고 했다. 안두선(가명)은 채소밭에서 일
해 서울로 채소 올려 보내면서 대구에서 10년 넘게 살다, 사촌 시동생을 따
라서 서울로 이주했다. 사촌 시동생은 6 · 25 이후 혼자 부산으로 내려가서
'아이스케키'를 받아서 파는 일을 하다, 당시 경향신문사 사장을 만나 서울
로 가게 되자 친척들이 같이 그 사장집 근처인 성북동으로 이주했고, 지금도
성북동에 많이 산다. 어려웠던 생활을 "소설같이 살았다"고 표현했다. 남편
은 부재했으나 시집 가족과 어울려서 이주했고, 서로 도움을 주고받으면서
살았다.

남편과 같이 했던 일 또는 남편의 일을 그대로 받아 일을 하며 생계를 유지한 경우도 있다. 이일분(가명)은 원폭 피해자인 남편이 살아 있을 때 부산으로 옮겨 장사를 시작하여 10여 년 동안 남편과 같이 농기구와 그릇 등 가정 필수품 장사를 했는데, 남편 사망 후에는 혼자 장사를 이어갔다. 강달화(가명)는 남편이 보따리 장사를 하다 사망한 후 자신도 보따리에 잡화를 이고 다니며 길가에서 팔았다. 김분자(가명)는 남편이 사망하기 전에 하던 것 보고 배워 판 부서진 것 수리해서 갖다 주는 일을 했다. 김분자(가명)는 남편이 하던 일 외에도 온갖 일을 다 했는데, 그 중에는 색종이로 상여의 꽃을 만들었는데 갑자기 일거리가 들어오는 일이라 꽃을 밤새 접어야 했다. 상여가 3층이면 30만원 2층이면 20만원을 받았는데 마진이 좋았다. 이 일과 함께 고추를 이고 다니며 장사를 했는데, 버스 타고 고추 가져가 마산에 내려놓으면 한 학기 등록금이 되었다. 김분자(가명)는 "아이가 다섯이라 죽은 사람 생각할 겨를 없었"고, "저것들 우에(어찌) 키우나 싶었"고, "우째 살꼬 싶어서 하늘도 안 보였"는데, "그래도 산 사람이라 살았다"고 회상했다.

　　안춘임(가명)은 6·25전쟁 때 입은 부상으로 오랫동안 병석에 있던 남편이 사망한 후에 홀로 생계를 책임져야 했는데 "50년 넘게 혼자 오만 장사 다 했다. 화장품 장사하고 대양면 소재지에서 식당을 30년 했다……. 붕어빵도 구워 팔고…… 이웃 인심 좋고 장사 잘되었다. 아이들 배 안 굶겼다. 4남매 어찌 키웠는가 싶다"고 말했다. 안춘임(가명)은 남편이 사망하기 전에도 12년 동안 6·25전쟁에서 입은 부상으로 병석에 있는 남편을 돌보면서 합천에서 농토 없이 네 명의 아이의 생계를 책임져야 했다. 주변의 친인척이 쌀 등의 양식을 보내주었는데 남편은 도움을 준 친인척 명단을 작성하고 그들이 무엇이 얼마나 도와주었는지 기록했다. 그러나 양식은 금방 없어져 버렸다. 안춘임(가명)은 친척인 면장이 돈 7천 원을 주었는데 쌀을 사서 먹으면 금방 없어질 것 같아 장사를 시작했다.

장사하러 갈 때 빨래하러 나가는 것처럼 동네를 빠져 나와 다른 동네에 가서 팔았다. 가벼운 것 팔려고 마른 멸치 등을 팔았다……. 자신의 동네에서는 부끄러워 물건을 덮어서 가렸다. (합천)백암에서 집으로 돌아오는 차를 놓쳐버리면 물건 머리에 이고 재 넘어야 하는데 남자가 같이 가자하면 더 무서워서 도망갔다. 장사에서 돌아오면 아픈 남편과 아이 넷이 기다리고 있었다.

여성이 아픈 남편과 자식들을 먹여살리기 위해 장사하는 것도 부끄러운 일이었다. 남편이 벌어주는 것으로 집안에서 살림을 살면서 자식들을 양육하는 역할을 하는 것이 이상화되어 있었고 여기에서 벗어나는 것은 부끄러운 일이 되었던 것이다.

윤팔선(가명)은 결혼한 지 열 달 만에 딸을 낳고 한 달 후에 남편을 군대에 보내야 했는데, 자신은 "촌에 시집 안 가겠다"고 했으나 남편이 군대 간 기간인 4년 동안 합천에 있는 큰집 아랫방에 얹혀살면서 혼자 생계를 꾸려가야 했다. 결혼 전에 미용실에서 일했던 경험을 살려 파마 기술을 활용해서 집에서 아이 업고 파마해주고 먹고살았다. "밭 서 마지기에서 나오는 것으로 양식하고 파마해서 번 돈으로 아이 병원비에 썼다. 생각해보면 짠하다, 어찌 살았나 싶다"고 회상했다.

남편이 있었어도 불성실하고 횡포하여 생계에 무심한 경우에는 여성들이 스스로 삶을 개척해야 했다. 이점옥(가명)은

길쌈해서 베 짜고 겨울 산에 가서 나무해서 때었다. 아침이면 우물물 길어서 불 때서 밥해 가면서 농사를 홀로 지었다. 들에 가서 농사짓고 밭에 가서 잡초 매고 논농사는 남에게 삯 내어주어 지었고 밭은 내가 농사지어서 먹고살았다. 열심히 일을 해도 겨우 먹는 것만 먹고 살았다.

라고 했는데, 여성들은 홀로 가사노동은 물론 낮에는 농사일하고 밤이면 길쌈해서 베를 짜고, 겨울이면 산에 가서 나무까지 해 와서 방을 데워야 했고,

과외로 수입을 올리기 위해 돗자리 짜기 등 부업 노동도 해야 했다.

식당의 조리사나 허드렛일과 가정부는 가사노동 연장적인 일로서 여성들이 손쉽게 취업할 수 있는 일이다. 최귀선(가명)은 한국에 와서도 혹독한 시집살이를 하면서 여러 차례 자살을 시도하다 미수에 그치자 시집을 나와서 대도시 대구로 가서 가정부로 취업했다. 초혼을 가출하여 나오는 것으로 끝낸 정명선(가명)도 대도시 부산으로 가서 처음에는 가정부로 취업했다. 청상과부로 시집살이를 견디어낸 안임이(가명)도 시부모가 사망하자 시집에서 벗어나 부산으로 가서, 부인이 암으로 병들어 아픈 집에서 3~4년간 가정부를 했다. 안순자(가명)는 남편과 관계가 소원해지자 남편을 떠나 대구로 나와서 식당 주방에 "파묻혀" 2년 동안 일했다. 남편 사망 후 안임순(가명)도 식당에 취업했고, 정선이(가명)도 결혼 전에 진주에서 배워 따놓은 조리사 자격증과 어머니에게 배운 것을 바탕으로, 큰 식당에 가서 배워서 남편 죽고 70세까지 "20년 넘게" 회사(동아산업) 식당에서 주방장으로 일했다. "밑에 사람들에게 50~60만 원 줄 때 나는 160만 원 받았고 3개월마다 보너스 받았다. 퇴직금도 2천만 원 받았다. 꿈에 시숙이 나타나 '여태까지 일하나'"라고 안타까워했을 정도로 열심히 힘들게 오랫동안 일했다. 김윤임(가명)은 남편이 사망한 후에 대구의 계명대학교 구내식당에서 17년간 일했다. "그 많은 학생들을 먹이는 일이 힘들었지만, 학교일 안 하면 굶어 죽는 줄 알았다"고 했다. 구내식당 일은 힘들어도 마음은 편했고 보너스와 휴가가 있었던 것을 다행으로 생각했다. 외도와 술과 도박으로 가정에 무관심했던 남편 때문에 홀로 가계를 꾸려갔던 이복남(가명)도

> 주방장 해서 벌어서 먹여살렸다. 대구의대 부속병원 앞의 큰 식당 주방장하고 서울 명동에서도 했다. 소개소를 통해야 월급을 제대로 받을 수 있어서 소개소를 통해서 취업했다. 주방장 일이 젊었을 때 겁 안 났다, 5년 반일했다. 아이들 공부시키려면 벌어야 했다. 매일 열심히 살았다. 자신을 '독사 같은 사람'이라고 사람들이 말했다. 서울 취업하러 갈 때 왜관 횟집에서

일해서 번 돈 210만 원 허리에 차고 새벽 1시 반에 서울역에 내렸다. 바닥
에 신문지 깔고 자면서 돈 뺏길 뻔했으나 지켰다

고 말했다. 원폭 피해 여성이 스스로 식당을 열어 운영한 경우도 있는데, 연
애결혼을 한 구순임의 남편은 결혼 전에는 기업체의 중견간부였으나 결혼
후에는 무직으로 지내자 구순임 자신이 식당을 경영하면서 힘들게 일했다
(한국원폭피해자협회, 2011 : 739).

한일협정 이후 1970년대와 80년대에 일본인 관광객이 한국을 대거 찾아
오자 일본어를 알고 있다는 연유로 새로운 일자리가 주어졌다. 임복순은 남
편이 자신을 떠나 다른 여성과 결혼한 후에 일본에서 치료를 받고 어느 정
도 몸이 회복되자 "얼굴에는 아직도 화상의 흔적이 지도처럼 그려져 있"었
지만, 도로 공사장에서 자갈을 나르고 야채 장사를 하였는데, 한일협정 이후
한국을 방문하는 일본인들이 많아지면서 일본어 능력을 활용하여 여행사 안
내원, 화장품 장사, 백화점의 점원으로 일하였다(김동현, 1973 : 230). 변연옥도
원폭 후유증으로 남편과 시집을 떠나 서울로 와서 일본어 능력을 활용하여
일본인을 상대하는 상점의 점원으로 일자리를 찾았다.

1970년대 이후 수출산업을 중심으로 제조업이 발달하면서 미혼여성들
이 떠난 생산직과 판매직, 서비스직에서 기혼여성에게도 일자리가 주어졌
다(김경애, 1999 : 75~77). 안순자(가명)와 안임이(가명)는 가정부와 식당 종업
원으로 일한 후에 일본에 수출하는 인형 만드는 공장, 소시지·플라스틱·
비누·가방끈 공장, 봉제 공장, 가죽 공장 등에 취업했다. 또한 지하철이 건
설되고 개통되면서 여성들에게 새로운 일자리가 주어졌는데, 정명선(가명)
은 재혼한 남편이 사망한 1985년 마침 부산에 지하철이 개통되자 청소부로
3~4년 일했다. 정명선(가명)은 다른 사람들이 일이 힘들어 중간에 그만두어
도 계속했는데, 딸이 임용고시에 합격해서 교사로 취업하여 같이 살 때까지
일했다.

첩으로 결혼해서 시집살이하며 홀로 농사짓고 가사노동을 해야 했던 최귀선(가명)은 시집살이 5년 만에 분가할 때 경제권을 쥐고 있던 시어머니로부터 "밭 한 떼기도 안 받고 나왔다. 문둥이 콧구멍의 마늘을 빼먹지, 남편 돈 10원도 못 얻었다"고 말하면서 실질적인 가장이 되어 생계를 홀로 꾸렸다.

> 돈 3천 5백 원 빌려서 화장품 장사를 시작했는데, 돈 버는 재미로 살았다. 둘째 아들이 일 잘해서 시누이 남편의 과수원에서 일했는데, 화장품 장사한 돈으로 산과 논을 샀다. 그 땅에 길이 나서 땅값이 오르고 산에 사과 키워 돈 벌었다. 일 년에 논 두 마지기씩 샀다. 논 여덟 마지기를 샀고 틈나면 바느질했다. 3층 집을 지었다, 점포 세놓고 학원에 세놓았다. 우리는 부자가 되었다

라고 자부했다. "남편은 몸으로 도와주었"을 뿐이라고 했다. 당시 화장품 외판업이 시작되자 최귀선(가명)은 여기에 종사하면서 돈을 벌었고, 번 돈을 부동산에 투자했는데, 부동산 값 상승으로 부를 축적한 것이다.

남편이 있어도 가족을 돌보지 않는 경우에 여성들이 스스로 생계를 꾸려야 했다. 정경순(가명)은 술 먹고 집안을 돌보지 않고 돌아다니는 남편을 대신해서 집에서 "밥해 주고 들에 다니는 것이 일"이었고, "양파, 마늘, 우엉, 마 뽑는 품삯일 등 농촌에서 할 수 있는 일이라는 일은 다했다"고 말했다. 강옥이(가명)도 홀로 시장에서 채소 장사해서 돈 모아 논 십여 마지기(약 2천 평) 사서 농사를 지었다. 남편이 외도하며 집을 떠나 가정을 돌보지 않자 김수자(가명)도 홀로 생계를 꾸려갔다. 김수자(가명)는 "'바람둥이' 남편은 혼자 돌아다니는 '놈팽이'로 생활력 없었다"고 미움을 드러내었다. 진주에서 시집살이했는데, "남편이 돌아다니다 한 번씩 오면 아이가 생겼다"고 했다. 먹고살 길을 찾아 아이들을 두고 어머니가 있는 부산으로 혼자 갔다. 아이들은 자기들끼리 살았는데, 큰딸이 가정교사 하면서 동생들을 돌보았다. 후에 부산으로 자녀들을 데리고 가서 어머니에게 얹혀살았다. 어머니가 성당에 다녀서

구제품을 얻어주어 장사를 시작하여, 양말 행상과 청과도매상 등을 했다. 어머니가 외손자들 불쌍하다고 돌봐주었으나, "내가 죽으라고 고생했다……. 고생을 말도 못하게 했다"고 말했다.

박화선(가명)도 남편의 외도로 홀로 가계를 꾸려가야 했는데,

> 쓰레기에서 비닐로 만든 마다리(포대자루)를 주워 수선했다. 3개를 2개로, 2개를 1개로 미싱으로 기워서 팔았고…… 소금 이고 다니면서 팔았다. 부산상고 뒤편 소금 공장에서 가는 소금을 만들었는데, 소금을 받아 버스 타고 마산으로 가서 고무 다라이(양푼)에 이고 팔았다. 혼자 이지도 못하고 내리지도 못했다. 한일합섬 근처 식당에서 소금 내려놓고 식당 일 도와주면 소금 한 두 포대 팔아(사)주었다. (식당에서) 아침 얻어먹고 오후 2~3시에 집에 갔다. 다음 날은 진영으로 청덕으로 다니면서 장사했고.

남편의 외도로 인해 합천에서 대구로 이사갔던 하순이(가명)는 "남편 때문에 속 썩은 것 말로 다 못 한다. 남편은 연탄 한 장, 쌀 한 말 얼마 하는지 모르고 간 사람"이었다고 했다. 자신이 화장품 가게를 열기도 하고 농촌으로 다니며 보따리 옷장사 등을 했는데, "고생고생 말도 다 못 한다"고 말했다.

젊은 여성이 홀로 장사를 하는 경우 사람들의 구설의 대상이 되기도 했는데, 안춘임(가명)은 "남자가 식당에 두세 번만 와도 연애한다는 소리를 들었다. 지금은 나이가 잘 드는데 그때는 나이도 안 들더라. 마흔 살만 되면 이것에서 벗어 날거다"라고 생각했다고 말했다. 남편의 사망 후 홀로 집 밖에서 생계를 꾸려가는 여성은 쉬운 성적 대상이 되었고, 안춘임(가명)은 나이들어 성적 대상에서 벗어나기만 기다린 것이다. 이복남(가명)도 일수놀이를 할 때는 여러 사람을 만날 수밖에 없었는데 자신이 바람이 났다고 소문이 돌았다고 했다. 소문 낸 사람을 만나 다그쳤더니 "싹싹 빌었다. 내가 춤추러 다닌다고 경찰이 나를 미행했다"고 했다. 집 밖에 나와서 경제활동을 하는 여

성은 성적 대상화되어 떠도는 소문과도 싸워야 했다.

대부분의 원폭 피해 여성들은 남편이 사망하거나 경제적으로 무능하거나 또는 가족 부양에 무심하여 농촌에서는 농업으로 생계를 이었고, 도시로 이주한 이후에는 당시 기혼여성에게 열려 있었던 상업과 서비스업에 주로 종사했다. 그 이후 산업화가 진전되면서 공장 노동에서 미혼여성들이 떠나가고 남은 자리에 기혼여성들의 취업이 가능하게 되자 원폭 피해 여성들도 공장에 취업하여 일하였다. 이들은 노동의 위계구조에서 제일 밑바닥을 차지하고 저임으로 노동하면서 가족의 생계를 책임지면서 동분서주했다.

고녀와 고등과를 다니거나 졸업하여 당시로 보면 고학력이었던 원폭 피해 여성들도 있었는데, 엄분연이 공무원 시험에 합격하여 체신부에 전화교환수로 취업할 수 있었던 것을 제외하면 학력이 취업에서 활용되지 못했다. 김수자(가명)는 일본에서는 저금국(은행)에 시험을 통과하여 정규적으로 취업해서 일했으나 한국에서는 생계 유지에 급급하여 이 장사 저 장사를 닥치는 대로 해야 했다. 일본에서 고녀를 중퇴한 손귀달은 남편과 별거하고 집을 나온 당시 "옷가지 몇 벌 외에 가진 거라고는 아무것도 없던 저는, 행상, 노점상, 닥치는 대로 일을 찾았습니다"(박수복, 1975 : 195)라고 기록했다. 손귀달은 마침내 마약 전달까지 감행하다 구속되어 유죄판결을 받고 수감생활을 해야 했고, 끝내는 극빈자로 살아갔다. 최영순은 젊은 시절에는 공부하고 사회에 무엇인가 도움이 되는 일을 하고 싶다고 생각했지만 "매일매일 빈곤과 굶주림과 아이 교육과의 싸움이었다"(崔英順, 1987 : 48)면서 가난 속에서 자식들의 교육을 위해 분투했다고 말했다.

대부분의 원폭 피해 여성들은 자신의 뜻과는 무관하게 결혼해야 했다. 외롭고 힘들게 살았던 남편과 만나 사랑하고 서로 아끼면서 살기도 했으나, 남편의 외도, 가정폭력과 알코올 의존증으로 괴로움을 당하면서도 횡포를 부리는 남편에 대해 항거할 수 없었고, 사회적인 낙인이 두렵고, 또 가문의 명예를 더럽히는 일이라 이혼은 피했다. 남편이 6 · 25전쟁에 나가 전사하거나 전장에서 얻은 병으로 사망하여 젊은 나이에 남편을 잃기도 했고, 또한 원폭 피해자인 남편이 원폭증으로 사망하는 것을 지켜봐야 했는데, 남편과 사별 이후에도 재혼은 일부종사의 윤리를 거스르는 것으로 친정 가문의 수치가 될까 봐 생각도 하지 못했다. 초혼에 실패하고 재혼한 경우는 정식 부인이 되지 못하였고, 이 경우에도 가사노동은 물론 농사일과 생계를 책임져야 했다. 어머니로서 자녀들에 대한 책임은 무엇보다도 앞섰고, 사별하거나 별거 중이거나 또는 가정을 돌보지 않는 남편을 대신해서 홀로 생계 유지에 나서야 했다.

6. 시집살이

1) 힘겨웠던 시집살이

전통사회에서 여성이 결혼과 동시에 시집살이하는 것은 당연한 일이었다. 장남은 물론, 차남의 경우에도 결혼 후 일정 기간 동안 본가에서 함께 살다가 분가했다. 분가해도 본가와 가까운 거리에 살면서 부모의 통제를 받았다. 아들은 당시 농업사회에서 농토를 관장했던 부모에게 경제적으로 예속되어 있어 결혼 후에도 부모의 통제에서 벗어나기가 어려웠다. 경제적 예속뿐만 아니라 효는 실천해야 할 가장 중요한 덕목으로 아들은 부모에게, 시집으로 들어온 며느리는 시부모에게 절대 복종해야 했다.

일제강점기 일본에서도 시집살이가 부분적으로 계속되기는 했다. 원폭 투하 전 일본에서 결혼을 했던 최귀선(가명)은 어머니가 일찍 사망하여 아버지와 서모 아래에서 어렵게 살다가 일본에서 결혼했는데, 시아버지가 약국을 하며 비교적 부유했던 반면 남편은 경제적으로 무능력하여 시부모에게 의존했고, 미혼의 시동생과 시누이와 함께 대가족을 이루면서 살았다.

> 신랑은 취직한다고 돌아다녔다. 공부했다. 밉지 않고 좋았다. 아까웠다. 그런데 시누이가 때리고 시동생은 형만 없으면 칼을 들고 대들었다. 입을 떼면 칼을 들이대었다. 시누이는 일할 줄 모른다고, 자기 오빠가 나 때문에 죽는다고 가라 했다. 아이가 태어난 지 90일 만에 죽었다. 죽은 게 편하다는 생각했고, 시원하다는 생각이 들었다. 시어머니가 젖 물렸다. (원폭 피난지에서) 한방에 모든 가족이 같이 자는데 시어머니가 아이 데리고 잤는데 자는 도중 죽었다. 내가 데리고 잤으면 내가 아이를 깔아 뭉개 죽였다고 했을 것이다.

라고 말했다. 시부모뿐만 아니라 시동생과 시누이들도 혹독한 시집살이에 한몫을 한 경우이다.

박화선(가명)은 자신의 어머니가 일본에서도 엄했던 할머니에게 시달렸던 기억을 되살렸다. 박화선(가명)은 4대 독자인 할아버지가 일찍 사망하고 혼자가 된 할머니가 "아들을 두 번 쳐다보면 닳는다"고 할 정도로 좋아하여, 아버지가 일본으로 가자 큰아버지를 졸라 같이 (아버지를 찾아) 일본으로 와서, 고베에 있는 큰 집에 살았다. 히로시마의 자신의 집은 방 한 칸에 문을 달아 방을 나누어 살았는데, "할머니는 올 때마다 아버지의 손을 잡고 잠을 잤다. 어머니에게 독하게 일 시켜 어머니가 힘들어했다"고 말했다. 박화선(가명)의 할머니는 양반집 딸로 긴 담뱃대를 물고 일하는 사람 부리고 남을 시키기만 하는 분으로, 글 쓰고, 책 읽고, 바느질로 도복과 두루마기 등을 만들었을 뿐, 음식은 할 줄 몰랐고 하지 않았다고 기억했다. 할머니가 원폭 투하 전에 사망했는데 비로소 어머니는 시집살이에서 놓여나 '해방'되었다고 했다. 양반집안의 가부장제 질서는 일본에서도 재현되었고 시어머니의 사망으로 비로소 시집살이에서 벗어날 수 있었다.

일본에서는 일부 한국의 시집살이가 재현되기도 했으나, 대부분의 남자들은 자신의 아내와 아이들만 일본으로 데리고 가서 함께 살았거나, 부모를 떠나 단신으로 또는 형제자매와 함께 일본에서 살다가 결혼하여, 여성들은 시부모를 모시는 시집살이를 겪지는 않았다. 조분이(가명)는 일본에서는 비록 시숙 등 시집 식구들과 가까이 살았으나 타지에 와서 어렵게 살면서 서로 도움을 주었고 시집 식구들의 간섭을 크게 받지 않았다. 이일분(가명)은 단신으로 일본에 온 지 얼마 되지 않은 남성과 결혼한 경우로, 일본에서 태어나고 자란 자신과 달리 남편은 일본말을 잘하지 못해 남편은 자신에게 의지해서 살아야 했고 또한 친정 가까이 살면서 도움을 받아 시집살이와는 거리가 멀었다. 정일선(가명), 안두선(가명), 김분순 등도 친정부모와 같이 살았거나 가까이 살아 시집살이와는 무관하게 살았다.

일본에서 혹독한 시집살이를 한 최귀선(가명)의 경우, 귀국한 후에도 시집살이는 계속되었다.

조선에 나와서도 시집살이 좀 했다. 고구마 모종 심을 때 힘든 일은 모두 나를 시켰다. 짚에 불이 안 붙어서 솥밥 잘못했다고 입에 똥물 떠 넣고 동네에서 때리고 시누이 가시나 하는 것 보고 죽어야겠다고 작정했다. 죽으려고 물에 빠져 둥둥 떠내려가다가 버드나무에 걸려 가지 잡고 나왔다. 목을 졸라 죽으려고 하다가 까무라쳤다. 얼굴이 부었고 눈이 퉁퉁 부어 보이지 않았다. 얼굴색이 흑색으로 변한 것 같았다. 수면제 40알 먹고 죽으려고 했으나 속이 부글거리며 다 올라왔다. 남편이 달랬다. 자신이 취직하면 나가 살자고 좀 참으라고 했다. 그러나 시집에서 (무작정) 나왔다. 친정아버지 무서워 말 못 하고 친정 못 가고 길에서 고구마 파는 할머니에게 사정 얘기를 했더니 식모살이 소개를 해주었다. 대구 병원 집에서 식모살이했다. 19살 때 월급 3백 원으로 식모살이한 집을 친정처럼 살았다.

최귀선(가명)은 시누이와 시동생의 행패에 견디지 못해 자살을 여러 차례 시도했으나 부모에게 경제적으로 의존하는 남편은 무력했으며, 친정으로부터 아무런 도움도 못 받았고 오히려 친정아버지로부터 책망을 들을까 봐 두려워했다.[7] 결국 남편의 만류에도 가출함으로써 시집과 남편과 결별했다.

일본에서 결혼한 조분이(가명)의 시어머니는 초혼에 실패하여 이혼하고 미혼남성이었던 시아버지의 첩이 되었다. 미혼남성이 결혼한 경험이 있는 여성과 정식 결혼하는 것이 금기시되었던 시절 이혼한 시어머니는 시아버지와 먼저 만났으나 정식 부부가 되지 못했고 시아버지는 이후 다른 미혼여성과 정식 결혼했다. 전답 많고 돈이 많아 머슴이 2~3명 있는 부자였던 시집이었으나 시아버지가 하루 종일 주막에서 오는 사람 가는 사람에게 술 권하면서 술 먹었고 따라서 "살림살이가 다 거덜 났"는데, 조분이(가명)는 불화 속에서 집안 살림이 없어지는 것을 힘없는 며느리로서 고통 속에서 지켜봐야 했다.

이점옥(가명)의 경우도 남편의 친가인 시집은 양반집으로 옛날에는 아주 큰 부자로 골짜기 전부가 자기 전답이고 하인을 두고 살았으나, 시할아버지와 시아버지가 노름하다 다 팔아먹었다. 시아버지는 첩을 들여 아들 넷을 낳았고 주막을 다니며 술만 먹고 나중에 재산이 아무것도 없게 되었다. 이점옥(가명)의 시어머니는 부잣집 딸로 부자들끼리 결혼했으나,

> 윗대부터 살림을 털어먹고 나니 독하고 무서웠다. 시집 무섭게 살았다. 시어머니가 독했다. 마음 편할 날이 없었다. 맨날 싸움이 벌어졌다⋯⋯. 시아버지의 두 집 살이 때문에 즐거운 것 없었다. 시어머니 양반이었지만 남편 뺏기고 혼자 살아 좋은 일 없었다. 조금만 잘못해도 너무 독하게 뭐라했다

고 말했는데, 부자였던 시집이 시할아버지와 시아버지의 도박과 외도와 술로 몰락해가는 과정에서 시어머니가 자신의 불행을 며느리에게 화풀이를 한

---

7 자신에게 가장 심하게 구박한 시누이를 복지회관에서 만났다는데, 용서하고 같이 잘 지내고 싶었으나 얼마 지나지 않아 사망했다고 한다.

것이다. 시어머니는 "탱탱 물방울 튕기면서" 아무 일도 하지 않으면서 "무단이(괜히) 꾸지럼했다(꾸지람했다). 버버리(벙어리)처럼 살았다"고 했다. 며느리는 가족 구성원 중에서 시어머니가 함부로 대할 수 있는 대상이었다. 시어머니와 며느리의 관계는 '고부 갈등'이 아니라 시어머니의 일방적인 학대와 이를 감내하는 며느리가 있었을 뿐이다.

복지회관 거주 조사대상자 중 한국에서 결혼한 27명도 모두 시집살이로 결혼생활을 시작했다. 며느리는 가족 구성원의 위계질서에서 가장 아래를 차지했고 하인과 같은 취급을 받았다. 정명선(가명)은 초혼의 시집에서

> 며느리는 부엌에서 밥 먹으라고 했다. 며느리를 종 취급했다. 밥 맨 아래 긁어 먹으라고 했다. 우울증에 걸려 방문에 숟가락 꽂아 놓고 아무도 못 들어오게 하고 이 생각 저 생각했다. 시어머니가 미쳤다고 굿을 했다……. 22살에 집을 나와 부산에 갔다. 시집에서는 미쳐서 도망갔다고 하고 친정에서는 행방을 몰랐다.

라고 말했다.

최귀선(가명)은 두 번째 결혼에서도 남편의 본부인과 함께 어려운 시집살이를 해야 했다. 최귀선(가명)의 남편이 본부인에게서 냄새가 난다고 따로 살다가 본부인을 친정으로 보냈다는데, 시부모가 자신을 아들의 첩으로 받아주자, 자신이 본부인을 데리고 오라고 해서 같이 살았다. "본부인과 한 번도 싸우지 않고 잘 지냈다. 원수같이 지내지 않았다. 수월했다." 본부인은 "어느날 배가 아프다 하더니 나의 손을 붙잡고 사르르 갔다"고 했다. 그런데 최귀선(가명)은 시어머니가

> 나를 받아들였으나 일을 시켜먹고 얼음 구멍 뚫어 빨래하고 밤 12시까지 일했다. 눈물도 많이 흘렸다……. 5년간 같이 살다가 집을 나올 때 쌀 다섯 되, 보리쌀 한 말, 간장 한 병 주었다. 남편이 무 씨앗 한줌 주면서 갈아먹으라고 하니 시어머니가 아들 멱살 잡고 내 허락 없이 했다고 야단쳐서 포

기했다. 남편은 시어머니에게 꼼짝 못 했다. 아이들 떼놓고는 못 가겠다고 했다. 내가 엄마 없이 살았는데…… 아이들 데리고 나왔다.

고 말했다. 시어머니가 가정을 주도하면서 남편은 무력했고 자신은 과도한 노동에 시달렸다. 최귀선(가명)은 호화로운 옷을 입고 유유자적하며 사는 전형적인 첩의 모습과는 달리, 시집에서 가장 아래 서열에 위치하면서 가사노동과 농사일을 담당했다. 본부인의 사망으로 정부인이 되었으나 시집살이는 여전했고 남편은 시집살이에서 자신을 지켜주지 못했다. 최귀선(가명)은 시어머니로부터 혹독한 시집살이를 살면서 전통적인 며느리 역할을 다 했으나 분가할 때 넉넉했던 시집으로부터 아무런 경제적인 지원을 받지 못해 전형적인 '첩'살이와는 거리가 멀었다.

결혼을 한 후에 여성들에게는 대를 이어야 하는 일차적인 임무가 주어졌으며, 아들을 낳아야 비로소 시집에서 진정한 식구로 받아들이는 상황에서 임신을 빨리 하지 않자, "아이고 처음에 후두루 낼라카데(쫓아내려고 하데)…… 자기끼리 막 아(아이)도 못 놓는데 저 뭐 후두로내야(쫓아내야) 한다……. 아가 있어갔고 아들로 첨(처음)에 낳았지"(창원대학교 경남학연구센터, 2017 : 316)라고 회상했는데, 다행히 첫아들을 낳아 쫓겨나지는 않았으나 시집살이는 어려웠다.

> 시부모 있제(있지) 시동생 있제 조카 있제…… 그때는 말도 몬(못) 했지 뒷바라지 한다고…… 밭 매로 가라 하면 밭 매로 가야 하게 갔다 오면 점섬(점심) 해고…… 막 죽 끼리라(끓이라) 하면 죽 끼리야 하제(하지) 아이고 무시라(무서워라)……. 지긋지긋하다……. 어른 때문에 고상(고생) 많이 했제(했지). 아도 늦게 낳은 대다가…… 고상한 거는…… 말도 몬(못) 하지만…… 그때는 천지도 모르고 했어……(창원대학교 경남학연구센터, 2017 : 326~327)

라고 회고했다.

안임이(가명)는 남편이 6 · 25전쟁으로 사망할 당시 21세였는데, 남편이 없는 시집에서 시부모, 시동생, 시누이와 함께 돌이 된 아들을 키우면서 시집살이를 계속했다.

> 시집살이 억시기(심하게) 살았다. 배곯았다. 며느리는 자식으로 치지 않았다. 겨울에 방에 불을 못 때게 했다. 농사 홀로 지었다. 길쌈해서 베 짜고, 빨래 비누가 없어 돌에 문데어서(문질러) 씻었다. 들에 가서 농사짓고 밭에 가서 잡초 매고 겨울 산에 가서 나무해서 때었다. 아침이면 우물물 길어서 불 때서 밥했다. 시어머니가 시아버지에게 뭐라고 하면 시아버지가 야단쳤다. 시고모가 혼자 사는 며느리에게 그러면 안 된다고 말렸다

고 말했다. 남편 없이 홀로 된 며느리를 시집 식구들은 하인으로 취급하였고, 안임이(가명)는 밥조차 양껏 먹지 못하고 겨울 추운 방에 기거하면서 힘든 농사일과 가사노동을 홀로 했다. 출가외인이라고 하면서 홀로 된 딸을 외면하는 친정부모의 무관심과 일부종사의 유교 정절 이데올로기 속에 최소한 자신을 지켜줄 남편이 없는 시집에서 며느리는 아무리 구박해도 갈 데 없는 존재에 불과하여 학대는 더욱 심했다. 남편이 군대 가고 없는 시집살이도 혹독했다.

> 정월 초하룻날 신랑 군대 불리(불려) 가고…… 옛날에는 군에 가면 휴가도 없고…… 군대 가면 죽는 줄 알았어…… 어른 밑에 시집 억시(심하게) 살았지, 신랑이 6년, 7년 만에 왔어. 신랑을 몰랐다한께네(하니까). 시집살이 신랑이 없은께(으니) 시집도 억시도(심하게) 독하게 살았네. 길쌈도 하고 뭐 농사도 짓고. 뭐 잠 몬(못)자고 …… 남편이 고생한거 아나 (창원대학교 경남학연구센터, 2017 : 222).

서모 시집살이 또한 힘들었다. 서모는 대부분 젊었고 자신들과 함께 계속 아이를 낳아 한집안에서 조카와 삼촌과 고모가 같이 태어나고 성장했다.

김윤임(가명)은 "친정이 못사니까 배부르게 밥 먹으라고 서모 있는데 시집을 갔"으나, "시어머니는 서러움을 많이 주었다. 먹는 것 마음대로 못 먹었다, 부잣집에 배부르게 밥 먹으려고 시집갔으나 그렇지 않"아 힘들었다고 말했다. 자신이 결혼했을 때, 서모 시어머니는 34세였는데, 시동생이 14세 12세 9세 4세의 4명이 있었고 "내가 결혼 한 후에도 2명 더 낳았는데, 나도 아이 낳으면서" 15년을 시어머니와 며느리가 한집에 살면서 같이 아이 낳고 살았다. 강달화(가명)도 38세의 젊은 서모 시어머니 아래에서 시집을 살았는데, 시어머니는 "살림 나에게 다 맡기고 편하게 살았다. 나 혼자 13명 밥 다했다. 안하면 맞아 죽는다. 심술이 많았"고 시아버지는 "나무해서 팔아서 노름했다"고 회상했다. 배고픔을 면하기 위해 젊은 서모가 있는 집으로 시집갔으나 젊은 서모는 시어머니라고 며느리를 박대했고 가사노동은 하지 않으면서 권위만 누렸다.

박점순(가명)의 시어머니는 아들(박점순(가명)의 남편)이 7세 되었을 때 남편이 사망하자, 재혼했으나 다시 혼자가 되었는데, "맨날 한숨 쉬고 담배 피고 밥도 못 먹었다. 자식에게 물려 준 것도 없는데 같이 산다고 늘 미안해했다. 경우가 발랐다. 그러나 가사일이나 농사일 안 했다." 시어머니는 "길쌈 매거나 베 짤 줄 몰라서 내가 이웃 사람에게 배워 호롱불 켜놓고 삼 삶고 베 짜서 남편 옷 해 입혔다"고 했다. 남편을 일찍 여읜 시어머니는 불행했고 며느리에게 기대어 사는 것을 미안하게 생각했으나 가사노동과 농사일이나 가내일에는 참여하지 않아 시어머니로서 특권을 누린 셈이다.

정경순(가명)은 시어머니가 "사람 좋았"으나 60세가 안 되었는데,

> 남자 한(마찬)가지였다. 밥 안하고 아이도 안 봐주었다. 말로 다 했다. 아이들이 울든가 말든가 했다. 밥 차려주면 밥 먹었다. 비가 오는 날 네, 다섯 살 난 딸을 잃어버려 찾으려 다녀도 꼼짝 안 하고 아이 찾았나 물어보지도 않았다. 비가 많이 와서 물에 빠져 죽었나 하고 걱정하면서 다녔다. 밥해주고 들에 다니는 것이 일이다. 들에 갔다 와서 밥하려면 너무 힘들었다. 불

때서 밥했다, 낮에는 밖에다 불 피워 호박죽을 끓였는데 지금 생각하면 어찌 그리했나 싶다.

고 회상했는데, 시어머니는 손자도 돌보지 않고 농업노동은 물론 가사노동에서도 빠져, 며느리는 홀로 이중 삼중의 노동의 부담 속에서 동분서주하면서 힘들게 시집살이를 감내해야 했다.

일본에서 결혼하고 귀향해 시숙 가족과 함께 살았던 안두선(가명)은 고단했던 가내 생산 일과 가사노동에 대해 자세히 언급했다.

> 대마초와 목화 심어 길쌈 많이 했다. 삼베 20자 되면 장에 가서 팔아서 먹고살았다. 아이들 허리 기둥에 매어놓고 길쌈했다. 자리 짜기 많이 했다. 비누가 없고 겨울에 도랑에서 손 호호 불며 빨래를 했다. 손이 녹으면 아린다. 손이 터서 갈라져 피나면 자기 오줌으로 씻었다. 따가워서 고통스러우나 낫는다. 빨래는 짚을 태워서 재를 물에 붙고 오줌을 부어 받아 옷을 넣고 비벼서 빤다. 딩기(겨)와 양잿물, 삼 껍데기로 비누를 만들었다. 배 아프면 자기 오줌 받아서 먹었다. 골짜기(합천 용주)에서 고생 원 없이 했다. 우리는 돈 못 벌었지, 시골에 땅이 없어 고생했다. 옛날에 산 사람들은 모두 욕봤다. 어찌 시집 살았는지 모른다

고 회상했다. 당시 가사 일은 우물에서 물을 길어 불을 때어 밥하는 것뿐만 아니라, 비누도 없이 추운 겨울에는 냇물의 얼음을 깨어 빨래를 해야 했고, 산에 가서 나무해서 방에 군불을 때었다. 또한 밀을 키워 술을 만들고, 삼나무 키워 삼을 삶아서 길쌈해서 옷 만들어야 하는 등 다양하고 힘든 일이 가사노동에 포함되어 있었다. 손경선(가명)도 "내가 시집 살았던 것 생각하면 골치 아프다. 어른들하고 사니 욕봤다. 때 되면 챙겨드려야 해서 힘들었다. 길쌈 안 하고 살 수 없었다. 길쌈해서 옷 해 입었다"라고 말했다.

이복남(가명)은 아들 5명을 공부시키기 위해 식당의 주방장을 하며 돈벌이를 할 동안 시어머니가 밥을 했다고 했는데, 며느리가 집 밖에 나가서 돈

벌이할 경우 시어머니가 가사노동을 대신했다. 그러나 며느리가 농사를 짓고 길쌈을 하는 등 집 주변에서 일하는 경우에는 대부분의 시어머니들이 나이에 상관없이 가부장의 보호 아래 위엄을 지키고자 했고, 가사노동뿐만 아니라 손자들 양육에도 참여하지 않았다. 젊은 서모 시어머니는 자신이 낳은 아이가 손자와 함께 자랐는데, 며느리에게 가사일을 전부 맡기고 오로지 대접만 받았다. 며느리로서의 역할에 관한 전통사회의 관습을 이 여성들도 고스란히 감당해야 했다.

시아버지를 모시고 사는 것도 쉽지 않았다. 정경순(가명)의 시아버지는 "엄했다. 고함지르고 화나면 목침을 집어던지고 안 맞아 다행"이라고 할 정도로 폭력적이었다. 안춘임(가명)은 43세의 홀시아버지 밑에서 시집살이를 했는데, 시집가고 2년 만에 남편이 군에 가고 시동생 3남매와 살았다. 남편과 같이 자고 나면 홀시아버지에게 "부끄러웠"고, 남편 군대 가고 없을 동안은 젊은 홀시아버지가 시동생과 같이 자면 괜찮았으나 부담되었다. '홀시아버지 모시기는 다락에 소 몰아 오르기와 같다'는 옛 속담으로 자신의 시집살이의 어려움을 토로했다. 박춘자(가명)도 어려운 홀시아버지를 모시고 시집살이를 했다.

> 화로 테가 없을 정도로 부수었다. 눈물도 많이 흘렸다. 밤 되면 화로를 부수더라. 밤에 물 떠오라고 시켰다. 잠 안 재웠다. 밥해서 가지고 가면 죽 해오라 했다. 이 반찬 못 먹는다고 투정부렸다. 시숙모에게 하소연하면 '아무 말도 마라 너 두드려 맞는다. 돈이 없어 새장가 못 갔다. 장가가고 싶어서 그런다. 다 부셔도 된다'고 달랬다. 할머니 얻어주었으나 안 살더라. 시숙모가 돌봐줘서 살았다. 시숙모가 '질부야 놀면 안된다' 하면서 배워주어 길쌈했다. 60자 짜서 식구대로 옷 해 입혔다. 바쁜데 밀 심어 술 만들었다. 시숙모가 '갑골양반(시아버지) 술 아니면 못 산다 버뜩(빨리) 해 넣어라'고 했다

고 회상했다. 시아버지는 자신의 성적 불만과 외로움을 며느리인 박춘자(가명)를 괴롭히고 구박하는 것으로 풀었다. 가사노동은 밥하고 빨래하는 것에

국한되지 않았고, 밀을 키워 시아버지가 마실 술을 만드는 것을 우선해서 해야 했고 길쌈을 해서 옷을 만드는 것까지 포함되어 있었던 것이다.

시집살이 내의 갈등을 '고부갈등'이라는 말로 시집살이에서 시어머니와 며느리 사이에 갈등이 일어나고 그 사이에 시누이가 끼어들어 갈등을 더하는 것이 통념이었고 시아버지의 시집살이는 은폐되었다. 그러나 시아버지의 시집살이 또한 고되기는 마찬가지였고, 특히 홀아비가 되었으나 가난하여 새로이 아내를 맞이할 수 없었던 시아버지와 함께 사는 시집살이는 어려움이 더욱 컸다. 시아버지 또한 엄격한 가부장으로서 권위를 가지고 며느리를 억압(정숙정, 2010 : 258)했음을 알 수 있다.

강승자(가명)는 시부모가 "그럴 수 없이 좋았"으나, 대신 동서 시집살이를 했다. 손위 동서와는 5년을 같이 살았는데, 동서는 "내 시키는 대로 해야 한다"고 하면서, 자신은

> 장으로 돌아다니고, 살림 다 맡겼다. 쌀, 보리쌀 관리하고 조금씩 내다주었다. 빨래 혼자 다 했다. 얼음이 방망이로 두드려도 안 깨어졌다. 콩깍지 물 받아서 치대어서 빨았다. 때 안 갔다고 다시 빨라고 구박했다. 부엌에서 보리쌀밥과 고구마를 먹으라 했다. 동서가 더 미워했다. 두 부부가 잘 지내는지 알려고 문 앞에 지키고 앉아 있었다. 지금 살아 있는데 가보기가 싫다.

고 말했다.

시집살이를 했던 여성들은 배고픔과 추위를 견디면서 또 시부모의 폭력과 학대를 견디어야 했다. 때로는 시동생과 시누이와 동서의 폭력과 구박에도 시달려야 했다. 가사노동과 농사일, 그리고 가내부업을 힘들게 감내하면 시아버지의 외도로 인한 가정불화와 이로 인한 시어머니의 분풀이 대상이 되었고 시아버지 삶의 괴로움을 푸는 대상이 되었다. 남편을 6·25전쟁에서 잃고 아들 하나 데리고 사는 청상과부로 혹독한 시집살이를 한 안임이(가명)

는 "나 혼자 그렇게 살았으면 못 산다. 너도 그렇고 나도 그렇고"라고 하면서 같이 어렵게 시집살이했던 친구들에 의지해서 시집을 살았다고 했는데, 이들이 시집살이하면서 겪은 고초는 시집살이하는 며느리들이 겪었던 일반적인 상황이었음을 알 수 있다. 안임이(가명)는 단지 "친정부모 욕 안 먹이려고 살았다. 한평생 재미나게 못 살아보았다"고 회상했다. 1894년 갑오개혁에서 '과부의 재가'를 허락한 지 60여 년 지났고 열녀에 대한 실질적 혜택은 사라졌으나, 정절 이데올로기는 계속되어 일부종사하지 못하고 재혼하는 것을 가문의 수치로 여기며 효를 중시하는 유교 이데올로기에 충실하여 친정의 명예를 지키기 위해 평생을 희생한 것이다.

박춘자(가명)의 홀시아버지는 술 많이 먹어 술병으로 사망했는데, 임종 시

'미안하다 너를 시집살이 시켜서 미안하다'고 말했다. '서로 복 아닙니까! 그런 생각 말고 좋은 데 가이소'라고 대답했지만 몇십 년이 지나도 욕이 나온다. 죽고 없지만 나를 시집 살린 것 분이 안 풀린다. 죽으려고 저렇게 하는구나 싶었다. 울음이 나온다. 우는 것 원도 없이 울었다. 딸이 '우리 엄마가 운다'

고 말했다고 했다. 가부장인 시아버지에게 대한 순종의 의무를 내면화하여 항거하지 못했고, 끝까지 착한 며느리의 역할을 다했으나, 시집살이의 서러움은 풀어지지 않는 것이었다. 그러나 박춘자(가명)는 "젊어서는 시집은 개도 산다"면서 시집살이의 고난을 불평하는 것은 옳지 않다고 생각했다. 또한 스스로 "복이 없으려니" 부모가 일찍 죽어, 자신이 고생하며 시집을 살 수 밖에 없었다면서, 자신을 구박한 시집 식구를 탓하기보다는 자신을 탓했다. 손경선(가명)은 "동네사람들은 그 시아버지 밑에서 어찌 사노라고 했지만 식구니까 살겠더라······. 이래도 살고 저래도 살고 사니까 살아졌다"고 시집 가족의 일원이 된 숙명으로 받아들이고 살았음을 토로했다. 또한 힘들었던 시집살이에 대해 "어쩔 수 있나, 그 집에서 안 살면 죽는 줄 알았다", "도망가

는 것 몰랐다"고 했다. 부당한 시집살이를 거부하거나 새로운 삶을 개척하지 못하고 그때 당시의 윤리 도덕에 맞춰 시집살이를 견디기만 한 것에 대해 후회했다.

몇몇 여성은 좋았던 시부모들을 회상했다. 강승자(가명)는 "시어머니 시아버지 그럴 수 없이 좋았다"고 하면서 보리밥과 고구마로 끼니를 때우는 자신을 안타까워하여 "시아버지가 밥 한 숟가락 남겨서 꼭 먹으라 했다"고 말했다. 이복남(가명)의 남편은 외아들이어서 시어머니가 시집의 대가 끊길까 불안하여 아들을 과잉보호하면서 키웠는데, 이복남(가명)이 계속해서 아들을 낳자 자신의 불안을 해소해준 며느리에게 고마워하고 정성을 다해주었는데,

> 시어머니가 점을 쳤다. 손님이 방 세 개에 꽉 찼다. 3천 원씩 받아서 밥 먹고 살았다. 시어머니는 고마운 사람이다. 시어머니가 못 살았는데 신이 와서 농토 사고 집 지었다. 시어머니는 원폭 후유증 때문에 출산 후 아이들이 곧 죽었고 그 이후에는 아이를 낳지 못하여 남편은 외아들이었고 대가 끊길까 봐 걱정했다. 시어머니 서른여덟 살에 첫 손자 본 이래로 며느리가 계속 아들을 쑥쑥 낳자 한 달씩 산후 조리를 해주었다. 시할머니가 곰방대로 방문을 때리며 대통령 낳았나 하면서 일어나라 했지만 시어머니가 누워 있으라 했다. 시어머니가 전복에 미역국 해주었다. 나도 며느리가 손자 아홉 명 낳을 때마다 산후 조리를 한 달씩 해주었다. 내가 받은 것 되돌려주었다.

라고 말했다. 안임순(가명)은 시아버지가 선비로 글 써서 책 만들었고 남편도 밤에 안 자고 책 읽는 점잖은 사람들이었으나 시집은 가난해서 어려웠다.

> 내가 복이 없어서 논 한 마지기밖에 없는 집에 시집갔다. 내 복이 그뿐이었다. 논 한마지기 나락 한 섬 나올까 말까 했다. 시집에서도 보리 노랗게 되면 비벼서 가루 내어 배추 잎 넣고 끓여 먹었다. 시부와 시모 돌아갈 때까지 수발했다. 시어머니가 밉고 그러지 않았다. 시어머니 아플 때, 쌀이

없어 부드러운 죽 못 해주었다. 대신 보리밥 눌러서 물을 부어 바글바글 끓여서 드렸다

고 말하면서, 시집이 가난한 것은 자신이 복이 없기 때문이었다고 자신을 탓했고, 시부모 공양은 며느리로서 해야 할 당연한 도리라고 생각했으며, 단지 가난하여 충분히 못 해드린 것에 대해 아쉬워할 뿐이었다.

2) 원폭 피해와 시집살이

일본에서 친정 식구들과 함께 산 경우에도 원폭이 투하된 후 귀향할 때에는 시집 식구들과 함께 남편의 친가로 돌아왔다. 정일선(가명)은 친정과 가까이 살았으나 귀향할 때는 시숙 가족과 함께 남편의 고향으로 돌아왔다. 안두선(가명)은 친정어머니와 동생들과 같이 살았으나 친정어머니가 원폭으로 사망하자, 시가 식구들과 함께 귀국하여 고향에서 시숙 식구들과 함께 살았다. 이일분(가명)은 남편의 반대를 무릅쓰고 친정부모가 귀국을 결정하자 함께 귀국하여 자신은 친정부모를 따라갔고 남편은 부모가 이미 다 사망하고 없었으나 고향으로 돌아가면서 서로 헤어졌다. 그러나 결국 자신이 시집으로 합류하여 시숙과 함께 사는 시집살이가 시작되었다. 일본에서 친정 식구와 가까이 살았던 김분순은 동생에게 업혀서 친정 식구들과 같이 귀국했으나, 귀국 후에는 친정 식구와 떨어져 시부모가 있는 합천으로 와서 시집살이를 했다. 조분이(가명)는 시숙이 한국으로 가는 야매 배에 두 자리가 비었다고 귀국하라고 해서 얼떨결에 한국에 와서 큰시누이가 지키고 있던 본가로 와서 시집살이가 시작되었고, 일본에서 같이 산 시누이는 자신의 시집으로 각각 돌아갔다. 일본에서는 친정살이를 하기도 하고 외가 쪽 친인척과도 가까이 살아 남성 중심의 가부장제 문화가 지켜지지 않은 경우도 있었으나, 한국으로 귀국해서 돌아온 곳은 대부분 아버지와 남편의 고향이었다. 일본에

서 돈을 벌어 농토와 집을 산 곳이 아버지의 고향이었기 때문에 고향으로 돌아왔지만, 농토와 집이 없어도 아버지와 남편의 친인척이 살고 있는 고향으로 돌아갔다. 다시 남성 중심의 친인척의 관계가 생활의 축이 되었고 시집살이는 재현되었다.

원폭 피해 여성들은 원폭 피해로 몸이 아픈 데다 농촌으로 시집와서 해본 적이 없는 농사일과 과중한 가사노동을 해야 해서 시집살이의 고달픔으로 괴로워했고 어려움을 토로했다. 김분순은 남편과 함께 원폭 피해를 당해 아이를 잃고 귀국했으나

> 난생처음 조국 땅에 와서 다시 지옥 속에서 살아가게 되었어요. 저는 전신 통증과 빈혈 등 원폭후유증으로 구사일생으로 살아왔어요. 10년간은 머리카락이 없이 항상 수건을 쓰고 신체는 28kg이 되고 만병에 고통이 계속되었지요. 시어머니는 저를 쫓아내려고 하였어요. 이런 며느리는 둘 수가 없다고요(이상화, 1995 : 196).

라고 말했다. 김분순은 결국 시부모에게 쫓겨나자, 히로시마에서 태어나고 자라 살길이 없어 죽을 생각만 했고, 행방불명된 아버지로 인해 고통받고 있는 어머니 몰래 죽을 일만 생각했다(在韓被暴者問題市民會議, 1988 : 103).

원자폭탄 후유증으로 병들어 아픈 며느리에 대해 시집은 가혹했다. 변연옥은 시어머니가 자신을

> '자기 아들 골 빼먹는 년'이라고…… 시어머니도 나를 정말 싫어했어. 저년 내쫓으라고 병충이를 왜 데리고 사냐고 그러셨어. 그래도 그때는 아버지 어머니도 안 계시고 나 혼자라 아무 데도 갈 데가 없으니 이혼을 못 했다……. 정말 눈물로 세월을 다 보냈지(한국원폭피해자협회, 2011 : 489~490; 495).

라고 회상했다. 김일선은 "시어머니는 출생 이후 아프다는 소리를 모르는 사

람"으로 자신이 아프다고 하면 "맨날 꾀병이라고 했어요. 그것 때문에 마음 고생이 많았지요……. 우리 시어머니 하시는 말씀이 그래 '너는 우리 집안에 서방 등골 빼 먹으로 왔나?'고 했어요"(한국원폭피해자협회, 2011 : 853)라고 말했다.

한국말을 못하는 것 때문에 시집살이가 더 힘들었던 경우도 있었다.

> 일본 아아(아이)들 하고 같이 컸기 때문에 한국말도 모르고, 그래(그렇게) 컸다 아입니꺼(아닙니까)……. 예, 예 그 소리만 알았지. 그런께(그러니까) 생전에 날로(나를) 입이 무겁다꼬(무겁다고) 우리 시어른이 참 좋아하거든. 뭐 알아야 대답을 하제. 무조건 무조건 이거 해라 카모(하면) 예. 이거 하라 카모 예. 그빼개(그밖에) 모르거든(창원대학교 경남학연구센터, 2017 : 106)

이라고 말했다. 한국말을 몰라 말을 안 하고 사는 것을 원래 말이 없는 것으로 시부모는 인식했다. 박춘자(가명)는 한국말을 잘 못해서 시아버지로부터 질책을 당했다.

> '저것이 일본에서 와서 아무것도 모른다'고 야단쳤다. 처음에는 한국말 몰라서 혼 많이 났다. 괭이 빌려오라 하면 그림 그려가서 빌려왔다. 더디다고(느리다고) 이제까지 뭐 했냐면서 야단쳤다. 돌아서서 울고 살았다. 한국말 모른다고 함부로 했다. 이것도 모르나 하면서. 일본 갔다 온 흉뿐이었다……. 말 모르제(모르지) 글 모르제 얼마나 힘들었다고예. 한문이 섞인 거 의미를 좀 알아서 그렇지, 바보 바보 그런 바보가 없었죠. 힘든 거는 이날 꺼정(까지)(창원대학교 경남학연구센터, 2017 : 38)

라며 지금까지도 한글을 몰라 무력하게 느끼고 있음을 토로했다.

하종순은 원폭으로 고아가 되어 동생을 돌보다가 결혼하게 되자 동생을 데리고 시집갈 수밖에 없어 시집 식구들의 눈치를 더 보면서 고단한 시집살이를 해야 하기도 했다. 하종순의 동생은 원폭 떨어진 날 태어났는데, 부모가 6 · 25전쟁이 나기 전에 사망하자 자신이 밀양모직 공장에 다니며 가장으로 살다가 25세에 시집갈 때, 시집에서 좋아하지 않았지만 병약한 몸인 동생을 데리고 가서 함께 살아야 했다. "내가 어떻게 그 이야기를 다 해. 다 못해"(한국원폭피해자협회, 2011 : 601)라고 그 어려움이 말로 표현할 수 없을 정도로 많았음을 토로했다. 또 윤부선(가명)은 아기가 아프자 시어머니는 원폭 피해를 당한 며느리 때문이라고 남편과 함께 질책하면서 "아(아이) 놔두고 가라"고 다그쳐 결국 집에서 쫓겨날 수밖에 없었다. 엄분연은 원폭으로 인해 아픈 몸으로 한 번도 해본 적이 없는 농사일과 과중한 가사노동 때문에 결혼 후 여러 차례 유산(嚴粉連, 1987 : 128~129)의 아픔을 겪었다.

불경이부와 장유유서의 남성 중심 유교윤리는 여성들을 강고하게 묶어 놓았다. 시집살이는 유교의 장유유서의 윤리를 바탕으로 한 지배복종의 관계였다. 일본에서는 친정과 가까이 살면서 의지하고 도움을 받던 것과는 달리 한국에서는 시집살이의 고초를 겪고 있었던 여성들이 의지한 사람은 친정 식구들이 아니라 가까이 자신과 비슷한 시집살이의 고초를 겪고 있었던 친구와, 시고모, 시숙모 등 남편의 가족 중에서 자신을 이해하는 사람들이었다. 친정아버지를 비롯한 친정부모는 일부종사 못 하고 돌아오는 딸을 가문의 수치로 여기며 야단치는 두려운 존재로, 여성들은 출가외인으로 친정에 돌아갈 수도 없어 거리를 헤매거나 또는 죽은 듯이 온갖 학대를 견디면서 살아야 했다. 원폭 피해 여성들이 겪은 전통사회의 시집살이는 여기에 더하여 어눌한 한국말, 아픈 몸과 불임, 그리고 성치 못한 자식의 출산 등이 보태어져 더욱 어려운 상황이 됐고, 종내는 쫓겨나기도 했다.

제5장

침묵을 깨뜨리고

제5장 침묵을 깨뜨리고

1. 침묵할 수밖에 없었던 이유

히로시마와 나가사키에서 피폭당하고 귀국했던 것으로 추정되는 2만 3천 명의 한국인 원폭 피해자들 중에서 얼마나 많은 숫자가 현해탄을 건너다 사망했는지는 알 수 없으나 상당수의 원폭 피해자가 귀국한 것은 사실이다. 원자폭탄 피해를 입고 그 많은 사람들이 귀향했으나 오랫동안 원자폭탄 피해로 인한 처절하고도 긴 고통은 침묵 속에 묻혔다.

일제강점으로부터 우리나라가 해방된 것은 미국이 일본에 원자폭탄을 투하하여 종전되었기 때문에 가능했다는 명분하에 원자폭탄으로 인한 육체적 정신적 고통 속에서 귀향한 피해자들의 고통은 무시되었다(정근식, 2005). 또한 미군정을 거쳐 해방 후 5년 만에 발발한 6·25전쟁으로 전 국민이 고초를 겪는 상황에서 공산 침략에서 구해준 우방 미국을 향해 피해자들은 원폭으로 인한 고통에 대해 책임을 물을 수 없도록 침묵을 강요당했다. 더욱이 해방 후 20여 년간 일본과 단교하면서 일제강점에 대한 책임을 덮어두고 있어, 원폭 피해자들은 일본에도 실질적인 보상이나 치료를 요구할 수 없는 상황이었다. 원폭 피해자의 생애 구술담집의 제목을 『소리도 없다 이름도 없다』(박수복, 1975)로 붙인 것은 침묵 속에서 사회적으로 잊혀진 원폭 피해자들의 처지를 극명하게 드러낸다. 그러나 원폭 피해자들은 왜 오랫동안 침묵했으며,

또한 그들의 외침은 왜 미약하기만 했는가 하는 의문이 여전히 남는다.

1) 원폭 피해에 대한 무지—"내가 바보요"

원자폭탄 투하는 전무후무한 일로 일본에서 쫓겨 오다시피 한 피해자들이 원폭 피해에 대해 침묵한 주요한 이유는 자신이 맞았던 폭탄이 무엇이며 그 후유증이 얼마나 심각한지 등에 대해 알지 못했다는 점이다. 엄분연은

> 그때 우리는 원폭이라는 것 원 짜(자)도 몰랐어요…… 그냥 우리는 삐가 돈(폭탄)이라고만 했지 뭐가 뭔지 몰랐죠. 그리고 병원을 많이 다녀도 누가 아나요…… 한국은 전쟁도 또 겪고 그러니까 이런 데 관심이 없었잖아요. 저는 결혼할 때도 그냥 불구가 있다고 생각했지, 원폭이라 걱정하고 그런 것은 아니예요…… 우리 동네에서 제가 설움이 많았어요. 불구자라고 놀리고, 절름발이라고 놀리니까요(한국원폭피해자협회, 2011 : 791;797)

라고 말했다. 엄분연은 다리를 다쳐 절게 되어 사람들에게 장애자라고 놀림을 받으면서도 이것이 원폭으로 인한 것이라고 생각하지 못했다. 박화선(가명)은 결혼 당시 원폭에 대해 "묻고 말고도 없었다. 원폭에 대해 모르고 살았다, 아파도 그냥 아픈 줄 알았다"고 했다. 김일순은 1986년도에 적극적으로 '협회'에 요청해서 일본으로 치료차 간 것에 대해,

> 아픈 원인이라도 알아야지 이렇게 있을 수는 없다 하면서 갔어요. 왜 이렇게 아픈지 원인이라도 알아야겠다고 해서 가서 두 달인가 있다가 왔어요. 그때 가서야 가니까 아 내가 이렇게 고생한 게 원폭 후유증이라는 것을 알게 됐지요. 그전에는 일절 몰랐지요(한국원폭피해자협회, 2011 : 854)

라고 말했는데, 자신의 아픈 몸이 원자폭탄 때문이라는 것을 깨닫게 된 것이 원폭 투하 후 30여년이 지난 후였다. 김명순(가명)도 원폭 피해 후유증에 대

해 생각하지 못하고 살다가,「피폭자 건강수첩」을 내고 후유증이 있는 것을 알았다고 했다.

조분이(가명)는 "한국 나와서 정신없었을 때, 아들이 갑자기 죽었는데 원폭 후유증이라고 생각 안 해보았"고, 김수자(가명)도 "내가 바보요"라고 한탄하며 둘째 아들이 갑자기 사망했을 당시 원폭 후유증에 대해 몰랐다는 것을 한탄했다. 강달화(가명)는 어머니가 "원폭 냄새 맡고 놀래고 해서 머리가 아프다고 하면서 늘 몸이 안 좋았지만 여사(예사)로 여겼"고 했다. 안춘임(가명)도 "아버지가 외상 없었으나 몸이 좋지 않았고 한국에 귀국한지 5년 안 되어 사망했으나, 원폭 때문에 죽었는지 몰랐다. 후유증 있는지 몰랐다. 왜 돌아가셨는지 모른다"고 말했다. 김명순(가명)은 "아버지가 원폭 때문에 병 났고 고통받다가 사망한 것도 이「피폭자 건강수첩」을 내고 알았다"고 했다.

안두선(가명)은 남편이 46세에 사망했는데 당시 원폭 피해라고 생각해보지 못했고, 시골에서 바빠서 '죽으라면 죽고 살라면 살아야지' 하며 불평했다고 했다. 손경선(가명)은 남편이 58세에 "위궤양에 걸려 십이지궤양으로 번져" 사망했는데, "병에 걸리려고 해서 걸렸지……" 원폭 피해라는 생각해보지 않았다고 했다. 조분이(가명)의 남편도 원폭 피해자로 45세 때 폐결핵으로 사망했는데 "우째(어찌) 되는지 벌로 모르고 이 자식들과 우째 사노(사나) 하는 생각뿐이었다"라면서 원폭 피해일 수 있다는 것을 인식하지 못했다고 했다. 구을선(가명)도 남편의 증상이 "나중에서야 원자탄 때문인가 보다 해서 알고 약 타먹으려고 원폭 등록했더니 무료로 약 받았다"고 했다.

복지회관 거주자의 경우, 대부분 복지회관에 와서야 후유증이나 유전에 대해 알게 되었다고 했다. 김수자(가명)는 원폭이 안 좋다는 생각을 했지만 깊이 생각하진 못했다. "복지회관에 오고 암에 걸린다는 것 알게 되었고…… 후유증 있다는 것 여기(복지회관) 와서 알았다. 원폭이 그렇게 무서운 것인지 몰랐다"고 말했다. 최봉선도 방사능 후유증에 대해 "그거야 요새 아는 거야"(한국원폭피해자협회, 2011 : 888)라고 말했고, 강승자(가명)는 "원폭병인지 몰랐는데, 여동생이 2년 전 서울 성모병원에서 허리 아파서 대수술했는데 그때 원폭병이라는 것 알았다. 나이 어린데도…… 원폭공해 무서운가 보다"라고 뒤늦게 원폭 후유증에 대해 인식하기 시작했다.

노홍규는 1950년1월부터 1958년 10월까지 합천경찰서 관내에서 경찰관으로 근무하면서 대민 관계 일을 맡아보게 되었는데 합천군 내에 자기와 같은 원폭 피해자가 수없이 많다는 것을 알았고, 그 엄청난 고통과 비극의 질량에 새삼 놀랐다고 했다. 그래서

> 각성과 연대적 비극에 대한 공존의식의 싹으로 자라…… 사명감으로 자리 잡았다. 1967년부터 '나가사키, 히로시마에서 폭탄을 맞은 사람은 신고해주십시오. 우리도 살 길을 찾읍시다'란 간판을 신문사 지국 앞에 내걸고, 자전거로 피폭자 조사 작업에 나섰다.

그러나 "반응은 희박했다…… 시간적 거리가 너무 길었고, 그들은 지친 삶 그대로 무감각했으며 우매하고 자신의 처지를 알지 못했다"(박수복, 1975 : 46)고 회고했던 것과 같이 원폭 피해자는 자신의 고통이 원폭으로 인한 것을 인식하지 못하고 운명으로 받아들였다.

2) "먹고 살기가 바빠서"

원폭 피해에 대해 생각하지 못한 것은 살아가는 데 급급했기 때문이기도 하다. 전소자는 "너무 힘들고 먹고살기에 정신없이 살았기에 원폭에 대한 기억은 잊고 살아왔다"(정근식, 2005 : 165)고 말했다. 심수자(가명)도 "원폭 유전 생각할 여가가 없었다. 설마 설마 했다"고 말했다. 윤월순(가명)과 김수자(가명)도 "먹고살기 급해서" 자식에게 유전되는 후유증이 있거나 원폭 비참한 것을 생각할 여유가 없었다고 말했다. 박춘자(가명)도 아이가 5명이어서 (원폭에) 죽은 사람 생각할 겨를 없었다"고 말했다. 김복수도 "먹고살기에 급급

해서 원폭에 대한 기억을 까맣게 잊고 있었지만 몸이 아플 때는 문득 떠오른 게 원폭에 대한 것이었다"(정근식, 2005 : : 259)고 말했다. 정명선(가명)은

> TV에서 원폭 피해자가 한국에 많다는 것을 보았다. 어머니가 살아 있을 때(99년 이전) 서울 효자동에 가서 원폭 피해자 등록을 했다. 뉴스 보고 동회에 갔더니 등록 확인을 해주었다. 차비 없고 생계가 급해서 더 이상 등록하러 다니지 못했다. 부산에서 뉴스 보고 원폭이 무섭다는 것을 알게 되었다

고 말했다. 원폭 피해 여성들은 다시 새로운 삶을 개척해서 살아가기에 급급하고 생계에 쫓겨 원폭에 대해 생각할 겨를이 없어 원폭에 대해 잊고 있었던 것이다.

3) 차별에 대한 두려움

한국 사회는 일본에서 귀향한 사람들을 자신들을 억압한 일본인들과 혼동하거나 친일파라고 생각하여 '쪽발이'라고 칭하면서 경원하였고, 또 한편에서는 '우환동포'라고 일컬으며 문제 집단으로 간주하였다. 그런데 귀환동포 중에서도 원폭 피해자들에 대한 차별은 특히 심했다. 특히 화상 자국이 드러난 경우 한센병 환자와 혼동되어, 당시 전염된다고 생각한 한센병에 감염될까 봐 더욱 외면당하였다. 정선이(가명)는 아버지가 "목이 새끼처럼 돌아갔다. 흉터 있는 원폭 피해자는 사람 취급을 안 했다"고 말했다. 정용분의 아들 원조는 "문둥이 새끼"(박수복, 1975 : 93)라고 사람들이 자신을 욕한다고 슬퍼했다. 정용분은

> 오른쪽 귀밑에서 목으로 이어지는 심한 상처자국으로 고개마저 비뚤게 붙게 했고, 게다가 왼쪽 젖만 먹여야 하는 고충은 어느덧 고개에 심한 통증을 일으키게 했다. 그뿐 아니라 이러한 병신 어미의 신체 조건으로 해서 한

쪽 젖만을 빨아야 하는 어린 원기의 고개 역시 어느덧 비뚤어졌으며 다 자란 지금도 비뚠 고개 그대로이다. 무엇보다도 정여인을 슬프게 한 것은 언제나 사람들의 눈을 피해서 아이에게 젖을 물려야 하는 안타까움, 쫓기는 심정이었다고 한다. '왜 이래야 하는가? 왜 이토록 죄지은 사람처럼 쫓겨야 하는가? 철부지 아들 원조가 소리치던 그 외침은 바로 정여인의 폐부 속에서 소리 없는 울음으로 한으로 쌓여 갔다(박수복, 1975 : 94).

고 박수복은 기록하였다. 임일생은 어머니가 오그라든 손으로 "언제나 어린 것을 등에 업고 사람들이 뜸한 시장 구석이나, 아니면 야채 광주리를 이고 다니면서 팔았다. 운수가 좋은 날은 무사했지만 문둥병 환자라고 심한 욕설과 함께 야채 광주리를 짓밟힌 경우가 한두 번이 아니었다"(한국원폭 피해자협회, 2011 : 527)고 회상했다. 안월선은 얼굴에 나 있는 켈로이드 때문에 "어디 댕기면(다니면) 고개도 몬(못) 들고 내 이래 엎드려가…… 댕기고, 내가…… 이리 가야 되는데…… 중간에 사람이 한두서이만 있으면 글로(거기로) 안 가 저기 먼데로 사람 없는 데로 글로 돌로(돌아서) 댕기고"(김승은, 2012 : 31)라면서 사람을 피해 살았다고 했다. 이렇듯 한국 사회가 원폭 피해자에게 가하는 차별과 폭력으로 인해 자신이 일본에서 귀향한 것을 숨겨야 했고 외상을 감추는 데 급급했다. 김일조는 일본에서 조센진이라고 차별받았는데 "제일 그게 괴로웠고 또 한국에 온께네(오니까) 한국에 원폭 피해자들 또 차별 있는 기라"(김승은, 2012 : 31)라고 말하여 원폭 피해자들에게 가해지는 차별의 고통을 토로했다.

원폭 피해를 당한 것이 "좋은 일 아니어서" 침묵하라고 가족끼리 당부하였다. 정일선(가명)은 "우리 오빠는 그런 이야기 하지 말라고. 그 좋은 일도 아닌데 뭐 할러 이야기하냐고" 했다. 손경선(가명)도 "어머니 아버지도 좋지 않은 기억 되살리지 않았다, 오빠들이 얘기했다. 원폭에 대해 말이 시작되자 알게 되었다"고 말하였고, 원폭 피해자인 남편도 히로시마에 살았으나 "어찌 살았는지 물어보지 않았다. 시부모가 원폭에 대해 말하는 것 좋아하지 않앗고 말 안 했다"라고 했다. 주변의 타인에게도 "좋은 일이 아니기 때문에" 함구하였고, 가족끼리도 고통스러운 기억을 떠올리고 싶지 않아 서로 함구하였다. 허종순은 원폭 피해 당한 것이 스스로 "창피스러워서 나도 원폭에 대해서는 아무한테도 이야기 안 했어. 이웃한테도 이야기 하나 안 했어"(한국원폭피해자협회, 2011 : 602)라고 말했다.

그런데 원폭 피해에 대해 말하기를 기피한 것은 단순히 좋은 일이 아니거나 창피해서가 아니었다. 김복수는 오빠가 "결혼할 때도 지장 있는데 함부로 하지 말라고 그러더라"(정근식, 2011 : 273)고 말했는데, 숨기고 침묵하는 가장 주요한 이유는 원폭 피해가 유전된다는 생각에 "피폭자라 하면 혼인 못 한다, 쉬쉬한다, 대구에서는 원폭이다 말 안 한다. 원폭 말 안 하고 살았다." 김경자(가명)는 지금까지 남편에 대해 원폭 피해에 관하여 침묵한다고 했다.

> 남편은 원폭에 대해 모르더라. 남편은 피폭자가 뭔데, 관심 없고 알고 싶지도 않다고 한다. 지금까지도 모른다, 여기에 있는 줄 꿈에도 모른다, 사진 찍는 일에 안 나선다, 피한다. 남편 고향 경북 칠곡에서는 일본 간 사람 없다. 남편 피폭에 대해 모르고 나는 피폭자이고 이해해달라 안 했다. 아이들도 알아서 좋은 것 없다. 남편에게 비밀로 해다오. 절에 들어갔다 해라, 지금도 절에 있는 줄 안다. 피폭자들은 철들면서부터 해방되고 일본에서 나왔다거나 피폭당한 것을 숨기게 되고 입 다물게 되었다.

고 말했다.

1968년 '협회'가 만들어지고 피해자들의 등록을 받았지만, 원자폭탄이 투하된 지 20여 년이 지난 시점에 원자폭탄 후유증이 자식들에게 유전으로 전해진다는 사실이 알려지기 시작했고, 자식들이 이로 인한 차별, 특히 결혼에서 기피대상이 될까 봐 두려워 원폭 피해자라는 것을 드러내지 않았다. 안춘임(가명)은 "남편이 아이들 시집 못 보낸다고 등록 못 하게 했다. 시집갈 때 되니까 시집 못 갈까 봐 원폭 쉬쉬했다. 원폭 피해자라는 소리 못 했다"고 말했다. 무궁화(가명)는 원폭에 대해 "평생 가도 말 안하리라 생각했다. 내가 얘기하면 피폭자라는 것 알면 아들 장가 못 들일지 모른다는 걱정으로 말 안했다. 묻었다"고 했다. 전소자는

> 아버지가 고향에 가면, 합천에서 사람들이 일본을 많이 갔다. 거기서 (원폭 피해자) 신고를 하라고 했는가비여(했나 봐). 아버지는 그것을 안 할라고 그랬어. 자손들이, 결혼해서 자식 낳고 하믄(하면) 뭔 일이 있으믄 안 되니까 그것을 숨길라고. 아버지는 그때 우리한테도 얘기 않고 돌아가셨어…… (목소리를 줄이며) 원폭 얘기를 내가 (가족들에게) 안 했어. 협회 같은 데 가고 그런 것은 알지. 내가 고생한 얘기를 안 혀. 히로시마에서 원폭 당한 그런 일이 있었다는 건 알지. 암만해도 이리(익산)에서 원폭 모임이 있으면 오라고 전화도 오고, 뭣을 부치기도 하고 그런게. 원폭 그 기운이 있어 가지고 애들 낳으믄 2대, 3대 그런(안 좋은 영향을 주는) 수가 있다 하더라고. 나는 그런 것이 두려워서 말을 않지(정근식, 2005 : 176~177)

라고 말하여 아버지가 자신들에게 원폭에 대해 함구했는데 자신도 역시 자식들에게 원폭 피해에 대해 숨기고자 한다고 하였다. 하순이(가명)는 "남편 살았을 때 복지회관 집을 짓더라. 들어갈려니까 남편이 가지 마라 해서 남편 죽고 나서 들어왔다. (남편은) 바람 피워서 살림 따로 살면서…… 소문 나면 아이들 출가 못 시킨다고 못 가게 했다"고 말했다. 안춘임(가명)도 "호적에 히로시마가 거주지로 되어 있어 적십자에서 피해자로 등록하라고 연락 왔으나 남편이 아이들 시집 못 보낸다고 등록 못 하게 했다"고 말했다. 정선이(가명)는 얼굴에 켈로이드가 뚜렷한 아버지에게 일본 사람들이 「피폭자 건강수첩」을 "내라고 해도 안 내었다. 일본 사람들이 가스 곤로와 TV를 사주었고, 입원해 있을 때는 와서 돈 이백 몇십만 원 주었다. 자식들 결혼할 때 문제될까 봐"라고 말했다. 자식들에게 피해를 줄까 봐 극구 침묵을 지키고자 했는데, 특히 결혼에서 기피 대상이 되는 것이 두려워서 원폭 피해자임을 드러내기를 꺼려했다. 김일조는 "아이들 결혼시키고 나서야 뒤늦게 '협회'에 등록하

고 일본에 가서「피폭자 건강수첩」도 받았다"(김일조, 2015 : 14)고 말했으며

> 내 속으로마 아 저게 원폭 탓이다. 내 속으로만 얘기했다……. 아들도
> 건지러워(간지러워)…… 우리 큰딸도 좀 그렇고…… 즈그한테는 말 안 하
> 지…… 며느리한테 말 안 하고 손자들 다 우리 아들한테는 말을 말 못 해
> 요. …… 말하고 좋을 게 있어야지…… 저 집에는 건지러운 전염병이 있다
> 꼬(있다고) 그게 소문이 나노면 …… 장래가 큰일이야……나도 머리가 아
> 파서 말이지……눈을 몬(못) 뜰 정도로…… 야매 의사(가짜 의사)…… 침을
> 한 주먹 쥐고 머리를 찌르고…… 수시로 약 먹고 사는데, 위장병도 있었
> 고…… (2~3세에 유전된다는 소문 때문에) 원폭 가입 안 했습니다…… 쉬쉬
> 쉬쉬 하고 살았지예(살았지요)…… 죽은 정백종이라 카는(하는) 사람은 딸이
> 너(넷)인가 다섯인가…… 하나는 이 행려병이며 얄구진(좋지 않은) 이런 병
> 에 걸리고, 하나는 시집가도 애를 못 낳고, 우리 그 엄마도 요요(여기) 뒤에
> 가 요 모가지 이래 붙은 기 일본 가서…… 치료해가지고…… 한국에 나와
> 가지고 낳은 아들이 바보 아들 낳고…… 일본서 의사 왔단다. 약 받으러 오
> 라칸다(오라고 한다)…… 나는 안 갔어예(갔어요)…… 원폭 피해자라 카는 그
> 소리가 듣기 싫어서…… 원폭이란 소리 안 할라고 나는 약 타러 안 갔어예
> (김승은, 2012 : 29; 31; 32).

라고 침묵한 이유를 밝혔다. 정일선(가명)과 김복수(정근식, 2005 : 273)는 자녀
들이 다 결혼하고 난 이후 결혼 기피 대상에서 벗어난 것에 대해 안도하고
비로소 자식들에게 자신들이 원폭 피해자임을 밝혔다.

자식들이 원폭 피해자임을 밝히는 것을 반대한 경우가 있었다. 이복남(가
명)은 "군청에 다니는 아들 지금도 남이 알까 봐 기겁한다"고 말했다. 김수자
(가명)는 지금도 왼쪽 발등에 유리 조각이 박혔던 상처로 발등은 붓고 압박붕
대를 감아야 겨우 걸을 수 있고 혈압이 높고 위장도 나쁘며, 심장, 신장, 갑
상선 약을 먹고「피폭자 건강수첩」발부 이후 히로시마시민병원에서 수술을
했는데, 김수자(가명)가 '협회'에 등록하려고 할 때 아들이 "그렇게 많이 안 다
쳤는데 뭐 하러 내느냐고 만류했다"고 하였다. 김복수는 "우리 아들도 그런

소리 하는 것을 안 좋아라. 그런 소리 하지 마라. 안 좋게 생각하는가 어찐가
(어쩌는가)"(정근식, 2005;273)라고 말했다. 원폭수첩을 신청했을 때 안순자(가
명)는 "친정 조카가 신청했다고 난리였다. 자식들 결혼 못 한다고"라고 말했
다. 안두선(가명)은 큰며느리가 "벌로(함부로) 얘기하지 마라", 특히 "아이들한
테는 말하지 말라 했다. 알면 알고 모르면 모르고 얘기하지 마라. 며느리 봐
야 하는데 좋은 얘기 아니니 하지 마라"고 했다고 말했다. 나와 면담하고 자
신의 삶에 대해 토로한 후에도 "내가 쓸 말 안 쓸 말 이야기 많이 했다"고 후
회하였고, "일절 말하지 말아야 하지만" 말했다고 후회하면서 자신의 이름
을 절대 밝히지 말아달라고 당부한다. 지금도 원폭 피해를 드러내기를 꺼려
한다. 차별에 대한 두려움으로 침묵은 아직도 강요되고 있다.[1]

2. 「피폭자 건강수첩」

1) 용기를 내어 침묵을 깬 사람들

역사의 소용돌이 속에 억울하게 죽어간 피해자들을 대신해서 살아남은
생존자들 중에 용기를 낸 사람들이 있었다. 그들은 자신의 고통과 억울함에

---

1   엄분연은 손진두가 일본에서 재판할 당시 자신에게 병 진단서 등의 서류를 부탁하여
도와주자 정보부에서 조사가 나왔다고 한다. 자신의 남편은 6·25가 발발하자 군대
에 자원해서 참전했다가 전사해서 신분을 의심받지는 않았다(한국원폭피해자협회,
2011 : 792~793)고 증언했다. 또한 손귀달이 일본에서 입원 중일 때 조총련에 속한
사람들이 찾아와 두려워 빨리 귀국했다는 확인되지 않는 주장도 있다. 1970~80년대
는 재일교포간첩단 사건을 중앙정보부가 조작해서 처벌했던 시기였고, 해외여행을
할 때는 반드시 반공교육을 이수해야 했으며, 북한과 연계되는 것은 금기였던 시기로
원폭 피해자들의 일본에 남아 있는 친인척이 조총련과 연관되었을 경우 자신에게 불
리한 일이 일어나지 않을까하는 염려가 있었을 것으로 보인다. 원폭 피해자들이 침묵
했던 이유가 이러한 시대적 상황과 연관이 있는지는 연구해야 할 과제라고 생각한다.

못 이겨 도움을 요청하기 위해 자신의 몸과 마음에 새겨진 상처를 드러내기 시작했다. 곽귀훈 등 개인이 원폭 피해자임을 드러낸 것에 이어, 1964년 한국원자력병원이 보건소와 도립병원을 통해서 다수의 피폭자가 한국 내에 있다는 것을 처음으로 밝혔다. 1965년 재일본대한민국거류민단 히로시마현 지방본부가 실시한 '한국인피폭자실태조사' 소식을 듣고 엄분연은 "바로 등록했어요"(한국원폭피해자협회, 2011 : 791)라고 증언했는데, 원폭 피해자들은 이러한 실태조사에 응함으로써 자신들에게 도움의 손길이 올 것이라는 기대가 있었기 때문이었다.

또한 1965년 한일협정이 맺어지고 난 후부터 일본 사람들이 하나둘 찾아들기 시작했다. 그러자 합천에서 민원 담당 경찰로 일하다 퇴임하고 원폭 피해자들을 수소문하여 이들을 돕기 위해 동분서주하였던 노홍규는 "일본 사람들이 먼 데까지 와서 사진을 찍고 취재를 해 가는 것은 그들이 곧 당신들이 지불한…… 희생에 대가를 치러주기 위한 것이요, 이제 우리는 떳떳하게 치료를 받고 인간적인 대우도 받고 보상을 받을 수 있게 될 것"이라고 원폭 피해자들에게 취재에 응할 것을 독려하였다. 일본인 기자가 "두 번, 세 번, 중환자들의 옷을 벗기고 포오즈를 취하게 하고 숨겨진 지난날을 혹독한 매질처럼 재촉하는" 취재 활동에 앞장섰다(박수복, 1975 : 48). 이들이 일본 기자들에게 자신의 고통을 토로하고 상처 난 몸을 드러낸 것은 "고통을 호소함과 동시에 구원 요청"(정근식, 2005 : 42)이었다.

그러나 이들의 바람은 쉽게 이루어지지 못했다. 심학수는 "'이토록 흉한 모습으로 어떻게 저승에 갈 수 있겠소. 왜놈들이 몇 번 다녀가면서 사진만 찍어가지 치료는 해줄 생각도 않고 있어요. 그래서 한번은 실컷 욕을 퍼부었다구요.' 심여인의 어조에는 격한 분노가 뒤섞여 있었다"(김동현, 1973 : 231)고 기록했다. 또 박수복이 인터뷰를 마치고 살며시 카메라를 들어 올려 셔터를 누르려는 순간,

싫소, 그만 가시오. 뭔 놈의 사진이요. 구경거리요! 오라 가라, 기다려라! 가서 말하시오. 협회에 가거든 난 죽는다구. 우리는 다 죽었다구…… 원통하고 분해서 아직도 이렇게 눈을 뜨고 있더라구! 그러나 이제는 속임수는 통하지 않는다구…… 똑똑히 그렇게 전하시오!"(박수복, 1975 : 59~60)

라고 하면서 그동안 어렵게 침묵을 깨고 실태조사에 응하고 숨기고 싶은 흉터를 보여주며 사진 촬영에 응했으나 아무런 도움을 받지 못한 것에 대해 화를 내고 호통을 친 것이다. 각종 실태조사와 취재로 자신의 상처받은 몸을 드러내고 아픔을 토로해도 도움의 손길은 오지 않았던 것이다. 원폭 피해자들의 고통을 알리기 위해 자신과 가족을 희생하면서 앞장섰던 원폭 피해자 노홍규도 자괴감에 빠졌다.

'이제 다 된 것이오'. 결국 노씨는 자기 말과 자기 언약에 밀려가듯 자기 확신에 쫓겨서 어느 듯 줄달음치기 시작했다. 죄어들 듯 결과만을 물어오는 농촌 특유의 현물적인 불신감, 그 피폭자들의 거센 물살을 헤집던 끝에 거짓 발설자란 죄책감에 쫓겨서 술을 당기고 폭음을 하고, 가족에게는 몹쓸 아버지, 남편이 됐다. 한 해가 가고 또다시 다른 여름이 오고 덧없는 기대는 한갓 말만의 기다림으로 굳어 갔지만…… 노씨는 피폭자들에게 무조건 사과를 했다. 설득 아닌 애원을 했다, 이미 노씨는 자신도 믿지 않는 공염불과 같은 기대를 섞어가며. 그들의 분노와 뜻이 완전히 자신과 일치함을 역설했다. 이러한 일종의 자기 망실감과 좌절감이 그의 약한 육신에 어떤 작용을 미쳤으리라는 것을 그 이후의 급격히 나빠진 그의 병세에서 두드러지게 나타났다(박수복, 1975 : 48).

이러한 글에서 보듯이, 한국 원폭 피해자들의 비참한 현실을 드러내기만 했을 뿐, 피해 생존자들에게 공식적인 치료와 보상은 제대로 이루어지지 않았고 희망을 걸고 앞장선 사람에게는 좌절만 안겨주었다.

한일협정에 기대를 걸고 있었던 원폭 피해자들은 자신들에 대해 한마디 언급도 없는 결과를 보고 실망을 금치 못했다. 침묵을 깨고 나온 선도적인 원폭 피해자들은 스스로 권익을 찾기 위해 '한국원폭피해자협회'(전신 한국원폭피해자원호협회)를 1967년 창립했다. 한국 원폭 피해자를 위한 치료와 보상 운동은 일본을 향한 독립운동을 전개한다는 각오로 시작했다.[2]

협회 창립 초기 부산과 경남에서는 여성들이 주도적인 역할을 했다. 엄분연은 부산지부장을 맡아서 조직을 만들고 모임을 이끌며(한국원폭피해자협회, 2011 : 795; 796) 협회 일에 헌신했고, 1989년 부산에서 분리되어 경남지부가 창립되자 김일선이 지부장을 맡아 10년 가까이 자비를 들여 경남 각지를 찾아다니며 피폭자가 협회에 등록하도록 독려하고 도움을 주고자 애썼는데, 비피폭자인 남편이 자비를 써가며 5년여 도와주었고, 남편 사망 후에는 아들과 딸이 피해자들이 협회에 등록할 수 있도록 서류 작업을 도와주었다(한국원폭피해자협회, 2011 : 855-857). 1968년 12월 엄분연과 함께 서울지역 대표로 정식으로 일본에 입국하여 치료와 보상을 요구한 임복순도 서울지부에서 적극적으로 활동하였다. 최순례(1937년생)는 임복순이 아버지 외가댁 당고모로 아주머니라고 불렀다고 하면서 60년대 말에 친척들이 임복순의 권유로 협회에 다 가입했다고 말했다(한국원폭피해자협회, 2011 : 575;580).

엄분연, 김일선, 임복순 등을 비롯한 원폭 피해자들이 원자폭탄 투하로 상처를 안고 귀국한 뒤 20여 년이 지나 다시 혈연과 지연을 통해 '알음알음' 사람을 모아 '협회'를 만드는 데 헌신하였다. 이일수는 "우리가 나이가 젊고 남자들은 일하느라 바쁘니까 여자들이 주로 잘 모였어요"(한국원폭피해자협회, 2011 : 909)라고 여성들이 활동에 적극 참여하였음을 밝혔다. 그런데 1995년경부터 지부 운영비가 조금 나오자 "경남지부는 사람이 없어서 왜 맨날 여자

---

2 한국원폭피해자운동을 이끈 원폭 피해자들은 이 운동을 "한민족의 진정한 해방과 독립운동의 연장에서"(香椎洋雪, 1992 : 77) 전개하였고, 이에 일본인 지지자인 香椎洋雪는 일제의 압제에 항거하여 3·1독립운동을 일으킨 "우수한 한민족"인 한국인들이 피폭자 구호로 복지국가를 향한 첫걸음을 내어달라고 하고 싶다(香椎洋雪, 1992 : 98)고 격려하였다.

가 지부장을 하고 있냐고…… 우리가 돈을 보고 한 것도 아닌데도…… 그리고 나서 그만뒀지요"(한국원폭피해자협회, 2011 : 856~857)라고 김일선은 증언했다. '협회' 활동 초기 어려웠을 때는 여성들이 헌신했으나 재정적인 지원이 이루어지자 여성들은 '협회' 활동의 중심에서 배제된 것이다.

2) 일본에게 책임을 물은 세 여성[3]

'협회'의 궁극적인 목적은 원폭 피해자의 아픈 몸 치료와 아픈 몸으로 인한 경제적인 어려움에서 벗어날 수 있는 도움을 주는 것이지만, 초창기 개인에게 이러한 도움을 주기에는 역부족이었다. 이에 따라 '협회' 활동에 참여한 여성들 가운데 손귀달과 엄분연과 임복순은 앞장서서 일본 정부에게 직접 원폭증 치료를 요구하였다.

손귀달

한국의 원폭 피해자로 공개적으로 나서서 처음으로 일본을 상대로 원폭 피해의 책임을 물으며 원폭증 치료를 요구하는 데 앞장선 사람은 손귀달이다. 손귀달(당시 15세)은 원자폭탄이 투하되었던 날 히로시마 시립 제2고등여학교 3학년 학생으로, 미쓰비시조선소에서 학도보국대에 동원되어 작업하던 중 피폭되어, 화상과 함께 얼굴에 5~6센티미터의 상처 자국이 남을 만큼 다쳤다. 아버지 손용조(당시 46세)는 말 기수였는데, 히로시마 체신국 4층에 있는 사무실에서 건물이 무너지면서 중상을 입었고, 시청 앞에서 지하에 전신선을 매립하고 있는 인부들을 감독하고 있던 오빠 손진두(당시 18세)는 심한 화상과 함께 왼쪽 허벅지에 상처를 입었다.

---

3 이 부분은 『여성신문』 2018년 7월 20일, 8월 8일, 8월 15일자에 3회에 걸쳐 연재한 내용으로, 재수록하였다.

손귀달은 그해 9월 가족과 함께 귀국했는데, 귀국 후 온 가족이 원폭의 후유증으로 앓았고, 3년 만에 아버지가 사망하였다. 이러한 비극을 겪으면서 손귀달은 가난한 집안에서 입을 하나 덜어주기 위해 아버지 고향인 경남 사천에서 면 지서에 근무하는 순경과 1950년 결혼했다. 결혼 2년 만에 태아를 사산했는데, 늘 심한 두통과 소화불량, 전신 신경통으로 몸이 극도로 쇠약해져 원폭 때문인 것으로 생각했다. 다시 2년 후인 1954년 봄에 첫 아들을 무사히 낳기는 했지만, 몸은 가눌 수조차 어렵게 되고 말았다. 종합 진찰 결과 원폭으로 인한 후유증이라는 진단이 내려졌고, 이때부터 "형벌이 시작"되어, 남편은 손귀달이 과거를 숨기고 결혼했다고 비난하면서 공공연히 집을 비웠으며, 생활비를 한 푼도 주지 않았다. 아이를 위해 남편에게 애원하고 기다려도 봤으나 "날이 갈수록 칼날처럼 매섭게 죄인 취급"하는 남편을 견디다 못해 손귀달은 옷가지 몇 벌을 챙겨 세 살 된 아들과 임신한 몸을 이끌고 집을 나와 부산으로 향했다. 손귀달은 당시로서는 드물게 중등학교 교육을 받은 여성이었으나, 제대로 된 일자리를 구할 수 없어 아픈 몸을 이끌고 행상, 노점상 등 닥치는 대로 일을 하면서 생계를 꾸렸다. 얼마 후 "원자탄을 맞았다는 그 한 가지 이유로 말 한마디 못 하고" 9년 동안의 결혼생활을 끝냈다. 원폭 피해로 인한 후유증이 귀책사유가 되어 이혼당하면서 남편으로부터는 아무런 재정적인 도움을 받지 못하였다(박수복, 1975 : 182~187).

손귀달은 '협회' 부산지부 결성에 참여하면서 일본 히로시마에 원폭치료 전문병원이 있다는 소식을 듣자, 1968년 9월 30일 밤 5톤짜리 밀항선을 타고, 고향으로 돌아올 때 건넜던 현해탄을 다시 건너 일본으로 갔다. 배를 탄지 사흘 만인 10월 2일 새벽, 밀항이 발각되어 야마구치 경찰서에 연행되자 손귀달은 "몸이 약하고 가끔 머리가 어지럽고 몸이 나른한 등의 증상이 있지만 한국에서는 치료를 제대로 받을 수 없어 일본에서의 치료를 계획하고 밀항했다"(이우정, 1976 : 230)고 밝히고 일본에서의 치료를 요구하며, 한국 원폭 피해자로서는 처음으로 일본 정부에게 원폭치료의 책임을 물었다. 종전 후

23년 만에 처음으로 공개적으로 일본 사회에 한국에 원폭 피해자가 있음을 알리고 치료를 요구한 것이다.

일본의 주요 언론은 이 사건을 온정적인 태도로 보도하였고, 손귀달을 구해줘야 한다는 여론이 일자, 손귀달은 병보석으로 가석방되어 히로시마 원폭치료 전문병원에 입원할 수 있게 되었다(이우정, 1976 : 230). 그러나 11월 4일 야마구치 지방법원은 출입국관리법 위반으로 손귀달에게 징역 6개월, 집행유예 2년을 선고했는데, 재판관은 "손 피고는 원폭 투하 당시 히로시마에서 피폭당했음을 추정할 수 있으나 국법을 범한 것은 허용될 수 없다"고 판결하여, 손귀달을 원폭 피해자가 아니라 밀항자로 1차적으로 규정하였다(표문태, 1986 : 194~195; 이치바 준코, 2003 : 53). 일본 법원은 손귀달이 원폭 투하 당시 왜 히로시마에 있게 되었으며, 무엇을 하고 있었는지를 묻지 않았다. 밀항이 엄중한 범법 행위라고 하면서, 한국 사람들이 조선을 강점한 일본인들에 의해 강제로, 또는 수탈로 인하여 살기 위해 일본에 올 수밖에 없었고, 일본의 전쟁 수행을 위해 동원된 사실은 외면하였다. 일본이 한국인 원폭 피해자를 외면함으로써 일본의 조선 강점과 수탈의 역사를 덮었다. 그럼에도 손귀달이 밀입국을 강행하여 원폭 치료를 요구함으로써 한국에 원폭 피해자들이 고통 속에서 살고 있음을 일본 사회에 알렸고, 이는 일본 사회에 큰 충격을 안겨주었으며 한국의 원폭 피해자에 대한 관심을 높이는 계기가 되었다.

그런데 한국인 원폭 피해자를 위해 선도적이며 헌신적으로 나섰던 일본 언론인 히라오카 다카시에 의하면, "보이지 않는 힘"에 가로막혀 일본 언론과 시민단체는 손귀달과 직접적인 접촉을 할 수 없었고, 치료비 모금도 무산되었다고 하였다. 손귀달이 "아들을 돌보기 위해 귀국을 원한다"는 이유로 정식 절차를 거치지 않고 송환되었다고 당시 알려졌다. 그러나 후에 손귀달은 종합진단 결과가 나오기로 되어 있는 예정일을 불과 11일 앞두고 한국으로 강제송환되었다고 불만을 토로한 것을 보면 손귀달의 의사에 반하여 "보이지 않는 힘"에 의해 조기에 강제송환되었음을 알 수 있다. 당시 한국 정부는 재일교포 좌익계열과 손귀달이 연관될까 봐 염려하였고, 좌익계열의 모금이라는 이유로 성금을 거절했다(히라오카 다카시, 표문태, 1986 : 194~195). 손귀달은 1968년 11월에 한국으로 송환되자 밀항단속법 위반으로 입건되었고, 한국 사회와 정부로부터 어떤 도움도 받지 못하고 생계를 위해 또다시 동분서주해야 했다. 얼마 후 일본 도쿄의 독지가가 손귀달의 원자병을 무료로 치료해주겠다는 초청장을 보내왔으나 밀항 전과 때문에 출국이 거부되었고, 결국 원자병을 치료해보겠다는 마지막 희망이 깨어졌다(김동현, 1973 : 221).

그 후 1972년 3월에는 밀항 알선자로 연행되었고, 일본 마약밀수업자들에게 한국인이 제조한 마약 필로폰을 전달해준 죄로 구속되기도 했는데, 손귀달은 "모든 것은 히로시마 원자폭탄 때문입니다. 원자병이 이처럼 평생의 원수가 될 줄이야……"라며 사건 담당검사 앞에서 원폭 때문이라고 울부짖었다(김동현, 1973 : 221). 손귀달은 1974년 5월 24일, 습관성 의약품법 위반으로 1년4개월의 옥살이를 마치고 나오자 자식으로부터 질책을 들어야 했다.

'엄마, 엄마는 왜 유명해졌지? 그놈의 원자탄이라고? 원자탄을 맞은 사람이 한국에서 엄마 한 사람이야? 그게 어느 세월인데 이제 와서 엄마 혼자 유명해졌느냐 말이야.' 저는 압니다. 자식들의 눈 속에서 일고 있는 그 숱한 힐문, 제대로 먹이지도 입히지도 못하면서 엄마 역시 거지꼴로 찌든 주제에 이름 석 자는 무슨 이유로 떠벌여 가지고 …… 그 혐오와 원망에 찬 항변을…… 저는 뼈아프게 압니다(박수복, 1975 : 182~183).

홀로 자식과 어머니의 생계를 위하여 아픈 몸을 이끌고 고군분투했으나 자식으로부터 질책을 들어야 했고 손귀달은 자식에게 대한 미안한 마음을 피할 길 없었다. 손귀달은 출소 후에 극빈자 대우를 받으면서 생활하다, 복지회관이 1996년에 설립되자 입소하여 반신불수의 몸으로 생활했다. 2005

> 일본 너희들이 도대체 사람이냐? 60년 동안 우리 한국인 원폭 피해자들
> 이 겪었던 고통은 누가 우예(어찌) 보상하냐 말이다. 고이즈미 총리는 야스
> 쿠니 갈 게 아니라 우리를 찾아서 용서를 빌어야제(빌어야지)…… 한국 정
> 부도 그러면 안 돼. 우리가 남의 나라 사람이야? 우리 병신들 돈 훔치가(훔
> 쳐가서) 경부고속도로 지은 거 아이가. 이제는 한 푼도 빼뜨리지 말고 내놔
> 야제(내놓아야지)(이승욱, 2005 : 19)

라면서 일본 정부를 비난하였고, 한일협정에 따라 일본으로부터 배상금을
받았으나 원자폭탄 피해자에게 무심한 한국 정부에 대해 분노하였다. 원폭
피해로 인한 아픈 몸을 이끌고 살기 위해 한평생 분투했던 손귀달은 2009년
11월 19일 영면하였다.

손귀달의 요구는 무산되었으나, 2년 뒤 오빠 손진두가 일본에 밀항하여
일본 정부를 상대로 소송을 제기하였고, 이를 계기로 결성된 '일본시민회'
등 일본 시민단체의 지원을 받아 1978년에 마침내 승소하여, 한국인 원폭
피해자들이 일본에서 치료받을 수 있는 길을 열었다. 오빠 손진두는 여동생
의 선구적인 행동에 용기를 얻었음이 분명하며, 손귀달은 한국인 원폭 피해
자의 도일(渡日) 치료에 초석을 놓은 셈이다.

엄분연

손귀달에 이어, 같은 해 12월에 원폭 피해자인 두 여성, 엄분연('협회' 부
산지부장)과 임복순(서울지역 대표)은 교토에서 개최된 제2차 세계대전 한국인
전몰자 위령제에 초청받아 '협회'를 대표하여 합법적으로 입국하여 위령제
에 참석한 후에 원폭 피해로 아픈 몸의 치료를 요구하고 일본피폭자들에게
발부하는 「피폭자 건강수첩」 교부를 신청했다. 이 두 여성은 "우리들은 국가
(일본)를 위하여' 근로정신대와 근로동원으로 일하다가 피폭당했으므로 일본

사람과 동일하게 원폭수첩을 얻고자 한다"(히라오카 다카시, 표문태, 1986 : 195)
고 주장하여 일본 사회에 다시 파문을 일으켰다. 일본은 일제강점기에 내선
일체를 구호로 내걸며 조선인을 황국신민화하면서 조선인을 전쟁에 동원하
였으나 한국 원폭 피해자를 외면하는 일본에게, 이 두 여성은 한국인 원폭
피해자로서 일본인 피해자와 동일한 치료를 요구한 것이다.

　엄분연은 합천 출신으로, 할아버지가 3·1운동에 가담했고 일본 경찰의
감시가 심해지자, "호랑이 굴로 들어가 싸우자"고 해서 일본으로 갔고, 외아
들이었던 아버지도 자신과 어머니를 두고 일본으로 갔다. 엄분연은 합천군
묘산면에서 1928년에 태어났으나 항일가족의 딸이라고 출생신고를 바로 할
수 없어 1년이 늦은 1929년생으로 호적에 기재되었는데, 돌을 지나면서 아
버지를 찾아 어머니와 함께 일본으로 갔다. 아버지는 토목업을 했는데, 하청
을 받아 일했고, 많은 사람을 고용할 정도로 사업이 번성하였다. 엄분연은,

> 아버지는 남을 도와주는 것을 대단히 좋아하고, 또 곤란을 겪고 있는 사
> 람을 내버려두지 못해서 자주 조선인을 보살펴주었다. 그리고 외동딸인 나
> 에게 세상의 현실을 보여주고자, 어린 나를 히로시마 시내의 조선인마을에
> 데리고 가서 조선인의 현실을 보여주고, 히로시마의 형무소에 들어간 조선
> 인이나, 오카야마의 오쿠초에 있는 한센병 환자 시설에 있는 조선인을 방
> 문하는 데도 나를 데리고 가거나 했던 것이다(이치바 준코, 2003 : 179)

라고 회고하여 아버지가 가난한 조선인에 대한 관심과 민족의식을 깨우쳐
주려고 애썼던 것을 기억했다. 또한 아버지는 외동딸인 엄분연을 상급학교
에 진학시켰고, 틈틈이 한글 교육을 시켜 글자를 쓰고 읽을 수 있고 말할 수
있게 교육시켰다. 아버지는 비록 일본에서 독립운동을 적극적으로 전개하지
는 못했으나 동포들을 도우며, 딸이 한국인으로 자부심과 동포의 어려움을
함께 나누는 사람으로 성장하도록 격려하였다(한국원폭피해자협회, 2011 : 791).

　엄분연은 히로시마의 야스다고녀(여고) 4학년 때 일본 전쟁 수행을 위해

학도보국대에 동원되었다. 원자폭탄이 투하되던 당일 날에는 미시노혼마치 4가에 있던 비행기 엔진 제조 주물공장에서 일하고 있다가 피폭되어 전신에 화상을 입었다. 오른쪽 팔꿈치와 양쪽 정강이에 깊은 흉터를 남기고 복숭아뼈가 없고 다리를 제대로 못 걷고 지팡이를 짚어야 할 만큼 크게 다쳤다. 후에는 어지럼증이 자주 일어나고 온몸에 홍진과 같은 반점이 생기는 증상으로 괴로움을 당해야 했다. 아버지는 귀가 떨어져버린 채, 엄분연을 찾으러 시내를 돌아다니다 "독가스(방사선)를 많이 마셨고", 어머니도 복숭아뼈에 유리가 박히는 상처를 입는 등 원자폭탄 투하로 하루아침에 전 가족이 병들었다. 온몸이 다쳐 고통받고 있는 자신이 "살아 있는 동안에 조국 땅 밟아서 조상님들도 뵙고 또 독립을 찾았으니까 조국으로 가야 한다"는 부모와 함께 귀국했다. 아버지의 재산이 있었던 밀양으로 귀향했는데 얼마 후의 토지개혁으로 많았던 농토는 소작인의 몫이 되었다. 엄분연은 격변의 시대에 태어나면서부터 탄압의 대상이 되었고, 고향땅에서 살 수 없어 떠나야 했으며, 더 나아가 조선을 강압하던 일제의 전쟁 수행에 희생양이 되어 아픈 몸을 이끌고 고향에 돌아왔으나, 있던 재산마저 새로운 시대의 개혁으로 없어지고 만 것이다. 엄분연은 원폭 후유증으로 다리를 절어 절름발이라고 놀림의 대상으로 전락했는데, "우리 동네에서 제가 설움이 많았어요. 불구자라고 놀리고 절름발이라고 놀리니까요"라고 회고했다. 근현대사의 소용돌이 속에서 아픔을 온몸으로 겪어야 했다(한국원폭피해자협회, 2011 : 795).

귀국 후 결혼하였는데, 남편은 홋카이도 제국대학을 졸업하였고, 대학 재학 중 "독립사상을 가지고 학생운동을 많이 했던 사람"으로, 엄분연이 "양반 집안에 교육 많이 받고 교양 있다고 해서 불구라도 괜찮다"고 하여 목발을 짚고 결혼식을 올렸다. 그러나 결혼하고 3년 만에 6 · 25전쟁이 발발하자 남편은 자원해서 참전했다가 전사하여, 아들이 돌이 되기 전에 엄분연은 남편의 전사 통지서를 받았다. 그녀의 비극은 끝나지 않았던 것이다.

곧이어 아버지는 위암과 후두암으로, 어머니는 위암으로 사망했다. 엄분연의 부모는 남자아이 둘을 입양해서 키웠는데, 그 남동생 중 한 명은 10대에 심장판막증으로, 한 명은 결혼했으나 대장암으로 사망했다(한국원폭피해자협회, 2011 : 791). 엄분연은 원폭 투하의 후유증으로 신음하던 가족의 죽음을 차례로 겪었고, 또 6 · 25전쟁으로 남편마저 잃어 젊은 나이에 아들과 둘만 남게 되었다. 역사의 소용돌이 속에서 또다시 비극을 맞닥뜨려야 했다.

하지만 엄분연은 겪어야 했던 비극에 함몰되지 않았다. 엄분연은 남편과 사별한 지 2~3년 후 시집에서 나와 부산으로 와서 대한도자기회사에 취직하여 생활을 이었고, 1960년대에는 염광모자원의 원장으로 재직하였다. 그런데 엄분연은 1965년 히로시마의 민단이 부산으로 조사를 왔을 때 적극적으로 참여했는데, 당시 비로소 히로시마에서 자신이 당한 폭탄이 원자폭탄이었다는 사실을 알게 되었다. 모자원의 원장 재직 시 공무원 시험에 응시, 합격하여 체신부의 부산지점에서 전화교환수로 일했다(일본시민회, 1987 : 127). 전화교환수로 일하면서 '협회' 설립을 위해 동분서주했는데, 그 때 한국 원폭 피해자를 찾아 만나고 도움을 주려고 애썼던 일본 언론인 히라오카 다카시가 1968년 2월 한국을 방문했다는 소식을 듣고 매일같이 서울에 있는 '협회' 본부로 장거리 전화를 걸어 부산에 들러서 자기들의 고통과 소원을 꼭 들어달라고 요청하였다. 히라오카 다카시는 예정을 바꿔서 부산으로 가서 열 명 정도의 피폭자와 함께 엄분연을 만났는데, "흉터는 오른쪽 팔꿈치와 양쪽 정강이에 남아 있는 정도이지만 어지럼증이 자주 일어나고 온몸에 홍진 같은 반점이 생긴다……. 갈 수만 있다면 히로시마의 원폭병원에서 치료를 받고 싶어요"(히라오카 다카시, 표문태, 1986 : 184~185)라고 적극적으로 나서서 치료를 요청했다.

엄분연은 45세에 전화교환수 일에서 정년퇴임했고[4](일본시민회, 1987 :

---

4 당시 전화교환원의 정년퇴임 나이가 만 43세였다. 엄분연이 45세에 정년퇴임했다고 표현한 것은 한국식 나이 계산법에 따른 것으로 추정된다. 그 이후 1983년 전화교환

127). 퇴임 후에는 본격적으로 '협회' 일에 전념하였다. 일본의 원폭 피해자가 일본 정부로부터 치료와 보상을 받게 된 '원폭특별조치법'에서 한국인 피폭자의 존재는 전혀 인정받지 못하였고, 한일회담에서도 원폭 피해자에 대한 보상이 논의조차 되지 않자, 한국의 원폭 피해자들이 스스로 앞으로 나서기 시작하였다. 엄분연은 그 선두에 서서 1966년부터 "안 되겠다 싶어서 우리가 원폭협회를 만들자"고 나섰다.

> 유인물을 만들어 부산에서 사람의 통행이 가장 많았던 자갈치시장에서 사람들에게 배포하거나 벽에 붙이는 등의 일을 한 것이다. 그렇지만 좀처럼 사람들이 모이지 않았다. 그래서 우리가 활동하면서 이곳저곳에 피폭자를 찾아 나섰다……. 어딘가에 한센병 환자가 있다고 하면 피폭자가 아닐까하여 그곳으로 찾아 나섰고, 히로시마에서 돌아와 병으로 누워 있는 사람이 있다고 하면 아무리 산골짜기라고 해도 그곳으로 찾아갔다(이치바 준코, 2003 : 51).

엄분연은 '협회' 부산지부 결성을 주도하였고, 부산지부장을 맡아서 조직을 만들고 모임을 이끌었다(한국원폭피해자협회, 2011 : 791). 원폭 피해 여성이며 엄분연의 친척인 이일수는

> 이 일을 하려고 사람을 모으다가 보니 그 외숙모 친척들 그러니까 우리 집안사람들이 다 히로시마 갔다 왔거든요……. 우리가 그 모임을 처음 시작하면서…… 알음알음으로 사람을 모았어요. 누구네 친척, 누구네 아는 사람 이렇게 해서 사람들이 하나둘 모여서 처음에 모임 할 때 한 스무 명 이상씩 모였어요(한국원폭피해자협회, 2011 : 909)

원 김영희 씨가 일반직과 동일하게 정년퇴임할 수 있게 해달라는 소송을 제기하였고 여성단체들이 지원하여 1988년 소송에 승소하였다.

라고 증언했고, 엄분연은 알아주는 사람이 없었지만 집을 팔아서까지 '협회' 일에 헌신했다.

당시 유일한 여성 지부장이었던 엄분연은 "그때 남자들이 저를 미쳤다고 하고 그랬어요. 그리고 보상 받아낸다니까 아주 그걸 받아내면 손에 장을 지진다고 하고 그랬어요"라고 증언을 남겼는데, 남자들의 외면 속에 주로 여성들이 모여서 부산지부를 이끌어갔다. 모자원 원장을 했던 인연으로

> 모자원에 미8군이나 미국 선교회나 교회 같은데서 구호품이 많이 나왔어요. 그러니까 그런 것을 피폭자에게도 나눠주니까 그런 혜택을 받기 위해 들어오는 사람도 있었고, 또 비자가 나오는 데에도 아무래도 조금 도움이 되니까 그런 혜택을 받기 위해서 오는 사람도 있었(한국원폭피해자협회, 2011 : 798)

다고 말했다.

한국정부는 원폭 피해자의 고통을 외면하였을 뿐만 아니라 이들의 활동을 뒷받침하기는커녕 중앙정보부(국정원 전신)를 동원하여 일본의 조총련과의 연계를 의심하면서 감시하였다. 그리고 이러한 압박은 원폭 피해자들의 자기검열을 강요하였고 따라서 자신이 원폭 피해자라는 것을 밝히거나, 치료와 보상을 요구하는 행동에도 제약이 되었다. 그러나 엄분연은 남편이 6·25 전사자여서 이러한 정부의 감시에서 벗어날 수 있었다. 엄분연은

> 68년에 처음 일본 가서 한국 피폭자 보상하라고 연설을 하니까, 일본 정부에서는 65년에 한일회담으로 유상 무상으로 벌써 보상이 끝났다 그러고 없애버리려고 하더라고, 기자들도 5억(엔)으로 끝났는데, 왜 이제야 그러냐고 묻고, 그래서 내가 그랬지. 그럼 그 보상 내역 중에 징병은 얼마, 징용은 얼마, 원폭은 얼마 그렇게 내역이 나와 있느냐 하니까 아니라 이거야. 그래서 그러면 우리 거를 내놓아라 그렇게 이야기했지, 그리고 우리가 전쟁 시에 일본 국민으로 징용, 징병되지 않았냐. 그러니 보상을 하라 했어. 그러니까 그건 미국에서 원폭을 떨어뜨렸으니까 거기다 요구를 하라고 그래.

그래서 우리를 그 전쟁에 가담시킨 것은 일본이다. 그러니까 너희들이 책임을 져라 그랬어. 그리고 왜 샌프란시스코 강화조약 때 미국한테 보상 책임 묻지 않기로 너희가 왜 안 했냐 그랬잖아요(한국원폭피해자협회, 2011 : 793)

라고 말했다. 엄분연은 또한 "일본이 우리가 일본 사람이 아니라고 우리에 대한 책임을 회피할 때, 그럼 왜 우리를 너희가 전쟁에 가담시켰냐. 우리도 전범이다 하면서 대들었다"고 진술했다. 그리고 엄분연은 임복순과 함께 히로시마 원자폭탄 피해전문병원에서 2개월 반 동안 입원치료를 받았으나, 일본 후생성과 법무성은 일본의 '원폭의료법'과 '원폭특별조치법'의 효력이 일본국법이 미치는 범위 내에서만 작용한다는 '통달 402호'에 의해 원폭치료를 지속적으로 받을 수 있는 「피폭자 건강수첩」 발부를 거부하여 더 이상 치료를 받지 못하고 강제퇴원당했다. 일본 외무성은 "한국 정부의 요청이 없으므로 원폭수첩을 내줄 수 없다. 인도적인 견지에서 수첩을 발급해주면 내정간섭이 된다"고 거부 이유를 밝혔다(김동현, 1973 : 233). 그 많은 한국인을 일본에 강제로 끌고 와서 전쟁과 징용으로 가혹하게 내몰았던 일본이 "인도적인 견지"를 지키고자, 그리고 한국에 와서 온갖 수탈을 감행하던 일본이 "내정간섭"을 하지 않겠다면서 일본의 전쟁 수행에 동원되었다가 원폭 피해를 입은 두 여성의 치료를 거부하였다. 엄분연은 후에 "'일본은 정말 배은망덕합니다. 당장 우리 한국의 피폭자들을 배에 싣고 도쿄로 가서 일본 정부의 머리 위에 원폭을 떨어뜨렸으면 합니다'라고 아픈 몸을 뒤척이면서 분노와 억울함을 못 참아 격한 어조로 부르르 떨고 있었다"(김동현, 1973 : 233).

그러나 엄분연은 한국으로 귀국한 후에도 일본에 대한 항의와 요구를 지칠 줄 모르고 계속하였다. 엄분연은 부산지부장으로 7년간 일하는 동안 한국 원폭 피해자들이 일본에서 「피폭자 건강수첩」을 받을 수 있게 되자 증인으로 서주었고, 그 후로 한국 원폭 피해자를 돕는 일본인들과의 교류를 통해 가교 역할을 하였다. 일본인 다케나가로가 기독교 관련 세미나 참석차 한국에 왔다가 장기려 박사를 통해 엄분연을 만났는데, 이들의 지원으로 한국 원폭 피해자들이 치료에 도움을 받을 수 있도록 적극 주선하는 등(한국원폭피해자협회, 2011 : 794~795) 원폭 피해자들을 위해 노력하여, 초창기 70명도 안 되었던 회원이 700여 명이 될 정도로 부산 지부를 발전시켰다.

또한 엄분연은 박정희 대통령 취임식에 참석하기 위해 서울에 온 사토 수상에게 메시지를 보내기 위해 상경했으나 메시지 전달도 못 하고 종로경찰서에 연행되기도 했는데, 이 시위 사실이 『아사히신문』에 크게 보도되었고, 이 시위는 〈왜놈에게〉라는 다큐멘타리로 제작되었다(한국원폭피해자협회, 2011 : 795). 그때 엄분연을 보고 "남자냐 여자냐 그런 소리도 나왔다"고 할 정도였는데, 앞장서서 시위를 주도하는 그의 당당한 모습에 사람들이 놀랐음을 알 수 있다. 또한 엄분연은 손진두가 일본에서 소송을 할 때에도 중앙정보부의 조사를 받으면서도 병원 진단서 등 필요한 서류를 보내주고 탄원서를 써서 보내기도 하였다(한국원폭피해자협회, 2011 : 792~793).

역사적으로 격변의 시기에 부모와 동생들을 원폭 피해로 잃어야 했고 6·25전쟁에서 남편이 전사하는 등 근현대 한국 사회의 온갖 비극을 겪어야 했고, 자신도 원폭후유증으로 질병에 시달리며 온전하게 걷기도 힘든 몸을 지탱해야 했으나 엄분연은 이에 굴하지 않았다. 독립운동가였던 할아버지와, 민족의식을 지키고 어려운 사람을 적극 도와주고자 했던 아버지의 뒤를 이어, 엄분연은 원폭 피해자들을 도우면서 이들을 위해 앞장서서 일본에게 요구하였다. 엄분연이 일본으로 건너가 당당하게 일본 정부가 한국 원폭 피해자들을 치료하고 지원할 의무가 있다고 누구보다 앞서서 주장한 것은 우연한 일이 아니었다. 엄분연은 만년에 복지회관에 거주하다가 뼈 골절로 1년 넘게 입원한 끝에 2012년 6월 16일 사망하였다.

임복순

엄분연과 함께 일본에 치료를 요구하고 일본 원폭 피해자를 위한 「피폭자 건강수첩」을 자신들에게 교부해달라고 요청했던 임복순은 14세 때 시립 제3초등학교 고등과에 재학 당시 근로동원으로 가옥 소개 작업을 하고 있다가 원자폭탄 피해를 당했다. 임복순은 원자폭탄이 떨어지는 순간 "노란 번갯불이 번쩍하는 것을 보았을 뿐 아무 기억이 없으나 함께 작업하던 급우 3분의 2(65명 중 40여 명)가 현장에서 죽었다"(히라오카 다카시, 표문태, 1986 : 167~168)라고 말했다.

임복순은 전신화상을 입어 머리칼이 하나도 없고 사람의 형체라곤 없이 반 해골이 되다시피 한 몸을 붕대로 감고, 온몸에 고름이 솟고 구더기가 끓는 처참한 상태로, 목과 팔에 부상당한 아버지의 품에 안겨 고향 청주로 돌아왔고 그 처참한 모습으로 거리에 나가면 사람들의 구경거리가 되었다. 오랜 치료 끝에 일시적으로 나아 "병신이라 시집도 못 갈 줄 알았는데" 머리칼이 다시 나자 부모는 '원폭 환자'라는 것을 감추고 이발사 김홍문에게 시집을 보냈고 2남 2녀를 낳았다.

그러나 임복순은 결혼 후에도 원폭 투하 당시 강렬한 빛에 놀라서 불만 보면 현기증으로 쓰러졌으며, 수족이 뒤틀리고 힘이 없어 가사노동을 제대로 못 했고, 딸 하나는 소아마비로 죽었고 나머지 3남매도 허약체질인 데다 모두 갖가지 중병으로 큰 수술을 받자, 남편은 "당신 때문에 자식들까지 모두 망쳐놓았다"고 비난하였고 별거를 하게 되었다. "밥보다도 약으로 지금까지 병구(병든 몸)를 지탱해왔다"는 임복순은 한때 전세방에서 쫓겨나 한강변 모래사장에 천막생활을 하면서 집단자살을 하려고 연탄을 피워놓기도 했으나 철없이 자는 자식들이 불쌍해서 다시 꺼내기를 되풀이하기도 하였다 (김동현, 1973 : 230).

임복순이 원폭 피해자임을 드러낸 것은 일본 언론인 히라오카 다카시가 1965년 한일협정 이후 취재차 한국에 오게 되어 일제강점기의 한국인 희생자들을 찾아다니면서 취재를 했을 때이다. 히라오카 다카시가 판자촌의 구불구불한 길을 지나 집을 찾아갔을 때 임복순은 자신이 원폭 피해자인 것을 어떻게 알았느냐고 반문했는데, 홀로 침묵 속에 자신의 육체적 고통과 가난과 아픈 자식을 바라보는 어미로서의 고통, 그리고 남편으로부터 비난과 함께 버림받으면서 살고 있는 자신을 찾아온 일본인을 놀라움으로 맞이하면서 자신의 사정을 호소하였다. "'원폭의 돌'이 가까워지면 팔다리가 녹작지근하고 몸이 쑤셔대요. 뼈 속에 바람이 들어가는 느낌"이며, "허리에서 다리로 내려오면서 경련을 일으키듯" 통증을 느낀다며 병원에서 진찰받고 싶다고(히라오카 다카시, 표문태, 1986 : 167;168)고 호소했다. 히라오카 다카시가 1968년 2월 다시 임복순을 방문했는데, 이때 임복순은

> 어두컴컴한 온돌방 구석에서 누더기 이불을 덮고 여섯 달 동안이나 자리를 보전하고 있고 몰골이 딴 사람같이 되어 있었다는 것이다. 옆에는 둘째 아들 김윤식 군(1955년생)도 같이 드러누워 있었다……. 임씨는 지금 원폭 후유증의 재발로 여러 병발증(倂發症)에 싸여 식사를 전혀 못 하고 과즙과 미음으로 연명하는 위독한 상태에서, '이 고통을 누가 알겠오'(히라오카 다카시, 표문태, 1986 : 167;168)

라고 호소하였다. 임복순은 "이제 소생할 길이 없는 죽은 목숨이므로 숨이 끊어지기 전에 내 몸을 시험대에 올려놓고 연구재료로 써달라고 절규하였다"(김동현, 1973 : 230)고 했다.

엄분연과 임복순의 도일 치료와 「피폭자 건강수첩」 교부 신청에는 일본 언론인 히라오카 다카시의 역할이 컸다. 1968년 일본에 가기 전에 두 사람 모두 히라오카 다카시를 만났고, 히로시마 원폭병원에서 치료받을 당시 도움을 받은 것으로 보인다. 히라오카 다카시는 후생성에서 히로시마시로 송부된 회답에 "수첩을 내지 못한다"는 통보를 하자 이 두 사람은 치료비 등의 걱정으로 낙담과 실망은 컸고 "무엇 때문일까요?"라면서 "날카로운 말투로" 자신에게 대들었다고 기록하였다. 히라오카 다카시는 "이 질문에 가슴을 펴고 대답할 수 있는 일본인은 아마도 없을 것이다"(히라오카 다카시, 표문

태, 1986 : 196)라고 일본인으로서 죄책감을 표현했다.

일본에서 일본인 피폭자와 동일한 치료를 요구하며 신청하였던 「피폭자 건강수첩」 교부가 거부되어 임복순은 엄분연과 함께 큰 좌절감 속에서 귀국하였다. 그러나 2개월 반 동안 치료를 받고 돌아온 후, 얼굴에는 아직도 "화상의 흔적이 지도처럼 그려져 있지만" 그 치료의 효과가 있어 몸 상태가 호전되었다. 그러자 임복순은 취업을 했는데, 도로 공사장에서 자갈을 나르기도 하고 야채장사를 하였다. 마침 한일협정 이후 일본인들의 한국 방문이 늘어나자 일본어를 할 줄 알았던 사람들에게 새로운 일자리가 창출되었다. 임복순은 한국말을 잘 못해서 진정서를 '진전서'로 읽을 정도로 서툴렀고, 오히려 일본어에 능통하여 일본어 능력을 활용하여 일본인들을 대상으로 여행사 안내원, 화장품 장사 등을 하였다. 또한 일본인 상대 백화점의 점원을 하면서 활달하고 적극적인 성격으로 "일본말 잘하고 장사도 잘했다." 그리하여 마침내 전세방을 얻을 수 있게 되었다. 그러나 임복순은 "자녀들에게 공부를 못 시켰을뿐더러 딸 하나는 돈 3천 원이 없어 중학교 졸업장도 못 받고 나왔다"며 안타까워했다(김동현, 1973 : 230).

임복순은 '협회' 서울지부에서 적극적으로 활동하며 설립 초기에 친척과 친구들을 '협회'에 가입하도록 권유하였다. 원폭 피해자로 온몸에 보라색 반점이 여기저기 생기는 증상으로 고생하며 '문둥이'라는 나병 환자로 취급당하여 시집에서 쫓겨 나와 홀로 서울로 살길을 찾아온 변연옥 등 원폭 피해자를 돌보기도 했다. 또한 일본 잡지에 4편의 글[5]을 게재하여 자신이 당했던

---

5 林福順, 「日本の友人に忠言する」, 『經濟時代』 37(10)(460), 經濟時代社, pp.93~95, 1972.

林福順, 「苦しみの淵 から」, 廣島・長崎の證言の會編, 『廣島・長崎の30年証言』上, 未來社, 1977.

林福順, 「あの日のイルボサラムへを背負って」, 『被爆 朝鮮・韓國人の証言』, 朝日新聞, pp.213~221, 1982.

원폭 피해와 그 이후의 삶에 대해 설명하고, 일본인들에게 한국 원폭 피해자를 도울 것을 호소하였다. 임복순은 자궁암으로 일본의 원폭 피해자를 위한 병원에서 수술을 받았으나 치유하지 못하고 1979년 47세의 나이로, 친정 가족 중 12번째로 원폭희생자가 되어 사망하였다.

손귀달과 임복순은 원폭증 때문에 남편으로부터 이혼당하거나 별거를 해야 했고, 엄분연은 남편이 6·25전쟁에서 전사하여 아픈 몸을 이끌고 홀로 생계와 자식의 양육 책임을 져야 했다. 그러나 이 세 여성들은 자신의 고난을 딛고 일어나, 원폭 피해자들을 둘러싼 강요된 침묵을 깨고 자신들의 고통을 세상에 드러냄으로써 한국에 살고 있는 원폭 피해자들이 신음하고 있음을 일본 사회에 주지시켰고, 또 그들에게 일본이 조선을 강제점령하여 수탈하였고, 또 강제로 노동과 전쟁에 동원한 결과로 아직도 많은 한국 사람들이 고통받고 있음을 알렸다. 손귀달과 엄분연과 임복순 이 세 여성은 밀항자라는 이유 또는 속지주의에 근거하다는 명분으로 치료와 일본인 피폭자와 동일한 대우를 해달라는 요구는 거부되었으나, 1969년 2월 22일 일본 히로시마에서는 '피폭자구원일한협의회(被爆者救援日韓協議會)'가 외국인피폭자에게도 피폭자 수첩을 교부할 것을 호소하는 가두서명을 벌였고, 그 다음 해 1969년 5월 8일 일본 국회에서 한국인 피폭자 문제가 처음으로 공식적으로 논의되는 계기가 되었다. 또한 일본의 원폭 피해자 2세 여학생들로 구성된 오리쓰루회(折り鶴會)[6]는 1970년 8월 여름방학을 맞아 "같은 원폭 피해자

林福順,「あの日のヒロシマ 背負って」,『日本/原爆文學』14 手記/記錄, 1983.

6 원자폭탄이 투하된 당시 두 살이었던 사사키 사타코(住木願子)라는 소녀가 국민학교 6학년 때부터 원폭성 백혈병을 앓게 된다. 그런데 어느 날 그 소녀에게 편지 한 장이 날아들었는데, 종이학(오리쓰루) 1천 개를 접으면 병이 낫는다는 메시지가 담겨 있었다. 이 소녀는 학을 열심히 접었으나 964개를 접다가 운명하게 된다. 이 소녀를 기리면서 원폭 피해자 2세 일본 소녀들이 자신의 모임의 이름을 따서 지은 것으로 보인

이면서 차별대우를 받고 있는 한국 피폭자들에게 사죄와 위문을 하기 위해" 나이토 양(內蘇靑美) 등 6명이 최초로 한국에 온 이래 매년 여름이면 대표들이 한국을 찾아왔는데, 이들 여학생들은 환자들의 비참한 실태를 필름과 녹음에 담아 "속죄하는 일본의 양심"을 호소하였다(김동현, 1973 : 242). 이는 히로시마에서 큰 반향을 일으켜, 이를 계기로 1971년 피폭자구원일한협의회 주선으로 4명의 원폭 전문의사가 일본의 각 제약회사서 보내온 2백만 엔 어치의 약품을 가지고 최초로 한국을 방문하여, 9월 22일부터 10월 6일까지 보름 동안 서울(시립중부병원), 부산(복음병원), 합천(보건소) 등 세 곳에서 420여 명의 피폭자에 대한 검진과 진료에 나섰다. 1972년에도 의료단 4명이 '핵금회의(核禁會議)'의 뒷받침으로 서울, 부산, 합천 등지에서 보름 동안(10월 2일~17일) 한국 피폭자들을 치료하고 돌아갔다(김동현, 1973 : 242).

3) '협회'를 통한 도일 치료

침묵을 깨고 원폭 피해자들은 자신들을 대변하는 단체인 '협회'를 결성하고 이를 기반으로 일본인들과 일본에 있는 지인을 통해 일본에 초청받아 치료를 받았다. 특히 '협회' 활동에 적극적으로 참여했던 피해자들은 한일회담 이후 한국을 방문하기 시작한 일본 사람들과 인연이 닿아 일본에 초청받아 치료를 받았다. 엄분연과 임복순이 히라오카 다카시와의 인연으로 일본으로 초청받아 가서 치료를 받은 것은 그 시작이었다.

변연옥은 '협회'를 통해 처음으로 치료 목적의 비자를 받아 일본으로 가서 치료를 받았다. 변연옥은 임복순의 조카로 임복순의 권유로 '협회'에 가입

다. 이 소녀의 비극을 남기기 위해서 히로시마 평화공원 한쪽에 5m 높이의 소녀상을 세웠는데, 소녀의 아픔을 기억하는 사람들이 종이학을 접어 소녀에게 던져주고 있다. 1953년 5월 5일에 완공된 이 어린이상의 비문에는 '이것이 우리들의 부르짖음이다. 이것이 우리들의 기원이다. 세계 평화를 위하여'라고 적혀 있다(문일석, 1983 : 66).

했는데, "'협회' 가입하면서 거기 이름 써봐야 무슨 소용 있나, 나한데도 아이들에게 피폭자 딱지를 붙이는 것 아니냐 그런 고민을 하기도 했"지만 혹시나 도움을 받을 수 있을까 하고 침묵을 깨고 '협회'에 가입했다.

> 내가 내 몸이 이런데 어떻게 해볼 방법이 없겠느냐고 하니까 신 회장(당시 신영수 3대 협회회장)이 그런 말 일본 사람들한테 해봐야 콧방귀도 안 뀐다고 하더라고, 그때도 참 서러워서 울었어……. 혈액 계통의 피가 그러니까 모세혈관이 죽는 그런 건가 봐. 그게 한 군데 생기면 보라색으로 변했다 꺼졌다가 또 다른 데 나고 그러는데. 그래 무슨 병이 그런 병이 있는지 뭔지 모르니까 무섭고, 이러다가 죽겠구나 싶어서 울기도 많이 울었어(한국원폭피해자협회, 2011 : 491)

라고 말했다. 변연옥은 '협회'에 도움을 요청하였으나 거부당하였지만, 규슈 오무타의 '피폭자협회'가 한국 피폭자의 유골을 발견하고 한국에 묘를 쓰기 위해 방한했을 때 '협회'에 한국 피폭자를 만나고 싶다고 제안해서 '협회'가 주선하여 이들을 만나게 되었다.

> 내가 치마를 이렇게 올려서…… 보라색 반점 같은 게 전신에 있었어……. 그분(구보사 토꼬)이 내 몸을 보더니 '어떻게 이런 몸으로 일을 하냐고, 너 실망하지 말고 꿋꿋하게 살고 있어, 어떻게 하더라고 내가 너를 일본에 데리고 가서 치료해주겠다'고 하고 하면서 그이가 울고 갔어. 근데 진짜 연락이 오더라고……(한국원폭피해자협회, 2011 : 489).

라고 회고했다. 규슈 오무타의 피폭자협회는 신문에 광고를 해서 「피폭자 건강수첩」 발급을 위해 필요한 증인을 찾아 나섰고, 변연옥과 같이 학교 다니던 급우의 남편이 신문을 보고 아내에게 "너 아는 아이 아니냐면서 알려주더래." 그 옛 급우가 "우리가 원폭 당시에 동네에 공동 방공호가 있었는데 원폭 후에 거기 살아남은 사람들이 모였었는데 그때 걔가 거기 같이 있었"다라고 하면서, 변연옥이 원자폭탄 피해자라는 것을 증언해주어 초청받아서 일본으로 갔다. 변연옥은 「피폭자 건강수첩」을 교부받고 병원에서 "목 뒤에 멍울 같은 게 많아서 그걸 잘라내는 수술도 했어, 목을 돌리면 아프고 그랬으니까…… 그냥 놔두면 암이 되니까"라고 말했다. 일본 사람들의 주선으로 1973년 변연옥이 처음으로 치료 비자를 받아 일본에 가서 치료를 받게 된 것은 "정말 운이 온 거예요"(한국원폭피해자협회, 2011 : 489~495)라고 설명할 정도로 드문 일이었다. 변연옥은 병 치료에 도움을 받을 수 있을지도 모른다는 기대로 '협회'에 가입했고, 그 기대가 이루어진 것이다.

이일수는 사토 수상이 박정희 대통령 취임식에 참석차 서울에 왔을 때 부산에서 상경하여 엄분연 등 협회 회원들과 사토 수상에게 메시지를 전달하기 위해 시위를 계획했으나 시위도 못 하고 잡혀갔다. 이때 사이토라는 기자를 만났고, 그 기자의 지인인 독지가가 원폭증을 치료해주겠다고 손귀달과 함께 초청을 했는데, 손귀달은 밀항한 전력으로 인하여 신원조회[7]를 통과하지 못해서 1974년 3월에 이일수 홀로 일본에 가서 치료를 받았고, 또한 한국의 원폭 피해자의 상황을 일본의 언론을 통해 알렸다(한국원폭피해자협회, 2011 : 909). 일본인들이 적극 나서서 초청하고 치료를 요청할 경우 치료가 가능하게 된 것이다.

4) 손진두 소송과 침묵 깨기

개인적으로 일본인들의 초청을 받아 일부 피해자들이 치료를 받기 시작했으나 전체 한국 원폭 피해자에 대한 치료는 요원하였다. 그러자 1970년 손귀달의 오빠 손진두가 일본에 밀항하여 한국인 원폭 피해자도 일본의 원폭 피해자와 같은 지원을 받아야 한다는 소송을 제기하였다. 지금까지 한국 원폭 피해자를 지원하고 있는 '일본시민회'가 이때 오사카에서 발족하는 등

---

7 당시 해외여행을 가기 위해서는 신원조회 통과가 필수적 요건이었다.

으로 일본 민간단체와 개인이 손진두를 지원하기 시작했다. 마침내 1974년 손진두가 수첩 발급 소송 1심에서 승소했다. 이러한 상황에서 일본 정부는 치료 목적으로 적법하게 입국하고 치료를 위해 1개월 이상 체재해야 한다는 조건으로 '협회' 제3대 회장 신영수에게 제1호 한국인 「피폭자 건강수첩」을 발급했다. 이어 1976년부터 한국 원폭 피해자들이 일본에 머무는 동안은 치료와 함께 건강관리 수당과 의료특별수당의 혜택을 받을 수 있게 되었다.

1978년에 마침내 "일본 정부는 외국인인 피폭자에 대해서도 보상 책임을 져야 한다"라는 손진두의 주장이 전면적으로 인정되며 종결되었다. 손진두가 소송에서 전면 승소했으나 그 범위가 일본 내에만 국한하여 한국 거주 원폭 피해자들은 아픈 몸의 치료를 받기 위해 일본으로 향해야만 하였다. 마침내 1981년부터 1986년까지 한시적으로 일본과 한국 정부 차원에서 지원으로 도일 치료가 시작되었다. 도일 치료 기간은 2개월이며 치료비는 일본 정부가 부담하고 일본으로 가는 경비는 한국 정부가 부담하기로 하였다(한국원폭피해자협회, 2011 : 190).

5년 동안 한시적으로 운영된 도일 치료의 대상자 선정이 '협회'를 통해서 이루어져 '협회' 활동을 일찍부터 한 사람들과 그 주변인들이 일본에서 치료를 받고 수당도 받는 혜택을 누렸다. 부산지부에서 활동한 이일수는 이미 일본 독지가의 후원으로 1974년 한 차례 치료를 받고 왔는데, 1985년 "(피폭자 건강)수첩이 있어도 한국에 오면 소용은 없지만, 그래도…… 일본에 있는 동안은 수당도 받고 치료도 무료로 받으니까 많이들 받으려고 했어요"(한국원폭피해자협회, 2011 : 910)라고 증언했다. 경남지부장으로 활동한 김일선도 1986년에 도일 치료의 혜택을 받았다. '협회'에서 활동하는 피해자들이 알음알음으로 아는 사람들을 추천하는 것도 일본에서 치료를 받을 수 있는 주요한 통로였다. 안월선은 어머니 일가가 합천지부장으로 있어 1984년부터 얼굴에 박혀 있는 유리를 빼기 위해 일본에 치료하러 갔다(한국원폭피해자협회, 2011 : 808). 안춘임(가명)도 친척인 '협회'의 합천지부장이 적극적으로 권유해서 1986년도 일본 나가사키에 가서 두 달 동안 치료받고 수첩을 받아 왔다. 침묵을 먼저 깨고 나와 '협회'를 결성하고 적극적으로 활동하고 있었던 회원들과 그 주변인들이 우선해서 치료차 일본으로 향한 것이다.

'협회' 관련자들 외에 원폭 피해자를 대상으로 한 일본 정부의 혜택에 대한 정보와 절차를 잘 알고 있는 일본 거주 친척이나 지인이 권유를 한 경우 그 혜택을 비교적 일찍 보았다. 조분이(가명)는 오빠가 민단의 간부로 활동하여 1970년에 초청을 받아 일본에 갔을 때 오빠가 "수첩을 내라"고 했으나 수첩이 뭔지 몰라 관심을 두지 않았는데, 오빠를 비롯해 일본에서 거주하고 있던 친정 가족이 주선해서 1천 몇백만 원과 「피폭자 건강수첩」을 보내왔다고 하였다. 그 이후에도 돈을 보내와 전체 4천여만 원을 받았다[8] 고 하였다.

손진두 소송이 1978년 승소하면서 한국의 원폭 피해자들이 대거 침묵을 깨고 나오기 시작하였으나 그 혜택이 일본 국내에서만 유효하여 「피폭자 건강수첩」을 교부받고 수당을 받을 자격을 갖기 위해서는 반드시 일본에 가야 했을 뿐만 아니라 원폭 피해자라는 사실을 입증해주는 증인이 반드시 있어야 했다. 그러다 보니 친척이나 지인의 도움이 필요불가결하였다. 이에 대해 잘 알고 있는 일본에 남아 있었던 친척이나 지인들이 한국의 원폭 피해자의 치료와 보상을 권고하였다. 강승자(가명)는

> 일본에서 이웃에 살았던 고종사촌 오빠가 연락을 했다. 원폭에 해당된다고 말해서 '원폭이 뭡니까?'라고 물었더니, '내가 다 해놓았다'며 일본 가자 해서 갔다. 구경시켜주었다. 동생도 같이 갔다. 일본에서 (확인) 전화가 왔는데 막내아들이 전화 받아서 말했다. 갔다 오고 돈 나왔다

라고 말했다. 김분자(가명)는 일본에서 이웃에 살았던 큰 이모가 일본말을 잘

8　시기는 기억 못 하나 일찍 혜택을 보기 시작하였고 친척들이 지원금을 받아두었다가 보내준 것으로 보인다.

했는데, "이모가 원폭 대구지부하고 연락해서 일본 가라 해서 갔다. 이모가 말 한마디 하니까 수첩 나왔다"고 하였다. 박화선(가명)은 고베에 사는 사촌이 종중 산에 있는 부모 산소에 벌초하러 왔다가 신청하라고 해서 부산지부에 가서 신고하고 지부장과 일본에 가서 수첩을 받았다. 이복남(가명)도 일본에 있는 아저씨가 알려주어 언니와 동생 셋이 함께 수첩 내러 일본에 갔다고 했다. 오재봉도 일본에 있는 "오빠가 내줬어……. 오빠 친구, 동급생인데 우리 어렸을 때 자주 놀러 오고 했던 사람인데 그 사람이 보증 서고 해서 바로 나왔어요. 아빠 역무원 수첩도 있지 하니까 금방 나오더라고"(한국원폭피해자협회, 2011 : 523)라고 말했고 임일생도 "83년도 인가, 나고야 사는 오빠와 올케가 먼저 내고 난 후 언니하고 같이 일본 적십자병원에 가서 수첩 냈다"(한국원폭피해자협회, 2011 : 529)라고 하였다.

일본에서 어울려 산 친지들의 권유로 「피폭자 건강수첩」을 교부받기도 했다. 김명순(가명)은 피난을 같이 간 일본인 친구들이 권유해서 오빠와 여동생과 같이 가서 히로시마 시청에 가서 앉아만 있었는데, 그 친구들이 다 주선해서 「피폭자 건강수첩」을 교부받았다고 했다. 윤월순(가명)의 경우에는 일본에서 소방관이었던 재일교포 지인이 "원폭수첩"[9]을 내라고 알려주어, 1984년에 「피폭자 건강수첩」을 교부받았고, 얼굴에 박혀 있던 유리를 빼내는 치료와 함께 보상금을 받았다고 하였다. 일본에 살고 있던 주변의 친인척들이 적극적으로 주선해서 혜택을 입게 된 것이다.

1986년 한국 정부의 여비 지원이 끝나고 난 후에도 원폭 피해자들은 자비를 들여 일본에 가기 시작하였다. 김수자(가명)는 특이한 경우로 과일 장사를 하는 도중 일본인 관광객을 만나 일본말로 자신이 일본에 살았고 원폭 피해자라는 것을 밝히자 그 관광객이 「피폭자 건강수첩」을 내라고 권유했다.

---

9   원폭 피해 여성들은 「피폭자 건강수첩」을 '원폭수첩' 또는 '수첩'이라고 통칭했다.

이 일본인 관광객이 자신이 알려준 대로 일본에 가서 사흘 만에 자신이 재직한 직장에서 증명을 찾아내어, 1995년 귀향한 지 50년 만에 일본에 가서 건강 진단하고 「피폭자 건강수첩」을 받았다고 하였다.

함께 피해를 당한 한국에 있는 가족과 친척들이 먼저 알고 권유하기도 하였다. 김윤임(가명)은 어머니가 연락을 해서 일본에서 태어났으니까 하라고 알려주었으나 "나는 벌로(소홀히) 들었다. 나는 잘 몰랐다"고 말했다. 김복수는 오빠가 서둘러 주선했는데,

> 몇 연도에 했는가 모르겠어. 한 십오 년 된 거 같애. 마산서 오빠가 연락이 왔더라고. 일본 사람이 와서 마산역 앞에 모이는데 너 와라 글더라고. 그래서 갔지…… 방 두 개를 해놓고. 세 사람씩 조사를 하는 거 같애. 나는 오빠가 가서 이야기 해주지. 나는 아무것도 모르고, …… 배 타는 게 좋았던가 봐, 그것 만 기억이 나……. 오빠가 전부 다 어느 학교 댕겼네. 전부 다 기억을 하더라고요……. 한문을 잘 안게 한문으로 많이 써주고…… 나는 너무 살기가 복잡하게 돈 들어가는 것도 오빠가 다 대갖고 했어. 나는 먹고사는 게 너무 힘들어서 차비도 없었어(정근식, 2005 : 264; 265).

라고 말했다.

정선이(가명)도 형제가 다 같이 일본에 원폭수첩 내러 갔지만 자신만 살기 바빠서 신청을 못 했는데, 형제들이 주선하여 "예순여덟 살에 일본에서 전화가 와서 수첩 내러 오라 해서 서울 김포공항에 가서 일본으로 갔다. 호텔에서 1주일간 머물면서 진찰 받았는데 돈 2백 몇십만 원을 현찰로 주었다"고 하였다. 안임이(가명)도 몇 년인지 기억이 나지 않지만 사촌동생이 주선해서 일본 가서 만들어주었다. 박점순(가명)은 큰아버지의 양자가 누나인 자신을 위해서 서울의 집안 사람들을 찾아 보증 세워주었고 친척 동생들과 일본 가서 숙모가 증언을 해서 수첩을 내었다. 김경자(가명)도 남동생과 함께 일본 가서 내었다. 안정숙은 1996년에 발급받았는데, 이모인 정달엽은 "우리가 일본에 살았기 때문에 야는 호적등본이 일본으로 돼가지고 있는디…… 시청

에 가서 내가 보증 섰지. 나하고 같이 살았다고"(정근식, 2005 : 136) 했다고 말했다. 전소자의 경우 "작은아버지가 우리 뎰꼬 가사 다 답변해주어 2001년에 발급받았다"(정근식, 2005 : 174)고 하였다. 유순임은 '협회' 회장을 역임한 남편이 "다 알아서 했다"(한국원폭피해자협회, 2011 : 720)고 하였다.

원폭 피해자라는 것을 숨기고 싶어 했던 자식들도 일본 정부로부터 치료와 보상의 혜택이 시작되자 원폭 피해 여성들이 원폭 피해자로 등록하는 것을 적극 지원했다. 무궁화(가명)는 학교 교사인 며느리가 학교에서 누군가가 원폭 피해에 대해 이야기하자 시어머니인 자신이 일본에서 살다 왔다는 것을 알고 권유했고 일본에서 다녔던 학교를 기억해내어 동생 둘과 함께 쉽게 수첩을 냈다. 안두선(가명)은 막내아들이 알아봐줘서 50년 만에 일본 갔다. "옛날 오막살이집에 가보니 위치를 다 알겠더라. 작은 길이 이제 대로가 되었고 집이 많이 들어서 있더라. 어머니 묻힌 데는 빌딩이 들어서 있다. 일본에서 지도를 보여주어 산 곳을 가르켰더니 두 말도 안 하고 도장 찍어주었다. 나와 아들이 원폭수첩을 받았다"라고 말했다. 대부분의 여성들이 남편이나 주변의 친인척과 자식들이 주도해서「피폭자 건강수첩」을 교부받았다. 살기 바쁘고 경제적 여유가 없는 경우 형제와 친지들이 적극 주선하고 지원하여 일본으로 가서 치료를 받고「피폭자 건강수첩」을 교부받았다.

윤부선(가명)은 유일하게 1990년에 합천보건소에 가니까 다른 사람들이「피폭자 건강수첩」을 교부받고 치료를 받으러 일본에 간다고 해서 자신도 "일본이 고향이니까 가봐야 하지 하는 생각이 나서" 스스로 적극적으로 나서서 '협회'의 도움을 받아「피폭자 건강수첩」을 교부받았다. 일본에서는 자신을 한국인이라고 반기지 않지만 일본에서 태어난 한국인은 일본이 고향이어서 어린 시절의 추억과 함께 가보고 싶은 곳이었다. 그러나 원폭증이 심해서 거동을 하기 어렵거나 생활에 쫓기는 대부분의 원폭 피해자들은 일본으로 가서「피폭자 건강수첩」을 교부받고 치료받기가 힘들었다. 1986년 한국 정부가 일본으로 치료받으러 가는 원폭 피해자들에 대한 여비 지원을 중단하여 일본으로 치료를 받으러 가기는 더욱 힘들어졌다.

마침내 1990년 노태우 대통령 방일을 앞두고 한국 정부가 나서서 일본 정부에 한국 원폭 피해자에 대한 배상 문제를 제기하였고, 노태우 정부는 일본으로부터 40억 엔을 받는 것으로 한국인 피폭자 문제를 '일시금'으로 해결하기로 합의했다. 그러나 이 액수는 한국의 원폭 피해자들이 요구한 액수와는 거리가 멀었다. 이에 대해 항의하여 원폭 피해 여성 이맹희[10]는

> 일본에 강제 연행된 아버지와 함께 살고 있었던 가족은 원폭에 의해 사망하고 나는 그때 받았던 상흔을 아직도 치료하지 못하고 있다. 나아가 보다 고통스러운 것은 아이들이 유전에 의한 병마로 고생하고 있음에도 불구하고 대책이 전혀 없다는 것이다. 해방되고 나서 45년이 흘렀지만 보상금은커녕 치료조차도 충분하게 받지 못한 지금의 사정을 일본 정부는 무시할 수 없을 것이다. 이에 대한 책임을 지고 적절한 조치를 취할 것을 바란다. 또 더 이상 피해자로부터 원망의 소리가 나오지 않도록 그들의 한을 헤아려 주기 바란다. 부탁이다(한국원폭피해자협회, 2011 : 223)

라는 항의문을 일본대사관 앞에서 뿌리고 그 앞에서 농약을 마시고 음독자살을 기도하였다. 이 사건은 한국 사회에 큰 충격을 주었다. 그러나 이러한 극단적인 방법을 통해 침묵을 깨고 나선 항의에도 원폭 피해자에 대한 배상은 충분히 이루어지지 않았고, 치료받기는 쉽지 않았다.

---

10 한국 원폭 피해자들을 돕는 데 앞장선 한국교회여성연합회의 활동에 참여했던 원폭 피해자 이맹희가 강제 종군위안부로 동원된 김학순에게 증언자로 나서도록 촉구하여 국내 최초로 역사적인 증언을 하도록 하는데 기여하였다. 김학순은 이맹희와 실업대책사업에서 함께 일을 했는데, 김학순은 이맹희가 피폭자로서 일본의 조치에 항의해 음독자살을 시도하는 등의 일을 보고, 일본 정부의 기만에 분노를 느껴, 1991년 8월, 해방 후 한국에서 최초로 본명을 밝히며 자신이 일본군 '위안부'였다는 사실을 알리고, 종군위안부 문제의 진상 규명과 사죄 및 보상을 요구하는 한국의 여성단체들의 요구에 '민간업자가 데리고 갔다'며 일본군의 관여를 부정하던 일본 정부의 입장을 반박하였다(한국원폭피해자협회, 2011 : 223).

5) 곽귀훈 소송의 승소

손진두 소송의 승소로 한국의 원폭 피해자들은 일본에 가서 치료를 받을 수 있게 되었고 일본에 머물고 있는 동안에는 수당을 받을 수 있었으나 한국으로 돌아오면 이러한 혜택은 사라졌다. 이에 대해 곽귀훈이 1998년 "피폭자는 어디에 있어도 피폭자"라는 주장을 하며 일본 내에서만 유효한「피폭자 건강수첩」과 수당 혜택이 외국에 있을 때에 무효가 되는 것은 부당하다고 소송을 제기하였다. '일본시민회'의 이치바 준코 회장의 제안과 이치바 준코 회장의 남편의 변호사 친구들의 적극적인 지원으로 4년여의 재판 끝에 2002년 12월에 "일본에서 수당수급권을 득한 재외피폭자 대해서도 출국 후에도 수당을 지급한다"는 승소 판결을 받아냈다. 이 판결 이후 2003년부터 해외에서도 치료와 수당 수급이 가능하게 된 것이다(한국원폭피해자협회, 2011 : 241:243).

곽귀훈이 재판에 승소하여 한국 원폭 피해자가 한국에 있는 동안에도 의료 지원과 보상을 받을 수 있게 되었다. 원자폭탄이 투하된 지 거의 반세기가 지난 시점에서 비로소 원폭 피해자 지원이 본격적으로 시작되면서 생존자들이 자신들의 원폭 피해에 대해 침묵을 깨고 적극적으로 고통을 드러내기 시작하였다. 2003년이 되자 한국의 원폭 피해자들이 대거 방일하기 시작하였다.「피폭자 건강수첩」을 이미 교부받았던 사람들은 수당수급권을 획득하고자,「피폭자 건강수첩」을 취득하지 않은 사람들은「피폭자 건강수첩」과 수당 수급권을 교부받기 위해 대거 도일하였다. 최순례는 임복순이 초기부터 가입하라고 해서 1960년대 말 설립할 때 가입하고 어머니가 '협회' 활동을 열심히 하다가 사망하고 자신은 한동안 '협회'에 나오지 못하다가 "제가 나오기 시작하니 남자 하나가 저를 보고 '저 여자는 왜 나왔어. 돈 준다고 하니까 개나 소나 다 온다고' 그런 말을 해요"(한국원폭피해자협회, 2011 : 581~582)라고 말했다. 허종순도 "예전에 이거 하려고 우리가 회비 내가면서 이 협회 일하고 그랬지"라면서 "지금이야 돈이 나오니까 너도 나도 신청하고 그러지마는"(한국원폭피해자협회, 2011 : 601)이라고 말했다. 이러한 증언을 통해 보면 2003년 이후 치료를 받을 수 있고 수당을 받게 되자 원폭 피해자들이 스스로 신고하기 시작했음을 알 수 있다. 원폭 피해자라고 밝히는 것이 자식들의 혼사에 지장을 줄까 봐 걱정되고 사회적 차별을 감수해야 하는 것이었지만, 아픈 몸을 치료할 수 있고, 아픈 몸 때문에 경제활동을 활발하게 할 수 없고 치료비 때문에 가난에 시달려야 했던 상황에서 벗어날 수 있다는 희망으로 대다수의 원폭 피해자들이 침묵을 깨고 자발적으로 드러내기 시작한 것이다.

이일분(가명)과 안임이(가명)도 이때 '원폭수첩'을 자진해서 냈다. 이일분(가명)은 "다른 사람이 하는 것 보고…… 소문 듣고" 일본에 여동생이랑 셋이 가서 원폭 피해자라는 것을 인정받고 2003년 4월부터 수당을 탄다고 하였다. '협회'도 활발하게 움직여 원폭 피해자가 등록하는 데 도움을 주기 위해 노력을 기울였다. 하순이(가명)와 손경선(가명)도 2006년 동네 사람의 소개로 '협회' 지부장이 알려줘서 「피폭자 건강수첩」을 내고 혜택을 받게 되었다. 심수자(가명)도 서울 지부에 찾아갔더니 사무국장이 주선해주어 세 자매가 일본 나가사키 병원에서 치료를 받고 2006년도 「피폭자 건강수첩」을 교부받고 수당 수혜 자격을 취득하였다. 윤팔선(가명)은 일본 주소가 확실하고 기록이 있어서 읍사무소에서 연락이 와서 등록을 하였다. 남화자는 자신이 원폭 피해자로 드러내는 과정을 아래와 같이 설명했다.

> 살기 바쁘니까 모르지. 또 뉴스도 티비도 만날 보는 것 아니고…… 어느 날 내가 텔레비전을 보는데 언뜻 원폭 피해자 그런 이야기가 나온 거야…… 그래서 내가 여기 저기 수소문을 해보니까 적십자사 가서 알아보라고 하더라고. 그래서 그길로 신청을 했어. 부모님이 안 계시니 어디 증인이 있어요? 아버지 친구분…… 돌아가시고…… 역전 아저씨…… 돌아가시고 증인이 없잖아요. 주소는 내가 왠지 기억하고 있었어요. 그래서 적십자사에 이야기할 때 ……증인이 있냐 묻더라고요. 없다니까 여러 번 이것저것

묻더라고. 근데 그 똑같은 걸 한 보름, 한 달 있다가 계속 똑같이 묻는 거야. 여튼 수도 없이 똑같은 걸 물어. …(중략)… 증인이 없는 대신 신청서에 내가 당했던 일 쓰고, 우리 살던 데 약도 같은 거 그리고 해서 냈어요……일본 사람…… 들이 내가 그린 지도랑 당시에 지도를 내보이더라고. 그래서 내가 못 그린 부분도 설명을 했어……. 거짓이 없으니까 맞다 하면서 일본으로 오라고 통지가 왔대……. 가서 (수당을) 타게 됐지. 그리고 고막 다친 동생이 가서 수술하고 그랬지. 그 애는 심장도 안 좋고 혀가 퉁퉁 부어서 고생을 많이 해요. 생각해보니 그렇게 많이 다치고 해도 어떻게 안 죽었을까 싶은 게 신기해(한국원폭피해자협회, 2011 : 513~514).

「피폭자 건강수첩」을 받기 위한 과정도 쉽지 않았고, 신청한다고 다 받을 수 있는 것도 아니었다. 전소자는

서류 허는데(하는데) 얼마나 까탈스러웠는가(까다로웠는가) 몰라……. 그 당시에 상황을 다 얘기하고, 거기서 다 얘기 적고. 실제 가만 들어보믄(들어보면) 기냐(진실이냐) 아니냐 알잖여(알잖아). 서류 만드는 것보담 진술하는 게 힘들어. 꼼꼼하게 물어봐(정근식, 2005 : 175).

라고 서류하기도 어려웠고 면담을 통한 검증 과정도 힘들었음을 밝혔다.

유갑연은 「피폭자 건강수첩」 발부를 위해 일본에 갔으나 주변에 증인을 해줄 사람이 없어 지체되어 애를 태우다가 "내가 피폭으로 집이 탈 때 구해주신 그 아저씨요." 그 아저씨가 병석에서 전화로 증언해주어 막판에 건강수첩을 받았다(한국원폭피해자협회, 2011 : 755;756)고 하였다. 피폭자로 인정되기 위해서는 반드시 피폭 사실을 증언해줄 사람이 있어야 했는데, 주변 사람들이 이미 원폭으로 사망하여 이러한 사람을 찾기 어려운 경우도 많았다.

노귀엽은 어려운 과정을 다음과 같이 회상했다.

아무것도 모르고 있었는데, 원폭 피해자하고 가족들 신고하라고 텔레비전에서 방송을 하더라고요. 한 십 몇 년 됐을 거야……. 신고를 해야겠다

는(해야겠다는) 맘이 들더라고. 한국에 나와서 아무것도 없이 고생허고 살았는데 신고를 해야 쓰겄다 해서 내가 서울로 갔지……. 신고하고…… 우리 어머니가 쭉 일본 생활을 이야기했더니 자기네들도 거짓말 같지는 않은 거죠……. 신고하고 심사가 있다 해서 갔는데 통과를 안 시켜준 거라. 안 시켜주고 몇 년이 흘렀어요……. 한(사람) 앞에 돈 십만 원씩 나온단 말이 들리드라고요(들리더라고요). 그래서 진짜 우리는 너무 억울하다…… 동생도 잃고 아버지는 영영 보도 못하고…… 다섯 사람이…… 하나씩 물었는데 '회원등록'이 안 된다고 해서 그냥 왔어요……. 아버지 호적등본에 한국에서 사망한 것으로 신고되어 있었다. 어머니가 모르고 신고했다. 삼사년 이후 가니 또 안 된다. 그래서 내가 얼마나 억울했는지 걍 책상을 뚜듬시롱(두드리면서) 악을 쓰고 울어부렸다니까요. 당신들은 가짠가 진짠가 몰라도 사실 우리는 진짜다 말이야. 이렇게 억울하게 당하고 억울하게 살았어도…… 왜 안 해주냐면서 내가 막 소리를 쳤어요……. 아는 사람 중에 일본을 자주 다니는 사람에게 돈 주면서 내가 다닌 학교에 서류를 떼어달라고도 부탁해서 나가사키 시청 원폭 피해자 사무실에 신고했는데, 본인을 현지답사하게 와보라고 해서 동생과 일본에 97년도경에 갔다. 시청 직원들이 보름 이상 걸려서 아버지가 행방불명으로 기재되어 있고 막내가 원폭에 의해 죽었다는 것이 써 있는 서류를 찾아내었다……. 현지 답사하러 가자 하더라고……. 대학병원하고 굴이 있었는데…… 우리는 당시 살던 곳을 딱딱 짚어주니까 된 거지……. 나는 돈을 타묵고(타먹고) 안 타묵고 그것이 아니라 너무 억울해서……. 우리 아버지가 돌아가시고 우리 동생 죽고 그랬는데 내가 이것을 못 한다면 말이 되것냐(되겠나) 싶어서 열심히 했다니깐(정근식, 2005 : 297~301).

곽귀훈의 승소에 따라 원폭 피해 신고가 활발하게 이루어진 결과 2003년 6월 말 현재, '협회'에 등록한 피폭자 중 1,088명이 수당수급권을 취득하였다. 피폭 58년이 되어 겨우 일부의 생존 피폭자만이 받을 수 있게 된 수당에, 한국인 피폭자는 기쁨과 애통함이 교차(이치바 준코, 2003 : 16)되었다. 원폭수첩을 발부받기 위해서는 증언해줄 사람이 필요하여 원폭 당시 상황을 기억하고 증언해줄 사람들이 거의 다 사망하여 최근에는 「피폭자 건강수첩」의 신규 발급은 거의 중단되었다.

원폭 피해자들은 침묵하였고, 그 침묵을 깨고 나와서 일본 정부에게 적극적으로 치료를 요구한 사람은 손귀달, 엄분연, 임복순을 비롯한 여성들이었고 이들은 한국원폭피해자협회 결성에도 적극 참여하여 초기 원폭 피해자 운동을 이끌었다. 한국 원폭 피해자들은 손귀달의 오빠 손진두가 일본에 밀항하여 한국 원폭 피해자들도 일본 원폭 피해자와 똑같은 지원을 해달라는 소송을 제기하여 승소하면서 일본 내에서 같은 혜택을 받게 되자 침묵을 깨고 나오기 시작하였다. 손진두의 승소는 여동생 손귀달의 용기에 영향을 받았음이 틀림없고 엄분연이 부산에서 소송을 적극 지원하였다. 그 이후 곽귀훈이 일본에서 "피폭자는 어디 있어도 피폭자"라는 주장을 하며 일본 국내에서만이 아니라 한국에 있어도 지원해주어야 한다는 주장을 하며 다시 소송을 제기했는데, 이 소송을 제기하도록 제안한 '일본시민회' 회장인 일본 여성 이치바 준코의 적극 지원으로 결국 승소했다. 이 소송의 승소로 한국의 원폭 피해자들은 대거 침묵을 깨고 나와 일본으로 가서 「피폭자 건강수첩」을 교부받고 원호수당[11]의 수급권을 얻었고, 사망할 경우 장례비를 지원받게 되었는데, 한국 내에서도 이러한 지원을 받게 되었다.

---

11 2017년 기준으로 건강관리수당은 34,270엔으로, 지급 요건은 "순환기기능장애, 뇌혈관장애, 조혈기능장애, 간 기능장애 등 11가지 질환 중 해당사항이 있는 분." 보건수당은 17,180엔으로, 지급 요건은 "원폭 투하 중심지로부터 2km 이내에서 직접 피폭된 분과 당시 그분의 태아였던 분." 의료특별수당은 139,330엔으로 "일본 후생노동성으로부터 원자폭탄 방사능에 의한 질병, 부상임을 인정받아 현재도 치료를 필요로 하는 분." 특별수당은 51,450엔으로, "일본 후생노동성으로부터 원자폭탄 방사능에 의한 질병, 부상임을 인정받고 현재는 완치된 분"(중복수령 불가)(대한적십자사, 2017년 원폭 피해자 지원안내).

제6장

삶을 돌아보며

제6장 삶을 돌아보며

원자폭탄이 히로시마와 나가사키에 투하된 지 73년이 지난 2018년 현재, 많은 원폭 피해자들이 사망했고 생존한 원폭 피해자들도 노년에 이르렀다. 노년에 이른 원폭 피해 여성들은 아픈 몸으로 고통받고 있으며, 부모를 비롯한 가족이 아픈 몸으로 쓰러지고 죽어갔던 것을 결코 잊지 못하고 있었다. 또한 가난을 견디면서 자식들을 키워야 했고, 가부장제로 엄혹했던 시집살이와 결혼생활의 아픔 또한 간직하고 있었다.

1. 부모에 대한 애달픔

원폭 피해 여성들은 먼저 간 가족에 대해 언급하기를 기피할 정도로 원자폭탄을 맞고 현해탄을 건너 구사일생으로 살아 돌아왔으나 고향에서 죽어간 가족을 보낸 슬픔이 컸다. 심수자(가명)는 아버지가 원자폭탄 피해로 얼굴과 양쪽 팔과 목에 켈로이드 외상이 있어서 나환자 같았던 모습이 "제일 안 되었다"(가슴 아팠다)고 슬퍼했다. 강달화(가명)는 아버지가 원폭 피해를 당하고 "조선 사람 조선에 가서 죽을란다"고 해서 고향에 돌아왔으나 2년 후 "배에 복수가 차서 약도 못 쓰고 병원 갈 줄 몰라 아파서 돌아가셨다"고 안타까워했다. 강승자(가명)도 "원자폭탄 아니었으면 부모 병 안 걸렸을 것이다. 위령제 때 부모님 생각하고 운다……. 영화 〈군함도〉 보면서 너무 눈물이 나서 못 보고 나왔다. 그 속에서 엄마 아버지 우리를 먹여살렸나 싶었다……. 맨날, 몸이 아플 때마다 부모님 생각이 난다"고 말했다. 강달화(가명)는 "부모의 죽음을 예사로 여기고"라면서 부모의 아픔에 공감 못 한 것을 후회하고 애달프다고 말했다. 김윤임(가명)은 아버지가 61세 때 당뇨병으로 사망했는데, "그때는 당뇨인지 모르고 의사도 없었다. 보리밥 먹고 5년을 살았는데"라고 하며, 자신도 당뇨가 있다면서 자신이 지금 겪는 고통을 아버지도 겪었으나 그때는 몰랐던 것을 죄송스러워했다. 또한 남화자는 부모가 일본에서 그리고 원폭 피해 후에 자식들 데리고 도둑 배를 타고 돌아와서 살아가면서 얼마나 고생을 하셨을까 싶다(한국원폭피해자협회, 2011 : 514)고 안타까워했다.

하위년은

> 어머니 아버지는 맨날 울음으로 사셨고, 동생 때문에. 하도 울어싸서(울어대어), '아이고 내가 나락 피에 비(유)해서 나는 피와 같고 동생이 나락인데…… 내가 죽고 동생이 살았더라면' 이래 이야기하면 어머니가 '아이고 니 앞에서 다시는 안 울끄마(울게). 인제(이제) 니 앞에서 다신 안 울끄마' 이렇게 이야기 하시고 했어요. 그 맘이야 뭐 어떼(어때) 어떻게 표현하겠습니까?(국무총리실 소속 일제강점하강제동원피해진상규명위원회, 2008 : 230)

라고 부모의 태도에 대해 당시는 타박을 했으나 아픈 마음을 이해했음을 토로했다.

정명선(가명)은 원폭 피해자인 아버지가 "6·25가 발발하자 공산당 사상범으로 몰려 경찰, 군인들이 집을 에워싸고 잡아가기도 했다"면서 원폭 피해로 고통받았던 것에 더해 다시 역사의 소용돌이 속에서 고통을 당한 것을 슬퍼했다. 그리고 아버지는 "갑자기 돌아가셨다. 편찮아서 밥을 못 먹었고 점쟁이가 와서 굿하는 동안 죽었다. 중풍을 앓기도 하면서 평생 불행했다"고 안타까워했다.

박점순(가명)은 아버지가 원폭에 타서 시체도 못 찾았는데, 원폭 투하 전에는 "아버지가 자전거 타고 집에 오고 문어다리 끊어주고 그랬다"며, 자상했던 아버지를 그리워하면서, "살았으면 잘 살았을 것"이라고 아쉬워했다. 김경자(가명)는 "아버지가 부지런했다. 아버지 같은 사람 없"을 정도로 좋은 분이었고, 아무것도 없어 먹이는 것도 힘들었지만, "자식에게 애착이 많았다"고 회상했다. 조영순(가명)도 아버지가 "무서운 사람"이었으나 "자식들에게 잘했다"고 기억했다. 정경순(가명)은 아버지가 3대 독자로 가까운 친척이 없어 자식들에게 자상했는데 특히 "나를 그렇게 좋아했다. 장에 가서 부잣집 아이들도 못 입는 노랑저고리 사다주었다. 친척의 중매로 열여덟 살에 시집 갔는데, 아버지가 시집에 두고 못 온다고 할머니가 시집갈 때 따라갔다. 시집 간 후 집에 가면 어머니에게 뭐 해줘라 뭐 해줘라 하셨다"고 하면서 그리워했다. 최영순의 아버지는 광산에서 일하다 다이너마이트 폭파 사고로 한 손을 크게 다쳐 행상 일을 했는데, 일이 끝나면 자식들과 장난치고 노는 것이 일상이었고, 이웃들이 "이 집은 매일 무엇이 그렇게 즐거운가 하고 물어볼 정도였다"(崔英順, 1987 : 12; 15)고 했다. 엄분연의 아버지는 하나뿐인 딸에게 민족의식을 고취시키고 비참한 한국 사람들의 현실을 보여주려고 애썼고, 고녀 진학할 때 담임선생이 엄분연의 성적을 조작하자 직접 나서서 항의하는 등 자상한 아버지였다. 유송자는 아버지가

> 내가 딸로 나오니까 아주 예뻐하셨다고 해. 그래서 지금도 생각나는데 아버지가 친구들하고 미야지마 같은데 놀러 가면 나를 꼭 데리고 가시고, 극장 같은데도 데려가시고 그랬어. 가서 구경하던 기억이나. 아버지가 살아계실 때 나를 데리고 가서 회사구경을 시켜주시기도 하고 그랬었거든(한국원폭피해자협회, 2011 : 700;701)

이라고 일본에서 즐거웠던 어린 시절을 회고했다. 전통적으로 부모 앞에서는 자식에 대한 애정을 표현하는 것이 불효라고 생각하여 금기시되었는데,

대가족에서 떨어져 나와 일본에서 외롭게 살아가면서 아버지들은 가부장으로 엄하고 자식에게 무심한 아버지 상에서 벗어나, 자상하고 애정을 적극적으로 표현하고 딸의 교육에도 적극적인 관심을 가지는 아버지의 모습으로 변모했고, 그러한 아버지를 여성들은 그리워했다.

어머니에 대한 안타까움은 아버지에 대한 것 보다 더 깊다. 윤팔순(가명)은

> 어머니 생각하면 너무 슬프다. 일본에서 돌아와 모든 것을 잃어 속상해서 한국 와서 화병으로 석 달 동안 머리도 못 빗고 방에 있었다. 시집간 언니 집에 갔다 와서 갑자기 죽었다. 일본에서 열다섯 살 때 결혼했고 30년간 살았으나 한국말, 일본말 다 잘했다. 어머니가 야무지고 일 잘하고 똑똑했으나 호강도 못하고 좋은 것 못 봤다. 기침 많이 하고 약도 먹었다

고 안타까워했다. 남화자의 어머니도 원폭으로 인한 화상 때문에 약을 먹으면서 치료했으나 57세에 사망했는데, "배도 곯았제(곯았지)……기름도 다 빠져…… 밥도 못 먹어 죽었다"(한국원폭피해자협회, 2011 : 514)고 말했다. 박경임(가명)의 어머니는 갑자기 쓰러져 "뇌졸증으로 말문을 닫았고 일주일 만에 사망했는데, 그때는 원폭 소리 안 했고 몰랐다"고 했다. 어머니가 늘 "임(박경임(가명))이 고생한다"고 걱정했다면서, 부모에게 걱정을 안 끼쳐야 하는데 자신의 어려움으로 부모 마음에 짐이 되었던 것에 대해 안타까워했다. 김윤임(가명)은 어머니는 "퉁퉁 부어 있었고 맨날 아프다고 '아야 아야' 했다. 다리 못 쓰고 위장이 안 좋았다. 늘 온몸이 아프다고 아스피린을 매일 먹었다. 그게 뭔지 몰라 별로(대수롭지 않게) 여겼다. 못살아서 병원 갈 줄 몰랐다. 불쌍하다"고 후회했으며, 강옥이(가명)도 "어머니가 다리 아프다고 찔뚝거리고 다니며 욕봤다(고생했다) 싶다. 옳게 먹지도 못했다. 원폭 아니었으면 더 살았지, 약도 없어"라고 슬퍼했다. 전소자는 "우리 엄마는 진짜 많이 아팠어……. 엄마 혼자 산 게 어려운 것은 말로 할 수가 없제(없지)"라고 하며, 어머니가 원폭 피해로 육체적으로 고통당했던 것을 안타까워했고 특히 고통에

공감하지 못했던 것을 죄송스럽게 생각했다.

가족을 먹여살리기 위해 애썼던 어머니에 대한 기억도 애틋했다. 안정숙은 어머니가 해방 후 일본에서 한국으로 왔다 살길이 없자 일본으로 다시 밀항했는데, 일본에서 "돈 버느라고. 얼마나 고생을 했는데, 식당도 허고(하고) 보따리 장사도 허고. 안 한 거 없어"(정근식, 2005 : 135~136)라고 어머니가 자신들을 위해 일본에서 떨어져 살며 많은 고생을 한 것에 대해 안타까워했다. 임일생은 "우리 어무이(어머니)도 일본서 나와서 고생고생 하다가 장사하다가 나이가 그 하니까(드니까) 돌아가시데……. 엄마도 편안한 세상 못 보고 돌아가셨지. 어머니 돌아가실 때는 피를 토하고 그러셨었어"(한국원폭피해자협회, 2011 : 528)라고 회상했다. 가족을 먹여살리기 위해 헌신했고 더욱이 아픈 몸으로 돈을 벌어야 했던 어머니에 대한 애달픔이 컸다.

최영순은 어머니가 민족의식이 투철하여 일본에서도 늘 한복을 입고 살면서 자식들이 한국 사람이라는 것을 잊지 않도록 한국말과 생활문화를 가르쳤다고 회상했다. 어머니는 원자폭탄에 대해 일본인이 "우리 조선인을 차별이라는 불에 콩처럼 두었"는데, 이번에는 "일본 사람이 그런 큰 불에 살해당했다"(崔英順,, 1987 : 38)고 말하여, 일본인이 한국 사람을 차별하는 것에 대해 어머니는 비판적이었다고 기억했다.

원폭으로 인해 아버지와 생이별한 어머니의 한평생을 바라보는 심정은 착잡하다. 김복수의 아버지는 아들의 시체를 찾겠다고 다시 일본으로 가서 돌아오지 않았고 어머니는 아버지와 생이별하고 말없이 홀로 살았다. 김복수는 "그런 것도 주워들어서 알아……. 우리 엄마도 그런 이야기를 잘 안 하고. 일본 가서 조사받을 때에 시청에 가서 이야기할 때 이야기 들은게(들으니까) 그러더라고…… (어머니가) 말 잘 안 한게(하니까)"(정근식, 2005 : 261;262)라고 어머니가 원폭 피해와 남편과의 생이별의 상처에 대해서도 입을 다물고 침묵 속에서 감내했던 모습을 회상했다.

가난 속에서 계속되는 출산과 자녀 양육의 무거운 짐을 져야 했던 어머니에 대한 회상에도 안타까움이 묻어났다. 김윤임(가명)은 자신이 시집가고 난 후에 엄마가 아기 낳다 죽었는데, 어머니 산소에 "삼오날 가보고 30년이 넘었는데 못 가보았다, 사느라 바빠서, 이제 다리가 아파서 못 간다"고 했다. 강옥이(가명)는 자신의 어머니가 피임법을 몰라 출산 조절이 되지 않아 가난 속에서 배 곯으면서 "아이만 짜다라(많이) 낳아" 힘들게 살았다고 했고, 정일선(가명)은 어머니가 "자식들 키우느라 애 많이 먹었다. 내가 나이 드니 이제 참 욕봤다는 생각이 든다"고 말했다. 출산 조절을 할 줄 몰랐던 시대에 어머니는 출산으로 사망하기도 하고 또 자식들 계속 낳아 돌보느라 힘들게 살아야 했다.

가난으로 인해 어머니가 고통받았던 것을 회상하기도 했는데, 정명선(가명)은 가난해서 어머니가 "새끼 준다고 물 한 방울도 잘 못 마셨다"고 애달파했다. 안춘임(가명)은 6·25전쟁 때 입은 부상으로 결국 자신의 남편이 죽자, 어머니가 충격을 받고 같은 해에 "세상 버렸다. 죽도 한 그릇 못 끓여드렸다. 기가 찼다, 어째 그렇게 못살았는지 모른다"고 안타까움을 토로했다. 박경임(가명)도 "어머니는 쌀밥 한 그릇 먹지 못했다. 돈 한번 못 써봤다"고 말했다. 김분자(가명)는 "어머니 고생한 것 말 못한다. 열두 식구 살았다. 배도 많이 곯았다"고 했다. 하순이(가명)도 "없기는 없지 고생한 것 말도 못 한다, 너무 고생 많이 했다"며 배고픔을 견디며 가족을 위해 희생하고 고생했던 어머니를 안쓰러워했다. 박화선(가명)은 "어머니가 자신이 산 것 이야기하면 나도 함께 울었다"고 했다.

어머니가 원폭 피해로 아팠던 아버지의 병수발을 들며 고생했던 것도 안타까움으로 남아 있었다. 정경순(가명)은 "어머니 고생 많이 했다, 피 빨아서 죽 끓여서 먹었다, 아버지가 아프니까"라고 말했다. 또한 아버지가 자상했고 자신에게 정을 많이 쏟은 데 비해, 어머니는 "밤낮 일만 했고 애정이 없었다. 들에서 쑥 뜯고 지슬(잡초) 맨다고 들에서만 살았다. 불쌍하다. 빨래 삶고 풀 먹이고, 보리 찧었다. 고생 고생했다"고 회상했다. 일에 시달려 자식들과 정도 나누지 못했던 어머니에 대해 원망보다 안타까움이 더했다.

품위와 자존심을 지켰던 어머니를 존경하는 마음도 컸다. 김명순(가명)의 어머니는 안동 권씨 양반집 딸이었는데, "아버지가 주막 하고 술장사하다 망했다. 여자 만나고 아버지는 한 군데 길게 못 있었다. 어머니 아무것도 없을 때 너무 고생했다, 아이들 시건 없제(생각 없지) 넘(남)에게 말 못 했다. 아버지가 작은마누라 얻어서 속 썩었다는 말 절대 안 했다"고 말하면서, 양반집 딸로 아버지의 외도와 가산 탕진을 불평하지 않고 품위를 지키면서 지켜보기만 한 것에 대한 안타까움을 토로했다. 조영순(가명)의 어머니[1]는 일본의 명문가의 딸로 가난한 한국 청년과 연애하여 집에서 쫓겨나야 했는데, 어머니에 대해 조영순(가명)은

> 부잣집에서 생각 없이 (시집) 와서 고생만 하다가 죽었다. 어머니가 산파였다. 일본과 한국에서 아기들을 (무료로) 받아주었다. 일본말 한국말 다 잘했다. 글이 좋았다. 배 안 고프면 된다고 말했다. 일본의 부모 재산 상속을 포기했다. 나 같으면 한국 안 오지, 그 많던 살림 잘 먹고 잘살지

라며 어머니의 아버지에 대한 사랑과 헌신, 그리고 지성과 대범함에 대해 존경을 표했다.

어머니가 명석했다고 기억하기도 했는데, 정선이(가명)는 "어머니가 똑똑하고 음식을 잘했다"고 말했고, 강옥이(가명)는 부모가 중고 옷가게를 할 때 어머니가 사업을 주도하고 책임졌는데, 어머니는 "치마를 둘러서 여자였다. 똑똑하면 뭐 하냐, 죽어버렸는데……"라며 안타까워했다.

박춘자(가명)는 어머니가 창녕 성씨로 양반 출신이었는데, 초등학교 입학을 앞두고 어머니가 갑자기 사망하자, 어머니 장례식에서 "엄마가 아프다는

---

1   이름은 구보 마사에, 『원폭』 1호(2007 : 20~23)와 『원폭』 2호(2008 : 14~33)에 자서전이 실려 있다.

데 어디로 가나 내가 따라가야 한다고 울었다"며 슬픈 기억을 회상했다. 박점순(가명)는 원폭 당일 날 아버지가 죽고 어머니와 귀향했으나 어머니가 재혼하여 할머니와 살았는데, "열서너 살이 되어 외할머니가 엄마 보러 가자 해서 갔지만 엄마를 만나니 엄마인가 싶었다. 정이 없고 낯설어서 무서운 할머니에게로 돌아왔다"고 말했다. 그리고 어머니가 가난한 남자와의 재혼에서도 불행한 결혼생활 끝에 중풍에 걸리자 자신이 "정 없어도 엄마니까 모셨"고 임종을 했다고 말했다.

원폭으로 인한 병으로 고통받았을 뿐만 아니라, 가난한 집안에서 출산 조절을 못 하여 아이를 계속 낳고 길러야 했던 어머니의 멍에를 원폭 피해 여성들은 안타까워했고, 어머니의 아픔에 공감하지 못했던 것에 미안함을 드러내었다. 또한 아버지의 병수발과 아버지의 외도와 가산 탕진을 감내해야 했던 어머니에 대한 안타까움이 가득했다. 아울러 어머니에 대한 그리움과 함께 유능하고 대범했고, 아버지를 지극히 사랑하고, 가족과 이웃에 헌신한 어머니에 대한 존경을 표하기도 했다.

2. 자식에 대한 애달픔

1) 아픈 자식과 자식 걱정과 슬픔

자식들의 건강은 부모의 가장 큰 관심사이다. 자녀들이 건강하지 못하면 부모에게는 큰 근심거리가 된다. 특히 원폭 피해자들은 자신이 여러 질병으로 고통받는 것도 힘들지만 자식들의 건강은 큰 걱정거리였다. 아픈 자식으로 인해 고통받고 있는 여성 피해자 심학수의 사정은 다음과 같다.

장남 이일환은 심씨와 함께 히로시마에서 피폭당했다. 심씨의 말의 빌면 그날 죽지 않고 살아남아 천추의 한이 된다. 심씨의 유일한 희망이자 최소한의 경제적 도움을 주고 있는 장남 이일환(48세, 일본 거주)이 지난 73년에 지병인 신경통이 갑자기 우측 수족 마비로 돌변하여, 일 년 내내 병원에서 살다시피 했다는 소식을 겨우 얼마 전에 입수하고 다소 완쾌됐다고는 하지만 사실을 알 길이 없어 괴로운 마음 달랠 길이 없다고 말한다……. 시종 차겁기만 하던 심여인의 눈에 눈물이 고인다. …(중략)… 집에 있는 셋째 놈 영환(38세)이도 출가한 딸(44세 장녀 이갑영)도 몸이 좋지 않아요. 딸은 말을 알아들을 수조차 없게 목이 꽉 잠긴 지 근 10년이고, 언제나 숨이 차서 일을 하지 못한다오. 손자들은 손자들대로 셋이 모두 등뼈가 아프다고 걸핏하면 울면서 학교에서 되돌아오곤 한 일이 벌써 4, 5년째 됐어요. 그것들이 무슨 죄가 있다고, 폭탄을 맞지도 않은 그것들이 말이오.' 짙은 피로감과 공포감에 짓눌린 심여인의 눈은 어느 듯 뒤틀린 손과 함께 심한 경련을 일으키고 있다. 말이 있으되 말을 잃고, 감정이 있으되 감정을 잃고, 그들이 벗겨 먹은 송기처럼 단단하게 안으로만 굳어버린 한결같은 그들의 모습. 아니 그 수액마저 이제는 메말라버렸다(박수복, 2005 : 39~45).

그런데 다시 오겠다고 간 아들이 아프다는 소식만 돌아와 심학수는 근심이 커갔다.

가난했던 원폭 피해자인 어머니가 아픈 자식을 돌볼 수 없어 보육원에 데려다 주었다가 다시 찾아 상태가 호전되기를 희망하며 살고 있는 사례의 기록이 있다.[2]

짧은 단발머리, 앳된 눈, 도저히 서른네 살로는 보이지 않는다. 앉는 데 힘이 드는지 더욱 경련이 심해지면서도 입가에는 연신 웃음 흘리고 있다. 금년 설에 사준 스웨터를 좋아라고 한시도 벗지 않는다는 재임양은 알록달록한 화려한 스웨터를 입고 있었다. '지금은 살도 오르고 꽤 좋아졌습니다. 그러나 지각은 여전히 어린애로 머물고 있고, 말 역시 소리뿐이지 요령부득입니다. 혼자서는 걷기가 힘들고 뒷간에 갈 때에는 꼭 부축이 필요합니

---

2 원제목은 「이상한 웃음」. 정임술(어머니), 이재임(35세. 6세 때 피폭).

다. 그래도 요새는 사람 다 됐지요. 조카도 보아주고, 제 머리 단장이며 옷맵시에도 마음을 쓰게 됐으니까요.'

…(중략)… 재석은 당시 히로시마 현립(縣立)상업학교 1학년생이었는데, 등굣길에 피폭했다. 모친과 재순(당시10세), 재임(6세), 도미꼬(3세)는 집안에서 변을 당했다. '워낙 날벼락이어서 정신 차릴 새도 없었지만, 무너진 집더미 속에서 어떻게 아들을 찾아낸다고 허덕였지만 정신이 들고 보니 재임이가 보이지 않아요. 그때는 벌써 집 근처에 불이 붙기 시작했는데 저는 다시 집안으로 뛰어 들어갔어요. 바로 현관 앞에 재임이가 고개를 묻고 꼬부라진 채 엎드려 있었어요. 안아 일으켰더니 아무데도 다친 데가 없어요. 아마 폭탄이 떨어졌을 때 날려서 거기까지 온 모양인데, 그때는 말짱했어요.'

…(중략)… 그러나 재임양만은 조금도 나아지지 않은 채, 오히려 손가락과 발가락 일부가 휘어들면서 전신마비를 일으켰고, 여전히 걷지도 못하고 말도 못하는 반벙어리 백치 상태로 굳어 가고 있었다. '한 7년 전입니다. 어머니가 과로 끝에 몹시 앓으셨지요. 과로도 과로지만 재임이 때문에 어머니는 한시도 마음을 놓지 못 하셨으니까요. 그때 저는 모진 마음을 먹었지요. 차라리 재임이를 어머니 눈앞에서 멀리 하자. 동리사람들의 말대로 어차피 사람구실 못할 재임이를 일생 방안에 가둬 둔들 어머니의 가슴에 멍만 들게 할 뿐이다. 그렇게 생각한 저는 어머니에게 재임이를 부락 사람들이 가르쳐 준 대구 불구자 수용소에 맡기자고 간곡히 졸랐습니다. 그게 약한 첩도 먹지 못하는 지금보다는 몇 배 재임이를 위하는 길이라고요. 어머니는 눈물을 머금으며 승낙하셨지요. 66년 초여름 께라고 기억합니다. 아무것도 모르는 재임이를 제 등에 업고 기어코 같이 가겠다고 나서시는 어머니와 함께 대구로 갔습니다. 가까스로 찾아든 〇〇원이라는 그 보육원 문 앞에 재임이를 내려놓은 저는 어머니를 떠밀다시피 행길 옆으로 피해서 지켜봤습니다. 가족이 있으면 받아 주지 않는다는 보육원 규칙을 부락 사람들이 귀띔 해 줬기 때문이지요. 한참 후에야 보육원에서 보모 한 사람이 나오더니 재임이를 일으켜 세워 부축하며 들어갔습니다. 그것을 본 어머니는 길가에 쓰러졌지요. 이번에는 어머니를 업고 고향으로 돌아온 저는 그 후 어처구니없는 오산을 시간이 흐를수록 뉘우치게 됐지요. 어머니는 더 불행하게 보였고, 그런 어머니를 바라보는 저의 마음은 걷잡을 수 없이 괴로웠습니다.'

재임이가 다시 돌아온 것은 그로부터 꼭 한 달 후입니다. 재임이가 돌아왔다는 부락 사람들의 전갈을 받고 저는 아랫마을로 달려갔습니다. 동구 밖 행길 가에 재임이가 덩그마니 앉아 있었습니다. 저를 발견한 재임이는 좋아서 어쩔 줄을 모르며 마구 달려들 듯 소리치는 것이었어요.

'오, 오빠, 오, 오빠!' (박수복, 1975 : 83~89).

이재임은 "시골에서 별다른 치료를 받지 않고 굿을 하거나 한의사를 찾아가 팔다리에 멍이 들도록 침을 맞았다고 한다"(김동현, 1973 : 231). 박수복이 이재임과 그 어머니 정임술을 비롯한 가족에 대한 사연을 기록한 지 8년 후, 문일석이 이들을 다시 만났을 때 "그녀는 식물인간이나 마찬가지다. 44세가 되었지만 시집도 못 간 채 동녀(童女)로 살아가고 있다. 인간으로서 인간답게 살아보는 게 꿈이란다"(문일석, 1983 : 72)고 병세는 나아지지 않고 계속 악화되어 고통 속에서 살고 있는 모습을 기록했다. 전통사회에서는 일정한 연령에 도달하면 혼인은 반드시 해야 하는 보편적인 것이므로 혼인은 총체적으로 사회적 지위와 역할을 부여하는 중요한 과정(문소정, 1991 : 188~189)이다. 혼인하는 것이 온전한 여성의 표상이었던 시대에 이재임이 40대에도 결혼하지 못하여 주변인들은 안타까워했다.

이정수는 아들 희수가 원폭 투하 당시 겪었던 상황이 트라우마가 되었고 육체적으로도 원폭 피해로 아픈 몸을 안고 살아가야 하는 것을 바라보는 안타까운 심정을 밝혔다.

어쩌다 어미를 잘못 만나 그런 형벌을 가는 곳마다 받게 하나 싶으니, 폭탄을 맞은 그날, 그 자리에서 우리 모자가 죽지 못한 것이 칼날로 간을 저미듯 한이 되는 것이었습니다. 이제 바보고 멍충이고 싫어졌어. 내 몰골이 다 바스라져 버렸으니까. 나는 언제나 천대를 받을 거야. 내 아들 희수는 아마 평생을 쫓기고 헐떡이며 업신여김을 당하며 살겠지요. 그러나 그 고운 마음씨와 효성은 누구도 못 따르고 뺏지도 못 합니다. 저는 지금 죽을 수도 없습니다. 내 아들 희수가 왜 그토록 날이 갈수록 살점이 떨어져 나가도록 무거운 짐을 져야 하는지…… 그 죄명이 무엇인지, 이 어미가 살아생

전에 따져주고 가야지 않겠습니까(박수복, 1975 : 179~182).

김정순은 규슈 아카이케 탄광에서 징용살이를 하던 남편 주석문이 광부로 일하면서 가족을 초청해서 일본에 가게 되었고, 먹고살기가 어려운 차에 나가사키에 살고 있는 사촌 여동생으로부터 얼마간의 쌀을 마련해주겠다는 전갈을 받고 나가사키로 갔다가 역 근처에서 원폭 피해를 당했는데, 딸 주명순은 어머니의 등에 업혀 두 살 때 원폭 피해를 당했고, 남편은 아내와 딸을 찾으러 다니며 방사능에 노출되었다. 주명순은 원폭 당시 경험한 강렬한 불빛 때문에 빛을 싫어하고 다락방에서 빛을 등지고 지내며 정신이 이상해져 갔는데, 이러한 딸을 지켜보는 어머니 김정순의 아픔을 박수복은 다음과 같이 기록했다.[3]

인천시 송림 4동 2반은, 공장 지대를 끼고 가파른 언덕을 넘으면 조수가 밀려드는 강가에 밀집한 판자촌이다. 방 하나 부엌 하나의 전셋집에 김정순(56세) 여인은 4남매와 함께 살고 있었다. 마을 일에서 돌아온 김여인은 왼쪽 눈을 안대로 가린 탓인지 한 동안 방문자의 찾아온 이유를 이해하지 못한 듯, 낯선 내객을 지켜볼 뿐 선뜻 입을 열려 들지 않았다.

'죽었어요. 작년에 우리 명자는 죽었어요. 주인도 죽구요. 딸애가 급살병처럼 죽고 나니 그 양반도 그래서 병이 도졌나 봐요. 두 달 새에 다 죽고 말았어요. 왜정 때 징용에 가서 탄광에서 얻은 상처가 도졌다고 하지마는 암이라고 했어요.'

입속에서 웅얼대듯 한 마디 한 마디 내뱉기 시작한 김여인의 말은 어느덧 성한 한쪽 눈에 힘이 주어지면서 숨 가쁜 목소리로 변했다. 고령을 넘은 노파처럼 아래 앞니가 다 빠진 입 새로 쉼 없이 쏟아지는 말은 부딪쳐 헛갈

---

3   원제목은 「다락 속의 목숨」. 김정순과 딸 주명순과 함께 원폭 피해를 당한 가족 : 김정순(56세, 27세 때 피폭), 주명순(장녀, 32세 2세 때 피폭), 주석문(김정순의 남편 1972년 9월7일 62세로 사망), 주태일(장남, 29세), 주명자 (차녀, 1972년 6월10일 20세로 사망), 주명분 3녀(19세), 주상미 4녀(16세).

리며 자꾸만 하던 말을 되풀이 더듬거렸다…(중략)…

갑자기 흐려지는 김여인의 눈길이 바른쪽 벽장문 께에서 힘없이 멎는다.

'이 속에 있어요. 우리 명순이는 벌써 11년째 다락 속에서 불빛을 등지고 누워 있답니다. 그래도 스무 살까지는 약한 대로 집안일을 도와주고 솜씨도 야무져서 수예 같은 것을 해서 절 도와줬는데, 그놈의 폭탄에 어린 가슴이 놀래버렸는지 불빛이라면 햇빛도 싫고 전등불도 싫고 캄캄한 다락 속에서 때때로 어릴 적에 배운 노랫가락을 흥얼댈 뿐, 제 정신은 하나도 없어요. 말이라고는 고작 물, 밥 달라는 말도 이제 잘 하지 않아요.'

명순은 귀국 후 계속 잔병을 앓는 쇠약한 몸이었지만 인천에서 신흥국민학교를 졸업했다. 때에 따라 오줌똥을 가리지 못하는 명순양은 몇 번인가 학교 당국에서 퇴학을 종용 받기도 했다. 그럴 때마다 김여인은 애원과 집념으로 딸을 업고 학교를 드나들며 학업을 끝마쳤던 것이다. 그림 솜씨, 수예 솜씨가 뛰어났다. 국민학교를 나온 이후에는 집 살림을 돕느라 수예품 내직을 했다. 몸이 약했으므로 외출은 일체 하지 않았고, 언제나 집안에 찾아드는 친구들과 어울렸고 일에만 열중했다.

1964년 초여름, 그때까지는 멀쩡하던 누나 명순양이 스물한 살 되던 해. 그때의 일을 동생 주태일(28세)은 이렇게 회상하고 있다. '제가 고등학교 2학년 땐데요. 그날 점심을 누나와 같이 먹게 됐어요. 그런데 밥을 먹다가 누나가 제 등을 치겠지요. 그래서 돌아보니 누나가 방긋이 웃기만 했어요. 그래서 다시 먹는데 조금 있다가 이번에는 탁탁 몇 번인가 두들겨요. 그래서 누나, 왜 그래? 하면서 짜증을 내니까 아무 말 없이 생글생글 웃기만 해요. 누나 정말 이상하잖아? 그러나 누나는 아무 대답도 없이 연신 웃기만 했어요. 그때부터 누나는 제 정신을 잃기 시작한 거예요.'

그 당시 둘째 딸 명자는 국민학교 3학년. 어린 마음에 누구보다도 타격이 컸다. 언제나 집을 비우고 장삿길에 나서는 어머니 대신 명순양은 동생들을 돌봤고, 특히 형제 중 제일 몸이 약한 명자양의 소꿉친구이자 보호자였던 것이다.

명자양은 언제나 골이 빠개지는 아픔을 호소했고, 때로는 자리에 머리를 묻고 누워 있을 때도 있었다. 그럴 때마다 명자를 달래주고 지켜주었던 언니 명순양. '언니는 왜 저럴까? 왜 우리 언니만 저렇게 말이 없을까? 왜 저렇지 엄마, 엄마 말 좀 해줘.' 보채다시피 재우쳐 묻던 그 명자도 어느덧 입을 다물고 묵묵히 언니의 병시중을 들더니 1972년 6월 10일, 스무 살의 젊은 나이로 눈을 감고 말았다.

 '심하게 앓은 것은 불과 1주일, 자리에 누운 지는 한 열흘 남짓. 언제나처럼 골이 아프다고 했고, 다른 점이라면 배가 몹시 아프다고 했어요. 죽는 그날 밤도 저는 밤늦게 행상에서 돌아와 명자 옆에 앉아 있었는데, 아이의 숨결이 몹시 거칠기는 했어도 언제나 병약한 아이라 설마 했지요. 자정 무렵, 어쩌다 저는 꾸벅 잠이 들었나 봐요. 어렴풋한 소리에 깨어 보니 명자가 노래를 부르고 있었어요. 국민학교 때 배운 산토끼 노래였어요.

 산고개 고개를 나 혼자 넘어서
 토실토실 밤토실 주워서 올 테야.

 심하게 앓던 아이가 노래를 부른다고 생각하니 신통하고 기뻐서 저는 잠이 확 깨었어요. 명자를 들여다보니 눈은 반쯤 감고 조용했어요. 그게 마지막이었어요. 생전 병원에도 한번 가보지 못하고 이십 평생을 혼자 앓다가 그렇게 죽고 말았어요. 그래서 산토끼 노래가 저는 싫어요. 밑의 애들이 철없이 그 노래를 부를 때마다 이 어미의 속이 좀 아프겠어요.' 어미 가슴에 맺힌 한은 인천 바닷물에 비할 수 있겠느냐고 말하는 김여인. 자식을 죽인 한은 그것뿐이 아니다.

 …… 끊임없이 뒤쫓는 죽음의 손길, 거리에서 거적을 덮고 살고 있는 걸인도 건강한 아이를 낳고 기르는데, 무슨 죄를 지었기에 이토록 무서운 형벌을 당해야 하는지……. 김여인은 소리 내어 울 수조차 없었다. 아무리 생각해도 아이란 어미의 뱃속에서 나오는 것. 그렇다면 해방 당시 원자탄을 맞은 그 사실로 해서, 그 사실 때문에 모두가 빚어지는 비극이라면…….

 …(중략)… 다락방 속에서 웅얼거리듯 명순의 신음소리가 들린다. 때로는 국민학교 때 부르던 노래를 허밍하듯 부른다는 명순. 그래도 예전의 깔끔하던 성미 때문인지 넣어 준 요강에다 똥오줌만은 가린다는 것. 작년부터는 앉아서 고개를 흔들면 목덜미에서 이상한 뼈소리가 나고, 입술의 경련도 심해지고 있다. 골방에 몰아넣은 채 산 채로 딸을 죽이고 있다는 어미의 강박관념. 김여인은 이제 눈물도 메말라버렸다고 한다. 이 세상 아닌 지옥에서 못 다한 업보를 치르고 있겠거니 하고 몇 번인가 혀를 깨물어보기도 한다는 김여인. 아래로 명분, 상미 두 딸도 이제 열여덟, 열다섯의 일할 수 있는 나이로 자랐건만 언제나 골이 아프고 나른해지는 안타까움 속에서 비실비실 놀고 있을 뿐이다. '엄마 왜 그래? 왜 이렇게 우리 집은…….' 죽은 명자가 언제나 재우쳐 묻던 그 바늘 끝 같은 질문만을 어미의 가슴에 화살

처럼 퍼부으면서⋯⋯(박수복, 1975 : 63~73).

언니 명순을 돌보던 동생은 한국에서 태어났으나 아픈 언니를 돌보다 이유도 모른 채 갑자기 젊은 나이에 사망했고 이어 남편도 사망했으며, 한국에서 태어난 아들에게 전 가족이 생계를 기대고 있으나 이 아들마저 건강하지 못하여 힘들게 가족을 먹여살리는 것을 바라보는 어머니의 고통스러운 심정이 전해져온다.

자식이 자신과 같거나 비슷한 증상으로 고통을 받으면 가슴 아픈 것을 견디기가 어렵다. 허종순은

> 결혼할 때에는 피폭에 관한 것은 잘 모르잖아. 내 몸이 아프기는 했지만 애 낳고 이런 거에는 신경을 안 썼어. 근데 내 딸아가(딸아이가) 갑상선⋯⋯ 딸이 병원에 갔다 와서 나한테 그러는 거야⋯⋯. 자기가 유전이라서 그렇다고 그렇게 말을 하는데, 너무 기분이 안 좋더라고. 아이고, 정말 속상해서 죽겠더라고⋯⋯. 너무 기분이 안 좋아. 아주 듣기가 거북해. 내가 안 좋아서 몇십 년 고생을 했는데 딸이 그러니까 참 그렇더라고(한국원폭피해자협회, 2011 : 605)

라고 가슴 아픈 고백을 했다. 김경자(가명)도 큰아들이 자신을 닮아서 갑상선이 안 좋아 약 먹는다고 괴로워했다.

원폭 후유증의 대표적인 증상인 피부병과 호흡기병으로 고통받는 자식을 바라보는 여성들은 죄책감에 괴로워하기도 했다. 이수용은 "장남이 피부에 습진이 잘 일어나요⋯⋯. 우리 둘째 애도 먼저 세상을 떴는데⋯⋯ 폐가 안 좋았거든요⋯⋯. 내가 가만히 생각하면 그거(원폭) 땜에 그런가 보다 생각도 해봐요. 그 당시에는 별로(예사로) 넘겼는데"(한국원폭피해자협회, 2011 : 785)고 말했다. 안정숙은 "애들이 이렇게 걍(심하게) 추우면 두드러기가 나. ⋯⋯ 딸들이,⋯⋯날이 차면 또돌또돌(도톨도톨) 나. 다리만 아니라 다 그래요. 목욕 갔다와도 싹싹 문지르고 나면 가려워. 그래서 갸가(딸이) 한번씩 그런단게

(다니까) 원폭 후유증 아니냐고. 그럼 내가 어떻게 아냐"(정근식, 2005 : 137)고 말했다. 이일분은 "아들이 가려움증 있다 말은 안 해도……"라고 말했고, 윤부선(가명)은 두 아들이 다 몸이 좋지 않은데, "둘째 아들은 피부가 안 좋다"고 걱정했다. 안두선(가명)은 "둘째 아들이 피부가 가렵다고 한다, 원폭 때문에 그런가 하고 생각한다. 이제 (복지회관 입소 후) 20년을 떨어져 살아 잘 모른다"고 했다. 김경자(가명)는 "큰아들이 성장기에 손바닥 피가 벌겋게 각질이 일어났다. 복지회관에 들어와서 이야기 듣고 후유증인가 생각해본다"고 말했다.

호흡기 질환도 주요한 증상인데, 안두선(가명)의 둘째 딸은 결핵을 앓았다고, 구을선(가명)의 큰아들은 "숨질이 데다(숨길이 힘들다)"고 했다. 김분자(가명)는 "아이들이 (원폭피해자인) 아버지 닮아서 폐가 안 좋다. 큰딸이 자기도 모르게 병이 왔다. 폐암으로 1년 반 고생하다 3년 전 사망했다. 사위가 착하고 좋았다"고 슬퍼했다.

그 밖에도 자식들이 여러 가지 병을 앓고 있어 걱정이 많았다. 김윤임(가명)은 둘째 아들이 당뇨가 있는데 "약 먹고 조절한다. 자식한테 유전될까 봐 겁은 난다"고 말했고, 정문순은

> 히로시마 시내에 함께 들어갔던 세 아이들과 그 후에 태어난 아이 셋도 모두 내장질환으로 수술을 받기도 하고 입원을 하는 등 근심 걱정이 끊어질 새가 없었습니다……. 열 한 명의 손자에 둘러싸여 행복해야 할 나인데도 항상 불안감에 젖어 있습니다(표문태, 1986 : 85)

라고 토로했다. 하순이(가명)는 "큰딸 둘째 딸 몸이 안 좋다. 허리 아프고 대상포진 앓았다. 둘째는 폐렴으로 고생은 말은 안 해도 원폭 후유증이지 싶다"고 말했다. 안두선(가명)은 큰딸이 결혼했으나 난소암으로 일찍 사망했는데, "내 마음에 원폭 때문인 것 같다"고 말했다. 강춘자도 딸이 유방암을 앓고, 자식들의 불임도 원폭 후유증이 아닐까 하고 걱정하며, 또 아들 하나가

"평생 머리가 아프다고 한다. 오만 짓 다 해도 안 낫는다"고 말했다. 또한 강춘자는

> '서울에 거주하는 셋째 딸이 백혈병이에요. 54세에 백혈병이 나타나 지금 4년째 투병하고 있어요…….' 강할머니는 말을 맺지 못했다. 언니의 2세 중에서 비슷한 질병을 앓고 있는 이가 있다고 했다. '핵이 그만큼 무서운 거지.' 강할머니는 셋째 딸이 백혈병을 앓는 것이 자신의 피폭 영향 때문임을 확신하고 있었다. 다른 딸 한 명도 무혈성괴사증으로 고통을 겪고 있다는 말을 스치듯 했다(박동수, 2013 : 80).

고 했다. 안월선은 큰아들이 "아이가 없다. 서른두 살에 결혼해서 5년이 되었는데, 아내가 동갑이라 아기를 낳아야 하는데, 내가 말도 못 하고" 하면서 원폭 때문이 아닐까 하며 걱정했다. 둘째 아들은 태어나자마자 온몸에 좁쌀 같은 부스럼이 나기 시작했는데 나이 30세가 지나 조금 나았으나, 아들 셋이 모두 고혈압으로 고생하고 있고, 둘째 아들은 협심증으로 수술을 했다(김승은, 2012 : 33). 박경임(가명)도 큰딸이 아이를 못 낳아 인공수정을 해도 유산되었는데, 이 또한 원폭 때문이 아닌가 하고 걱정했다. 정명선(가명)은 딸이 오른팔을 올리지 못하는 장애가 있어 "업고 있을 때 오른팔이 빠져나오지 못했다. 자다가도 오른팔이 올라갔는지 벌떡 일어나봤다. 어릴 때 병원에 못 가보고 말았다. 가난이 죄다. 딸 오른팔을 못 써서 (원폭후유증이) 유전되는 것 알았다"고 말했다.

　병명도 잘 모르고 따라서 치료 방법도 없는 병으로 자식들이 고통받는 것은 어머니에게도 더 할 수 없는 고통이다. 유한순과 백두이도 다음과 같이 자식을 걱정했다.

　　유한순
　　우리 아들 보면 명남이가 여기 명치 쪽이 쑥 들어갔어요. 물이 한 대접 들어갈 정도로 들어갔어요. 그래서 학교도 못갈 것 같아서 안 보냈는데 가

고 싶어 해서 보냈는데, 애가 아주 힘이 좋지는 않아요. 병원에서는 심장인
가 어디가 구멍이 뚫려서 그런다고 그러는데. 군대 가기 전에 검사하러 갔
는데 몸이 그러니까 아예 보지도 않고 집으로 보내더래요. 근데 얘는 아직
까지 어디 다른 데가 아프다는 이야기는 안 해요. 날 때부터 그렇게 생겼어
요. 근데 그걸 신경을 안 쓰고 살았는데, 누가 그게 좀 이상하다고 병원에
가보라고 해서 가보니 그 염통인가 무슨 기형이 있었나 봐요. 그래서 어깨
도 조금 수그려 있고, 빼짝 말랐어요(한국원폭피해자협회, 2011 : 668).

백두이

우리 아들이 그래서 그런지 이래서 그런지 그러니까 그때가 언제고, 우
리 손녀딸 초등학교 다닐 때부터 아파서 제대로 일을 못해요. 우리 손녀딸
이 서른 살이 넘었는데 그 애 초등학교 때, 근데 아파서 병원에 가도 병명
을 몰라, 그리고 아프면 까닥(딸꾹) 질을 자꾸 하고. 그리고 수원병원에서
한 달 반을 입원을 해도 아무 병명을 몰라. 밥을 못 먹고 닝겔 맞고 살았어
요. 그길로 시작해서 아픈 게 그러고 나서 내가 여기 들어오기 전인가 또
아파서 서울대병원에 입원하고 그랬어요⋯⋯. 그 때는 담석이라고 하더라
고⋯⋯ 그거 수술하고 나서 지금은 괜찮다고 하더라고⋯⋯ 근데 우리 딸
내미 하나가 있었는데 일찍 가버렸어. 그리고 나중에 태어난 자식들이 알
레르기가 있어서 피부가 좋지 않아. 아들 둘이 그래요⋯⋯. 그래요 나
는 자꾸 (자녀에게 영향이 갔다고) 그렇게 생각이 들어요(한국원폭피해자협회,
2011 : 822~823).

정일선(가명)은 아들이 일본에서 귀국하자마자 태어났는데 죽을까 봐 출
생신고를 1년 미루었으며, 눈이 안 좋고 위장이 나빠서 병원에 가서 검사도
하고 하지만 걱정하고 있었다. 김달람은 "우리 아들 두 살 때인가 그때 같이
안고 (원폭을) 맞아서 회원이에요. 우리 애 봤어요? 얼굴색이 본색이 아니고
조금 누렇지요. 요즘에는 산에도 가고 운동을 하니까 괜찮은 것 같은데, 나
야 죽으면 그만이지만 그 애가 걱정이에요."라고 말했다(한국원폭피해자협회,
2011 : 692).

원폭 피해자 2세로서 원폭 후유증으로 '2세 원폭 피해자의 운동'을 이끌

었던 김형률[4]은

원폭 2세 환우들을 낳아 기르신 어머니들의 눈물과 한이 서려 있습니다. 누구나 결혼하여 건강한 자식을 낳아 행복하게 살아가는 것이 작은 소망일 것입니다. 이것은 누구도 부정할 수 없는 천부의 권리일 것입니다. 자신의 의도와는 무관하게 원폭 피해자가 되어 건강하지 못한 자식을 두게 된 어머니에게는 말로 형언할 수 없는 죄 아닌 죄의식으로 가족으로부터, 사회로부터 소외와 차별을 받으며 어머니로서, 여성으로서의 모든 권리를 박탈당하는 삶을 살아가고 계십니다. 어머니 이전에 한 여성으로서 원폭 2세 환우를 둔 현실은 참으로 감내하기 힘든 현실일 것입니다. 그 삶의 무게는 무엇으로도 표현하기 힘든 현실의 무게입니다. 그것은 혼자서 감내할 수 없는, 여성의 몸으로 원폭 피해자라는, 원폭 2세 환우를 둔 어머니로서 몇십 년 동안 아무도 인정해주지 않은 삶의 무게를 고스란히 떠안고 살아가지만 아무도 책임져주지 않은, 한 여성으로서 모성으로서 모든 권리를 박탈당하며 낮은 숨소리로 살아가야만합니다. 왜 우리 어머니들은 어머니로서, 여성으로서의 권리를 누리지 못하고 죄 아닌 죄의식 속에서 평생을 살아가야 하는지……(김형률, 2015 : 183~184; 김형률, 2006 : 168~169).

라고 한탄했다. 2세 피해자인 한정순은

고향인 합천에서 어머니는 6남매를 낳았습니다. 그러나 우리 6남매는 이런저런 질병으로 평생을 고통 속에 살고 있습니다……. 원폭의 흔적은 우리 6남매에서 끝나지 않았습니다. 제 아들은 뇌성마비 장애를 갖고 태어났습니다. 지금 아들의 나이는 서른한 살입니다. 아들은…… 혼자 할 수 있는 일은 아무것도 없습니다……. 이 현실을 어떻게 극복해나가야 할까요……. 나무토막같이 굳어버린 아들을 보면서 피눈물을 흘리는 어미의 심정을 누가 알아줄까요(김형률, 2015 : 225~226).

4　김형률의 모친 이곡지는 1945년 8월 6일 일본 히로시마에서 5세의 나이로 원자폭탄에 피폭당했다(김형률, 2015 : 247).

라고 슬퍼했다. 정명선(가명)은 딸이 한쪽 팔을 잘 못 쓰는데, 이에 대해 "미안하다. 미안하다는 말, 말로 다 못 한다"고 말했다. 이수용은 둘째 아들이 폐결핵으로 사망한 것에 대해 "지금은 내가 죄악을 했구나 하는 생각이 납니다"(한국원폭피해자협회, 2011 : 785)라고 자신을 질책했다. 하순이(가명)도 "몸 건강하면 무슨 걱정…… 말하면 내가 죄인이니까 말 못 하지만"이라고 자책했고, 정분선은 "몸이 좋지 않다 애들도 몸이 좋지가 않아요. 참, 남한테 말도 못하고 팔자가 참 고생을 많이 했어요"(한국원폭피해자협회, 2011 : 814)라고 통한의 고백을 하였다. 원폭 피해 여성들 대부분이 자식들에게 나타나는 이상증후들에 대해서 드러내놓고 말하기를 꺼려하는데, 원폭 피해자 2세인 김형률은 "어머니께서는 이 문제에 대해서는 마음을 열려고 하지 않으십니다"(김형률, 2015 : 95)라고 말했다. 이일분(가명)은 자신의 얼굴이 알려질까 봐 사진 찍기 꺼리는 복지회관 거주자에 대해 비난하지만, 자식들에게 조금이라도 피해가 갈까 봐 걱정하는 마음 때문인 것으로 보인다.

원폭 피해로 인한 병 외에도 자식들로 인해 근심과 슬픔에 고통스러워했다. 아들의 죽음은 어머니에게 더 이상의 슬픔이 없을 정도로 큰 것이다. 조분이(가명)는 가난으로 "셋째 아들 중학교 공부도 못 했다. 나와 함께 부산에 가서 결혼해서 아들 낳고 살았는데, 며느리와 마음이 안 맞아 헤어져서 돈벌이 하러 다니다가 마흔 살에 심장마비로 죽었다"고 했다. 김경자(가명)도 "둘째 아들 아홉 살에 가슴에 묻었다. 사고 났다. 이렇게 세월이 가도 꿈에 보인다, 아무리 지우려 해도 안 된다, 가슴이 먹먹하다, 눈 감기 전에는 안 된다. 잊지 못하다"고 고백했으며, 강옥이(가명)도 둘째 아들이 교통사고로 사망했는데 남편 사망했을 때보다 더 애달팠다고 했다. 하순이(가명)는 아들이 군대에서 사고로 죽었는데 자식의 죽음이 제일 가슴 아프다고 하면서 "관에 같이 들어가고 싶다. 마음이 착하고 교회 다녔다. 내가 한 테 안 묻히는 것이 불만이다. 못 죽어서 산다. 막내 죽고 나니 기쁜 것이 없다"고 말했다. 안임이(가명)는 남편이 6 · 25전쟁 때 사망하고 돌이 된 아들 하나를 바라보고 혹독한 시집살이를 견디었으나 아들이 "술 많이 먹어 위궤양 병을 얻어 죽은 것이 제일 슬프다……. 슬픈 것은 말도 못 한다, 재미나게 못 살아보았다. 한평생. 살아봐야 뭐 하겠나?"고 한탄했다.

자녀들이 아프지 않은 여성들은 크게 안심했지만, 걱정에서 벗어나지는 못하고, 막연한 불안으로 늘 조심스러워했다. 김복수는

> 우리 오빠가 전에 그러더라고. 2세, 3세까지도 가는 수가 있단다……. 어디 아프면 조심하고 병원 댕기라 그런 소리는 했거든. 나한테 하고 우리 아들한테도 하고…… 혹시 많이 아프고 그러면 진짜 그걸로 해서 아픈가. 어쩌면 이런 데 저런 데 다 아플까. 그런 생각도 가끔 들어. 괜한 생각인가는 몰라도, 그런 생각이 너무 아프고 그럴 때는 들어(정근식, 2005 : 274).

라고 늘 걱정하고 있음을 밝혔다. 전소자도

> 애를 낳으믄(낳으면) 2대, 3대 그런 수가 있다 하더라고. 나는 그런 것이 두려워서 말을 않지. 근데 애기들 괜찮아. 우리 남동생 애기가 내 생각 같아서는 그런가 생각하는데…… 얼굴이 좀 이상하고 지능도 이상하고. 원폭 그것 때문에 그런가(그런지) 몰르겠어(모르겠어)(정근식, 2005 : 177)

라고 말했다. 최순례는 "그 생각을 안 할 수는 없어요. 그래도 지금 우리 애가 잘 컸어요. 결혼 전에는 항시 그게 불안했어요. 애를 낳으면 온전한 애를 낳을까……. 근데 결혼해서 애 낳았는데 똘망똘망하니 너무 예뻐요"(한국원폭피해자협회, 2011 : 583)라면서 자식들에게 아픔이 전해질까 봐 걱정하고 그렇지 않으면 안도했다. 이일분(가명)은 "자녀 유전 걱정 안 한다. 집이 무너져 아래에 깔려 있어 크게 영향 없다. 자녀들은 원폭 피해자라는 사실만 알고 구체적으로 말 안 한다. 며느리에게 얘기 안 했다. 말 안 한다. 내 가슴만 앓는다"고 말했다. 구순임은 결혼할 때 가장 크게 "걱정을 했지. 애한테도 지장이 있으니까"(한국원폭피해자협회, 2011 : 738)라고 말했다.

자식의 건강이 좋지 않은 것은 어머니로서 더할 수 없는 고통이다. 특히 그 고통이 원폭증으로 인한 것이고 자신으로부터 유전된 것이 아닐까라는 의심이 드는 것을 누구에게도 말할 수 없는 자신만의 아픔으로 간직해야 한다는 것은 크나큰 고통이다. 당시 자식이 사망했을 때는 몰랐으나 뒤늦게 원폭 후유증 때문이라는 것을 깨닫는 것 또한 고통을 가중시킨다. 그 밖에도 자식을 먼저 저 세상으로 보낸 아픔은 씻을 수 없는 상처가 되어 고통을 받고 있다.

2) 자식에 대한 미안함과 자부심

원폭 피해 여성들은 원폭 피해를 당한 어머니로서 자식의 건강에 대한 안타까움과 걱정에 더해서 자식에 대한 미안함이 많았다. 특히 가난으로 인해 학교 교육을 충분히 받게 뒷받침하지 못한 것을 가장 크게 미안해했다. 안두선(가명)은 "아이들 부모를 잘못 만나, 배워야 되는 세상인데 못 배워 슬프다 아이들 못 가르친 것이 슬프다"고 했고, 이일분(가명)과 김명순(가명)도 아들 딸 공부시키는 것이 힘들어 고등학교만 보내고 대학을 못 보낸 것에 대한 미안함이 컸다. 조영순(가명)은 "아이들 공부할 때 돈 못 대어준 것이 슬프다"고 했고, 김분자(가명)도 딸이 교육대학 가고 싶어 했으나 "아버지 없는데 어떻게 시키나"고 만류했던 것이 미안하고, 임복순은 "딸 하나는 돈 삼천 원이 없어 중학교 졸업장도 못 받고 나왔다"(김동현, 1973 : 230)고 미안해했다.

정경순(가명)은 남편이 교통사고로 사망하자 보상금을 받았는데, 시숙은 또 다른 가부장으로 보상금을 관리하면서 남편의 "목숨하고 바꾼 돈을 다 써버렸다……. 시숙이 부산에 집 사주었으면 아이들 공부 더 시킬 수 있었을 텐데……. 아이들 남처럼 못 해준 것이 제일 슬프다. 시숙이 보기 싫다. 우리를 이렇게 고생시켰다"고 시숙 때문에 자녀들 교육을 제대로 못 시키게 된 것을 한탄했으며, "시숙 내외가 밉다. 두 분이 다 병으로 고생하는데 가보지 않"는 것으로 자신의 원망이 시숙 내외에게 전해지기를 바랐다.

공부를 더 하고 싶었으나 학비가 없어 학교를 그만두고 야학에 다녔던 김경자(가명)는 자신이 공부를 못한 것이 한이 되어 아이들을 서울로 유학 보내서 가르치고 싶었는데, 남편이 자신의 말을 듣지 않고 사업을 하다 실패하자 "남은 것 쥐고 아이들 공부시키려고 위장이혼을 했다. 마음대로 안 되었다. 노력해서 되는 것이 아니었다"고 아쉬워했다. 정일선(가명)은 "공납금은 내가 줬으나 돈 벌어가며 공부했다. 내가 좀 똑똑했더라면 자식들이 고생 안 했을걸. 엄마가 천지도 모르고 내가 바보라서"라고 하면서 자신의 무능을 자책했다.

원폭 피해 여성들은 자식들이 학력이 낮아 사회에서 피해를 본다고 생각했고 경제적으로 풍요롭게 살지 못하는 원인이라고 믿었다. 안두선(가명)은 큰아들이 대학 졸업하고 공무원 시험에 응시했으나 실패했고, 막내아들이 고등학교만 졸업하고 전화국에 취직했으나 "대학에 갔으면 외국에도 갔을 텐데 불평하"면서 사표내고 부동산 중개사를 하는데, "부모를 잘못 만나서 고생했다. 아이들이 고생이다. 지복이다. 아이들이 좀 넉넉하게 살면 좋을 텐데. 자식들이 자수성가해서 넉넉하게 못 산다. 아이들이 안타깝다"고 말하면서, 사회가 "실력 안 보고 간판만 봐서" 학력이 낮은 아들들이 더 잘 되지 못했다고 생각하며 "나라가 개× 같다"고 세상을 비난하고, "아이들이 좀 더 잘 살았으면 좋겠다"는 희망을 피력했다.

자신이 이혼한 것 또한 자녀들에게 미안한 일이었다. 김경자(가명)는 남편의 사업 실패로 위장이혼 끝에 결국 이혼한 것에 대해 미안해했다. 큰아들이 고등학교 교사인데, 자신이 남편과 이혼한 것 때문에 혹시 불이익이 갈까 봐 "마음이 편할 때가 없다"고 말했다.

결혼하기 전에는 특히 그랬다. 며느리에게 기 죽는다. 딸이 아니니까. 시어머니 이혼했다고 나쁘게 보지 않을까 걱정이다. 뒤돌아보면 안 편하다.

혼수 잘 못해주었다. 착한 며느리 들어왔다. 자식들에게 미안하다. 결혼할 때 생각하면 뭐라도 해줄 걸, 후회된다. 당시에는 빚더미에 앉아 있으니 못 해주었다.

고 하면서, 이혼이 불명예가 되어 며느리에게 좋지 않게 보일까 봐 걱정했고 결혼 당시 혼수를 제대로 못해준 것에 대해서도 미안해했다.

남편이 자신을 만나기 전에 이미 결혼 상태였던 정명선(가명)은, 자신이 아들을 낳자 남편이 "아들을 본처의 호적에 올리겠다는 것을 내가 거부하여 호적상 사생아가 되어 좋은 회사에 못 들어갔다. 지금도 생각하면 목이 메인다"며 눈물지었다. 자신이 "직접 본부인에게 가서 몇 번이나 (이혼을 해달라고) 사정했다. 본부인은 한집 종사한다"고 거부했다고 했다. 일부종사와 불경이부의 유교윤리는 본부인을 옥죄었고, 첩이 되어버린 여성을 비극으로 몰아갔으며 그 자녀에게도 불이익이 돌아간 것이다.

원폭 피해 여성들은 경제적으로 어려운 가운데 자식을 공부시킨 경우 이에 대한 자부심이 컸다. 김분자(가명)는 상여 꽃을 밤새도록 만들어 돈을 벌어 아이들을 공장 안 보내고 대구에 보내서 하숙시켜가면서 공부시켰다고 했고, 이일분(가명)은 자식들을 대학을 못 보냈어도 장사할 때 빚을 져도 어려운 가운데 공부시켰다고 말했다. 박점순(가명)은 자신과 남편이 무식해서 자식들 공부는 시켜야겠다고 생각하여 "공부가 다인가 싶어 공부시킨다고 고생 죽자고 했다. 애들 공부시킬 때 돈 빌려서 돈 갚아가면서 공부시켰다. 아랫돌 빼서 윗돌 고았다(괴었다)"고 회상했다. 강옥이(가명)는 시장에서 채소 장사해서 돈 모아 논 십여 마지기 사서 농사지었는데, 아이들 공부시키며 다 팔았다고 했다. 윤부선(가명)은 "자식들 공부시키느라 설움 받았다. 고생하면서도 자식들 공납금 주어야지 하는 애착으로 살았다"고 회상했다. 박춘자(가명)는 자신이 공부하고 싶었으나 어머니가 사망하여 학교를 못 간 것이 한이 되어, "네 딸에게 남편이 밭 매라고 야단했지만 대학 공부시켰고, 둘째 아들도 대학 공부시켰다……. 큰아들는 서당에서 한문 공부만 시켰다. 서당 훈장에게 조청 고아서 보내"는 등 자식 교육에 열성을 다했다고 말했다. 이복남(가명)도 "주방장 일이 젊었을 때는 겁 안 났다. 5년 반 일했다. 아이들 공부시키려면 벌어야 했다. 팔공산에 가서 아들 공부 잘하게 해달라고 빌었다. 큰아들은 대학 시험에 떨어져 못 시켰다"고 말했다. 김수자(가명)는 홀로 "일수도 내고 은행 융자도 내어 달이자도 내면서 아이들 대학 공부 다 시켰다……. 내가 죽으라고 고생했다. 고생을 말도 못 하게 했다"고 했다. 정선이(가명)는 돈이 없어 아이들 학비 때문에 이웃에 돈 빌리러 가면 돈 없다고 외면해버리는 서러움을 당하면서 아이들이 공부를 하려고 해서 공부시켰다. 김윤임(가명)도 "아들 교육 내가 시켰다. 아들 4명 다 공부시키면서 힘들었다"고 말했다. 하순이(가명)는 아들 셋과 딸 셋 중에 큰아들과 둘째 아들을 대학에 보냈는데, "나는 무학이지만 내가 어려운 가운데서 자식 공부시켰다"고 말했다. 자녀들을 공부시킨 것, 특히 대학에 보낸 것에 대한 자부심이 가득했다. 이는 자식에 대한 책임을 다했다는 자부심이었다.

특히 공부 잘한 자식에 대한 자부심이 크다. 정선이(가명)는 "내 복에 신랑을 그런 사람 만났지만 아들과 딸들이라도 똑똑하게 키워야 한다고 생각했다. 우리 동네에서 자식들 공부 고등학교까지 시킨 사람은 나 하나뿐이었다"고 말했다. 큰아들이 대학 진학했을 때 당시 살던 부락에서 첫 대학생이 되었는데, 큰아들이 공부를 잘해, 중학교 때 담임선생님이 도시에 있는 고등학교에 진학시키라고 권유해서 마산고등학교에 보내서 연세대에 진학했고, 막내는 진주고등학교를 나와 성균관대 법대를 졸업했고, 딸 둘은 대구에서 고등학교 졸업하고 야간대학 나왔다고 자랑했다. 부락 사람들이 정선이(가명)에게 "구승댁[5]은 아이들 공부시키면서 욕봤다(수고했다)"고 칭찬해주었

---

5 이름 대신에 친정마을의 이름에 '댁'을 붙여 부른다.

을 때 기뻤다고 회고했다. 이복남(가명)도 자신이 식당 일해서 공부시켰는데, "아이들이 공부 잘했다. 부모가 나한테 잘했던 것처럼 공부하라 잔소리 안했다. 욕 안했다"고 말했고, 박점순(가명)과 정일선(가명)도 아이들이 공부 잘해서 대학교 합격했을 때 가장 기뻤다고 말했다. 윤부선(가명)은 막내아들이 장학금 받아 공부해서 석사학위를 받았을 때 기뻤다고 했다. 박화선(가명)도 "아이들이 착하게 커서 복이다, 머리도 좋다. 아이들 대학 못 시킨다고 너희가 알아서 하라고 했더니 장학금 받아 대학 가고 졸업하기 전에 취업했다"고 말했다. 심수자(가명)는 아들 공부 시키려는 일념으로 남동생이 사는 서울로 맨주먹 쥐고 올라갔는데, 공납금은 자신이 주었으나 아들이 돈 벌어가며 공부했다고 했고, 강달화(가명)도 "아이들이 착하다. 자기가 벌어서 학교 다녔다"고 말했다.

성공한 자식에 대한 자부심은 더욱 컸다. 윤팔순(가명)은 인터뷰를 시작하자마자 자식들의 성공을 자랑했다. 첫째 딸은 화가로 복지회관 로비에 그림이 전시되어 있으며, 사위는 공무원이며, 둘째 딸은 대학교수이며, 셋째 딸도 대학원을 졸업했고, 아들은 소방공무원이며, 또 다른 아들은 대기업에 근무한다고 죽 꿰고 있으면서 자랑했다. 박화선(가명)도 아들이 대기업에 근무하고 손자가 미국에 유학 중이라고 자랑했다. 정일선(가명)은 큰아들이 서울대를 졸업하고 교수가 되었으며 며느리는 약사이고, 둘째 아들과 딸도 명문대를 졸업하고 잘 살고 효성이 지극하다면서 자부심이 컸다. 강옥이(가명)는 큰아들이 머리가 좋아 거창고등학교 나와 돈 없어 교대에 진학, 현재 학교 교장이며, 셋째 아들은 김해 건설고등학교 졸업했는데 건설업을 해서 부자라고 자랑했다. 강옥이(가명)는 아이들 공부시키느라 힘들게 살던 논을 다 팔아야 했지만 "다 잘 산다. 대학교수 며느리도 봤다. 며느리들이 명문대 나왔는데 저녁마다 전화로 안부를 묻는 효자다"라며 자랑을 이어갔다. 김분자(가명)는 "자식들이 잘 산다"고 하면서 손자 손녀의 학교를 줄줄이 꿰고 있었다. 아들이 사업하다 부도가 나서 진 빚을 며느리가 마사지사로 일하며 돈 벌어 갚았고, 아이들 자기들끼리 잘살고, 지금 편안하다"고 안도했다. 김명순(가명)은 큰아들이 공군을 제대하고 사천공항에 근무하며, 작은아들은 부산에서 회사를 경영하고 있다고 말했고, 정경순(가명), 김명순(가명), 이복남(가명)도 자식들이 아들 딸 낳고 결혼해서 알뜰하게 잘 사는 것에 대해 감사했다. 최귀선(가명)은 아들이 사과 농사를 잘 지어 상을 많이 탔다고 자랑했고, 이점옥(가명)도 "하나도 속 썩이는 자식이 없다. 자식들 다 효자다"라고 자랑했다. 석사학위를 받고 경주박물관에서 근무하는 아들을 윤부선(가명)은 자랑으로 가슴에 새기고 있었다. 김윤임(가명)은 "아들들이 성공했다. 큰 공장 있고 잘 산다. 큰아들은 50평 아파트에 외제 차를 몰고 다닌다"고 말했다. 강승자(가명)도 큰아들은 고등학교 졸업하고 자동차 정비 기술을 배워서 자동차 정비공장을 해서 잘 산다, 55평 아파트에 산다고 자랑했다. 큰 평수의 아파트와 외제 차는 성공의 상징이었다.

원폭 피해 여성들이 기쁨과 보람을 느끼는 것도 자식과 관련되는 일이었다. 박화선(가명)과 박경순(가명)과 김윤임(가명)과 심수자(가명)도 아들 장가보내고 며느리 보고 손자 봤을 때 가장 기뻤다고 회상했는데, 강승자(가명)는 며느리 보고 손자 봤을 때 "나에게도 이런 행복이 있나"싶었다고 말했다. 안두선(가명)도 "아이들이 건강하고 친구들과 잘 지내고 결혼시키고 오순도순 사는 것 보는 것이 기쁘다"고 했다.

교육이 가난을 벗어나고 계층 상승하는 도구가 된 한국 사회에서 자식을 공부시키기 위해 최선을 다했다. 어려운 가운데 힘들게 자식들을 교육시켰고, 또 부를 이룬 자식에 대한 자부심이 크고, 이에 비해 가난으로 인해 자식들의 교육을 많이 못 시킨 경우나, 가난에서 벗어나지 못한 자식에 대한 미안함과 안타까움이 컸다. 어머니의 이혼은 자녀에게 미안함이 되었고, 어머니가 아버지의 정처가 되지 못하여 아버지 호적에 올라가지 못해서 받은 아들의 불이익은 미안함으로 가슴속에 남아 있었다.

3. 아프고 슬픈 나의 삶

1) 아픈 몸과 지워지지 않는 상처

원자폭탄에 의해 생기는 빛과 고열에 직접 노출되었을 경우 심각한 화상을 초래했으며, 폭탄 투하에 연이어 일어나는 폭풍은 사람뿐만 아니라 건축물을 파괴했고 이로 인한 피해 또한 심각했다. 무엇보다도 인식하지 못하는 사이에 눈에 보이지 않는 방사선은 인체에 치명적인 피해를 입혔다.

> 59년께라고 생각합니다. 제 병이 극도로 나빠져서 저는 꼼짝없이 드러눕게 되었습니다……. 병원에 찾아갔습니다. 그리고는 제발 제 창자를 꺼내달라고 의사에게 애걸을 했습니다. 그때의 제 기분은 아픈 창자만 들어내주면 제가 그 죽음과도 같은 고통 속에서 단박에 풀려날 것만 같았기 때문입니다(박수복, 1975 : 178)

라는 김정수의 절망에 찬 요구에서도 알 수 있듯이 원폭 피해 여성들은 원폭 후유증으로 인해 극심한 고통을 감내해야 했다. 원폭증으로 인한 "아픔과 가난을 못 이겨 자살하는 사람도 있었다"(김동현, 1973 : 220; 이우정, 1976 : 229)라는데, 김정순은 몇 번인가 죽음을 결심했다. "인천 갯가에…… 발이 안 간 곳이 없다"며 바닷물 속에 몸을 던진 일도 수없이 많았는데 결국 "죽을 자유조차 없었던지 그때마다 누군가에게 구조를 받고 살아났다"(박수복, 1975 : 66)고 고백했다. 이순옥은 세 차례 자살을 시도했고(李順玉, 1987 : 75~76), 윤월순(가명)도 "조선에 나온 지 1년 후 아버지 몰래 개울물에 빠져 죽으러 갔다가 못 들어가고 검정 고무신만 잃어버렸다"고 말했다.

원폭이 투하된 계절이 되면 다시 병이 도지는 현상이 나타났다는 여성들도 있었다. 임복순은 "원폭 돌"이 되면 몸이 아파오고, 이일수도 "여름에 전염병같이 열이 났다"(이일수, 한국원폭피해자협회, 2011 : 909)고 했다. 남화자도 내가 젊었을 때에는 한 번씩 몸이 아팠는데 우리 집에서는 '누님이 가을병이 왔네' 그러면서 가을병이 왔다고만 했어요……. 새파랗게 젊을 때에도 가을만 되면 가을 그때 원폭 떨어질 때 그때쯤 되면 밥을 못 먹어요. 밥을 못 먹어도 아주 못 먹어요……. 물도 이유 없이 못 먹어요. 그때는 위장이 나빠서 잘 체하고 그랬어요. 이유 없이 아픈 데도 없고 기운이 없어서 일어날 수가 없는 거야. 열흘이고 보름이고 누워 있으면 어머니가 쌀을 빻아서 미음을 쒀서 주면 음료수처럼 멀겋게 먹고, 그러고 누워 있다가 일어나면 그냥그냥 기운 차리고 그랬어. 그때는 원폭 때문이라고 생각도 못 했지……. 자주 병원에 가보지 못하고……. 적십자병원 가서 그 이야기하고 보니 원폭증이다 싶어…… 우리 영감도 가을만 되면 겁이 나는 거라(한국원폭피해자협회, 2011 : 511; 512)

라고 회상했다.

외상은 원폭 피해의 흔적으로 가장 두드러진다. 정용분은

징그런(러운) 수족을 가진 전형적인 원폭 피해자이다……. '꼭 죽는 줄 알았어요. 지금도 산송장이나 마찬가지지만.' 정여인이 보여주는 사족은 사람의 그것이 아니었다. 제멋대로 뒤틀리고 오그라들어 있었다……. 28년이 지난 지금도 상처에서는 가끔 고름이 나오고, 특히 겨울에는 상처 부분이 얼어터지기 때문에 문밖출입을 못한다고 한다(김동현, 1973 : 229).

김복철은 원폭으로 인한 화상의 흔적이 심하게 남아 있었다.

김씨 얼굴의 아래쪽에서 목에 걸쳐서 남은 커다란 켈로이드는 내 눈에는…… 일본말을 거의 잊어버렸다는 그녀는 '머리가 둔해진 것도 원폭 때문일 것이다'라고 중얼댄다. 멍청히 허공을 바라보는 듯 넋 잃은 눈의 표정, 삶에 지친 피로감이 오랜 세월 새겨놓은 얼굴의 주름은 30대로 보이지 않게 겉늙었다. 안색이 몹시 나쁘다. 페인트칠을 하던 부친도 다리를 부상당하고 45년 가을, 다섯 가족은 한국의 시골 벽촌으로 돌아갔다. 그러나 화상으로 살갗이 굳어져 김씨의 목은 한쪽으로 기운 채로 바로 서지 못했

다. 철이 들 나이가 된 소녀에게 호기심으로 바라보는 남의 시선은 참기 어려웠다. 17세 때 큰어머니 치마 따위를 몰래 내다가 가출하여 대전시에서 팔아서 수술비를 마련했다. '히로시마'의 흉터를 지워버리고 싶었던 것이다. 수술의 결과 목은 바로 돌아왔으나 켈로이드는 지워지지 않았다. 서울에서 결혼하여 지금은 두 아이의 엄마로, 세 번이나 유산했는데 임신 중에는 하반신이 켕기고 아팠다. 최근에 곧잘 현기증이 나고 한 군데를 지켜보고 있으면 시야가 흔들흔들한다……. '그런 소리 하는 치들은 원폭을 모른다. 몸이 쑤신다고 말해도 남들은 곧이듣지 않았다. 이런 괴로움은 원폭을 당한 사람이 아니고는 이해 못 한다……. 내 몸이 어떤 상태인지 모른다는 노릇은 머릿속에 짊어진 무거운 짐 덩어리 같아요. 한번이라도 좋으니 구석구석 검사를 해봤으면 합니다. 그리고 나도 여자니까 얼굴 흉터를 고치고 싶어요. 이 흉터 때문에 아이들의 놀림감이 되고 있다오' 김씨는 목 줄기의 켈로이드를 손으로 감추려는 듯 쓰다듬었다(히라오카 다카시, 표문태, 1986 : 169~170).

이복남(가명)은 원자폭탄이 투하될 당시의 고열로 인한 화상 자국이 팔과 얼굴에 아직 남아 있었고 손에 붉은 반점이 있었는데, 치료할 약이 없어 "의사가 이대로 살아야 한다고 말했다"고 말했다. 유갑연은

내가 화상을 당했으니까 얼마나 아팠겠어……. 화상 입을 때의 일로 불이 무서워졌어요. 어렸을 때는 제가 불을 안 때려고 하니까 어른들에게 혼도 많이 났어요. 지금도 불 켜는 게 싫어서 가스렌지 불 켜는 것을 안 해요. 그래서 '하이라이트'라고 하는 전기로 국을 끓이는 데 사용해요. 형광등도 머리 위에 있는 것이 싫어서 그래서 제 옆으로 빼든가 아니면 등을 따로 사용해요. 심장 수술을 한 후 가스 냄새 올라오는 것 싫어서 가스레인지도 전기로 바꾸었어요(한국원폭피해자협회, 2011 : 729;753)

라고 말했다. 화상당하면서 본 불과 불빛에 대한 공포가 아직까지도 지속되고 있다는 것이다. 심학수는 6 · 25전쟁 때 다시 폭탄이 투하되는 모습을 보고 충격을 받아 다시는 일어서지 못하고 앉은뱅이로 일생을 마쳤다.

슬픔도 희망도 절망도 없는 그냥 내맡겨진 그 후의 나날이었다. 잇달은 6 · 25동란은 비행기 폭격으로 심여인의 유일한 터전이던 움집을 불태웠고, 산속으로 피난 가던 그녀의 옷 보따리며 이불까지 몽땅 태워버리고 말았다. 그러나 무엇보다 기막힌 것은 심여인이 불길로 인한 충격으로 쓰러진 일이다. 히로시마의 그 불길, 그 쐐기와 같은 그날의 단말마적인 결정타는 여지없이 그녀의 온몸 속에서 재생되며 심여인을 때려눕히고 만 것이다. 호흡은 가빠지고, 온몸은 공처럼 부어올랐다. 며칠 후 정신을 돌이키고 보니 손끝 발끝에서 경련이 일고 있었다. 피폭 후에 생긴 신경통이 악화되었으려니 생각했다. 그런데 며칠 후 그 경련이 멎으면서 무신경해지더니, 그곳이 딱딱하게 굳는 것처럼 느껴졌다. 그러던 어느 날 아침, 갑자기 무서운 사실을 알게 됐다. 손가락과 발가락이 영영 펼 수 없게 굳어들고 있다는 사실을…… 문둥이인들 그보다 더 흉할 수가 있는가. 아니 문둥이는 썩어 문들어져도 거동은 할 수 있지 않는가. 심여인은 두 팔목과 무릎으로 기어 다니는 신세가 됐다. 아니 고무공처럼 딩굴어 다니게 된 것이다. '그러구 살았지요. 그것도 어렵게 되자 손수레에 태워지는 신세가 됐지만, 사람의 소원이란 우스워요. 요즘처럼 이제 그도 저도 다 못하게 되니 돌멩이처럼 굴러다니던 그때가 그리울 적이 있어요'. 시종 차갑기만 하던 심여인의 눈에 눈물이 고인다(박수복, 1975 : 43).

폭풍으로 인해 주변 건축물이 무너지면서 입은 외상은 오래도록 피해자를 괴롭혔다. 히로시마에서 네 살 때 어머니가 수돗가에서 빨래하는 것을 보고 방에서 달려 나가다 원폭 피해를 당한 이영균은 상처가 깊어지면서 당한 고통을 다음과 같이 기록했다.

이제나 그제나 몇 년 전이나 변함없이 소 눈깔만 하게 벌어진 제 다리의 구멍이 꿈속에서는 집채만큼 벌어지는가 하면 오므라들기도 하고, 피고름이 폭포처럼 쏟아지는가 하면 그 속에서 괴물들이 뛰쳐나오기도 해서 저는 밤마다 비명을 내지르곤 했습니다. ……스무 살이 되던 1961년 봄…… 상처 구멍에서 16년 동안 내내 흘러내리던 피고름이 멎었습니다. ……그동안 약이라고 하는 모든 양약과 한약, 약초류, 워낙 반응도 감각도 없는 환부기 때문에 하다하다 끝내는 소독약인 크레졸 · 식초 · 양잿물까지 발라봤으나 무반응이던 것이 어쩌다 이웃 할머니들이 흘리는 말로 들려주던 할미 꽃을 캐다가 짓이겨 환부에 붙였더니 타는 듯한 통증과 함께 반응이 있 었습니다. ……그 구멍 주변이 구덕구덕 마르고 있었어요. ……그랬던 것이 느닷없이 천당에서 지옥으로 떨어진 격이지요. 등으로 밀어붙이는 신경 통이랄까, 뭐라고 이름할 수 없는 심한 아픔 때문에 몸을 제대로 움직일 수가 없게 된 것입니다. ……아문 다리의 상처에서는 다시 진물이 나기 시작했습니다. 가볍게 스치기만 해도 벌어지는 종잇장과 같은, 도저히 사람이 피부 같지 않은 여린 환부에 상다리가 부딪치고, 어떤 때는 몸채 밀어붙여지고 손으로 덥석 덮쳐질 때, 아무리 속으로 동여맸다고 하지만 그 충격에 그만 저는 입을 딱 벌리고 맙니다. 그러다가 순간 깜짝 놀라 태연을 꾸미느라 횡설수설하게 마련이고, 그래서 더 신열을 뻘뻘 흘리며 억지웃음을 터뜨리기도 하고…… 다리의 상처가 계속 짓무르고 있어서 고모의 권유에 따라 새로 생겼다는 합천 원폭 피해자 진료소를 찾아갔습니다. 진단 결과 그곳에서 수술을 받게 됐습니다. 2주일이면 깨끗해질 것이라는 소장의 장담이었지만(74년 5월 15일 수술), 한 달 반이 되도록 상처는 아물지 않았습니다. 아니, 입원을 하고 치료를 했는데도 더 구멍이 크게 벌어지는 결과가 되자 다시 왼쪽 허벅지 살을 떼어 붙이는 재수술을 받았습니다. 그리고 다시 한 달 동안 치료를 받다가 더는 머무를 형편도 못 되고 해서 몇 봉지의 약을 받아 들고 합천을 떠났습니다. 지금도 상처는 여전히 여리고 과자부스러기 모양 옷이 스쳐도 흠이 나며 버스 간에서 조금만 밀려도 흐물흐물해집니다. 장차는 모르지만 아직까지는 예전과 별로 다를 바 없고 왼쪽 다리에 패인 상처가 싫기만 합니다. 수술을 받지 말 것을……(박수복, 1975 : 138~150).

윤월순(가명)은 얼굴에 나 있는 켈로이드 때문에 40여 년간 사람을 피해 살아야 했는데, 일본에서 유리조각이 얼굴에 박혀 생긴 흉터 수술을 2번 했고 눈썹이 엉뚱한 곳에서 나서 한국에서 눈썹 이식 수술을 했다. 윤팔순(가명)은 등에 큰 흉터가 있는데 "요즈음 우리우리하게 아프다"고 했고, 김수자(가명)는 "왼쪽 발등에 유리 조각이 박혔던 상처로 10cm 길이 흉터가 남아 있는데, 후유증으로 발등은 아직도 퉁퉁 붓고 압박붕대를 감아야 겨우 걸을 수 있다"고 말했다. 강이조는 당시 외상을 입어 "머리 여기가 깨지고 손가락 여기가 비틀어지면서 다치고…… 근데 그때는 그거 말고는 별로 다친 데가 없는데 지금 나이가 드니까 별 데가 다 아프네"(한국원폭피해자협회, 2011 : 632)라고 말했다. 김달람은 "여기 머리 쪽에 보면 있는데, 머리에 깨진 유리가 박혀서 피가 전신 묻었는데…… 나는 머리 다친 거 말고 허리가 항상 좋지가 않아. 항상 지팡이 집고 다니고, 또 속이 안 좋아서 밥을 잘 안 먹어"(한국원폭피해자협회, 2011 : 693;695)라고 말했다. 김복수는

> 나 일본…… 한 살 더 먹은 부산 애랑 같이 가서 치료받았거든. 울면서 이야기하데……. 한 10년 넘게 여름만 되면 다리에서 구더기가 생긴대. 구더기가 생겨가지고는, 치마 한번을 못 입어봤다고……. 여름만 되면 확실히 안 아물어지고 엉글어지고 구더기가 버글버글 생겨갖고는 그리 십 몇 년을 일본서 나와 갖고 고생했다 하데(정근식, 2005 : 270~271).

라고 함께 치료받았던 여성에 대해 증언했다. 변연옥은

> 그렇게 일을 하면서도(일본인 상대 가게 점원) 몸은 계속 아픈 거야. 그리고 온몸이 시퍼러니까 스커트, 반 소데(소매)를 못 입었어요. 혈관이 썩었다고 해야 하나. 몸이 데꼬보꼬야. 성한 데가 있다가도 자꾸 그게 나는 거야. 내가 그것 땜에 속상해서 울고, 그게 서러웠지(한국원폭피해자협회, 2011 : 491)

라고 했다. 상처가 아물지 않아 고통받았고, 겉으로 드러나는 병 증상 때문에 몸을 가리기에 급급했다. 당시에 입은 상처는 쉽게 아물지 않고 나이가 들면서 덧나고 고통을 준 것이다.

원폭피해로 인한 외상 외에 질병으로 탈모, 발열, 백내장, 백혈병, 폐암, 유방암, 위암, 식도암, 갑상선암 등의 종양과 관련(한국원폭피해자협회, 2011 : 79~91) 질병이 발발하며 또한 대표적인 증상이 호흡기 계통의 질병이었다.

이러한 질병이 한 가지만 나타나는 것이 아니라 한꺼번에 여러 가지 증상이 나타났다. 이로 인해 온몸이 다 아프면서 허약했다.

유일연

젊은 시절에 내 친구들이 너는 야물게 생겼는데 왜 그렇게 사시로 아프냐 그럴 정도였어……. 여기 엉덩이가 타다가 남았잖아. 그래서 젊을 때도 사시로 아파. 어디가 아픈 것도 모르고 온몸이 아파, 온몸이 다 아프고…… 두 달 꼬박 아파서 먹도 못하니까 엄마가 죽는가 싶어서 아무것도 안 주고 그랬어. 학교는 다니다가 옳게 못 다녔어. 아파서 학교도 늦게 가고 하니까 (한국원폭피해자협회, 2011 : 724).

김일선

원폭 날 학교 건물 근처에서 다리 무릎이 빠졌는데…… 오빠가 자전거에 자신을 싣고 치료해줄 사람을 찾아 히로시마 주변을 돌아다녔는데, 그 나쁜 방사선, 나쁜 연기를 그때 너무 많이 마셔가지고 내가 너무 많이 아프고 안 좋았어요. 결혼할 때 어찌 조금 괜찮고 그 후로는 서른두 살 때까지 계속 아파서 내 집에만 누워 있었어요. 움직이지를 못했어요. 일본에서는 이걸 원폭증이라고 하더만……. 근처에 전염병이 들어왔다 소리가 들리면 내가 그걸 하는 거예요……. 돈이 없잖아요……. 그 고통은 말할 수가 없지요. 병이라는 것은 다 하는데 치료를 못하니까 몰골이 말이 아니었지요. 너무 에벼(말라)가지고. 그리고 다리가 아프면 다리 아프다 치료하고, 속이 아프다 하면 소화되는 약만 주고 임시 치료만 하고…… 도저히 나수고 정신을 차리고 할 그게 못 돼. 너무 사는 게 고통스럽고…… 늘 아파서 항상 누워 있으면, 엄마는 아프다고 하면 시집 못 간다고 제발 아프다는 소리 좀 하지 말라고 할 정도였어요. 그래 근근이 혼인 말이 오가고 하면서 결혼을 했는데, 그러고 나서도 맨날 아파요……. 신랑이 월급 타오면 약값으로 나가기 바빴어요(한국원폭피해자협회, 2011 : 851; 852;853;855).

박경임(가명)은 "얼굴과 온몸에 열이 나고 땀이 나고 토하면 정신을 잃는다. 119 타고 병원에 실려 간다"고 했다. 학교 가는 길에 원폭을 맞아 기절했다 깨어난 윤부선(가명)은 "몸이 항상 아프다. 위장에 가스가 찬다. 그럭저럭 살고 있다. 숨차고 위장이 나쁘고 피똥도 싼다"고 하소연했다. 첫 인터뷰 후 불과 두 달 후에 다시 만났을 때 전보다 귀가 잘 안 들리는 것 같고 말도 잘 못 알아들었는데, 하루하루 건강이 나빠지고 있는 것 같았다. 안임이(가명)도 "수족이 아프다. 다 병신이다, 한 군데도 성한 데가 없다"고 하소연했고, 안두선(가명)은 "쥐가 잘 난다, 뒷골에 열이 난다"고 했다. 이복남(가명)은 "평생 오른쪽 귀 안에서 윙윙한다." 일본 원폭 때 어디엔가 부딪친 후에 생긴 후유증이며, 눈도 성치 않은데, 오른쪽은 두 번 수술하고 왼쪽은 한 번 수술했다. "보이는 것이 있어 어지럽다"고 했다.

탈모 현상은 초기 증상이며, 그 후에 이어 여러 병으로 고통받았던 사실을 증언했다. 허종순은

> 나는 머리 빠지고…… 한국 나와서 한 2년째 되는 때인가 병이 나서 죽는 줄 알았어. 그때부터 여기 목 갑상선 있는데 거기에 몽아리가 생기더라고. 목이 아파 죽겠고, 머리도 그렇고 그게 무슨 병이라고 하던가, 하여튼 죽다가 살아났어……. 83년에 일본에 치료차 갔으나 남편이 죽어 치료를 못 하고 돌아왔으나 너무 목이 빠질 것같이 아파서 사정해서 일본으로 다시 치료차 갔다. …(중략)… 지금 수술 안 하면 곧 죽는다. 수술하고 더 살래 아니면 당장 죽을 거냐 그러면서 설득을 하더라고…… 수술을 해보니 목에 원폭 맞을 때 들어간 여러 가지가 들어 있고 암처럼 되어 있는 것이 있더라……. 갑상선도 떼어내고.. 특별 수당을 3년 받게 해주었다……. 몸이 너무 안 좋았어. 맨날 약을 먹고 사니까……. 이 목 때문에…… 일본에도 몇 번 더 가서 치료를 받고…… 수술도 많이 하고. 한국에서도 수술받고 그랬어(한국원폭피해자협회, 2011 : 599;602~605)

라고 말했다. 정순남도 원폭 투하 "한 달이 지나서 내 머리털은 빠지고 시력이 희미해졌습니다. 그 후로 내 건강은 부조(不調)상태입니다. 그런데 피폭 직후의 방사능에 노출된 탓인지 심장이 좋지 않고 손발의 마비증, 탈장, 고혈압으로 밤낮 고통을 받고 있어요"(표문태, 1986 : 84~85)라고 했다. 임일생도

탈모를 시작으로 육체적인 고통을 감내하고 있다고 아래와 같이 말했다.

머리 빠지고 열이 40도 오르고 그러는데 우리 엄마가 내가 죽는다고 밀쳐났다고 했을 정도였어……. 우리 엄마가 쑥을 뜯어가지고 그걸 달여서 먹이고 그랬지……. 내가 피부암이 있어요……. 귀 밑에 보면 이거 보이죠. 이거 말고도 이게 나으면 저기서 나고 이마 쪽에도 나고 그래서 화장을 해서 그래서 그렇지 지금도 치료중이에요. 혈압도 있지 당뇨도 있지. 보기에는 건강해보여도 팔다리가 쑤시고 너무나 아파…… 며칠 전에…… 3일 입원해서 위에 뭐가 있어 잘라내고 나왔어……. 아픈 데가 많아요. 심장도 안 좋았어요……. 많이 나았어요. 근데 밤에도 한 번씩 발딱발딱하고 그래요. 밤에 주로 그래요. 두어 번 씩. 피폭당한 사람들 놀래서 그런 병이 나는 거야. 팔다리가 쑤신 거는 남들은 몰라. 이걸 맨날 물리치료 받고 그래요(한국원폭피해자협회, 2011 : 527; 528; 529).

호흡기 증상도 전형적으로 나타나는 증상이다. 안임이(가명)는 "나도 천식으로 죽는다 했다. 약이 좋아서. 기분 나쁜 소리 들으면 병이 올라온다. 이제 가야 한다"고 말했다. 유일연은 "유방에 뭐가 있대. 나뭇잎 모양으로 뭐가 조직이 그렇다네. 암은 아닌데…… 심장에 혈관 넓어지라고 뭐 넣는 수술했지. 장에도 용종이 있어서 잘라내고, 혈압 있고……"(한국원폭피해자협회, 2011 : 728)라고 하소연했다. 암 또한 흔히 나타나는 질병으로 김수자(가명)는 일본에서 자궁암 수술하고 9개월 입원했고, 최귀선(가명)은 위암 수술 했고 매운 것을 못 먹는다. 최순례는

그렇게 (원폭 때문이라고) 생각 안 할 수가 없죠. 안 아팠던 게 그러고 나서부터 계속 아프니까. 갑상선 암…… 다른 약도 많이 먹고 있으니까 수술도 못해요. …(중략)… 3년 전에 애도 다 키우고 장가도 들이고 하니 일본에 갔어요……. 검사를 다시 싹 하니 수술을 못 한다는 거예요. …(중략)… 고혈압, 동맥경화, 당뇨, 위약……. 약 먹는 게 일이에요(한국원폭피해자협회, 2011 : 579; 580; 581).

라고 말했다.

원폭 피해 여성들은 그 밖에도 신체 여러 부위를 수술했다. 유삼이는 "심장에 혈관이 말랐다고 하던데······ 혈관 확장 수술"(한국원폭피해자협회, 2011 : 721)을 했고, 구순임은 담석 수술(한국원폭피해자협회, 2011 : 740)을 했다. 유갑연은 자궁 물혹 제거 수술, 탈장 수술, 심장 수술(한국원폭피해자협회, 2011 : 757)을 했고 정분선은 일본에 가서 자궁 적출 수술을 했고, 위와 허리도 수술했다(한국원폭피해자협회, 2011 : 813).

최순례는 두통도 호소한다. "그 당시에는 저는 크게 당하지는 않았어요. 그래도 이렇게 늘 머리가 아파요. 사실 머리도 많이 빠지고 없고, 늘 진통제 달고 살아요. 그때부터 계속 이렇게 그러는 거예요"(한국원폭피해자협회, 2011 : 576)라고 말했다. 김복수도 "항상 난 어질어질한 거. 골이 이리 멍하면서. 그냥 지리 하니 멍한 거는 젊었을 대부터 있었거든요. 그런게 머리 아픈 약을 주로 많이 먹고"(정근식, 2005 : 270)라고 어지럽고 멍한 상태로 두통약으로 견디었다고 했다. 안정숙은

> 내가 그때(원폭이 투하되었을 때) 다쳤거든요. (머리 뒤쪽을 보여주며) 여기 큰 숭(흉) 있어요······. (머리 상처 치료는) 일본에서 쬐게 받고 나왔지. 그래서 그런가 어쩐가 기억이 없어요······. 기억이 하나도 없어. 나 지금 애들 키운 것도 하나도 기억이 안나요. 뇌가 이상한건가

라고 의심하면서 "젊었을 때는 항상 머리는 아펐었(팠)어요"(정근식, 2011 : 134)라고 말했다. 원폭 투하 당시 머리를 다쳤고 그것이 원인이 되어 늘 두통으로 고생하다 이제는 기억력 상실로 이어지는 것이 아닌가 생각했다.

정선이(가명)는 "큰아들 낳고 내가 무단히 몸이 안 좋아 죽는다고 하다 4달 만에 방문을 나왔다"라고 하면서, "내 머리 어디 갔나 싶다. 와 이리 되었노(왜 이렇게 되었나) 싶다. 바보 다 되었다. 앞 뒤 모르고 산다. 오른쪽 눈이 10여 년 전 실명 후 세포가 죽어간다. 기억 상실 중이다"라고 걱정하며, 어지러

워 '신경약'과 수면제를 먹어서 그런 것이 아닌지 의심했다. 박춘자(가명)는 "지난해는 정신이 좋았는데 가버렸다. 나이를 잘 모르겠다. 요새는 다시 정신이 돌아온다. 조상이 돌보는지. 원폭 맞아 죽는데 나는 이제까지 살아 다행이다 싶다는 생각도 든다. 작년에는 등신(모자라는 사람)이 되어 있다"고 말하면서 작년에 죽을 것을 새로 살았다고 안도했다. 치매에 걸려 있어 약을 먹는다는 조분이(가명)는 그래도 "일본에서 있었던 일이나 젊을 때 한 것을 안 잊어버린다"고 말했다. 유일연도 "요즘 정신이 너무 흐려"(한국원폭피해자협회, 2011 : 728)라고 말했다.

대표적인 노인성 질환의 하나로 뼈와 관련된 여러 가지 증상을 호소했다. 이일분(가명)는 "현재 온몸이 망가졌다. (허리 구부리고 기구에 의지해서 걸음) 등 뼈가 저절로 갈라졌다. 허리띠 하고 있다"라고 말했는데 이 외에도 여러 사람이 다리가 앉았다 일어나는 것이 불편하고 무릎 수술을 했다고 말했다. 조분이(가명)는 "허리뼈 4번과 5번이 썩어 있다"고 표현하면서 허리 디스크로 고생하고 있다고 말했는데, 김복수도 허리 디스크로 고생했다(정근식, 2005 : 267)고 말했다. 안정숙은 "허리가 아파가지고…… 지금도 복대를 했어요. 그래서 오래도 못 앉아(앉아) 있잖아"(정근식, 2005 : 136)라고 하소연했고, 윤팔순(가명)은 무릎이 아파 휠체어를 타고 다닌다. 정경순(가명)은 "골다공증이 심하디야(심하다네), 겁나게 심하야……. 내가 맨날 엉덩이뼈 양쪽이 아파서 침 맞고 그랬거든. 골다공증이 심해서 허리가 휘어지고 약을 먹어야지 안 먹으면 허리가 꼬꾸라진다. 손뼈 마디마디, 어깨, 무릎, 온몸이 아프다"고 호소했다.

생계를 유지하기 위해 과도한 노동을 한 결과로 나이 들자 육체적인 고통이 가중되었다. 구순임은 "내가 그때 폭풍에 날렸잖아. 그때 충격받은 거야……. 젊었을 때 처녀 때 다리가 아팠어"라며 그 후 "일을 많이 하고 하니까 또 아프지. 뼈를 해 넣고 그래도 그래. 여기 다리도 양쪽 수술 다 했어"(한국원폭피해자협회, 2011 : 738)라고 말했다. 박점순(가명)은 농사지으면서 경운기에 치여서 다리가 아프다고 했고, 김분자(가명)는 남편과 함께 생나무를 팔아 살았을 때 나무를 실어주다가 인대가 터져 인공뼈를 해 넣었지만 아직 아프다고 했다. 박경임(가명)은 남편이 사망하자 식당 일을 해서 먹고 살았는데, 과도한 노동으로 허리가 아파서 지하실에 있던 식당에서 겨우 기어 올라가 병원에 들것에 실려 가서, 허리 디스크를 수술했다.

한일협정이 체결되고 난 이후부터 일본 의사가 간헐적으로 방문하여 치료하거나 개인적으로 일본에 초청받아 가서 치료를 받았고 2003년 이후에는 대거 일본에 가서 「피폭자 건강수첩」을 교부받고 원폭 피해자를 위한 전문병원에서 치료를 받았다. 현재는 한국에서도 치료가 가능하여 다양한 치료를 받고 있으며 약 처방을 받고 있다.

원폭피해로 인한 질병과 노인성 질환과 과도한 노동으로 인한 후유증이 겹쳐 다양한 약을 복용하고 있었다. 어지럼증약, 혈압약, 콜레스테롤약, 혈액순환 개선제, 영양제, 변비약, 치매예방약, 소화제, 신경통약, 갑상선약, 뇌졸중 예방약, 신장약, 심장약 등 여러 가지 약을 복용하고 있었다. 매일 "한 주먹씩 먹는다"는 사람이 대부분이었고, "한 달 치 약이 한 포대다"라고 복용하는 약의 분량을 설명했다. 그런데, "정신이 없었는데 약 먹으니까 정신이 돌아온다", "약으로 산다. 약 없으면 죽었다", "진통제로 산다"라고 말했다. 그러나 약을 여러 가지 먹다 보니 약 부작용으로 고생하기도 했다. 원폭 피해 여성들 중 아프지 않은 사람이 드물다. "내가 어쩌다 이렇게 되었나 하는 생각이 든다. 아파서 오래 사는 것이 걱정이다. 요양병원 안 가고 죽고 싶다"(김명순(가명))라고 하면서 병으로 몸을 마음대로 쓰지 못하는 자신에 대해 비관하고 또 고생하면서 오래 살까 봐 걱정하였다. 원자폭탄의 피해를 입은 여성들은 격동의 시대에 가난으로 너나 할 것 없이 힘들게 살아내야 했고, 거기에 더해 원폭으로 인한 육체적 심리적 상처를 안고 고통받으면서 살았고, 살고 있다.

2) 내 인생 : "그날 갔어야 했다"

　복지회관에 거주하는 원폭 피해 여성들 중 첫 면담자였던 김수자(가명)는 면담이 조금 진행되자마자 "내가 원폭에 갔으면 이 고생 안 했을 텐데"라고 말했다. 계속하여 "그때 안 죽고 살았다. 그때 죽었으면 고생하지 않았을 것, 그때 갔으면 좋았을걸", "내가 죽어라고 고생했다", "고생을 말도 못 하게 했다"고 되풀이 한탄했다. 김수자(가명)는 원폭이 투하된 날 입사 2년째 다니고 있던 직장의 사무실에서 원폭 피해를 입어, 온몸에 유리 파편이 박혀 피투성이가 되었는데 피를 철철 흘리고 긴 머리칼은 하늘로 치솟아 올라가, 스스로를 "사람이라고 할 수 없"는 지경에서, "'오카상, 오카상' 울부짖으며 엄마를 찾는 가여운 아이들의 외침과 함께 절망에 빠진 사람들을 보며 꼭 살아야겠다는 마음을 먹었"으나, 이제는 그때 죽었어야 했다고 한탄하였다. 그 비참한 주검을 목격하고 몸서리치면서 자신도 그렇게 죽는 것이 사는 것보다 더 나았을 것이라고 말했다.

　원폭 때 "내가 죽었으면 좋았을 것"이라고 말한 피폭자는 김수자(가명)만이 아니었다. 원폭으로 인한 참혹한 지경에서 두려워하며 살아난 박경임(가명)도 "원자탄 터졌을 때 죽었으면 좋았을걸"이라고 똑같이 말했다. 원폭 피해에 이어 6·25전쟁 때의 쇼크로 앉은뱅이가 된 심학수는 "그(원폭이 터지던)날 죽지 않고 살아남은 게 천추의 한이 된다"면서 "폭탄을 맞았을 때 우리 일환이(큰아들)하고 같이 죽었어야 했어. 여지없이"(박수복, 1975 : 39; 44)라고 한탄했다. 김정순은 장녀 주명순(32세, 2세 때 피폭)을 업고 나가사키에 사는 여동생에게 쌀을 얻으러 갔다가 피폭당했는데, 주명순은 "불빛이라면 햇빛도 싫고 전등불도 싫고 캄캄한 다락 속에서" 11년째 살고 있었는데, "그때 죽었으면 좋았을걸……. 두 살 때인 그때 죽고 말았으면 차라리 좋았을걸……."이라고 어머니 김정순은 울부짖었다(박수복, 1975 : 65). 이정수도 "어쩌다 어미를 잘못 만나 그런 형벌을 가는 곳마다 받게 하나 싶으니, 폭탄을 맞은 그날, 그 자리에서 우리 모자(아들 한희수)가 죽지 못한 것이 칼날로 간을 저미듯이 한이 되는 것이었습니다"(박수복, 1975 : 179~180)라고 후회했다. 최우재와 손학수 부부는 아들과 딸 4명이 모두 원폭 피해자였는데, 당시 3세였던 딸이 큰 화상을 입고 켈로이드가 생긴 채 귀국한 후 결혼했으나 자식을 낳을 수 없어 이혼하고 친정으로 돌아왔는데, 딸의 고통을 지켜보는 아버지는 "너무 불쌍해서 차라리 딸이 그때 죽어버렸더라면 좋았을 것이라고 가족끼리 이야기한다"고 말했다. 그 어머니는 시종 말수가 적었으나 "원폭희생자위령제에서 술을 마시고 춤을 추기 시작하더니 마침내는 울면서 딸의 불행을 호소했다"(이치바 준코, 2003 : 116;117)고 하였다.

지금이라도 "죽고 싶다"고 말한 원폭 피해자는 더 있었다. '일본시민회' 초대 회장인 마쓰이 요시코는 20여 년 전 한국에 와서 원폭 피해자들을 면담했는데, 조금인은 수년 전부터 누워서 지내며, 무릎이 아파서 굽혀지지 않기 때문에 변기를 넣어 용변을 받아내고 있는데, "빨리 죽고 싶다. 죽으면 좋을 텐데, 죽지도 않아……"라며 쓸쓸히 웃었다(마쓰이 요시코, 1995 : 78~79)면서, 자신과 일행을 만나자마자 "빨리 죽고 싶다. 죽는 것이 낫다" 하고 괴로움을 터트렸다고 기록했다(마쓰이 요시코, 1995 : 91).

복지회관에 거주하는 다른 원폭 피해 여성들도 자신이 힘들게 살아온 것에 대해 비슷한 한탄을 쏟아내었다. "내야 고생 덩거리(덩어리)다." "고생 고생했고 온갖 노력 안 한 것이 없다". "고생 원 없이 했다." "내 고생은 하늘이 알고 땅이 안다." "고생 고생 말도 다 못 한다." "죽을 고생 했다." "나만큼 고생한 사람 없다." "딴 사람들은 내 고생한 것 모른다." "옛날 생각하면 우찌(어찌) 이리 살았는가 싶다"고 말했다. 박점순(가명)은

지나간 모든 일이 슬프다. 도지[6]로 땅 부치고 아이들 키우느라 쌔(혀)가

---

6 임차농업.

빠지게 고생했다. 우째(어찌) 살꼬 우째 살꼬 싶었다. 살아온 것 말도 못 한다. 눈물이 나서 (공개 장소에서) 나서서 말 못 한다. 못 죽어서 산다, 살고 싶어 산 것 하나도 없다

고 말했고, 안두선(가명)은

딸이 우리 엄마가 운다고 말했다. 우는 것 원도 없이 울었다. 살아나온 것 자체가 힘들어서 슬프다. 눈물 난다. 이 세월을 어떻게 견디었나? 지금까지 산 것 거짓말이라 한다. 살아온 것 아득하다, 세월이 뒤에서 밀고 세월이 앞에서 당겼다. 말 다 못한다. 소설같이 살았다

고 말했다. 정일선(가명)은 "내가 명이 길어 산다. 강 처다보고 있으면 옛날 생각난다. 이런저런 생각난다. 내 팔자가 그런가 보다 일부러 생각 안 하려 한다"고 말했고, 강달화(가명)는 "살아 나온 것 말도 마이소. 시집 간 것 어디서 한탄하나? 내가 복이 없어서…… 아이고 내가 잘했다는 것 하나도 없다"고 후회했다. 안정숙은 "고생 많이 했죠. 말할 것도 없어. 우리는 그런 역사, 이야기를 헐 수가 없어. 어따가(어디다) 표현도 못 하고 속에만 갖고 있어야 할 형편이다"(정근식, 2011 : 135)라고 한탄했다.

윤부선(가명)은

자식이나 누구한테도 원폭에 대해 말해본 적이 없다. 너무 마음에 상처가 크다. 철없이 원폭 맞았는데 원폭 때문에 비극이 너무 많다. 내 삶에 대해 이야기 해본 적 없고 하기도 싫다. 살아온 이야기 할 데가 없다, 자녀들에게 내색 안 했다. 내 운명 내 팔자다. 친정에서도 도와주지 않았다. 내가 말하지 않았다. 오빠에게 언제나 잘 살고 있다, 내 걱정하지 마라

라고 말했다고 토로하였다. 어려운 삶에서 아들의 죽음이 더해져 하순이(가명)와 안임이(가명)는 "평생 기뻤던 일 모르고 살았다. 슬픈 것은 말도 못 한다, 재미나게 못 살아보았다, 한평생. 살아봐야 뭐 하겠나?"라고 말했다. 조

영순(가명)과 안춘임(가명)은 "지금까지 한 번도 없다. 기쁠 때가 없었다"고 말했고, 윤부선(가명)도 "일생 좋았던 기억이 없다"고 말했고, 박경임(가명)은 기뻤던 일이 "생각이 안 난다"고 말했다. 강달화(가명)는 기뻤던 일이 없고 "사는 것이 재미가 없다"고 말했다. 강승자(가명)는 어머니가 원폭에 사망하고 아버지가 아파서 맏딸로 집안 살림 살았고 동생들 거두었다는데 "클 때도 고생했다"고 회고했고, 정명선(가명)은 "배고프니까 공부 못하고 칡뿌리 캐고 소나무 껍질 베껴(벗겨)서 먹고 할 때 가장 슬펐다"고 말했다. 김경자(가명)는 기뻤던 일이 별로 없었다면서, "심리 치료할 때 기뻤던 일 말하라니 다들 없다고 했다"며 "피폭자들은 철들면서부터 해방되고 일본에서 나왔다거나 피폭당했다거나 숨기게 되고 입 다물게 되"면서 불행은 시작되었다고 말했다. 자식들로 인해 간간이 느꼈던 기쁨은 원폭으로 인한 아픔과 슬픔으로 뒤덮여버렸다.

유삼이는

아이들을 많이 낳고 공부도 시켰으니까. 그것들 키우느라고 내 청춘을 다 보내고, 그 청춘이 간 데가 없고, 처음에 거기(포항에서 이리가 쌀이 흔하다고 이사 갔다) 가서 집이 있습니까, 일터가 있습니까, 먹을 것이 있습니까……. 아이고, 생각하니까 눈물이 나네……. 지금 가만 생각하면 너무 헛산 거 아닌가(한국원폭피해자협회, 2011 : 717~719)

라고 말했는데, 자식들 키우고 공부시키느라 지난 세월이 다 지나가버린 것에 대한 허무함을 토로했다. 노귀엽은

내 마음에 아쉬운 구석이 있제(있지). 일본이든 한국이든 아버지가 살았으면 나도 좀 배울 것도 배우고 동생들도 배우고 그랬더라면 이 고생을 안했을라나 그런 거지. 근데 아버지가 돌아가시니까 고아가 되어버렸잖아요. 어머니도 일본말을 잘 못하니까 어디서 살 수도 없는 것이고. 팔까지 부러져서 오줌도 못 싸니까. 내가 (어머니) 오줌 뉘고 똥 뉘고 그랬다니까요. 내

가 갑자기 가장 노릇을 하니 어쩌겠어요(어쩌겠어요). 어린애가 장사하고 돈 벌러 다녀야지. (한숨을 쉬며) 아이고, 아쉬움이 많이 있어. 나도 배웠으면 저런 사람들같이 똑똑했을 텐데 하는 아쉬운 마음만 있지(정근식, 2005 : 302)

라고 했는데, 아픈 어머니를 병간호하고, 결국 부모 없이 성장하면서 스스로 생계를 해결하며 살아야 했고, 교육을 많이 받지 못하여 사회적으로 인정받는 사람이 되지 못한 것을 아쉬워했다. 백두이는

　글 몰라요. 일본 글도 모르고, 한국 글은 대충 보면 아 그런가 하지 확실히는 잘 몰라요. 내 이름자랑 숫자나 겨우 알고…… 내가 바본게(바보니까) 그때까지(협회 가입하기 전까지) 어머니 택호만 알았지 엄마 이름도 몰랐어요……. 나는 글을 모르니까 내 호적에 엄마 이름이 있어도 그걸 몰랐던 거죠(한국원폭피해자협회, 2011 : 821; 824)

라고 말하여 문맹이어서 호적에 적혀 있는 어머니 이름도 알아보지 못했던 것을 안타까워했다.

학교 교육을 많이 받지 못했으나 공부에 대한 열망은 컸다. 박춘자(가명)는 일본에서 초등학교에 들어가기 위해 책 사놓고 좋아서 잠을 안 자자 어머니가 "춘자(가명)야, 누워 자자. 며칠 있으면 학교 간다"고 달랬는데, 어머니가 자다가 갑자기 돌아가셔서 학교에 못 갔으나 공부를 해야 한다고 생각해서 또 책을 아무에게도 주기 싫어 한국 나올 때 머리에 이고 왔다고 했다. "똥 딱개(닦이) 못하게 했으나 결국 땔감이 없어 불로 때었다. 책 아까워 울었다. 아무리 나이 많아도 공부하려고 했으나 글을 못 배워서 한이 된다. 지금 생각하면 억울하다"고 하면서 공부를 못한 회한을 쏟아내었다. 안월선은 히로시마 고이소학교 3학년까지 다니다 아버지 혼자 벌어서는 먹고 살 수가 없어 돈벌이를 하러 나가야 하는 어머니를 대신해서 동생을 돌봐야 해서 자진해 학교를 그만두었으나 "친구들이 학교 가는 모습을 보며 울기도 많이 울

었다"(안월선, 2008 : 34)고 기억하였다. 학교에 가지 못한 박화선(가명)은 혼자 "'가' 자에 기역(ㄱ) 하면 '각' 하고, '가' 자에 니은(ㄴ) 하면 '간' 하고……"라고 노래로 만들어 한글을 익혔다. 또 아버지가 시멘트 포대 뜯어서 '가갸거겨'라고 써주면 자신이 따라 마당에 그리고 쓰면서 한글을 깨우쳤고, 집에서 동생들과 오빠의 교과서를 읽었다. 지금도 책 읽기를 좋아하는데, 황반변성으로 오른쪽 눈을 실명하여 초점을 못 맞추지만 불경은 활자가 커서 읽기 좋다고 말했다. 정선이(가명)는 합천초등학교를 졸업하고 도서관에서 매일 책 2권을 빌려와서 밤새도록 읽었는데, 이제 눈이 나빠져 책을 볼 수 없지만 얼마 전까지 일기를 썼다. 일기에 썼던 한 대목인 "흉터 난 얼굴에도 미래의 꽃은 핀다"를 한 작가가 원폭에 관한 소설 제목에『흉터의 꽃』(김옥숙, 2017)으로 차용했다.

대부분이 공부 안 하거나 못 한 것을 후회하거나 애석해했다. 구을선(가명)은 "여자아이들이 학교에 하나도 없어서 서글퍼서 학교에 안 간 것이 지금 생각하면 한이 되어 죽겠다. 동생들은 학교에 다녔다. 학교에 다녔으면 좋았을 텐데"라고 후회했다. 박화선(가명)은 어머니가 나중에 "쟤는 중학교라도 시켰으면 부산 팔아먹을 아이"라고 말하곤 했는데, 돌아가실 때 "내가 너를 공부를 못 가르친 것이 한이 된다. 내가 왜 그렇게 어리석었는지 모르겠다"며 미안해하고 후회했는데, 자신은 "못 배운 것처럼 슬픈 일이 없다"고 토로했다. 안두선(가명)은 "배워야 되는 세상인데 못 배워 슬프다"고 말했고, 강승자(가명)도 야간학교에 다니며 이름자 쓰는 것 정도밖에 못 배운 자신을 "말이 되어야(말을 제대로 할 수 있어야) 하는데 소 한 마리 키운 것"이라고 스스로 폄하했다. 정명선(가명)도 평생에 걸쳐 제일 슬픈 일이 배고픔과 함께 학교 교육을 못 받은 것이라고 토로했는데, 결혼 후 시집에서 도망 나와 '식모살이'할 때에도 공부에 대한 열망을 잊지 못했고 중학교에 들어가고 싶었지만 끝내 학교에 다니지 못해서 아쉬워했다. 김경자(가명)는 천막 야학에서 교사들이 엄청 잘 가르쳐주었는데, 빨갱이라면서 다 잡혀가 야학 문을 닫는 바람에 공부를 중단할 수밖에 없었다고 애석해하였다. 김경자(가명)는 형제가 '바글바글'하고 못살고 월사금 안 줘서 학교에서 쫓겨오고 자존심이 상해서 절대로 결혼해서 애들 '바글바글' 낳고 살지 않을 것이라고 생각했고 마음 놓고 공부 한번 해보고 싶었는데, "다시 태어나면 대학원까지 공부 한번 해보겠다"고 했다.

학교 교육을 못 받은 것은 자신감의 상실로 이어졌다. 이점옥(가명)은 시어머니가 조금만 잘못해도 너무 독하게 뭐라 했는데 공부를 못 해서 시집살이를 더 심하게 살았다고 생각했다. 정경순(가명)도 내가 공부를 했으면 "이렇게 살지 않았을 것"이라고 말했다. 학교 교육을 제대로 받지 못한 것은 이 여성들에게 일생에 걸쳐 아쉬움과 후회와 슬픔을 안겨주었고 자신의 삶을 적극적으로 헤쳐나가지 못하고 부당한 학대를 참고 견딜 수밖에 없게 하는 이유가 되었다. 구을선(가명)은 필자를 만나자마자 첫마디로 "내가 글을 모른다"고 고백부터 했다. 글을 모른다는 것은 낯선 사람과 만나는 것을 두렵게 생각하게 하고 세상으로 나아가는 데 장벽이 된 것이다.

일제강점기 한국과 일본에서 여성에게도 학교 교육의 기회가 열리기 시작했고 교육에 대한 여성들의 열망은 컸으나 가난과 가부장적 성차별이 이 여성들이 교육을 받을 수 있는 기회를 차단했다. 피임 방법이 보급되지 않아 어머니는 계속되는 출산을 피할 길 없었고 따라서 먹여살려야 하는 가족 수가 늘어나면서 가난이 가중되었다. 어머니가 어린 자식들을 다 돌볼 수 없었으므로 딸이 동생들을 돌봐야 했고, 딸들은 공부할 수 있는 기회를 놓쳤다. 이에 더하여 여성은 '자신의 집 숟가락도 세지 못하는' 무지가 미덕이라는 전통적인 성차별적 사고가 여성들의 교육을 막았다. 여성들의 교육받고 싶다는 열망과 반비례해서 교육받지 못한 현실은 자신감 상실로 이어져, 자신을 옥죄는 삶을 더 적극적으로 타개하여 나아가지 못하게 하는 울타리가 되었다.

4. 원자폭탄 투하의 책임과 일본

신복수는 "땅과 재산을, 말과 글을 수탈당하고 조국에서 쫓겨 나온 우리들이 무슨 이유로 이런 고통만을 겪어야 할까요. 우리들이 무슨 몹쓸 죄를 지었을까요"라고 반문하면서, "식민지 민족의 슬픔을 견디면서 양심에 부끄러움 없이 열심히 살아보려고 했던 우리들에게 주어진 것은 침략전쟁이 불러들인 '번쩍! 쾅'의 생지옥이었습니다"(표문태, 1986 : 62)라고 말했다. 죄 없는 한국 사람이 왜 원폭이 준 처참한 피해를 당해야 하는지 그 책임을 물은 것이다. 원폭 피해자들은 지금도 그 원자폭탄의 공포에서 헤어나지 못하고 또다시 그러한 일이 생길까 봐 두려워하고 있었다. 전소자는 "원자폭탄이 인제 앞으로는 없어야 혀. 아이고 징그러"(정근식, 2005 : 179)라고 말했고 박춘자(가명)도 "그런 난리는 안 나야 한다. 식겁했다(혼났다)"라고 말하면서 다시는 원자폭탄이 사용되어서는 안 된다고 말했다. 송임복과 이정숙과 정문옥은 각각 다음과 같이 말했다.

원자폭탄은 이처럼 우리에게 소중한 가족과 재산을 앗아가고, 큰 상처를 주는 무서운 존재입니다. 여러분. 이 무서운 원자폭탄을 다시는 사용하지 못하도록 금지해주세요(송임복, 2008 : 27).

아직도 원폭이 떨어진 그 날을 생각하면 눈물이 앞을 가린다. 원자폭탄과 전쟁은 나의 소중한 모든 것을 잃게 하였다. 우리의 소중한 생명을 앗아가고 슬픔과 두려움만을 남기는 너무나도 무서운 존재인 원자폭탄과 전쟁은 두 번 다시는 있어서는 안 될 것이다(이정숙, 2012 : 10).

나는 한국인 피폭자의 한 사람으로서 분명히 말해 둡니다. 두 번 다시 전쟁은 싫습니다, 원폭도 거부합니다. 그리고 이 세상에서 '핵'이라는 글자를 없애고 싶다고 원하는 사람은 우리 한국인 피폭자만이 아닐 것이라고 믿습니다(표문태, 1986 : 86).

원폭 피해 여성들은 전쟁은 다시는 일어나서는 안 되며, 원자폭탄이 또다시 사용되어서는 안 된다고 단호하게 말했는데, "다 늙어서 언제 죽을지 모르지만 앞으로 살아갈 후세를 생각하면 핵이 없어져야 한다"며 "우리처럼 전쟁으로 피해를 입는 일이 없어졌으면 한다"고 말했다.[7]

북한이 핵무기를 만드는 것에 대해서도 단호하게 반대한다.

> 저는 그 '핵' 소리는 질려요. 김정일이 왜 미워하는데요. 핵 만드니까 미워하죠. 요즘에도 그 소리 나오고, 사고 소식 나오고 하면 뉴스를 다른 데로 돌려버려요. 보기가 싫어요. 나는 그 소리만 들으면 노이로제에요. 두 번은 그런 일이 있어서는 안 돼요(최순례, 한국원폭피해자협회, 2011 : 582~583).

> 핵 없이 살아야 하는데 핵이 제일 무섭다 아이요. 그런데 지금 김정은이 저놈이 지랄해산깨네(지랄해대니까) 더 겁이 나지…… 원자탄카마(원자탄보다) 5배나 6배나 더 높은 걸 맨든다(만든다) 안카더나(안 그러더냐)! 핵 없는 세상에 살아야 되는데. 우리는 인자(이제) 다 살았는데, 젊은 사람들은 다 잘 살아야 되는데(창원대학교 경남학연구센터, 2017 : 135)

라고 말해서 북한의 핵무기 개발로 앞으로의 세대가 자신과 같은 피해를 볼까 두려워했다.

일본에서 2008년 일어난 쓰나미로 원전에서 방사능이 유출되는 사고를 보면서, 하서운은 "후쿠시마 센다이 저러는 것 보고, 참 말할 수가 없어"(한국원폭피해자협회, 2011 : 483)라고 말했다. 복지회관에 거주하는 원폭 피해자들은 "텔레비전 뉴스 속보에 가슴을 쓸어내리며 눈물을 훔"쳤고 엄분연은 "'핵

---

7 원폭피해 남성인 곽재영도 "근디(그런데) 핵이라는 것은 한방이면 한반도가 초토화되어버려…… 핵이라는 것은 이 세상에서 남아서는 안 된다는 것을, 거기에 대한 저지 운동을 많이 해줘야 혀"(정근식, 2005 : 92)라고 말했다.

으로 말미암은 2차 3차 피해자가 왜 자꾸 나오느냐'라며 '왜 핵을 잘못 사용해 우리 가슴에 상처를 주느냐?'며 한탄"했다(석현철, 2011 : 1). 조경숙은

> 원전에도 쓰나미가 들어가 마비가 되면서 전기가 없어 도시는 암흑 세상으로 변하고……가족과 친척을 잃고 몸부림치는 것보다 원전 사고 때문에 더 걱정하는 것을 보니 원자핵이 얼마나 무서운 것인가를 또다시 알게 되요……. 후꾸시마 원전사고를 직접 보니까 원전은 없어야 한다는 생각은 많이 들었지요(한국원폭피해자협회, 2011 : 679).

라고 희망했다. 후쿠시마 원전 사고를 접하고 원폭의 고통을 다시 상기하면서, 원전에 대한 반대 의사를 분명히 했다. 피폭자 강대선의 아내인 신선순은 남편이 원폭증으로 고통받고 사망하는 과정에서 전 재산을 털어 오랫동안 병 수발을 했는데,

> 다시는 전쟁의 비참한 희생자가 없도록…… 자신은 원폭 사용 반대 핵병기 생산 금지를 세계에 호소한다. 지구의 파멸을 막기 위해 인류의 평화를 지킨다는 일념으로 수기를 제출한다. 핵금운동의 소리가 전 세계에 전해져 평화의 세상이 온다면 지하에 있는 남편이 기뻐할 것으로 생각한다(鎌田定夫, 1982 : 141)

고 말했다. 원자폭탄의 가공할 만한 피해를 직접 겪었거나 그 피해를 가까이에서 지켜본 원폭 피해 여성들은 핵무기 개발이 진행되고 이를 사용할 경우 한반도와 전 세계에 어떠한 파국을 맞이할지 두려워했다.

원자폭탄은 원폭 피해자들에게 평생에 걸친 고통을 주었고 지금도 공포에 떨게 만들고 있는 것이다. 그런데 그러한 원자폭탄을 투하한 것은 미국이었다. 그러나 원자폭탄 투하로 일본이 항복했고 이에 따라 우리나라가 일제 강점에서 해방되었고 또한

> 미국은 고귀한 '피'를 흘려서 우리에게 해방과 자유를 주었고, 많은 '물

자'를 주어서 우리의 재건과 번영을 도와주는 무이(無二)의 맹방으로 오랫동안 간주되었고 원폭 피해자들은 '어쩔 수 없는 희생자' 정도로만 여기는 시각이 대다수였던 것이다(허광수 2004 : 109~110).

복지회관에 거주하는 대다수 조사대상 원폭 피해 여성들은 원폭을 터트린 것이 "미국인 줄 몰랐다. 미국은 폭탄을 왜 터트렸는가, 이유도 모르고…… 미국에 대해 아무 생각 없다. 그 바람에 해방되었다"(정선이(가명))고 말했다. 안임이(가명)는 미국이 원자폭탄을 투하했다는 것을 "그때는 몰랐다. 15일에 일본 천황이 라디오 발표하고 사람들이 운 것은 알지만, 이런 것 저런 것 모른다"라고 회상했다. 하순이(가명)도 "미국 사람들을 죽였으니 나쁘겠지"라고 말하여 미국이 원폭을 투하했다는 것을 당시에는 잘 몰랐고 미국에 대한 판단도 자신이 없어 했다.

그러나 김수자(가명)는 "미국이 나쁘다. 어린 학생 전멸시키고 잔인하다. 시체를 쌓아놓은 것 보니 기가 찼다"고 회상했다. 안두선(가명)은 "미국이 나쁘다는 생각했다, 비행기에서 폭탄 떨어뜨린 나라다. 독일에서 만들고 미국에서 떨어트렸다. 전쟁에서 서로 이기는 것이 목적이지만 좋은 것은 아니다"라고 비판했고, 정명선(가명)은 "미국이 해방시켜준 것 때문에 고맙다. 미국이 해방시켜주어 큰소리 못 한다. 미국이 우리를 잡고 있는 것"으로 미국이 우리나라를 지배하고 있고 "아시아에서 싸우려면 발판이 필요"해서 우리나라에 미군이 아직 주둔하고 있다고 생각했다. 박화선(가명)은 "미국은 우리나라를 찾게 해주었으나 미국은 좀이 나무 파먹듯이 서서히 파먹고 있다. 6·25 때 고맙지만 한편으로 원폭 투하 책임은 미국이 져야 한다"면서 미국이 우리나라를 착취하고 있는데, 원폭 투하에 대해 책임을 져야 한다고 분명히 말하여, 미국에 대한 비판적인 시각을 드러내었다.[8]

---

8 원폭피해 남성인 박도섭은 "미국에서 나가사키하고 히로시마에 폭탄 떨어뜨린 거를, 거기에 대해서는 말을 못 하고 이북에서 한 거를 무조건 반대하면 안 되지"(정근식,

미국에서 히로시마 사진전을 한 적이 있나 봐. 그런데 그때 미국재향군
인들이 그것을 못 하게 하더래……. 미국 사람들이 괘씸한 게 뭐냐면, 사람
이 몇 킬로에서 몇 명이 죽는 것도 모르고, 민간인에게 폭탄을 떨어뜨려놓
고 그제야 조사를 한 거잖아. 어떻게 무고한 시민들에게 피해가 어느 정도
인지 미리 알지도 못하고 떨어뜨려서 이렇게 많은 사람에 피해를 주냐고.
우리는 피폭을 당했다는 그 설움이 얼마나 많았는데, 그 실험도 안 해본 거
를 떨어뜨려서 고생을 하게 만드냐고, 서럽지(한국원폭피해자협회, 2011 :
495).

라고 말하여, 미국이 원폭의 파괴력을 알지 못하면서 원자폭탄을 터트려서
수많은 사람에게 고통을 준 것과 더 나아가 반성을 하고 있지 못하다는 점에
대해서도 분노했다. 김경자(가명)도 "미국 책임 있다고 생각한다. 죄 없나? 왜
원폭을 터트렸나? 다른 것으로 할 수 있었다, 시험 삼아 터트렸다"고 미국의
실험이었다고 생각했다. 그 외에도 "미국에서…… 이길라고 그지만도(그렇지
만도) 너무나도 그 괘씸하지"(창원대학교 경남학연구센터, 2017 : 245), "우리나라
는 미국이 없으면 못 살잖아. 하지만 핵 그런 것 쓴 거를 생각하면 참 나쁘
지"(창원대학교 경남학연구센터, 2017 : 135), "욕을 할라카믄(하려고 하면) 말도 몬
(못) 하고, 욕을 할라케도(하려고 해도) 안 되고. 내 우리 손녀딸이 미국 가 살거
든요. 그게 내가 아주 미워해요……. 남편이 그 직장이 있어가 미국 가서 살
거든요……. 미국도 생각하면 괘씸하지. 우리 몬 살게 했으니까"(창원대학교
경남학연구센터, 2017 : 239)라고 우리나라가 미국에 의존하고 있어 드러내놓고
비난을 할 수는 없지만 미국이 원자폭탄을 터트렸다고 비판했다. 그 외에도

2011 : 129)라고 말하면서 북한의 핵무기 제조와 발사 실험에 대해 논하기 전에 원자
폭탄 투하에 대한 미국의 책임을 먼지 물어야 한다고 주장했다.

미국에 대해서 나쁜 놈이라 생각하지 뭐. 그 백성들을 그렇게 많이 직이가(죽여야) 됩니꺼(됩니까)⋯⋯. 대번에 연방 불바다가 되뿟는데(돼버렸는데)⋯⋯ 말이 나대예(있데요). 삼백이십이 명 제이중학생 일학년 조회시간에⋯⋯ 전멸해뺏다(전멸해버렸다)⋯⋯. 전신에 물에 들어가고 흙에 모래에 파묻히가(파묻혀서)⋯⋯ 그렇게 인명을 많이 직이가 됩니꺼(창원대학교 경남학연구센터, 2017 : 215).

라고 미국을 비판했다. 특히 미국에 대한 보상 청구는 시작도 못했다면서 윤월순(가명)은 미국에 소송을 제기해야 한다고 주장했다.

그러나 원폭 책임은 미국뿐만 아니라 일본이 함께 져야 한다고 생각하는 사람들이 대부분이었다. 윤월순(가명)은 "미국에만 (책임을) 지울 수는 없다. 일본이 전쟁을 걸었기 때문이라면서 미국이 중일전쟁에서 일본이 이기자 미국과의 전쟁은 비교가 안 되는 전쟁을 시작했다"고 주장했다. 1979년에 발표된 실태조사에서는 '피폭의 책임은 누구에게 있다고 생각하는가?'라는 물음에 대하여, 서울의 경우 113명 중 68명(60%)이, 경북지방의 경우 151명 중 29명(19%)이 '일본 정부와 미국 정부'라고 대답하여 미국과 일본의 공동의 책임이라고 인식했다. 그런데 서울의 경우 42명(37%)이 경북지방의 경우 90명(60%)이 '일본 정부'이라고 대답하여 미국과의 공동 책임이 있다고 한 응답자까지 합치면 절대 다수가 일본에게 책임이 있다고 생각했는데, "일본이 조선을 식민지로 지배만 하지 않았다면, 한국인이 '일본인'으로서 히로시마나 나가사키에서 원폭에 당하는 일은 절대 없었다"라는 것이(이치바 준코, 2013 : 118~119) 그 이유였다. 1980년대에 '일본시민회'가 피폭 한국인 264명을 상대한 조사에서도 원폭 후유증과 원폭증의 책임이 어느 나라에 있느냐고 물으면, 대다수가 일본에 책임이 있다고 말했다(문일석, 1983 : 72).

복지회관에 거주하는 원폭 피해 여성들도 일본에 대한 책임을 무겁게 물었다. 일제강점기에 한국에 대한 수탈로 조상들이 고생한 것으로 인해 일본을 비판했다. 김경자(가명)는 "일본에는 아무래도 적개심 있다. 안 좋게 생각한다, 36년을 압박받아 조상들에게 한 것 생각하면”이라고 말했고, 안춘임(가명)은 일본으로부터 “36년간 서러움 받은 것 생각하면……, 농사지은 것 기름 짠 것 다가져갔고, 놋그릇도 다 가져갔다. 일본 사람 아주 나쁜 사람이다”라고 말했다. 특히 부모와 자신들이 일본에서 고생하고 원폭에 희생된 것은 일본이 전쟁을 강행했기 때문이라고 생각했다. 안춘임(가명)은 “일본이 머리 좋은 사람 태어나지 말라고 굵은 혈관(맥)에 말뚝을 쳤다. 지금 빼고 있다. 일본 사람 아주 나쁘다, 토박이들은 한국 밉다 한다”고 말했고, 윤팔순(가명)은 “이야기 듣기로 우리나라를 36년간 압박하고 잘못했다”라고 말했다.

정명선(가명)은 “아버지가 말씀하시길 일본이 미리 손들었으면 이런 패망은 안 받았을 것이다. 일본 놈들이 중국도 잡아먹고 하다가, 한 사람 남을 때까지 싸우겠다고 해서 미국 원폭 투하했다. 미국과의 전쟁에서 항복을 안 해서…… 우리나라 되찾았다”고 말했다. 이복남(가명)도 원폭 책임은 일본에 있다고 하면서 “일본 놈들이 이길라고(이기려고) 달라드니까(달려드니까) 원폭 터졌다. 미국 사람들이 도저히 안 되겠다고 해서 터트린 것”이라고 규정했고, 박화선(가명)도 “일본이 좋은 말 했으면 폭탄 떨어트렸겠나? 원폭 떨어지고 난 후 조센징이라고 차별해서 귀국했다. 일본 사람들은 좋게는 안 봐진다. 한국 사람 억울하게 죽었다. 보국대에 가서 시체도 못 찾고, 얼마나 많은 사람들이 희생했나?”라고 하면서 원폭으로 비참하게 죽어간 한국 사람들을 애도했다. 또한 원폭이 투하되고 난 후에 쫓겨 나오듯이 나왔는데, “일본 사람들 독하다”며 원폭 이후에 자행된 한국 사람에 대한 일본 사람들의 차별에 분노했다.

그리하여 강승자(가명)는 “원자폭탄은 생각하기 싫다, 일본 놈들 나오면 ‘저놈의 개놈의 새끼 또 온다’라고 욕이 나온다”라고 했고, 박화선(가명)은 “일본 땅이 물에 잠겨간다”며 일본을 저주했다. 이일분(가명)은 일본 고등학교 교사들이 복지회관에 방문했을 때 “제대로 가르쳐야 한다”는 말을 했다고 하면서 "일본이 전쟁 일으켜 나쁘다"고 덧붙였다. 정일선(가명)은 「피폭자 건강수첩」 취득차 일본에 갔을 때 출입국관리소 직원이 "아주 자세가 건들거리고 지랄하는 거야. 그래서 내가 옛날에는 너희가 사람들을 데리고 왔지만 지금은 일본에 있으라고 해도 안 있는다. 건강만 돌려주라 하면서 흥분해서 이야기하니까 찍소릴 안 하더라고"(한국원폭피해자협회, 2011 : 492)하면서 일본 사람에게 당당하게 항의했던 것을 말했다.

'협회' 결성 당시에 주도하고 적극 참여했던 여성들은 당시 '협회' 운동을 하게 된 계기에 대해

> 식민지 시대에는 '조센징, 조센징'이라며 일본인으로부터 무시당하고 차별받았다. 일본은 전후에도 우리들 한국의 피폭자를 차별하고 있는 것이다. 일본의 피폭자에게는 법률을 만들어 원호하는데 한국의 피폭자는 버려졌다는 사실, 차별받는다는 데서 오는 고통스러움이나 비참함(이치바 준코, 2003 : 51)

때문이라고 밝혔다. 1968년 치료를 요구하기 위하여 일본에 갔으나 일본 정부의 냉담한 대응에 엄분연은 "한국에서는 피폭자가 원폭증도 알지 못하고 우왕좌왕하고 있다. 원폭을 투하한 미국보다 일본이 더 밉다. 우리들을 일본에 끌고 온 것은 미국이 아니다. 미국에 당한 것이 아니라 일본에 당한 것이다"라며 분노했다(이치바 준코, 2003 : 54). 히로시마 폭심지에서 일곱 살과 세 살 난 두 딸을 잃었고 자신은 집이 내려앉는 바람에 허리를 다쳐 평생을 지팡이 짚고 살아온 이쌍가매의 남편이자 '협회' 부회장을 역임했던 서석우는 "피폭자는 핵무기의 실험용 쥐나 다름없는 존재다. 원폭에 희생됨으로써 결과적으론 전쟁을 일찍 끝나게 했고 다른 사람의 생명을 구했고 인류의 평화를 가져왔다고 주장"하지만 "피폭자를 그대로 내버려두려거든 차라리 원자폭탄을 다시 달라"고 외쳤다(문일석, 1983 : 69). 최우재와 손학수 부부는 아들과 딸 4명이 모두 원폭 피해자였는데, 이 부부의 아들은 고통당하고 있는 누

이를 보면서 가슴이 찢어지는 듯하다고 하면서 "일본이라는 나라가 한국의 피폭자를 내버려둔 채 돌보지 않는다면 일본 국민이 신에게 아무리 빌어도 반드시 벌을 내릴 것이다. 일본은 용서받을 수 없다"(이치바 준코, 2003 : 117)라고 일본을 저주했다.

원폭 피해 전에 강제징용을 당하거나 자원해서 일본으로 온 한국 남자들은 히로시마 근처의 광산에서 징용공으로 일할 때 혹독한 착취를 당하면서 죽거나 생존을 이어갔는데, 이들은 "'왜놈처럼 잔인한 인간은 없다'라고 말했다"(표문태, 1986 : 80). 일본이 패망 후에도 재일교포에 대한 차별이 여전했음을 재일교포 여성 피해자들은 다음과 같이 분노했다.

권중판

더구나 가슴 아픈 일은 자식들에게 가해지는 민족차별입니다. 둘째 놈은 초등학교에서 "조선 돼지, 조선 돼지" 하고 일본인 아이들이 조롱하는 바람에 학교에 가는 것을 싫어했습니다. 비가 오는 날에 우산을 가지고 학교에 갔더니 엄마가 오면 내가 조선 사람인 줄 모두 알게 되니 오지 말라고 달아나는 것이예요. 가족관계 마저 일본인들의 무심한 민족차별 때문에 감추고 살아야 할 판이니 한심하지요……. 3남은 조선 사람임을 숨기고 약제를 운반하는 회사에 들어갔다가 탄로되어 쫓겨났습니다. 무엇 때문에 이런 고통을 받아야 할까. 일본에 오지 않았으며 이런 고통은 겪지 않았을 것이다. 나라를 빼앗기고, 남편이 속아서 유바리 탄광 같은 생지옥으로 끌려오지 않았더라면 이처럼 혹독한 고생은 당하지 않았을 것을. 원수는 일본 정부다. 울분이 치밀어 올랐지요(표문태, 1986 : 118).

정문옥

현재도 한국 사람에 대한 일본의 자세에는 변함이 없습니다. 세금이나 주민세 등 지불할 것은 일본인과 동등하게 받아 가면서 법을 내세우며 행정의 혜택은 주지 않습니다……. 노인수당, 아동수당, 그리고 전쟁에 협력을 강제당하여 희생된 사람에 대한 유가족 연금마저 한국인에게는 지급되지 않고 있지요. 돈 드는 일을 베풀기 싫다면 최소한 일본에 사는 우리들에게 인권보장이라도 해주었으면 합니다(표문태, 1986 : 44).

신복수

종전 후 얼마 안 가서의 일이지만 그때 일본인이 한국인에 대하여 차별했던 일은 결코 잊을 수 없습니다. 원폭으로 육친을 잃은 사람은 시청에서 5천 원씩 준다는 것입니다……. 시청 직원이 말하기를 '외국인은 안 된다'고 아주 냉정하게 말했습니다……. 군인으로 채용하고 전쟁에 협력시킬 때는 일본 신민이고 원호해야 할 때는 외국인이다……. 개 목에 감찰을 달아주듯 외국인 등록을 허용했을 뿐입니다. 다 같이 원폭 희생이 된 자에게 무슨 구별이 있단 말입니까 제 자신의 의사로서가 아니고 식민지 정책의 제물이 되어 이국으로 끌려온 사람들인 만큼 후히 원호받아야 하지 않는가(표문태, 1986 : 66).

김말순(가명)

매년 8월 6일이 다가오면 신문, TV에서는 이날에 대한 말을 많이 합니다. 물론 원폭 이야기도, 그러나 그들이 피폭자인 나에게 해준 것은 없습니다, 하기야 일본 정부가 나에게 무슨 도움되는 일을 해주겠어요. 일본인은 그리고 일본 정부는 피폭 한국인에게 대단히 냉정합니다(표문태, 1986 : 99~103).

일본에 치료차 갔다가 실패하고 돌아온 엄분연은 히라오카 다카시에게 다음과 같이 말했다.

그때는 같은 일본인으로서 일을 시켰으니 끝까지 일본 정부가 책임져야 한다고 생각합니다. 보상금은 물론, 일본에 건너가는 한국인에게도 원폭수첩을 교부하는 것이 당연해요. 일본 정부는 한국인을 인간 이하로밖에 보지 않는군요. 필요한 때는 실컷 사람을 부려먹고 자기들이 편히 살게 되니까 쫓아내버리는 일본 정부는 너무 심합니다. 부산의 피폭자는 모두 이런 말을 하고 있어요. '원폭증은 일본에서 얻었으니 일본에서 죽고 싶다. 우리를 모르는 체하는 인간들 앞에 가서 죽어주겠다. 죽어도 원한이 풀리지 않을 것이다.' 여러 가지 사정으로 그들은 좀처럼 그런 불평을 입 밖에 내지 않지만, 가슴에 간직한 일본에의 원한은 한없이 깊다(표문태, 1986 : 214).

2003년부터 한국인 원폭 피해자에게도 의료비와 장례비와 매달 수당이
지급되고 있는데, 이에 대해 전소자는 일본에서 한국인 원폭 피해자를 위해
매달 지급하는 돈이

> 일본 돈 3만 3천 엔, 한국 돈으로 33만 원이야.[9] ……우리 죽으믄(죽으면)
> 끝나분게(끝나버리니까), 일본서도 우리 빨리빨리 죽기만 바래야. 왜 그냐믄
> (그러냐 하면) 자기네 돈 안 주지. 요러고(요렇게) 말 많지 그런게(그러니까).
> 이리 일 년 만에 가보면 셋 죽었네. 자꾸 죽더라고……(정근식, 2005 : 178).

라고 말했다. 안정숙은 "다 죽었잖아, 다 죽었어. 앞으로 (우리가) 다 죽기를
바라는 거여. 일본 사람은. 그렇지. 죽으면 돈 남은께(남으니까). 해마다 1년에
몇씩이나 죽은 줄 알아? 다 죽을 나이가 됐는디(되었는데)"(정근식, 2005 : 137)
라고 분노했다.

백두이는 자신이 겪어야 했던 고생에 대한

> 분풀이로 일본에서 보상을 받아야 한다고 그래요. 그래요. 얼마나 받아
> 야 할까. 나는 이까짓 걸로는 안 된다고 생각이 들어요. 근데 죽은 사람은
> 말이 없다고 그게 너무 억울해요. 그리고 일본 애들은 그렇게 일찍부터 그
> 렇게 줬으면서 우리는 이제야 주고. 참 나빠요. 근데 너무 억울한 게 우리
> 엄마가 아무것도 못 받고 돌아 가신게 너무 억울해요. 죽은 사람들 것을 줘
> 야 할 것 아니에요. 아무 치료도 못 받고 보상도 못 받고 돌아가셨잖아요.
> 우리 영감님도 그렇고요. 나는 참 그게 말이 안 된다고 생각해요(한국원폭피
> 해자협회, 2011 : 823)

---

9 원폭증 인정제도를 통해 원폭 피해자가 원자폭탄에 의한 방사선이 원인이 되어 발생
   한 질병과 부상에 대하여 후생노동장관의 인정을 받을 수 있으며, 질병과 부상이 원
   자폭탄의 상해작용에 의한 것으로, 현재에도 치료를 필요로 하는 상태임을 인정하는
   자에 전액 국고 부담으로 치료 급여를 받을 수 있다.

라고 말하며 일본이 한국인 피폭자에 대해 보상금 지급이 늦어지고 보상금이 충분하지 않은 데다 살아 있는 사람에게만 지급되어 이미 사망한 사람에 대해 보상금이 전혀 없는 것에 대해 분노했다.

그러나 2003년 일본 정부가 한국의 원폭 피해자들에게도 치료와 보상을 하기 시작하였고 그 혜택을 받으면서 일부 원폭 피해자 여성들의 태도가 변화했다. 강옥이(가명)는 "일본에서 주는 돈 잡비는 된다"고 했고, 심수자(가명)는 "미국이 원폭 떨어트렸으나. 병원비도 보내준다. 이렇게 잘 먹고 지내게 해준다"고 고마워했으며, 박경임(가명)과 안임이(가명), 하순이(가명), 이복남(가명) 등도 "일본이 보상과 치료를 해주어 고맙다. 나쁘다는 생각 안 든다"고 말했다.

특히 일본이라는 나라와 일본인 개인을 구별하였다. 김일조는

> 주위에 있는 (일본) 사람은 가지 마, 우리캉(우리랑) 그래 같이 살자, 가지 마라 가지 마라 해쌌고(했고)……일본 사람이 그 높은 사람 높은 사람들이 지그(자기) 머리를 잘몬(잘못) 씨가(써서) 참 모질고 독해갖고 우리나라를 뺏고 이래서 우(위)에 사람이 나쁘지, 보통 이 평민들은 사람들이 양심 지키고 다 괜찮습니다(김승은, 2012 : 27)

라고 말했다. 그 밖에도 일본 사람들에 대해 호의적으로 말한 경우도 있었다. "내가 일본서 커면서(크면서) 사람들이 선하고, 동정심이 있고, 몬사는(못사는) 사람들 도와주고 그래요. 내 이런 소리 하면 누가 날 때리 직일라(죽이려) 할 끼지만은(것이지만은)……"(창원대학교 경남학연구센터, 2017 : 236). "일본 사람 착하다 인사성 있고 반갑게 대한다"(최귀선(가명)). "개인적으로 경우 바르고 친절하고 사람들 좋다"라고 말했다. 변연옥도 일본인들의 도움으로 1973년 아픈 몸을 치료할 수 있었는데,

> 우리 동창들에게 연락을 해서…… 다 모였어……. 일본에 대해서 국가적

으로는 몰라도 나는 내 고향이고 친구고 그러니까 잊을 수가 없어. 일본이 우리 식민지 해서 온갖 일을 했지만, 일본 사람들 개인으로 보면 괜찮은 사람들이 많아요. 내가…… 그 사람들에게 너무 고마운 거예요(한국원폭피해자협회, 2011 : 486; 489; 490)

라고 말해 일본 국가가 우리나라를 강점하여 악행을 자행했으나 도움을 준 친구들은 개인적으로 고맙다고 했다.

　일본에서 학교에 재학할 당시 담임선생님에 대한 고마움은 일본인들에게 호감을 갖게 하는 기본 바탕이 되기도 했다. 김수자(가명)는 일본 있을 때 "담임선생님이 귀여워하고 조센징 소리 못 들었다"고 했고, 변연옥은 "2학년부터 3년 동안 담임을 한 음악선생님과 일본에 가서 연락이 닿았는데, 내가 엄마가 없다고 각별하게 잘해주셨는데…… 사람들 앞에서 떳떳하게 말할 수 있는 용기는 그 선생님이 주셨다니까……. 내 기를 살려주시느라"(한국원폭피해자협회, 2011 : 489)라며, 일본인 선생님에 대한 고마움을 간직하고 있었다. 윤부선(가명)도 치료차 도일했을 때 기억나고 보고 싶은 사람이 없느냐고 일본 담당자가 물어서, 원폭이 떨어지던 순간 연꽃을 꺾어드리려고 했던 미치코 선생님을 보고 싶다고 요청했더니, 주선해주어 극적으로 만났던 순간을 소중히 간직하고 있었다. 자신을 귀여워하고 또 자신감을 불어넣어주었던 일본인 선생님에 대한 호감은 일본인에 대한 호감으로 연장되었다.

　특히 한국의 원폭 피해자를 돕는 일본인들에 대해 고마운 마음은 크다. 전소자는 "그 사람들은 우리 원폭 피해자들을 위해서 (한국에) 오는 갑드만(것 같아). 자기네들이 돈 들여갖고 그런게(그러니까) 고맙지. 고맙드라고(고맙더라고)"(정근식, 2005 : 178)라고 말했고 안춘임(가명)도 "자기들 돈 들여서 와서 여기 신경 써주는 일본 사람 좋다. 사람은 똑같은 것 아니다. 나라가 나쁘다"고 평가했다. 김윤임(가명)은 "일본 살 때는 별로였으나, 원폭 당한 사람에게 이렇게 잘해줘서 고맙다. 일본에서 일본 사람, 학생들이 많이 온다"고 말했다.

김수자(가명)는 자신이 과일 도매할 때 관광객으로 온 일본인 노인에게 자신의 이야기를 했더니 「피폭자 건강수첩」을 내라고 권유했고 이 관광객이 자신이 알려준 대로 일본에 가서 사흘 만에 재직증명을 찾았다면서 일본인의 도움과 친절에 감사한다고 했다.

해마다 한국을 방문하여 한국의 원폭 피해자들을 지원하고 있는 '일본시민회'는 무엇보다도 큰 영향을 주고 있다. 물질적, 정신적 측면 모두에서 도움(정근식, 2011 : 31)을 주어 일본에 대한 증오가 옅어지고 일본은 "좋기도 하고 나쁘기도" 한 국가가 되었다. 현재 원폭 피해자들의 일본에 대한 태도는 일본이 한국 원폭 피해자를 외면할 때 치료와 보상을 받기 위해 노력했던 피해자들이 일본에 대해 분노하고 원망했던 것과 대비된다. "지원활동을 해오면서 한국인 피폭자의 일본인 피폭자에 대한 경계심이 약해지고 한일 피폭자 간 사이가 좋아진 것이 가장 기뻤다"고 도요나가 게이자부로 히로시마지부장이 말한 것(이지영, 2017 : 66)과 같이 일본이 한국의 원폭 피해자를 도우면서 일본과 한국 원폭 피해자들에게 관심을 가지고 돕는 일본 사람들에 대한 감사한 마음이 커갔다.

특히 일본에서 태어나서 어린 시절을 보낸 피해자에게 일본은 고향으로, 히로시마에서의 어린 시절에 대한 그리움이 남아 있었다. 김윤임(가명)은 "무화과나무가 많았고 둑 넘어 강이 있었다"라고 기억하고 또 강달화(가명)는 "물가에 바께쓰(양동이) 들고 들어가서 조개 주워 오고", 박경임(가명)은 "엄마 따라 전철 타고 놀러 갔던 것과 강물이 빠져나가면 조개 잡으러 갔던 기억이 난다"고 각각 회상했다. 박화선(가명)은 "오빠와 바닷가에 돌아다니며 놀았는데, 새끼 거북이 잡아서 가지고 놀았다"고 기억하여, 어린 시절 일본에서 행복했던 순간은 아직도 즐거운 추억으로 남아 있었다. 유한순은 일본이 고향이라서 "그냥 오라면 갔어요. 고향이니까 한 번이라도 더 가면 좋으니까 갔어요. 히로시마도 가고 나가사키도 가고 후쿠오카도"(한국원폭피해자협회, 2011 : 667)라고 했고, 윤부선(가명)은 "일본이 고향이니까 가봐야지 하는 생각이 났다"고 말했다. 일본에서 태어나고 자란 사람에게는 일본이 고향인 것이다.

　한국에서 고생스러운 생활을 하면서는 귀향한 것을 후회하기도 했다. 유삼이는 "나는 완전 일본 사람으로 살았고 몸에 그 생활이 배었으니까…… 내가 그래서 차라리 일본에 있었으면 이런 고생은 안 할걸. 나는 아주 일본에서 커놔서 일본 생각이 너무 나는 거예요"(한국원폭피해자협회, 2011 : 715; 717)라고 말했다. 윤팔순(가명)도 일본에서 안 나왔으면 좋았을 것이라고 부모들도 후회했는데, 일본에서 살았으면 행복하게 살았을 것이라고 생각했고, 원폭으로 아버지를 잃고 어머니와 둘만 남겨진 박점순(가명)도 어머니가 시어머니가 두렵다고 한국에 나오기 싫어했는데, 한국으로 나와 결국 어머니와 떨어져 살게 되었다며 "일본에서 살았으면 더 나았을 것이고 일본 사람이 되었을 것"이라고 말했다. 김복수는 부모가 "거기서(일본에서) 살았으면 이런 고생도 안 했을 거다. 난리통에 쫓겨 왔다. 그리고 아들도 그 좋은 아들도 안 죽었을 것인디(것인데)"(정근식, 2005 : 273)라고 한탄했다고 했다. 구순임도 "그때 안 왔으면 고생 안 했지……. 처음 가서 집이 있습니까, 일터가 있습니까, 먹을 것이 있습니까……아이고, 생각하니까 눈물이 나네. 내가 그래서 차라리 일본에 있었으면 이런 고생은 안 할걸"(한국원폭피해자협회, 2011 : 734; 736)이라고 후회했다. 노귀엽은 일본에 있던 재산도 다 불타버리고 한국에 와서 고생하면서 교육을 제대로 못 받았는데, 일본에 있었으면 치료도 제대로 받고 보상도 일찍 받았을 것이고, 교육도 제대로 받았을 것이라고 다음과 같이 억울해했다.

　　억울하잖아요. 원폭에 당해서 고생을 허고, 일본에서 고생고생해서 돈 벌어놓은 거 슬리슬리 다 불타버리고 없고, 맨발로 뛰어나와서 고생한 거 생각하면 억울하죠. 지금 생각해보면 일본서 살았으면 다 구원받고…… 일본 정부로부터 다 도움 받고 그랬을 텐데. 우리 어머니가 한국 나오자 하니까 어린 마음에 따라 나왔지만은 배곯고 그 고생한 일을 생각하면은, 동생들도 고생하고, 나도 고생하고, 공부도 못 하고. 부모 다 살아 있고 일본서 제대로 컸더라면 대학교 나왔을 거 아녀. 그때는 일본이 수준이 높았잖아요……. 억울한 것이 무엇이냐면 나도 영리해가지고 오사카에 살 때는 급장 하라고도 그랬는데…… 아무튼 그렇게 머리가 좋았는데. 이제 와서 나 이리고 산 거 보면 너무 억울해 죽겠어(죽겠어). 괄세(괄시)도 많이 받고, 그래도 할 수 없지 뭐(정근식, 2005 : 302).

김수자(가명)는 치료차 일본에 갔을 때 옛 직장인 히로시마 저금국을 방문했는데, 일본인 간부가 줄을 서서 맞이해주었으나 퇴직한 직원에게 지급되었던 퇴직금과 전쟁보상금이 기한이 지났다고 하여 받지 못했다. "일본에서 근무하고 정년까지 했으면 고생 안 했을 텐데"라고 반복해서 말했다. 반복하는 말 속에서 후회의 크기를 짐작할 수 있었다. 일본인들도 자신이 퇴직금과 전쟁보상금을 받지 못한 것에 대해 "억울하다"고 위로했지만 귀국한 것에 대한 후회가 더욱 깊어졌다. 가족과 함께 일본으로 밀항을 시도했던 김일조는 "일본에 있었으면 공장에 다니며 잘 살았을 텐데, …… 스스로를 '왜년'이었다"고 하며, 당시 일본인으로서 정체성을 가졌는데, 지금은 그 힘든 세월이 지나고 완전히 한국인이 되어 일본에 살고 싶다는 생각이 들지 않지만, 귀국 당시에는 항상 일본 생각이 나고 그리워서 일본에 가고 싶다는 생각을 많이 했다(김일조, 2007 : 29)고 하면서 한국으로 귀국하고 난 후에 겪었던 어려움만큼이나 귀향한 것에 대한 후회가 컸다. 이들은 "쫓겨 오지만 않았더라면 자신의 삶은 더 나았을 것으로 기억하게 하였다"(진주, 2004 : 72).

원폭 피해 여성들은 원자폭탄으로 인한 가족의 죽음과 고통을 지켜봐야 했다. 원자폭탄으로 인해 즉사하거나 그 후유증으로 고통받으면서 살다가 사망한 부모에 대한 애달픔은 컸다. 특히 자신이 부모의 고통을 당시 제대로 이해하지 못한 것에 대한 미안함 또한 남아 있다. 또 원폭으로 잃은 자식과 원폭증으로 고통받는 자식에 대한 부모의 안타까운 마음을 헤아리면서 슬퍼했다. 또한 일본에서 삶의 기반을 하루아침에 잃고 대부분 빈손으로, 가난해서 떠난 고향 땅으로 돌아와 다시 가난과 싸우면서 살아야 했던 부모에 대한 안타까움도 이에 더하여 컸다.

또한 자신의 자식들이 아프고 사망하는 것을 보며 원폭 후유증이 아닌가 하는 의심을 하면서 이는 자신이 원폭 피해를 당했기 때문이라는 죄책감에 시달렸다. 또한 가난하여 자식들의 교육을 충분히 뒷바라지 못 한 것에 대한 미안함이 크고, 자식이 경제적으로 어려움에서 벗어나지 못한 경우 속상해했다. 반면에 자식들이 공부를 잘해서 자력으로 학교를 다니고 사회적으로 성공하고 행복한 가정을 누리게 된 것에 대한 자부심 역시 컸다.

그러나 절대 다수의 원폭 피해 여성들은 원폭으로 인한 육체적 고통과 함께 노년에 들어서면서 노인성 질환에 시달리는 동시에, 생계를 위해 무리하게 노동하면서 생긴 후유증 등으로 고통받고 있다. 여러 원폭 피해자 여성들이 자신의 삶을 돌아보며 자신의 삶에서 기쁨이 없었고 원자폭탄이 투하되던 당시에 죽었어야 했다고 생각할 만큼 어렵게 헤쳐왔다.

원폭 피해 여성들은 원폭 투하의 책임이 미국과 일본에 함께 있다고 생각했다. 일본이 자신들의 고통을 외면할 당시에는 자신을 고난에 빠뜨리고 차별로 서러움을 주는 증오의 대상이었다. 또한 일본이 치료와 보상을 하기 시작했어도 충분하지 않고 이미 사망한 부모 등에 대한 보상을 하지 않는 점에 대해 억울해했다. 그러나 일본이 매달 수당을 지급하고 의료비와 장례비를 지급하고, 또 일본인들이 자신들을 방문하고 위로해주는 것으로 점차 마음을 풀어 일본이라는 국가와 일본 사람을 분리하여 생각하면서, 일본인들에 대해 고마운 마음을 갖기도 했다. 이 밑바탕에는 일본에서 태어나고 성장하여 일본이 고향이란 점, 친절하게 대해준 일본의 학교 선생님과 친구들 등 자신이 겪은 일본인에 대한 호감이 깔려 있었다.

아픔이 반복되지 않도록

결론 아픔이 반복되지 않도록

1. "새처럼 날아다니다 죽고 싶다"

1945년 8월 일본 히로시마와 나가사키에 떨어진 원자폭탄은 열악한 환경 속에서 가난을 면치 못한 채 살아가기 위해 분투하였던 원폭 피해 여성들과 그 가족들의 모든 것을 일시에 앗아갔다. 여성들은 길거리에서, 직장에서, 학교와 학교 가는 길에서, 그리고 집에서 원자폭탄을 맞았고, 크고 작은 부상에 시달리며, 부모와 형제자매, 그리고 서로 도우며 살았던 친인척들이 원자폭탄으로 처참하게 즉사하거나, 괴로워하며 죽어가는 것을 감내해야 했다. 원폭 피해 여성들과 가족들은 돌아오지 않는 가족을 찾아 피폭지를 헤매면서, 피난을 멀리 가지 못해 무너진 집이나 집 근처에, 또는 일본인이 피난 가고 남은 빈집에 거주하면서 방사능에 노출되어 2차 피해를 당했다. 생존에 급급하고 죽어가는 상황에서도 차별과 배제를 당했고, 원폭으로 화상을 입거나, 혹은 무너진 건축물에 깔려, 또는 방사능으로 입은 부상을 제대로 된 치료를 받을 수 없어 민간요법에 의지해서 살기 위해, 또 가족을 살려내기 위해 매달려야 했다.

원폭 투하 이후, 일본인들은 패망의 좌절감을 한국 사람에게 투사했고, 관동 지진 때와 마찬가지로 살해될 위협의 공포 속에서 원폭 피해 여성들은 가족과 함께 '야매 배'를 타고 또다시 죽음의 공포를 넘어 귀향했다. 원폭이라는 죽음의 고비를 넘기고도 또 다른 죽음의 위협 앞에서 일본에서 갖은 고생을 하며 이룬 적은 재산이나마 챙기지 못하고, 또다시 죽음의 위험을 무릅쓰고 현해탄을 건너 고향으로 향한 것이다. 일부는 일본에 남아 공포와 계속되는 차별 속에서 숨죽이며 살았다.

원폭 피해를 당한 후 살아남은 여성들은 가족과 함께 온갖 어려움 끝에 귀향했으나, 구사일생으로 살아남은 가족들도 또다시 차례로 죽어갔는데, 무엇 때문에 죽는지도 몰랐으며 가난 때문에 변변한 치료도 못 한 채 죽어가는 부모와 형제자매들을 바라보아야만 하였다. 부모가 원폭증으로 아파하면서 죽어가는 고통을 충분히 이해하지 못한 것은 후에 애달픔으로 남았다. 아픈 몸으로 고통받는 가운데에, 무엇보다도 자식들에게 자신과 똑같은 원폭증이 이어질까 봐 노심초사했으며, 자식의 죽음과 아픈 자식을 바라보는 심정은 더할 나위 없이 고통스러웠다.

원폭 피해 여성들은 스스로도 원폭증으로 고통받았으나 그 고통을 위로받고 치료받기보다는 결혼 후에는 남편과 시부모의 핀잔과 학대를 받으면서 어려운 시집살이를 견디어야 했다. 더욱이 불임과 건강하지 못한 자녀를 출산한 경우, 이는 당시 여성으로서 가장 중요한 책무였던 대를 잇는 데 결격 사유가 되었다. 이 때문에 원폭 피해 여성들은 스스로 시집에서 나오거나 또는 쫓겨나면서 남편으로부터 이혼당했고, 이는 자살로 이어지기도 했다. 게다가 아픈 몸을 이끌고 생계를 유지하기 위해 과도한 농사일과 노동을 해야 하여 노년에 들어서서 육체적 고통이 가중되었다. 원폭 피해 여성들은 원폭으로 인해 평생을 육체적 정신적 고통 속에 살았다.

한국 사회의 차별과 무관심으로 원폭 피해 여성과 그 가족의 어려움은 가중되었다. 원폭 피해를 당하고 쫓기다시피 아픈 몸을 이끌고 고향으로 돌아와 가난하게 살아가는 이들에게 한국 사회는 무관심했고 더 나아가 이들을 차별했다. 일본에서 돌아온 귀환 동포는 일본의 동화 정책의 희생자가 되어 한국말이 서툴렀고 이로 인해 이들은 조선을 강제점령한 일본인과 동일시되어 경원의 대상이 되었다. 특히 외상이 드러난 원폭 피해자는 기피의 대상이었다.

일본에서 돌아온 귀환동포에 대한 한국사회의 차별과 또 원폭 피해자에 대한 편견과 스스로의 무지로 인해 원폭 피해에 대한 침묵은 오래 지속되었다. 원자폭탄으로 일본이 항복을 하고 이로써 우리나라가 해방이 되었다는 인식 속에서 원자폭탄을 터트린 미국은 은혜로운 나라이며 또 6 · 25전쟁에서 우리를 구해준 맹방으로 여겨져, 미국에 대해 원폭 투하의 책임을 묻는 것은 금기시되었다. 또한 일본과는 오랫동안 단교 상태로 일본의 책임을 묻기가 어려웠다. 그러나 무엇보다도 원폭 피해 여성들은 자신들이 당한 피해가 원폭 때문이라는 것을 오랫동안 알지 못했고, 원폭 피해를 인식하고는 자식들에게 불이익이 될까 봐 침묵했다. 침묵 속에서 절망하며 죽어갔다.

분노와 절망을 딛고 일본 정부에 원폭증 치료와 일본 피해자와의 동일한 대우를 요구하며 침묵을 깬 것은 손귀달, 엄분연, 임복순 등 원폭 피해 여성들이었고, 이어 제기된 손진두 소송과 곽귀훈 소송에서 승소하여 한국 원폭 피해자들은 치료와 보상을 받게 되었다. 손진두는 손귀달의 오빠로 여동생의 용기 있는 행동에 자극을 받았음이 분명하고 엄분연이 한국에서 소송을 뒷받침하여 여성들의 지원이 이 소송을 승리로 이끄는 원동력이 되었다. 또한 곽귀훈 소송의 승소로 한국 원폭 피해자들이 한국에서도 치료와 보상의 혜택을 받을 수 있게 되었는데, 이 소송을 제안하고 주도한 것은 일본 여성 이치바 준코였다. 한국 원폭 피해자들이 일본 정부로부터 치료와 보상의 혜택을 받게 된 데에는 여성들의 힘이 컸다.

그러나 일본이 치료와 보상을 하기 시작했어도 충분하지 않고 이미 사망한 부모 등에 대해 보상을 하지 않는 점에 대해 원폭 피해 여성들은 억울해했다. 그러나 일본이 매달 수당을 지급하며 의료비와 장례비를 지급하고, 뜻있는 일본인들의 진정한 사과와 지원으로 원폭 피해 여성들은 점차 일본에 대한 분노와 증오를 거두어가고 있다. 이 밑바탕에는 일본에서 태어나고 성장한 여성들에게 일본은 고향이며 또 자신에게 친절하게 해준 선생님과 친구들이 있는 그리운 곳이라는 정서적 이유도 있었다.

원폭 피해 여성들이 원폭 피해로 고통받게 된 배경에는 일본 제국주의의 한반도에 대한 식민 지배가 있었다. 원폭 피해 여성들은 일본 식민 지배에 의한 강제징용과 수탈, 탄압, 그리고 가난 때문에 고향 땅에서 살 수 없어 스스로 또는 부모를 따라서 일본으로 갔거나 일본에서 태어나서 성장했다. 아버지와 오빠와 남편은 일본 제국주의 전쟁을 뒷받침하는 탄광에서 가혹한 강제노동에 시달리거나, 군수산업 또는 이와 관련된 건설 일에 종사하면서, 저임으로 가장 힘들고 위험한 일을 도맡아 하였다. 남성 생계 유지자가 혼자 벌어서는 생계를 유지할 수 없어 어린 자녀가 있었던 여성도 돈을 벌기 위해 일해야 했고, 어린 10대 소녀들도 여공이 되거나 서비스업에 취업하는 등 노동에 종사하면서 적은 돈이나마 벌어 가족 생계를 위한 비용에 보태야 했다. 또한 전쟁 수행을 위해 일손이 부족했던 일본 제국주의는 어린 소녀들까지 학도보국대와 근로정신대라는 이름을 붙여 무급으로 동원했다. 또한 원폭 피해 여성들은 일제가 전쟁을 수행하면서 일본군 위안부 등으로 강제로 '처녀공출'을 하자 이를 피하기 위해 10대 후반의 어린 나이에 자신의 의사와는 무관하게 서둘러 결혼해야 했고, 자녀 출산의 짐을 안아야 했다.

한국 사람들은 히로시마 주변부의 열악한 주거 환경에서 조선마치라는 공동체를 형성하여 가까운 친인척은 물론 모르는 사람들까지도 어렵지만 서로 도우며 살았다. 그러나 일본이 창씨개명을 강요하여 대부분이 일본 이름으로 개명해야 했으며 한국인으로서의 정체성을 부인당하면서 점차 일본 문화에 동화되었고 한국말을 잊어갔다. 한편 일본 사회의 주변부에 머무르면서 일터에서는 동료들로부터, 학교에서는 동급생과 교사들로부터 차별을 받았으며, 상급학교 진학에서도 불이익을 받았다. 또한 전시에 물자 부족으로 이를 조달하고자 저지른 불가피한 불법에 대해 가혹한 처벌을 받았다. 한국 사람들은 일본의 주변부에서 차별받으며, 일본의 전쟁 수행을 뒷받침하게 위해 강제로, 또는 저임으로 동원되어 과중한 노동에 시달리며, 생존을 위해 분투하다가 원자폭탄의 피해를 입게 된 것이었다.

원폭 피해 여성들은 가난으로 시달렸다. 이 가난은 일본 제국주의와 원폭 피해와 직결되어 있다. 일제의 강제수탈로 먹고살 길이 없어 낯선 일본 땅으로 가야 했고, 일본에서도 열악한 환경에서 근근이 먹고 살았다. 그러나 원폭으로 그동안 일군 적은 재산이나마 대부분을 잃었고, 귀국하는 과정에서 또 잃었다. 고향에 돌아왔으나 사놓았던 농토가 있는 경우에도 그 농토에 기대어 살고 있었던 친인척이 반환하기를 거부하거나 일부만 돌려주어 귀향 후에도 원폭 피해 여성들과 가족의 가난한 삶은 이어졌다. 낯선 땅에서 새로운 삶을 개척하며 뿌리를 내려가던 일본에서 쫓겨 힘겹게 돌아왔으나, 한국 말은 잊었고 일본 문화에 동화되어 살아왔기에 조국은 낯선 땅이었고, 낯선 땅에서 가난과 싸워야 했다. 더구나 어려운 가운데에서도 서로 돕고 살았던 가족이 재산 분쟁으로 서로 경원하게 되었고, 먹고살 길을 찾아 또다시 고향을 떠나야 했다. 그러나 원폭 피해 여성들과 가족들은 아픈 몸 때문에 가난을 헤쳐나가는 것이 너무 힘겨웠다.

가난은 원폭 피해 여성들의 학교 교육을 가로막았다. 원폭 피해 여성들은 대부분 일본에서는 생계에 보탬이 되기 위해 일을 하거나, 일하러 나가는 어머니를 대신하여 동생을 돌보느라 학교 교육을 받지 못했는데, 한국에 와서도 가난으로 학교 교육을 받을 수 있는 형편이 되지 못하였다. 귀향 후에는 가난 때문에 자신의 뜻과는 무관하게 입 하나 덜기 위해 또는 밥이라도 굶지 않고 얻어먹으려고 일찍 혼인해야 하였다. 그러나 혼인 후의 결혼생활에서도 가난은 벗어나기 어려웠다. 힘겹게 농사일을 하고 가사노동과 농가 부업을 병행해야 했다. 계속되는 출산으로 자녀 양육의 부담을 지면서 남편이 원폭 피해자인 경우 원폭증으로, 또는 6·25전쟁에서 전사하거나, 병고 끝에 사망하거나, 이혼당한 경우, 또한 가정을 돌보지 않는 남편을 대신해서 자녀들을 홀로 부양하며 생계를 책임져야 했다. 또한 남편이 6·25 전쟁터에서 입은 부상, 혹은 알코올 의존증 등으로 병석에 있었던 동안, 병수발을 병행하며 생계를 위해 경제 활동까지 해야 했다. 그런데 이러한 여성들이 할 수 있었던 일은 농사일과 함께, 가사노동의 연장인 가정부와 식당 종업원, 행상 등의 일뿐이어서 아픈 몸을 이끌고 힘든 노동을 저임으로 감내하면서 어렵게 생계를 유지해야 하였고, 불법적인 일에도 가담할 수밖에 없는 상황으로 몰리기도 했다. 일본에서 고녀를 다녀 당시로서는 학력이 높았던 여성의 경우에도 마찬가지였다. 한국의 경제 개발이 진행되면서 미혼여성이 떠난 자리를 채우기 위해 기혼여성에게 새롭게 주어진 생산직과 서비스직, 판매직에 종사하기도 하였으나 이러한 직업 역시 저임의 장시간 노동으로 힘겹게 살기는 마찬가지였다.

원폭 피해 여성들은 자식들의 교육을 위해 안간힘을 썼으나 가난으로 인해 충분히 뒷바라지 못한 것에 대한 미안함이 크고, 이로 인해 자식이 경제적으로 어려움에서 벗어나지 못한 데 대해 매우 안타까워했다. 반면에 자식들이 가난을 뚫고 자력으로 상급학교를 졸업하고 사회적으로 성공하고 행복한 가정을 누리게 된 경우 이에 대한 자부심이 컸다.

원폭 피해 여성들은 일제 식민지 지배와 원폭 피해, 그리고 침묵과 차별에 따른 가난으로 인한 고통에 더하여 엄혹한 가부장제로 인한 고통이 가중되었다. 일본에서 사는 동안에는 살아남아야 한다는 절박한 현실 속에서 결혼 후에 여성(아내)의 가족과 함께 또는 가까이 사는 등 모계 중심 가족을 형성하기도 하였다. 또한 전통 대가족을 떠나 핵가족으로 일본에서 외롭고 힘들게 살아가면서 남성들은 엄격한 가부장으로서의 아버지가 아니라, 자식들에게 애정을 표현하는 살가운 아버지였고 딸의 교육에도 적극적으로 나섰다. 전통사회의 부계 중심 생활문화가 흔들렸고, 엄격한 가부장이 영향을 미치기에는 일본은 멀었다. 그러나 원폭 피해를 당한 후에는, 모계 친인척과 이웃하여 어울려 살던 사람들도 고향으로 돌아갈 때는 각자 부계 가족, 즉 아버지와 남편의 고향으로 돌아갔다. 일본에서 일시적으로 또 부분적으로 무너졌던 부계 가족 중심의 삶이 다시 복원되었다. 고향으로 돌아오자 일본에서 느슨했던 성차별적인 가부장제는 다시 절대적인 영향력을 발휘했다. 가난과 함께 여아를 교육시킬 필요가 없다는 가부장적 성차별 의식은 여성들의 학교 교육을 가로막았다.

결혼은 부모, 특히 아버지의 뜻에 따라 강압적으로 해야 했고, 성교육을 전혀 받지 못하여 남편과의 첫날밤 성관계는 두려움에 떨면서 강제로 이루어졌다. 한 번도 보지 못한 남자와 결혼하여 행복한 결혼생활을 하기보다는 대부분은 남편의 알코올 의존증, 도박, 외도, 폭력 등으로 인해 힘들고 고된 결혼생활을 해야 하였다. 횡포한 남편에 대해 항거할 수 없었고, 남편과 헤어지는 것에 대한 사회적인 낙인이 두려웠으며, 또 가문의 명예를 더럽히는 일이라 이혼은 어려웠다. 강고했던 불경이부의 윤리와 정절 이데올로기는 여성들을 옥죄었고 참고 사는 순종을 택할 수밖에 없게 하였다.

대부분 농촌에서 시집살이로 결혼생활을 시작했는데, 시어머니는 가사노동에서 면제되고, 며느리는 농사일, 가사노동과 농가 부업까지 과중한 노동에 시달렸다. 시어머니뿐만 아니라 시아버지와 동서의 시집살이 또한 고되기만 했다. 6·25전쟁은 원폭 피해 여성들에게 또다시 고난을 가중시켜, 남편이 6·25전쟁에서 전사하여 20대 초반의 젊은 나이에 혼자 아들 하나와 남은 경우에도 불경이부의 유교윤리는 재혼을 가로막았고, 시집살이는 더욱 가혹했다. 시집살이는 유교의 장유유서의 윤리를 바탕으로 한 지배 복종의 관계였고 폭력적인 가부장제하에서 며느리는 제일 천대받는 대상이었다.

이치바 준코는 한국인 원폭 피해자들을 "'제국주의'와 '핵'이란 최대의 난문을 한꺼번에 떠맡은 존재들"(이치바 준코, 1999 : 165~166) 이라고 기술했는데, 원폭 피해 여성들은 일본 제국주의 식민지 지배의 강압과 원폭 피해로 인해서 1차적으로 고통을 받았다. 일본은 물론 한국 사회의 무관심과 차별로 인해 이들의 고통은 가중되었고, 침묵 속에 방치된 채 죽음으로 몰렸다. 더 나아가 이로 인한 가난과 병으로 인한 고통은 일생을 통해 오랫동안 지속되었고, 게다가 원폭 피해 여성들은 여기에 더해 여성으로서, 또 어머니로서 겪어야 했던 고통도 함께 감당했다. 엄혹한 가부장적 유교윤리가 이들을 옥죄었고, 뿌리치고 나오기에는 가부장적 유교윤리는 너무나 엄중했다. 원폭 피해 여성들은 우리나라 격동의 근현대사를 온몸으로 부딪치며 살아냈다.

이제 이들은 "새처럼 훨훨 날아다니다 죽고 싶다"고 말한다. 이 여성들이 상처가 아물어 편안하게 여생을 보낼 수 있게 해주는 길을 찾아야 할 때이다. 그런데 2017년 한반도는 다시 핵전쟁의 위험으로 공포에 떨어야 했다. 한반도의 평화가 핵무기로 또 핵우산으로 가능한 것인가, 또 핵의 평화적인 이용은 지속 가능한 것인가 하는 물음을 현재 다시 묻는 것은 원자폭탄 피해 여성들에게는 또 다른 고통을 가혹하게 부과하는 일이다.

2. 원폭 피해 여성에 관한 연구의 의의

한국 근현대 여성사에서 원폭 피해 여성에 대한 언급은 그 어디에서도 찾아볼 수 없다. 일본군 위안부는 일제강점기에 고난을 당한 여성으로 일제강점기와 근현대 여성사에서 중요한 위치를 차지하고, 그 연구가 활발하다. 그러나 일제강점의 또 다른 여성 피해자인 원폭 피해 여성은 한국 근현대 여성사에서 무시되었다. 한국 근현대 여성사를 기술한 대표적 저서인 이화여대 한국여성사연구회(1972), 정요섭(1987), 한국여성연구소 여성사연구실(1999), 한국여성연구회 여성사분과편(1992), 정진성, 안진(2004), 전경옥 외(2011abc), 정현백 외(2016) 등의 연구에도 원폭 피해 여성에 대한 언급은 없다. 또한 "역사 속에서 소외되었던 지역 여성의 삶"에 대한 저서를 표방한 경남 여성에 관한 여성사 기술에서도 경남에서 특히 많은 원폭 피해 여성들이 극심한 고통 속에서 살아갔으나 이에 대해서 단 한 줄의 언급도 없다(이혜숙, 강인순, 2015).

한국 여성운동사에서도 원폭 피해 여성의 투쟁에 대한 기록은 어디에도 없다. 다만 우리나라 평화운동사에서 1974년에 시작된 한국교회여성연합회의 원폭 피해자 지원 활동이 우리나라 여성평화운동에 있어 국제연대의 출발점이라고 평가(심영희, 김엘리, 2005 : 24)하고 있을 뿐으로, 여성 원폭 피해자의 삶이나 그들의 원폭 피해 보상과 치료를 위한 투쟁에 대해서는 관심을 두지 않았다.

우리나라 역사상 가장 심한 격변의 시기에 원자폭탄 투하로 전대미문의 피해를 당하고 생존한 여성들에 관한 이 연구는 한국 근현대 여성사에 빠져 있는 부분을 채우는 작업이다. 이 연구는 일본에서 원자폭탄 피해를 당한 여성들을 호명하여, 그동안의 침묵을 깨고 또 무시되고 억압되어온 경험을 드러내어 그 의미와 가치를 부여하고자 하였다.

이 연구는 원폭 피해자로서의 삶의 기록이기도 하지만 일제강점기를 일본 히로시마에서 보내고 해방 후 농촌에서 또 도시로 이주하여 살아온 여성들의 삶의 기록이기도 하다. 가부장제의 엄혹한 시대를 살아낸 가난한 여성들의 삶 또한 우리 역사에서 소중한 부분이다. 특히 '시집살이'라는 말이 더 이상 사용되지 않을지도 모르게 되어갈 정도로 시집살이 자체가 하나의 역사적 경험이 되고 있어, 여성사에서 중요한 역사적 경험으로서 수집되고 기록될 필요가 있다(윤택림, 2011 : 147)는 점에서 이 여성들의 시집살이 이야기는 여성사에서 의미를 가지게 될 것이다.

『글로벌시대에 읽는 한국여성사』의 서문에서 저자들은 "여성의 삶이란 왜 이리도 고단함과 눈물과 상처 투성이었던 것인지 눈물이 난다. 그럼에도 불구하고 열심히 싸우고 씩씩하게 살아남아 여기까지 와준 수많은 여성들에게 고마움을 전하고자 하는 것이 이 책의 시작이었다"(정현백 외, 2016)라고 밝혔는데, 바로 그 한국 여성사는 역사의 소용돌이 속에서 어떠한 여성들보다 통한의 삶을 살았고, 살고 있는 원폭 피해 여성들을 기억해야 할 것이다.

이 여성들의 삶을 안다는 것은 그들의 슬픔과 고통을 나누는 일이다. 그리고 이들의 통한을 기억함으로써 우리와 미래의 여성들이 또다시 이러한 아픔과 슬픔이 반복되지 않도록 할 수 있다. 또한 거다 러너(2006 : 382)는 역사 만들기에는 치료라는 중요한 측면이 있음을 밝혔는데, 이들에 대한 역사 기술을 통해 이들의 상처가 조금이라도 어루만져질 수 있을 것이다.

부록

복지회관 거주 조사대상자의 일반적인 배경

NO	성명(가명)	출생년도	배우자의 피폭 여부	혼인상태	교육 정도
1	김수자	1928	비피폭자	별거/사별	일본 초등학교 고등과 졸업
2	박화선	1939	비피폭자	별거	무학
3	이일분	1928	피폭자	사별	일본 초등학교 졸업
4	조분이	1929	피폭자	사별	무학
5	정명선	1940	비피폭자	이혼 재혼/사별	한국 초등학교 중퇴
6	윤월순	1930	피폭자	사별	일본 초등학교 중퇴
7	윤부선	1936	비피폭자	이혼 재혼/별거	일본 초등학교 중퇴
8	안춘임	1933	비피폭자	사별	일본 초등학교 중퇴
9	윤팔선	1939	비피폭자	별거	한국 초등학교 졸업/ 기술학교 중퇴
10	김윤임	1938	비피폭자	사별	한국 야간학교 재학
11	심수자	1934	비피폭자	사별	무학
12	정일선	1927	피폭자	사별	일본 초등학교 졸업
13	안두선	1928	피폭자	사별	무학
14	김명순	1940	비피폭자	사별	무학
15	김분자	1935	비피폭자	사별	일본 초등학교 졸업/ 한국 고등공민학교 중퇴
16	강승자	1941	비피폭자	사별	한국 야간학교 재학
17	최귀선	1928	피폭자 비피폭자	이혼 재혼/사별	무학
18	이점옥	1922	피폭자	사별	무학
19	하순이	1929	비피폭자	사별	무학
20	박춘선	1929	비피폭자	사별	무학

NO	성명(가명)	출생년도	배우자의 피폭 여부	혼인상태	교육 정도
21	안임이	1932	비피폭자	사별	일본 초등학교 중퇴
22	박점순	1942	비피폭자	사별	한국 야간학교 재학
23	구을선	1936	피폭자	사별	무학
24	김경자	1939	피폭자 이혼	이혼	한국 초등학교 중퇴, 야학 재학
25	정경순	1940	비피폭자	사별	무학
26	손경선	1936	비피폭자	사별	일본 초등학교 중퇴
27	안순자	1943	비피폭자	별거/사별	무학
28	이복남	1941	비피폭자	사별	한국초등학교 졸업/고등학교 중퇴
29	박경임	1934	비피폭자	사별	일본 초등학교 중퇴
30	정선이	1939	비피폭자	사별	한국 초등학교 졸업
31	강달화	1935	비피폭자	사별	무학
32	조영순	1939	비피폭자	사별	한국 초등학교 졸업
33	강옥이	1930	비피폭자	사별	일본 초등학교 졸업/고등과 입학

선행연구에 나타난 원폭 피해 여성의 일반적인 배경

연구자	여성 피해자	출생연도/ (나이)	배우자의 피폭여부	혼인상태	교육 정도
박수복 (1975)	심학수		피폭자	피폭사망	미상
	김정순		피폭자	피폭사망	미상
	정임술		피폭자	피폭사망	미상
	이영균	1934	비피폭자	사별	미상
	이정수	1920	비피폭자	별서/사별	미상
	주명순 (김정순의 딸)		미상	미혼	미상
	이재임 (정임술의 딸)		미상	미혼	미상
	정용분	(56)	피폭자	미상	미상
	이정자	(45)	비피폭자	미상	미상
	손귀달	1930	비피폭자	이혼	일본 초등학교 고등과 중퇴
표문태 (1986)	정순남	(57)	피폭자	원폭증 사망	미상
	권중판	(76)	피폭자	원폭증 사망	미상
	김말순 (가명)	(60)	피폭자	피폭사망	미상
	신복수	(62)	피폭자	피폭사망 /재혼	미상
	정문옥	1924	피폭자	미상	미상
일본시민회 (1987)	최영순	1928	미상	사별	일본 고녀 중퇴
	이순옥	1933 추정	비피폭자	사별/재혼	미상
정근식 (2005)	안정숙	1936	비피폭자	사별	일본 초등학교 중퇴
	전소자	1937	비피폭자	미상	일본 초등학교 중퇴
	김복수	1943	미상	미상	일본 초등학교 중퇴
	노귀엽	1933	미상	미상	일본 초등학교 중퇴
국무총리실	하위년	1928	미상	미상	미상

연구자	여성 피해자	출생연도/ (나이)	배우자의 피폭여부	혼인상태	교육 정도
협회(2011)	하서운	1928	비폭자	미상	무학 추정
	변연옥	1936	비피폭자	이혼	일본 초등학교 중퇴
	남화자	1934	비피폭자	이혼	일본 초등학교 중퇴
	오재봉	1933	비피폭자	미상	일본 초등학교 중퇴 추정
	임일생	1933	미상	미상	한국 야간학교 2년 수학
	최순례	1937	미상	미상	일본 초등학교 중퇴
	허종순	1931	비피폭자	사별	일본 초등학교 고등과 중퇴
	강이조	1929	미상	사별	일본 초등학교 졸업
	유한순	1932	비피폭자	사별	일본 초등학교 중퇴
	조경숙	1937	비피폭자	미상	일본 초등학교 중퇴
	김달람	1923	피폭자	사별	무학 추정
	유송자	1940	비피폭자	미상	무학 추정
	유삼이	1924	피폭자	사별	일본 초등학교 졸업
	유필연	1940	비피폭자	미상	무학 추정
	구순임	1937 (1933생 호적 잘못됨)	비피폭자	미상	일본 초등학교 중퇴
	유갑연	1939	비피폭자	미상	일본 초등학교 중퇴
	엄분연	1929	비피폭자	사별	일본 고녀 중퇴
	김일선	1932	비피폭자	사별	일본 초등학교 고등과 중퇴
	최봉선	1930	비피폭자	미상	일본 초등학교 고등과 중퇴
	이일수	1930	미상	미상	일본 초등학교 고등과 중퇴
가와타 후미코(2014)	박남주	1932	미상	미상	일본 초등학교 중퇴
	김남출	1929	피폭자	사별	일본 초등학교 중퇴
	하해수	1924	피폭자	사별	무학

연구자	여성 피해자	출생연도/ (나이)	배우자의 피폭여부	혼인상태	교육 정도
잡지 『원폭』	송임복	1933	미상	미상	미상
	김전이	1923	피폭자	사별	일본 초등학교 졸업
	이정숙	1936	비피폭자	사별	일본 초등학교 중퇴
在韓被暴者 問題市民會 議 편	김분순	1926 추정	피폭자	별거/재결합	미상

* (   ) 나이는 연구자가 기록한 나이
* 일본시민회(1987)는 '협회' 조사대상자와 중복 1사례 제외
* 협회(2011)는 복지회관 조사대상자와 중복 4사례 제외
* 잡지 『원폭』 복지회관 조사대상자와 중복 4사례 제외

복지회관에 거주하는 원폭 피해 여성들은 복지회관에 처음 왔을 때 "살아가지고 왜 이리(여기로) 왔는가 하고 울었다"고 하였다. 노년에 새로운 삶에 적응해야 하는 두려움 때문이었으리라. 또 한방에 같이 지내는 구성원이 밤에 '앓는 소리'를 내어서, 또는 잠꼬대를 심하게 해서 불편하고 또 화장실을 깨끗이 사용하지 않아 불편하다고 하소연했다. 복지회관에서 입소자들은 한방에 2~6인씩 거주하기 때문에 집단생활을 처음 해보는 이들에게는 불편함이 없을 수 없다.

그러나 복지회관이 제공하는 치매예방 놀이프로그램, 물리치료 등의 각종 프로그램과 위문공연과 나들이 등으로 대부분 복지회관 생활에 만족하고 있었다. "지금이 제일 행복하다." "이렇게 편한 데가 없다." "용돈 준다, 세상 걱정이 없다." "나 하나 잘 먹고 잘 있다." "빨래, 밥 다 해주고 아프지만 않으면 된다." "아무 걱정할 것이 없다." "천지 이런 데가 어디 있노(있나)?" "내 세상이다. 여기 와서 마음이 활발하게 되었다. 옛날 생각도 하기 싫다"고 말했다. "애달프게 살았는데 지금은 괜찮다"고 말하였고, 심지어 "지금 호강하고 있다"고 말하기도 하였다.

원폭피해자 여성들은 복지회관에서 편하게 지내는 것을 일본 정부나 한국 정부가 아니라 부모 덕이라고 감사해했다. "우리 엄마 아버지 고생한 보람이지요……. 어떻게 보답하나?" "이런 데가 어디 있나 이런 데가 없다……. 지금 부모 덕으로 좋다." "일본 갔다 오고 돈 나오니까 지금 제일 좋다. 부모 덕이다, 부모들이 고생했다. 지금 편안하다"고 지금의 편안함을 부모의 덕으로 돌렸다. 원폭 피해로 고난을 겪으면서 부모를 탓하지 않았고 고마워하였다.

그 편안함은 복지회관에 입주하면서 비로소 가사노동과 생계를 위한 노동에서 벗어났기 때문이다. 또 복지회관에 입주하면서 며느리가 일할 동안 손자를 봐주던 역할에서도 벗어났다. 홀로 살면서 걱정했던 고독사의 두려움에서도 벗어났다. 또한 자식들에게 기대지 않아도 되게 되어 안도하고 편안하다. 특히 일본 정부가 매달 지급하는 수당으로 자식들에게 용돈을 의지하지 않고 지낼 수 있게 되었고 병원비의 부담도 없어 홀가분하다. 오히려 매달 받는 수당과 국가가 지급하는 노령연금을 합쳐서 모아두었다가 자식들에게 줄 수 있어 기쁨을 느끼기도 하였다. "스님이 손금 봐주었는데 내 덕에 내 사는 팔자라고 하더라"고 스스로 안간힘을 써서 살아가야 하는 운명이라고 생각했던 삶에서 벗어나는 계기도 되었다. 4반세기 동안 '협회' 운동을 이끈 신영수(辛泳洙) 씨가 "한 사람이라도 많은 한국인피폭자가 살아 있는 동안에 그래도 '살아 있어서 좋았다'고 생각할 수 있도록 보상과 원호를 실현하기 위해 힘을 다할 것을 맹세"했는데(이치바 준코 : 2003 : 11), 그의 꿈이 이루어졌다. 더 많은 피해자들이 편안함을 느낄 수 있도록 지원이 확대되기를 바란다.

복지회관에서 면담한 여성들은 살아온 것을 글로 쓰면 책 한 권이 될 것이라면서 "글을 알아서 책을 쓰면 원 없을 것"이라고 말하기도 했고, 또 다른 여성의 아들은 어머니가 살아온 것 쓰면 책 한 권이 될 것이라고 말했지만 "과거 내 산 것 어찌 다 말하나?"라고 책 한 권으로도 다 말 못 할 사연을 쌓아놓고 있었다. 또 다른 여성은 남동생이 "누나 살아온 것 알면 책이 한 권 된다"라고 말했으나 "뭐 할라꼬(하려고) 책 만들어?" 하고 대답해서 살아온 것을 밝히고 싶어 하지 않기도 했다.

그러나 나와 면담하고 난 후 여성들은 말했다. "어디 가 이 소리 하겠나. 목에서 뭔가 내려간다", "살아온 이야기 해본 적이 없다", "창피스러워 남에게 얘기 못 한다. 형제간 부모에게도 못 했다. 오늘 처음 얘기한다. 처음으로 다 말하고 나니 후련하다.". 또 누구도 "절대로 저 속에 뭐가 들어앉아 있는지 모른다"고 말했다. 인터뷰하다 도중에 그만하겠다면서 나가버린 한 여성은 자신의 방에서 다시 만났을 때, 원폭 터지던 날, 아버지의 만류에도 연꽃을 꺾어드리려던 미치코 선생님을 원폭수첩 내러 일본에 갔을 때 재회하여, 포옹하면서 찍은 사진을 나에게 자료로 쓰라고 하시면서 건네주셨고, 비로소 숨겨둔 가장 아픈 이야기를 다시 시작하셨다. 한 여성은 인터뷰 도중 자신의 사연은 "아무도 모른다. 저절로 이야기가 나온다……. 내가 이런 말을 왜 하나? 말이 저절로 나온다"면서 "괜히 이야기한다"면서 우셨다. 그분은 다음 날 회관 로비에서 나를 다시 만나고서는 나에게 처음으로 자신에 대해 이야기하고 나니 밤에 잠이 안 오더라고 했으나 한편으로는 후련하기도 하다면서, 가장 친한 친구를 인터뷰하라고 나에게 등을 떠밀었다. 이 책에서 언급된 사례들은 원자폭탄 투하로 비참하게 죽어갔고, 또 고통 속에 살아온 한국인 7만여 명 중의 몇 사례에 지나지 않는다. 원자폭탄으로 인한 더 비참한 많은 죽음이 역사 속에 묻혀가고 있다. 원폭 피해에 의한 "'원폭인생'은 피해자의 수효만큼이나 절망적이고 비참한 개개인의 역사를 가지고 있다"(이우정, 1976 : 229). 더 많은 분들의 이야기가 앞으로도 계속되어야 할 것이다.

한 여성은 "여기 다른 사람들 보면 딸이 더 나은 것 같다"고 자신에게도 딸이 있었으면 좋겠다고 말하면서 나에게 자신의 이야기를 쏟아놓으셨다. 또 다른 한 분도 아들에게 눈물 쏟으면서 고생한 것 말하면 만류한다면서, 딸이 없어서 말 못 했는데, 오늘 이야기하니 후련하다고 말했다. 또 한 여성도 "살아온 이야기 하기 싫다"면서 딸이 없고, 며느리는 명절날 만나면 친정 가버려 말할 기회도 없다고 서운해했다. 여형제에 대한 그리움도 컸다. 6·25 때 아이를 유산하고 피를 흘리며 아파하는 언니를 지나가는 미군이 고쳐주겠다고 해서 데려가라고 했는데, 그 이후 소식이 없다고 하면서 면담을 시작하자마자 언니 이야기부터 꺼내놓은 여성은 생사를 모르는 언니에 대한 가슴 아픈 사연을 간직하고 있었다. 또 이유도 모르게 사망한 여동생이 살았으면 얼마나 좋을까라고 안타까워하며, 외로운 노년의 동반자가 될 수 있는 여형제를 그리워하였다. 잠시나마 이분들의 여동생이 되었고 딸이 되어드린 것을 다행으로 생각한다.

침묵을 깨는 데 선두에 섰던 손귀달과 엄분연 두 분이 살아 계실 때 복지회관에 계셨는데, 그분들이 복지회관에 계셨을 때 나는 여러 차례 그 앞을 차를 타고 다녔으나, 미처 이분들을 알지 못해 살아 계실 때 만나 뵙지 못한 것이 큰 안타까움이다.

해마다 8월 6일이 되면 이치바 준코 '일본시민회' 회장을 비롯한 일본인들과 재일교포들이 복지회관 뒤에 위치한 원폭으로 사망한 분들의 위패를 모셔놓은 사당 앞에서 피해자 가족들과 함께 위령제를 지내기 위해 온다. 여름방학이 되면 일본의 학생들이 복지회관에서 원폭 피해자들과 만나고 원폭자료 전시관을 둘러보기 위해 찾아온다. 다행한 일이다. 더 많은 일본인들이 와서 원폭 피해자들의 삶에 공감하고 지난 과거를 되돌아보기를 바란다.

이 책이 원폭 피해자들에 대해 전혀 알지 못하는 한국 사람들에게, 그리고 일본 사람들에게 이들의 아프고 슬프게 살아온 삶을 이해하는 데 도움이 되기를 바란다. 이 세상에 이들만큼 아프고 슬프게 살아온 삶이 또 어디 있을까? 또 그 아픔과 슬픔이 자식들로 이어지고 있다는 점에서 이보다 더 안타까운 일이 없다.

추가 면담을 위해 거주하는 방을 방문하면 여성들은 나에게 늘 뭐라도 먹을 것을 주고 싶어 하셨다. 마지막 추가 면담을 하러 간 날 한 여성은 이야기를 나누고 방을 나오는 나를 불러서 간식으로 지급된 감을 손에 쥐여주시더니, 조금 있다가 지팡이까지 짚고 나와 사과를 하나 손에 또 쥐여주셨다. 한 여성은 자신이 입이 말라 늘 사탕을 드신다면서 나에게 사탕을 한 줌 쥐여주고서는 너무 적다고 또 한 줌을 주셨다. 고생스러운 삶 속에서도 따뜻함을 잃지 않은 이분들의 마음이 세상으로 전파되고, 다시 이분들에게 따뜻함이 돌아가서 여생이 평안하시기를 바라본다.

:: 참고문헌

국내 문헌

가와이 아키코, 「버림받은 한국 원폭피해자」, 『월간조선』 1월호, 조선일보사, 1990.

가와타 후미코, 『몇 번을 지더라도 나는 녹슬지 않아 : 식민지 전쟁 시대를 살아낸 할머니
 들의 노래』, 안해룡 · 김해경 역, 바다출판사, 2014.

강수한, 「재한원폭피해자 지원정책의 개선방안 연구」, 가야대학교 행정대학원 석사학위
 논문, 2011.

공덕귀, 『나, 그들과 함께 있었네』, 여성신문사, 1994.

구보 미사에, 「원폭 투하, 이것이 전쟁이다」, 『원폭』 1호, 2007, 20~23쪽.

─────, 「일본과 한국의 사이에서」, 『원폭』 2호, 2008, 14~33쪽.

국무총리실 소속 일제강점하강제동원피해진상규명위원회, 『내 몸에 새겨진 8월 : 히로시
 마, 나가사키 강제동원 피해자의 원폭체험』, 2008.

국가인권위원회, 『원폭피해자 2세의 기초현황 및 건강실태조사』, 2004.

거다 러너, 『왜 여성사인가』, 강정하 역, 푸른역사, 2006.

곽귀훈, 『나는 한국인 피폭자다』, 민족문제연구소, 2013.

경남발전연구원, 『경상남도 원자폭탄 피해자 실태조사』, 경상남도, 2013.

김경애, 『한국여성의 노동과 섹슈얼리티』, 풀빛, 1999.

김기진, 『원자폭탄, 1945년 히로시마…2013년 합천』, 선인, 2012.

김동현, 「한국의 원폭피해자」, 『신동아』 8월호, 동아일보사, 1973, 218~247쪽.

김성례, 「여성주의 구술사의 방법론적 성찰」, 『여성주의 역사쓰기 : 구술사 연구방법』, 아
 르케, 2012, 21~48쪽.

김승은, 「김일조 구술 녹취록」, 『구술자료, 한국인 원폭피해자의 삶과 피폭자운동의 경험
 ─원폭피해자협회 활동을 중심으로』, 국사편찬위원회, 2012.

———, 「안월선 구술 녹취록」, 『구술자료, 한국인 원폭피해자의 삶과 피폭자운동의 경험 － 원폭피해자협회 활동을 중심으로』, 국사편찬위원회, 2012.

김옥숙, 『흉터의 꽃』, 새움, 2017.

김일조, 「나의 피폭체험기」, 『원폭』 1호, 2007, 28~29쪽.

김전이, 「나의 피폭체험기」, 『원폭』 7호, 2013, 12~17쪽.

김정경, 「한국 원폭피해자 복지대책에 관한 연구」, 중앙대학교 석사학위 논문, 1993.

김재근, 「한국원폭피해자의 현실」, 『신동아』 43호, 1976, 179~187쪽.

김형률, 「한국원폭2세 환우란?」, 아시아평화인권연대, 『삶은 계속되어야 한다 : 한국원포2세 환우 증언록』, 2006, 166~169쪽.

———, 『나는 반핵인권에 목숨을 걸었다』, 행복한책읽기, 2015.

마쓰이 요시코(宋井義子), 『평화의 누룩』, 송인자 · 가와이 후미코 역, 시골문화사, 1992.

무궁화(가명), 「나의 피폭체험기」, 『원폭』 8호, 2014, 10~13쪽.

문소정, 「식민지적 빈곤화와 가족 · 여성의 생활변화」, 『경계의 여성들 : 한국근대여성사』, 한울아카데미, 2013, 17~39쪽.

———, 「일제하 한국농민가족에 관한 연구」, 서울대학교 박사학위 논문, 1991.

문일석, 「원폭 후 38년 악몽의 후유증에 신음하는 사람들」, 『광장』 8월호(121호), 1983, 58~74쪽.

박동수, 『핵, 끝나지 않은 형벌』, 한들출판사, 2013.

박성실, 「한국원폭피해자의 사회적 고통, 그 구성과 대물림－원폭 2세 환우 가족을 중심으로」, 성공회대학교 일반대학원 석사학위 논문, 2015.

박수복, 『소리도 없다 이름도 없다』, 창원사, 1975.

———, 『핵의 아이들 : '86한국원폭피해자 2세의 현장』, 한국기독교가정생활사, 1986.

백옥숙, 「한국원폭피해자의 특성과 지원 현황에 관한 연구」, 단국대학교 석사학위 논문, 2004.

손종민, 「한국 원폭피해자 복지지원제도 보장에 관한 연구」, 나사렛대학교 재활복지대학원 석사학위 논문, 2006.

송건용 · 김영임 · 김태정, 『원폭피해자 실태조사』, 한국보건사회연구원, 1991.

송진숙, 「1965년 한일청구권협정의 적용과 해석에 관한 연구 : 일본군 '위안부', 재한원폭피해자, 사할린 한인 문제를 중심으로」, 고려대학교 대학원 석사학위 논문, 2012.

송임복, 「그때 그날의 기억들」, 『원폭』 3호, 2009, 16~27쪽.

석현철, 「합천 원폭피해자 복지회관」, https://blog.naver.com/kbilbo/, 2011.

성락승, 원폭피해자에 대한 한. 일 양국의 복지실태 비교연구, 동서대학교 석사학위 논문, 1999.

신영수,「한국원폭피해자들의 현주소」,『새가정』, 33권 제7/8호, 통권 360호, 1986, 26~33 쪽.

──────,「일제하 한국여성사회사 연구」, 이화여자대학교 박사학위 논문, 1989.

심영희 · 김엘리 편,『한국여성평화운동사』, 한울아카데미, 2005.

아시아평화인권연대,『삶은 계속되어야 한다 : 한국원폭2세 환우 증언록』, 2006.

안월선,「나의 피폭체험기」,『원폭』 2호, 2008, 34~39쪽.

오은정,「한국 원폭피해자의 일본 히바쿠샤(被爆者) 되기 ─ 피폭자 범주의 경계 설정과 통제에서 과학 · 정치 · 관료제의 상호작용」, 서울대학교 박사학위 논문, 2013.

유기쁨,「핵에너지의 공포와 매혹 : 한국인의 핵 경험과 기억의 정치」,『종교문화비평』 2015년 9월호(제28호), 2015, 23~80쪽.

유 수,「〈현장 : 원폭피해자들의 외로운 삶〉, 히로시마, 나가사키 피폭자 마을 합천, 546 명의 한 ─ 억울해, 너무나 억울해」,『민족 21』, 2001, 84~87쪽.

유숙란,「일제시대 농촌의 빈곤과 농촌 여성의 출가」,『아시아여성연구』 43권 1호, 숙명여자대학교 아시아여성연구소, 2004, 65~103쪽.

윤택림,「한국 근현대사 속의 농촌 여성의 삶과 역사이해 : 충남 서산 대동리의 여성구술 생애사를 중심으로」,『사회와 역사』 59권, 2001, 207~254쪽.

윤택림,「여성은 어떻게 이야기하는가 : 시집살이 이야기를 통해서 본 여성 서사 분석」,『구비문학연구』 제32집, 2011, 1~36쪽.

이상화,「재한 원폭피해자의 생활과 남아 있는 보상문제」,『근현대사강좌』 7권, 한국현대사연구회, 1995, 192~210쪽.

이성주,「어느 원폭피해자의 45년 애사(哀史)」,『월간중앙』 8월호, 1990, 175쪽.

이수용,「원폭(原爆)의 일(日)」,『원폭』 3호, 2009, 7~15쪽.

이승욱,「"사는게 고통, 고이즈미는 야스쿠니가 아니라 우리들 찾아와 용서 빌어야제!" : '한국의 히로시마' 경남 합천 원폭피해자 마을」,『통일시대』 통권 제4호, 민주평화통일자문회의 사무처, 2005, 18~19쪽.

이우정,「한국원폭피해자의 실태」,『창작과비평』 10월호, 1975, 211~238쪽.

이정숙,「나의 피폭체험기」,『원폭』 6호, 2012, 10~13쪽.

이재경,「서문 : 여성주의 인식론과 구술사」,『여성주의 역사쓰기 : 구술사 연구방법』, 아르케, 2012, 9~20쪽.

이지영,「한인원폭피해자문제 관련 연구와 자료 현황」,『일본공간』 12호, 선인, 2012.

———, 「한·일 원폭피해자의 고통의 감정 연대와 균열」, 『한국민족문화』 62호, 2017, 45~74쪽.

이치바 준코, 「삼중고를 겪어온 한국인 원폭피해자들」, 『역사비평』 49호, 역사비평사, 1999, 153~218쪽.

———, 『한국의 히로시마』, 이제수 역, 역사비평사, 2003.

이화여대 한국여성사연구회, 『한국여성사 I, II, III』, 이화여자대학교 출판부, 1972.

이혜숙·강인순, 『나는 대한민국 경남여성 : 1945~2015』, 지앤유, 2015.

장성환, 「해방 후 한국인 원폭피해자의 정체성 찾기 - 원폭피해자의 발생부터 원폭 2세의 활동에 이르기까지」, 중앙대학교 석사학위 논문, 2017.

전경옥 외, 『한국근현대여성사 : 정치·사회 1 : 개화기~1945』, 모티브북, 2011.

——— 외, 『한국근현대여성사 : 정치·사회 2 : 1945~1980』, 모티브북, 2011.

——— 외, 『한국근현대여성사 : 정치·사회 3 : 1980~현재』, 모티브북, 2011.

전진성, 「원폭의 기억과 평화교육」, 『나는 반핵인권에 목숨을 걸었다』, 행복한책읽기, 2015, 234~248쪽.

정근식, 『고통의 역사 : 원폭의 기억과 증언』, 선인, 2005.

———, 「한국 현대사와 원자폭탄 피해자의 증언의 의미」, 『고통의 역사 : 원폭의 기억과 증언』, 선인, 2005.

정숙정, 「농촌여성노인의 생애과정과 주체화 양식」, 경북대학교 박사학위 논문, 2010.

정진성·안진 외, 『한국현대여성사』, 한울아카데미, 2004.

정진성·박정애 외, 『경계의 여성들 : 한국 근대 여성사』, 한울아카데미, 2013.

정현백 외, 『글로벌시대에 읽는 한국여성사』, 사람의무늬, 2016.

정희상, 「광복 없는 원폭피해자 통한의 50년」, 『시사저널』 304호, 1995.8.24, 36~40쪽.

조유리, 「한국인피폭자문제와 원폭인식에 관한 연구」, 국민대학교 대학원 석사학위 논문, 2008.

주영수, 「원폭피해자 건강실태와 지원정책에 관하여」, 『세계 핵 피해자 증언』, 합천평화의 집, 2012, 63~67쪽.

진 주, 「원폭피해자 증언의 사회적 구성과 내용 분석」, 전남대학교 석사학위 논문, 2004.

창원대학교 경남학연구센터, 「합천군 원자폭탄 피해자 구술증언 조사사업 결과보고서」, 2017.

한국교회여성연합회, 『한국인 원폭피해자 : 실태조사 보고서』, 1984.

한국교회여성연합회 50주년 기념사업위원회, 『씨가 자라 나무가 되듯이 : 한국교회 여성연합회 50주년 하이라이트』, 고려글방, 2017.

한국여성연구소 여성사연구실,『우리여성의 역사』, 청년사, 1999.

한국여성연구회 여성사분과 편,『한국 여성사』, 풀빛, 1992.

한국원폭피해자협회,『한국원폭피해자 65년사』, 2011.

한국원폭피해자협회,『한국피폭자들의 현황자료집』, 1985.

한일여성공동역사교재 편찬위원회,『여성의 눈으로 본 한일 근현대사』, 한울아카데미, 2005.

한정순,「핵 없는 평화로운 세상을 향해 아픈 몸을 이끌고 나아갈 것입니다」, 김형률,『나는 반핵인권에 목숨을 걸었다』, 행복한책읽기, 2015, 225~233쪽.

한홍구,「한국 사회의 핵 불감증을 넘어」,『세계 핵 피해자 증언』, 합천평화의집, 2012, 41~62쪽.

합천 비핵·평화대회 조직위원회,『세계 핵 피해자 증언』, 합천평화의집, 2012.

황은순·강달해,「원폭 70년 한국 생존피해자 2584명 당신들을 기억합니다 : 한국의 '히로시마' 합천의 눈물」,『주간조선』통권 2369호, 2015.8.10, 10~16쪽.

허광무,「한국인 원폭피해자에 관한 제연구와 문제점」,『한일민족문제』, 2004, 93~122쪽.

히라오카 다카시,「일본 법정에 선 민족의 비극」, 표문태 편,『버림받은 사람들』, 중원문화, 1986, 157~240쪽.(平岡敬,『偏見과 差別』, 未來社, 1972)

히라오카 다카시,「한국인 피폭자는 말한다」, 표문태 편,『버림받은 사람들』, 중원문화, 1986, 241~254쪽.(平岡敬,『偏見과 差別』, 未來社, 1972)

표문태 편,『버림받은 사람들』, 중원문화, 1986.

국외 문헌

Solnit, Rebecca, *The Mother of All Questions*, HaymarketBooks, Chicago, Illinois, 2017.

朴且点,「'倭奴へ' 韓國被爆者は 金て 左右されない」,『話の特輯』9月號, 1973.

李順玉,「ヒロシマ 行きたい」,『히로시마로(ヒロシマへ) :韓國の被爆者の手記』, 韓國の原爆被害者を救援する市民の會, 1987, pp.57~102.

嚴粉連,「死の淵がらの復權を求めて」,『被爆 朝鮮·韓國人の証言』, 朝日新聞, 1982, pp.222~229.

嚴粉連,「ヒロシマ 逃げてきた」,『히로시마로(ヒロシマへ) :韓國の被爆者の手記』, 韓國の原爆被害者を救援する市民の會, 1987, 103~156.

林福順,「日本の友人に忠言する」, 経済時代 37(10)(460), 経済時代社, 1972, pp.93~95.

林福順,「苦しみの淵 から」, 広島・長崎の證言の會編,『広島・長崎の30年証言』上, 未來
　　社, 1977.

林福順,「あの日のイルボサラムへを背負って」,『被爆 朝鮮・韓國人の証言』, 朝日新聞,
　　1982, pp.213~221.

林福順,「あの日のヒロシマ 背負って」日本/原爆文學14 手記/記錄, 1983.

崔英順,「ヒロシマもって歸りたい」,『히로시마로(ヒロシマへ):韓國の被爆者の手記』, 韓
　　國の原爆被害者を救援する市民の會, 1987, pp.9~56.

平岡敬,『偏見と差別, ヒロシマそしで:被暴朝鮮人』, 未來社, 1972.

鎌田定夫,『被爆 朝鮮・韓國人の証言』, 朝日新聞, 1982.

朴壽南,『朝鮮 ヒロシマ 半日本人』, 三省堂, 1983.

廣島・長崎の證言の會,『イルボサラムへ:40年目の韓國被爆者』, 汐文社, 1986.

山本將文,『ヒロシマ・ナガサキ:韓國の被爆者だち:山本將文寫眞報告』, 東方出版,
　　1987.

伊藤孝司,『寫眞記錄:原爆棄民:韓國・朝鮮人 被爆者の証言』, ほるぷ出版, 1987.

韓國の原爆被害者を救援する市民の會,『ヒロシマへ:韓國の被爆者の手記』, 韓國の原爆
　　被害者を救援する市民の會, 1987.

在韓被暴者問題市民會議,『在韓被暴者問題を考する』, 凱風社, 1988.

香椎洋雪,『韓國人被暴者』, 近代文藝社, 1992.

언론 보도

「최초의 원자병자(原子病者)-일본 히로시마에서 귀국한 17세의 소녀-한국에도 원자병
(原子病)환자가 있다」,『동아일보』1958.8.3.

곽귀훈,「히로시마 회상」,『한국일보』1959.8.7~8.10.

:: 찾아보기

원폭 피해 한국 여성들

김경애